Friedrich Wolff

Ein Leben – Vier Mal Deutschland

Friedrich Wolff

Ein Leben – Vier Mal Deutschland

Erinnerungen: Weimar, NS-Zeit, DDR, BRD

PapyRossa Verlag

Luxemburger Str. 202, 50937 Köln
Tel.: +49 (0) 221 – 44 85 45
Fax: +49 (0) 221 – 44 43 05
E-Mail: mail@papyrossa.de
Internet: www.papyrossa.de

Druck: lettero, Rheine
Umschlag: Joachim Kubowitz, luxsiebenzwoplus

Die Deutsche Bibliothek verzeichnet diese Publikation in der Deutschen Nationalbibliografie; detaillierte bibliografische Daten sind im Internet über http://dnb.ddb.de abrufbar

ISBN 978-3-89438-520-0

Inhalt

Vorwort

Die Zeiten sind schwierig – wieder einmal. Die Weltwirtschaft erlebt eine Krise. Die Auguren meinen, wir haben das Schlimmste überstanden. Olaf Scholz, ehemals Arbeitsminister, verkündet, Vollbeschäftigung sei in Sicht. Andere sehen das anders, ich auch. Unkenrufe erklingen seit langem verbreitet. Günter Grass ließ seinen Helden in der gleichnamigen Erzählung schon 1992 sagen: »Umwälzungen von barbarischer Gewalt sehe ich auf Umwegen und direkt auf uns zukommen, manche mögen heilsam sein. Dennoch kann ich die gegenwärtige Hochstimmung nicht ohne Vorbehalt teilen; ihr Umschlag in Bitternis ist wie vorgeschrieben.« Ein Mann wie der Exkanzler Helmut Schmidt sagte 1999: »In Wirklichkeit organisieren wir eine Katastrophe der Menschheit gegen Ende des kommenden Jahrhunderts.« Adam Schaff, der mir näher steht, erklärte 2002: »Ich war und bin – ungeachtet aller Schwachköpfe – überzeugt von den Ideen des Sozialismus. Entweder Sozialismus oder Barbarei.«

Ich bin jetzt Zuschauer, habe mein Berufsleben schrittweise beendet. Es hat mich mit vielen Menschen zusammengeführt. Darunter waren Kriegsverbrecher, gewöhnliche Mörder, Sittlichkeitsverbrecher, Diebe, Betrüger, betrogene oder betrügende Eheleute und Politiker bis hinauf zum Vorsitzenden des Staatsrates der DDR. Daneben war ich auch Lehrer im Parteilehrjahr, Parteisekretär und Vorsitzender eines Rechtsanwaltskollegiums. Das alles war einmal. Ich hatte damit viel zu tun, manchmal sehr viel. Später habe ich die gewonnene Freizeit genutzt, um unseren Garten zu bestellen und zu schreiben. Ich schreibe gern.

In den Ehescheidungsverfahren habe ich mich in der DDR bemüht, ein plastisches Bild der Eheprobleme darzustellen. Meine Mandantinnen und Mandanten waren oft zufrieden. In der DDR habe ich dann auch kleine Broschüren über Anwaltsprobleme und Rechtsprobleme der Liebe geschrieben.

Als wir Bundesbürger geworden waren und ich schreiben konnte, was ich wollte, habe ich in Zeitungen, Zeitschriften, Büchern und an anderen Orten meine Meinung gesagt. Das trug mir ein, als Extremist zu gelten. Ich fand das witzig. Irgendwo hatte ich gelesen, die Verbreitung von linker Ideologie sei Extremismus. Meine Schreiberei hat die Welt nicht verändert, aber sie hat mir gut getan. Jedes deutliche Wort hat meine Selbstachtung gestärkt. Ich wollte meinen Mantel wieder nicht nach dem Wind hängen, wollte der bleiben, der ich war.

An sich geht es mir (uns) sehr gut. Wir haben ein schönes Haus direkt an einem See und können machen, was wir wollen. Iris, meine Frau, sorgt für mein leibliches Wohl, hält den Kontakt zur Familie und zu Bekannten und Freunden aufrecht. Nach 40 Ehejahren stelle ich fest, ich hatte und habe ein großes Glück.

Nur die Politik ängstigt uns. Was soll nur werden? Arbeitslosigkeit, Obdachlosigkeit, Hartz IV, Bildungsmisere usw. Wir erwarten einen großen Crash. Davor haben wir Angst und das beeinflusst unser Wohlbefinden. Andere sehen das, wie gesagt, anders. Ich bin gespannt, wie es tatsächlich weitergeht.

Da ich nicht dichten kann und über nichts Besseres zu schreiben wusste, verfiel ich 1999 darauf, mein Leben zu beschreiben. Ich meinte, ich könne auf diese Weise auch meine politischen Ansichten verbreiten, könne meinen Kindern und Enkelkindern zeigen, von wem sie abstammen und auch selbst mein Leben überdenken.

Es war aber nicht so einfach und ging nicht so schnell, wie ich es mir vorgestellt hatte. Ich musste in alten Briefen und Notizen lesen, was meine Eltern, meine Schulfreunde sowie ich selbst hinterlassen hatte. Ich werfe selten Geschriebenes weg. Viel Unergiebiges, aber auch manch Überraschendes, fand ich. Gedächtnislücken konnten geschlossen und falsche Vorstellungen, die ich von mir und meinen Nächsten gehabt hatte, waren zu korrigieren. Die Beschäftigung mit der eigenen Vergangenheit kostet nicht nur Zeit, sie bringt auch Gewinn. Nun bin ich fertig und muss sehen, was ich jetzt mache.

Dissident in der Weimarer Republik

Am 30. Juli 1922, einem Sonntag, wurde ich in Berlin-Neukölln geboren. Mein Vater war Arzt, Orthopäde, meine Mutter Hausfrau. Mein Vater war Jude, meine Mutter evangelisch. Ich wusste nicht, welche Bedeutung das für unsere Familie bekommen würde. Wir lebten wie Christen, allerdings ohne Kirchenbesuche, aber mit Weihnachtsbaum. Mein Vater begann, auf einer neu erstandenen Reiseschreibmaschine, einer Royal portable, die Ereignisse meines Lebens festzuhalten. Weit kam er nicht. Am 13. Juni 1928 begann er seine Niederschrift. Ich nehme an, die neue Maschine bewog ihn dazu. Seine Biographie geht bis in das Jahr 1921 zurück. Die erste Zeile seines Berichts lautete: »Die Geschichte eines Menschen, auch die deine, mein Fritz, beginnt lange vor der Zeit seiner Geburt.« Diese beschreibt mein Vater – er ist schließlich Arzt – dann auch:

»Recht leicht verlief Deiner Mutter die Schwangerschaft. Erst gegen das Ende wurde sie schwerer beweglich. Aber noch am Tage vor der Entbindung machten wir abends einen kleinen Spaziergang bis zur Weichselstraße und zurück. Am Sonntag, den 30. Juli 1922 zwischen 3 und 4 Uhr weckte mich Hannemännle, damit ich die Hebamme holte. Etwa 14 Tage hatten wir gewartet. Nun war der Tag da! Eilig zog ich mich an. Es war schon dämmrig. Ein feiner Regen fiel, und es war warm. Die Hebamme war schnell zur Stelle. Ich leistete ihr Hilfe. Eigentlich wollte ich den Dammschutz selbst machen, aber ich ließ es dann doch. Die Geburt ging gut voran. Nur gegen Ende ließen die Wehen nach. Doch mit einer letzten Anstrengung gelang es der mutigen und geduldigen Frau. Du, Fritzelein, besannst Dich zwar, den ersten Schrei zu tun. Einige kleine Klapse aber munterten dich auf. Es war ½11 Uhr! ...

Am nächsten Tag ging ich zum Standesamt, um Deine Geburt anzumelden. Die üblichen Eintragungen wurden in das Familienstammbuch gemacht, in dem zuerst die Eheschließung deiner Mutter mit mir verzeichnet ist. Nur die Frage des Standesbeamten nach deiner Religion habe ich unbeantwortet gelassen, oder vielmehr habe ich dich ausdrücklich als religionslos eintragen lassen. Ich hoffe, dass du es mir dereinst danken wirst. Grenzen der Länder trennen die Menschen. Sprachen richten Schranken auf, die zu überschreiten nur wenigen gegeben ist. Gelbe, weisse, schwarze Haut und alle Töne brauner Farbe unterscheiden die einen von den andren. Aber ein Gott ist über allen. Sollte es im Sinne dieses erhabenen, alles durchdringenden ›Wesens‹ sein, dass ihm, dem Urgrund alles Seienden, Schranken und Grenzen aufgerichtet werden? Um dieses höchste Seiende, wie sie es begriffen, führten blutige Kriege die Muselmanen gegen die Christen, gingen die Kreuzzüge in das heilige Land, flammten die Scheiterhaufen ad majorem dei gloriam. Mönche trugen das Kreuz, gefolgt vom Schwert, das den neuen Glauben der Liebe den Heiden aufzwang, die es übrig gelassen hatte. Unduldsamkeit ist das Kennzeichen der Frömmigkeit, ganz gleich, ob es sich um einen Christen, Juden oder Moslem handelt. Die Bücher der Geschichte aller Völker sind voll von den Gräueln, die im Namen der Leben spendenden Macht ihre Diener verübten. Ich habe nicht die Absicht, darüber eine Abhandlung zu schreiben. Und ich glaube auch, dass du an dem Tage, an dem dir diese Worte zu Gesicht kommen werden, deine Entscheidung getroffen haben wirst. Wie sie auch ausgefallen sein mag, sie möge dir zum Guten gedeihen! Hier aber möchte ich noch ein Wort hinsetzen, das mir als eins der tiefsten erscheint, das die deutsche Dichtkunst hervorgebracht hat:

Willst du das Höchste, das Größte?
Die Pflanze kann es dich lehren.
Was sie willenlos ist, sei du es wollend. Das ist's!«

Dem Schiller-Zitat folgt in der Aufzeichnung meines Vaters noch die Beschreibung einer Urlaubsreise im Juli 1926.

Auf die Welt kam ich auf diese Weise in der Berliner Straße 11 in Berlin-Neukölln. Neukölln war erst zwei Jahre vor meiner Geburt in Berlin eingemeindet worden. Bis 1912 hieß es Rixdorf und war eine Landgemeinde. Es hat auch heute noch einen dörflich anmutenden Kern, der sich nach den Einwanderern aus Böhmen, die sich im 18. Jahrhundert dort ansiedelten, Böhmisches Dorf nennt. Im Jahr meiner Geburt hatte Neukölln 287.000 Einwohner, 1939 waren es 303.000 und jetzt sind es wieder so viel, darunter fast 100.000 Menschen türkischer, arabischer, polnischer und anderer Herkunft. Die Zahlen widerspiegeln den Lauf der Geschichte. Für mich ist Neukölln nicht wiederzuerkennen, wenn ich es jetzt, was sehr selten geschieht, wieder aufsuche. Menschen mit türkischem oder kurdischem Hintergrund bestimmen weitgehend das Straßenbild. Es sieht viel ärmer aus, als ich es in Erinnerung habe. Doch das Bild, das meine Erinnerung vorwiegend aus den 30er Jahren prägt, trügt wohl. 1922 war Neukölln auch ein armer, ein Arbeiterbezirk, ein »roter« Bezirk, in dem jedoch auch kleine Beamte, Intellektuelle, eben auch Leute wie meine Eltern wohnten. Anders als heute hungerten damals die Arbeitslosen, mussten manche sich ein Bett mit einem Anderen teilen, Schlafburschen. Das äußere Bild war zu dieser Zeit einheitlich grau, weniger kulturell bunt. Die Berliner Straße heißt übrigens heute Karl-Marx-Straße, obgleich der Bezirk im Westteil der Stadt liegt. Die Sozialdemokraten setzten das nach 1945, durch, damals.

Zurück zum Jahr 1922, dem Jahr meiner Geburt. Die Weimarer Republik war drei Jahre alt. Am 30. Juli, einem Sonntag, überschrieb *Die Rote Fahne* (die Zeitung der KPD) ihren Leitartikel mit einer Losung für Demonstrationen in 250 Städten: »Nie wieder Krieg!«. In dem mit »A. Th.« gezeichneten Artikel hieß es unter anderem: »Wir wagen vorauszusagen, dass weder die pazifistische Musik noch die pazifistische Prosa dem Moloch auch nur ein Härchen krümmen wird, dass der nächste Krieg so sicher ist, wie das Amen in der Kirche, wenn der Kampf gegen ihn auf der Plattform des bürgerlichen und sozialdemokratischen Pazifismus geführt wird, und dass sogar ein guter Teil der Redner, die heute die Friedensposaune blasen, morgen die Kriegstrompete blasen werden.« Die *Berliner Illustrierte Zeitung*, die am gleichen Tag erschien, kannte solche Probleme nicht. Sie teilte unter anderem mit, dass jeder elfte Amerikaner ein Auto besitzt und druckte eine Annonce ab: »Deutscher iss deutsche Teigwaren!«. Es sollte schließlich auch noch 17 Jahre dauern, bis Deutschland so weit war, dass es den Krieg beginnen konnte. Die *Berliner Illustrierte Zeitung* erschien übrigens in einem Umfang von 20 Seiten. Sie zeigte keine baren Busen, imponierte nicht durch Glanzpapier und ihre Bilder waren wenig eindrucksvoll. Sie kostete 5 Mark.

Mein Vater war ein guter Mensch. Ich hatte – wie ich meine – mehr an ihm gehangen als an meiner Mutter. Im Gegensatz zu ihr hat er mich nie geohrfeigt, obgleich auch er streng sein konnte. Unerbittlich beharrte er darauf, dass ich Spinat, grüne Bohnen (damals mit gemeinen Fäden) und anderes verhasstes Gemüse essen sollte. Als ich kleiner war, hab ich bei ihm auf dem Schoß gesessen, nie bei meiner Mutter. Er las mir vor, und ich hörte ihm gern zu. Es waren vor allem Geschichten von Hermann Löns und Fritz Reuter. Besonders beeindruckte mich der Hase Mümmelmann von Löns.

Mein Vater war beleibt, liebte gutes Essen und Trinken. Jeden Abend holte ich ihm aus dem Lokal in dem Haus am Kottbusser Damm 90, in dem wir etwa ab 1928 wohnten, einen Krug Bier. Anders als man es Juden nachsagt, hatte er kein kaufmännisches Talent. In seiner Praxis vergaß er, den seltenen Privatpatienten Rechnungen zu schreiben. Nach seinem Tod versuchte meine Mutter noch das Versäumte nachzuholen, was häufig an Verjährung scheiterte. Seine Ehrlichkeit zeigte sich auch in den kleinen Dingen des Alltags. Nie behielt er das Fahrgeld, wenn der Schaffner in der Straßenbahn auf der kurzen Strecke nicht bis zu ihm vorgedrungen war, sondern drückte es ihm beim Aussteigen in die Hand, ohne den Fahrschein abzuwarten. Ich gleiche ihm darin nicht.

Viel weiß ich nicht von meinem Vater, natürlich weiß ich, dass er Orthopäde war. Als wir noch in der Wohnung wohnten, in der sich auch seine Praxis befand, spielte ich nach, was ich täglich hörte. Meine bevorzugte Diagnose war Plattfüße. Auf Bildern hatte ich ihn in Offiziersuniform mit Pickelhaube gesehen. Auch wusste ich, dass er das Eiserne Kreuz zweiter Klasse hatte. Zu meinem Leidwesen erzählte er so gut wie nichts vom Krieg. Dass mein Vater Jude war, wurde mir erst in der Schulzeit bewusst. Es bedeutete mir zunächst nichts. In der Schule unterschied ich mich jedoch dadurch von meinen Mitschülern, dass ich auf die Frage nach der Religionszugehörigkeit, die damals obligatorisch gestellt wurde, »Dissident« angab. Als einer, der keiner Kirche angehörte, hieß man so. Leicht anrüchig war das. Später erst wandelte sich die Bedeutung des Wortes. Die Staatsideologie hatte die Kirchenideologie verdrängt. Der Bürgerrechtler wurde Dissident, was einer Auszeichnung in der westlichen Wertegemeinschaft gleichkam. Ein bis zweimal nahm mich mein Vater in eine Synagoge mit. Es sollte wohl ein Anschauungsunterricht sein. In Kirchen bin ich häufiger gewesen, besonders auf Reisen nach Italien oder Österreich. Auch meine fromme evangelische Großmutter erreichte nicht, dass mir Gott näher kam, wenn ich auch vor dem Mittagessen zusammen mit ihr betete.

***

1923, das Jahr nach meiner Geburt, brachte die Inflation. Meine Eltern waren mit mir im Sommerurlaub an der Ostsee, in Brunshaupten. Der Ortsname existiert heute nicht mehr, von den Nazis wurde der kleine Badeort in Kühlungsborn umgetauft. Das klang deutscher. Mein Vater beschrieb die Ereignisse, die die Geldentwertung zur Folge hatten, so:

»Diese Zeit war die schlimmste, die wir nach dem Kriege durchzumachen hatten. Nach der Ermordung Rathenaus fiel der Wert der Mark unaufhaltsam, und im Juli, in dem wir uns befanden, von Tag zu Tag. Jeden Morgen wurde in den Pensionen der Preis für den Tag bekannt gegeben. Schon hatte ich mir von Lucie Caro (das war die Frau eines Apothekers, mit dem mein Vater befreundet war) Geld leihen müssen, weil meine Bank mir nicht zur rechten Zeit gesandt hatte. Schließlich, am 30. Juli war der Markwert so gesunken, dass wir uns ganz schnell zur Abreise entschließen mussten. Lucie fuhr mit uns. Es wurde eine sehr unerquickliche Reise. Den zusammengeklappten Sportwagen von Fritz mussten wir mit ins Abteil nehmen. Der Zug war überfüllt von zurückeilenden Sommergästen. Alle waren aufgeregt, alle schimpften, Fritz schrie ununterbrochen den ganzen Tag. Dem Wirt hatte ich einen Schuldschein, fällig in 4 Tagen in Dollar geben müssen. Mein erster Weg in Berlin war auf die Bank, von der aus ich dem Wirt sofort meine Schuld überwies. Nun kamen schreckliche Tage. Brotläden wurden von Hungrigen geplündert. Wir aßen keine Butter mehr. Zu Festlichkeiten kam Gefrierfleisch auf den Tisch, wenn genügend Geld vorhanden war, welches zu kaufen. Für den letzten Rest unseres Bankguthabens – Billionen Mark – hatte Johanna 4 Zentner Kartoffeln gekauft, die mit Margarine oder Schweineschmalz gegessen wurden. Nur für Fritz gab es bei uns noch Butter. Das Mädchen Frieda wollten wir entlassen, weil wir ihr nicht genug Lohn geben konnten, aber sie erklärte, bei uns bleiben zu wollen, sie wolle Frau Doctor in der Not nicht verlassen. Sie war die Nichte des Feldwebels Gatzke vom Feldlazarett 7, mit dem ich im Krieg zusammengewesen. Sie war einem Mann sexuell hörig, aber ein anständiger Charakter. Es war eine furchtbare Not, besonders für die freien Berufe, die ihr Geld stets entwertet bekamen. Das Geld, das man am Morgen einnahm, galt schon nachmittags nur noch die Hälfte. Für seine Beamten sorgte der Staat. Sie bekamen ständig Nachzahlungen. Als ich in diesen Tagen zum Geldbriefträger einmal sagte, ich könnte ihm kein Trinkgeld geben, antwortete der: ›Das glaube ich, Herr Doctor, Mir geht es besser als Ihnen.‹ Und so war es.«

Das »Mädchen Frieda«, das nicht entlassen wurde, weil sie in der Not »Frau Doctor« nicht verlassen wollte, war offenbar ein Dienstmädchen. Ich erinnere mich nicht an sie. Dienstmädchen waren für einen Arzthaushalt selbstverständlich. Selbstverständlich war damals auch, dass die Ehefrau eines Doktors Anspruch darauf hatte, mit Frau Doktor angeredet zu werden. Der Doktortitel galt als Bestandteil des Namens, und da die Frau bei der Heirat den Namen des Mannes annahm, ging man, wenn auch juristisch fragwürdig, von einem

Anspruch auf den Doktortitel aus. Dienstmädchen »ersetzten« in diesen Jahren Waschmaschinen, Geschirrspüler, Wäschetrockner und die anderen modernen Mittel, die die Hausarbeit heute erleichtern. In jeder größeren Wohnung war für sie eine »Kammer« vorgesehen. Die Kammern hatten nur ein kleines Fenster und waren etwa 5 qm groß waren, dort schliefen sie. Die »Mädchen« aßen gewöhnlich nicht zusammen mit der »Herrschaft«, sondern allein in der Küche, stammten meist vom Land und wenn sie Ausgang hatten, war das ein Problem für die Hausfrau. Überhaupt waren Dienstmädchen ein ständiges Thema, wenn sich die Damen trafen. Man klagte, wenn sie nicht so, wie es der Brauch verlangte, servieren konnten oder wenn sie zu viel Ausgang forderten oder einen Herren mit in die Wohnung brachten bzw. bringen wollten. In jeder Wohnung gab es eine Klingelanlage, mit der das Mädchen gerufen werden konnte. In der Küche war ein Relais, das anzeigte, aus welchem Zimmer gerufen wurde. Die Küche hatte auch einen besonderen Dienstbotenausgang, um den Kontakt von »Herrschaften« und Personal einzuschränken oder zu verhindern. Unsere Dienstmädchen waren meist anhänglich, was zeigte, dass meine Mutter sie – relativ – gut behandelte.

Meine Mutter hieß Johanne, wurde jedoch Johanna genannt. Sie war eine Frau mit ungewöhnlich vielen guten, ja hervorragenden Eigenschaften. Das erkannte ich erst spät, in vollem Umfang erst lange nach ihrem Tod, als ich bereits ein alter Mann war. Mein Vater schrieb in seinen Aufzeichnungen, ich hätte sie mehr geliebt als ihn. Das mag für meine ersten sechs Lebensjahre zutreffen, ich selbst erinnere mich daran nicht, sondern glaube, dass ich mehr Zuneigung für den Vater empfand. Ich weiß allerdings auch noch, dass ich mich, wenn ich krank war, lieber von meiner Mutter als von meinem Vater behandeln ließ, was ihn wohl kränkte. Sie war vorsichtiger, wenn sie mir zum Beispiel die Zunge hinunterdrückte, um mir in den Hals zu sehen. Mit zunehmendem Alter und mit zunehmender Bildung wurde ich ihr gegenüber jedoch kritischer und ungerechter, was ich erst in meinem letzten Lebensabschnitt, zu spät, bereute.

Meine Mutter hatte keinen Beruf. Sie hatte nur die Volksschule in Lockwitz und eine Haushaltsschule in Dresden besucht. Später war sie nach Berlin gezogen. Wie es dazu kam, weiß ich nicht. Sie erzählte von ihrem Leben in dieser Zeit nichts. In Berlin hatte sie dem Professor für Orthopädie, Joachimsthal, dessen Frau verstorben war, den Haushalt geführt. Der Professor hatte zwei erwachsene Söhne und empfing wohl viele Besucher. Dazu muss auch mein Vater gehört haben, der Assistenzarzt bei diesem damals berühmten Professor war. Das Leben in der Familie, die dortigen gesellschaftlichen Kontakte trugen sicher zur Bildung meiner Mutter bei. Sie hatte jedenfalls Kenntnisse im Französischen und auf anderen Gebieten, die sie nicht auf der Volksschule erworben haben konnte, und die sie wirkungsvoll in Gesprächen einsetzte. Dennoch schrieb ihr mein Vater in einem Brief vom 25.12.1917, das war zehn Monate nach ihrer Hochzeit: »Willst Du außer Schönschreiben auch Maschineschreiben und Buchführung belegen? Wie wäre es mit Deutsch? Einzelne Fehler kommen doch noch in Deinen Briefen vor.« Ich mit meiner Oberschulbildung meinte, ihre Bildung habe Talmicharakter. Ich war nicht nur kritisch gegenüber meiner Mutter, sondern eben auch ungerecht.

Vielleicht war die Beziehung zwischen dem Professor und seiner Haushälterin nicht nur auf das Hauswirtschaftliche beschränkt, vielleicht gab es auch engere Beziehungen zu einem der Söhne. Als mein Vater jedenfalls in das Leben meiner Mutter trat, das muss etwa 1912 gewesen sein, und als sie im Februar 1917 heirateten, führte das in der Professorenfamilie zu Turbulenzen, wie aus Andeutungen in Briefen aus dieser Zeit zu ersehen ist.

Die Fähigkeiten meiner Mutter bewährten sich wohl zuerst in der schweren Nachkriegszeit, als mein Vater seine Praxis in Neukölln aufbaute. Sie half bis zu meiner Geburt meinem Vater als Assistentin bei kleinen Operationen und besorgte den Haushalt. In der folgenden Weltwirtschaftskrise sowie in den ersten Jahren des »Dritten Reichs« stand meine Mutter nicht nur treu an der Seite ihres Mannes, sondern verstand es auch mit ihren praktischen Fähigkeiten, die finanzielle Not zu mildern. Bis zu ihrem Tod nähte sie sich die meisten Kleider selbst und freute sich, wenn ihre Bekannten dachten, sie hätte viel Geld für das modische Gewand ausgegeben. Auch für mich nähte sie viel, sogar die komplizierten Hosen. In den Hungerjahren der Nachkriegszeit verstand sie es, unsere und besonders meine Ernährung trotz allem zu sichern. Etwas konnte ich auch dazu beitragen, indem ich einem amerikanischen Offizier, Herrn Erdreich, Deutschunterricht erteilte. Nach jeder Unterrichtsstunde erhielt ich außer Geld und Zigaretten die Gelegenheit, mit Erdreich und den anderen Offizieren, die mit ihm in der gleichen Zehlendorfer Villa wohnten, zu Abend zu essen. Das Essen war für mich ebenso ungewöhnlich wie köstlich. Zu einem Steak gab es statt Kartoffeln oder ähnlichen Beilagen Weißbrot, das mit Butter dick bestrichen und sodann mit Schokoladenstreuseln bedeckt wurde. Einmal träumte ich in der folgenden Nacht, ich esse Glühbirnen. Meine Träume entsprachen dem Kaloriengehalt. Dick wurde ich von den allenfalls einmal wöchentlich stattfindenden Mahlzeiten jedoch nicht.

Es waren nicht nur praktische Fähigkeiten, die meine Mutter auszeichneten, es waren auch ihre geistige Beweglichkeit und ihr Charakter. Meine Mutter hatte wohl nie Feinde. Sie bewahrte die meisten Freundschaften bis zum Tode. Sie überlebte fast alle. Als sie später das Miethaus in Charlottenburg besaß, hatte sie keinen Streit mit den Mietern, weil sie immer auf Ausgleich bedacht war und nie die Hauseigentümerin herauskehrte. Zu meiner ersten wie zu meiner zweiten Frau unterhielt sie beste Beziehungen. Beide holten sich häufig Rat bei ihr, den sie unaufdringlich, taktvoll gab. So bewältigte sie die Situation nach meiner Scheidung. Die Verbindung zur Mutter ihrer Enkelkinder, wie zu diesen selbst, litt unter der Scheidung nicht. Andererseits schloss sie bald meine zweite Frau in ihr Herz und behandelte ihre Tochter Antina wie ihre eigenen Enkelkinder.

Von meinen Großeltern kannte ich nur Anna Schlachte. Sie wohnte in Sachsen, in Lockwitz, das damals noch nicht zu Dresden gehörte. Ihr Mann, Moritz, benannt nach dem sächsischen König, war noch vor meiner Geburt 1922 gestorben. Ich habe von ihm einen meiner drei Vornamen. Mit Moritz hatte meine Großmutter ein Lebensmittelgeschäft in dem Haus betrieben, das sie bewohnte und das ihr Mann gebaut hatte. Er war »Conditor« und als Werkführer in der damals bekannten Schokoladenfabrik Rüger tätig, bevor er den Laden aufmachte. Das Geschäft war schon geschlossen, als ich nach Lockwitz kam. Doch die Wäschemangel hinter dem Haus existierte noch und wurde von Dorfbewohnern genutzt. Anna Schlachte war eine kleine, zarte, flinke Frau, immer vergnügt, immer geschäftig, mit stets rote Backen. Spaziergänger betrachteten mit Bewunderung ihren Garten mit den Blumenrabatten am Zaun. Anna Schlachte war eine Persönlichkeit in Lockwitz. Als sie am 2. November 1962 starb, war sie mit 104 Jahren die älteste Bürgerin Dresdens. In ihrem Lebenslauf spiegelt sich deutsche Geschichte. 1858 in Schwarzenberg im Erzgebirge geboren, erlebte sie 1864 den Krieg Preußens und Österreichs gegen Dänemark, 1865 den Krieg Preußens gegen Österreich, 1870/71 den Krieg Preußens gegen Frankreich, 1914–1918 den Ersten Weltkrieg und 1939–1945 den Zweiten Weltkrieg mit der Bombardierung Dresdens. Sie verlor einen Sohn im Ersten Weltkrieg und musste einen zweiten Sohn mit seiner Ehefrau aufnehmen, nachdem diese 1945 in Dresden ausgebombt worden waren. Sie erlebte auch die Revolution 1918, die Inflation 1922/23, die Weltwirtschaftskrise 1929, den Untergang der Weimarer Republik, die Verfolgung ihres jüdischen Schwiegersohns in der Nazizeit, den 17. Juni 1953, der sie wohl wenig betraf und den Bau der Mauer 1961, der sie von meiner Mutter trennte.

Was dagegen erlebte ich? Was erlebten meine Töchter? Wie heil war unsere Welt verglichen mit ihrer? Wie wirkte sich das auf ihren Charakter und wie wirkt sich das auf unseren aus?

In den Sommermonaten war ich als Kind oft bei meiner Großmutter. Schon im Vorschulalter setzte mich meine Mutter in den D-Zug nach Dresden, bat Mitreisende, auf mich aufzupassen und insbesondere darauf zu achten, dass ich in Dresden Hauptbahnhof und nicht etwa in Dresden-Neustadt aussteige. Denn auf dem Hauptbahnhof erwartete mich meine Großmutter auf dem Bahnsteig, um dann mit mir in Bus und Straßenbahn nach Lockwitz zu fahren. Dort spielte ich im Garten und hatte eine Schaukel. Anfangs gab es dort auch eine Ziege. Die liebe Oma machte mir meine Leibgerichte, unter anderem Täubchen, die sie vom Nachbarn erhielt. Gleichaltrige Kinder des Dorfes waren meine Spielgefährten. Wir lebten in verschiedenen Welten. Die Großstadt Berlin war ihnen noch fremder als mir das Dorf. Meine Erzählungen, in denen zum Beispiel eine U-Bahn beiläufig erwähnt wurde, hielten sie für Spinnerei und Angabe. Sie waren nie aus Lockwitz heraus gekommen.

Ich erinnere mich auch noch an die Küche mit dem Kanapee, wie in Sachsen ein Möbel genannt wurde, das in Berlin wohl als Bank, Sofa oder Liege gegolten hätte. Von ihm aus konnte ich kniend durch das Küchenfenster auf die Straße sehen, durch die eine eingleisige Straßenbahn von Niedersedlitz nach Kreischa fuhr. Auf dem Kanapee saß ich auch bei den Mahlzeiten, die von meiner Großmutter immer mit einem Gebet eingeleitet wurden. Das war ungewohnt für mich, aber ich tat, wie mir befohlen. Eine Bedeutung für mich hat es im Diesseits nicht gehabt.

Als ich älter war, fuhr ich auf dem Rad die Lockwitzgrund genannte Straße bis zu einem Steinbruch, den wir dann auch als Bergsteiger bestiegen. In der Wohnung meiner Großmutter fand und las ich illustrierte Bücher über die Erstürmung der Düppeler Schanzen und die Schlacht bei Königgrätz, in denen die Heldentaten der preußischen Soldaten gerühmt wurden. Sie hatte sie wohl von ihrem so früh verstorbenen Mann übernommen. Noch später, als ich schon auf das Gymnasium ging, fuhr ich nach Dresden und besichtigte die Sehenswürdigkeiten der Stadt, besonders die Gemäldegalerie. Bilder hatten es mir angetan. Zigarettenschachteln waren zur Reklame Bilder alter Meister beigelegt, die ich sammelte und in die Alben klebte, die die Zigarettenfirmen unentgeltlich ausgaben. Ich besitze diese Alben noch heute, sie stehen neben vielen Kunstbüchern, doch sie werden nicht mehr betrachtet. Keine Zeit.

Außer meiner Mutter hatte meine Großmutter noch drei weitere Kinder. Ihr Sohn Fritz, nach dem ich benannt werden sollte, was der Standesbeamte aber als Abkürzung ablehnte und Friedrich in das Register eintrug, war im Ersten Weltkrieg, der damals schlechthin Weltkrieg hieß, verwundet worden, hatte sich als Verwundeter eine Lungenentzündung zugezogen und war später an deren Folgen verstorben. Da meine Eltern mich immer Fritz nannten und auch meine Schulzeugnisse – abgesehen vom Abiturzeugnis – entsprechend ausgestellt waren, staunte ich sehr, als ich 1940 den Personalausweis auf den Namen Friedrich erhielt. Der Ausweis hieß übrigens Kennkarte und war außer mit einem Passfoto auch noch mit einem Fingerabdruck versehen. Von preußischer Ordnung sprach man viel und Feinde sah man überall. Der Führerstaat wies partielle Parallelen zum Rechtsstaat auf, wenn dieser sich bedroht sieht.

Wenn meine Großmutter Geburtstag hatte, erschien die ganze Familie. Es wurden von Jahr zu Jahr mehr Gäste. Den Enkeln folgten die Urenkel und diesen wohl die Ururenkel. Meist versammelten sich die Geburtstagsgäste im Garten. Bei schlechtem Wetter, an das ich mich nicht erinnern kann, fand die Feier in der guten Stube statt. Sie wurde nur zu besonderen Anlässen genutzt und war mir unsympathisch. Die Küche mit ihrem Kohlenherd, der sie gleichzeitig beheizte, liebte ich dagegen. Zu den Geburtstagen war der Tisch reich gedeckt. Mein Onkel Alfred, der Fleischermeister, brachte Fleisch und Wurst in seinem Auto mit. Er war der einzige in der Familie, der so ein Gefährt besaß. Sein Schwiegersohn steuerte als Konditor den Kuchen bei und alle kamen mit ihren Frauen, Kindern und Enkeln.

Onkel Max konnte außer seiner außerordentlich beleibten Frau nur seine beiden schmucken Töchter mitbringen. Er leitete ein Umspannwerk in Langburkersdorf bei Pirna, in dem er auch eine verhältnismäßig geräumige Dienstwohnung besaß. Ich war dort ein oder zweimal in den Ferien. Das Haus lag sehr schön am Hohwald. Schön war auch seine Tochter Liesel. Sie war das Urbild einer Germanin mit langen blonden Zöpfen und gefiel mir sehr. Sie war jedoch älter als ich und ging schon mit einem jungen Mann, der später ein gutgläubiger Nazi wurde. Seine zweite, jüngere Tochter war auch blond und trug auch lange Zöpfe, gefiel mir aber nicht so. Alle Langburkersdorfer waren wohl den Nazis verfallen.

Die Wolffs waren ein dürrer, angeheirateter Zweig der Familie Schlachte. Sie hatten weder Fleisch, noch Kuchen, noch hübsche Töchter zu bieten, nur einen Sohn, der aber klein und mickrig aussah. Aber die Wolffs waren die Hauptstädter und die mit dem Doktortitel des (wenn auch jüdischen) Familienoberhaupts. Sie waren etwas Besonderes. Ich glaube, meine Mutter sah das auch so.

In Berlin war vieles anders als in Lockwitz. Wir waren Großstädter, Hauptstädter und meine Eltern führten einen Haushalt, wie ihn Akademiker damals führten. Es gab Gesellschaften mit Gästen, die gleichfalls studiert hatten und – eine Seltenheit – in der Diele der Wohnung stand ein Telefon. An Stelle des Plumpsklos in Lockwitz gab es ein WC, eine Badewanne und fließendes warmes Wasser. Es herrschte eine andere Atmosphäre als in Lockwitz. Das galt auch für die erste Wohnung meiner Eltern, die nur aus zwei Zimmern neben den Praxisräumen meines Vaters bestand. Ich schlief nach meiner undeutlichen Erinnerung in einem dunklen Zimmer, das auf den Hof blickte und dessen großblumige dunkle Tapete mir beim Einschlafen Furcht einflößte. Die großen Praxisräume eigneten sich auch gut für rauschende Feste, die meine Mutter trotz der wirtschaftlichen Not mit Geschick ausrichtete. Ich weiß davon nur aus Erzählungen und von alten Fotografien. Dennoch waren meine Eltern nicht so begütert wie andere Ärzte, wie zum Beispiel die Bundesbrüder der ehemaligen Studentenverbindung meines Vaters. Im Gegensatz zu ihren meisten Bekannten besaßen sie auch nie ein Auto, was ich aber nicht so sehr bedauerte. Ein Auto war für die meisten Kinder und Erwachsenen damals außerhalb jeder Vorstellung.

Ein Familienleben wie in Lockwitz gab es in Berlin nicht, es fehlte die Familie. Die Eltern meines Vaters habe ich nicht mehr kennen gelernt. Mein Großvater Adolf hatte – so sagte man mir – ein Pelzgeschäft am Hohen Steinweg in der Nähe des Berliner Roten Rathauses. Er konnte seinen Sohn Alfred, meinen Vater, in das Gymnasium Graues Kloster und später zum Studium der Medizin nach Würzburg schicken.

Ich nehme an, dass er die gleiche Ausbildung meinem Onkel Walter angedeihen lassen wollte. Das funktionierte offenbar nicht. Genaueres habe ich nicht erfahren. Onkel Walter, hörte ich, habe nicht gut getan. Er sollte wohl Apotheker werden, hat aber nach dem Krieg nicht die Waffen abgelegt, sondern in einem jener Freikorps gedient, die die junge Republik gefährdeten. Danach begann er ein Studium der Zahnmedizin, das wohl mehr oder weniger durch meinen Vater finanziert wurde. Meiner Mutter scheint das nicht recht gefallen zu haben. Sie hatte immer eine kritische Einstellung zu ihrem Schwager, dem es nach abgeschlossenem Studium als Zahnarzt bald finanziell besser ging als meinen Eltern. Irgendwann war er in die SPD eingetreten und stand damit – zumindest auf dem Papier – links von meinem Vater. Er hatte seine Praxis im Wedding in der Müllerstraße und verdiente so gut, dass er mir teure Geschenke zu Weihnachten und zum Geburtstag machen konnte. Das schönste war die elektrische Eisenbahn, die ich mit etwa sechs Jahren von ihm erhielt. Damals eine Kostbarkeit. Er heiratete seine »arische« Assistentin, meine Tante Illa, und führte mit ihr eine ähnliche Ehe wie meine Eltern – nur kinderlos. Von Judentum war nichts zu merken. Weihnachten gab es bei Onkel Walter wie bei uns Tannenbaum und Geschenke. Meist kamen Onkel Walter und Tante Illa zu uns. Sehr häufig waren die gegenseitigen Besuche jedoch nicht.

Onkel Walter überlebte Nazizeit und Krieg. Durch seine »arische« Frau war er vor Deportation und Tod geschützt. Seine Praxis musste er allerdings während der Nazizeit aufgeben. Eine Verschüttung bei einem Luftangriff überlebte er trotz Verletzung. Er starb wenige Jahre nach der Befreiung eines natürlichen Todes und wurde auf dem jüdischen Friedhof Weissensee beigesetzt. Tante Illa überlebte ihn wenigstens um ein Jahrzehnt.

Eine Schwester hatte mein Vater auch. Sie hieß Amalie und wurde Malli genannt. Sie war bei den Brüdern unbeliebt. Mir wurde von ihr nur berichtet, dass sie sich Süßigkeiten aufhob, um ihre Brüder mit dem stereotypen Spruch zu ärgern: »Wer sich was aufhebt, der hat was.« Sie heiratete einen älteren Mann, Markus Reich, der von seinem Vermögen in Görlitz lebte. Wir sahen die beiden und ihren Sohn Ernst Reich sehr selten. Wenn ich sie traf, dann gefielen sie mir nicht. Die Wohnung in Görlitz erschien mir unfreundlich, die Familie miefig, heute würde ich vielleicht kleinbürgerlich sagen, und zu dem gleichaltrigen Ernst fand ich keinen persönlichen Kontakt, suchte ihn wohl auch nicht. Er überlebte Auschwitz und Buchenwald, während sein Vater 1942 in Theresienstadt und seine Mutter 1944 in Auschwitz umkamen. Nach Kriegsende besuchte Ernst Reich meine Mutter und Tante Illa, fuhr zur See als Koch, ging dann nach Israel, fand nirgendwo eine Heimat, kehrte zurück nach Deutschland, genauer: in die BRD, wo er ein kleines Kaffee betrieb und sein Judentum zu verbergen suchte, weil er glaubte, es sei besser so. Mit seiner Frau besuchte er mich einmal in Ostberlin, meine Tochter Barbara verhalf ihm viel später als Anwältin zur Rückerstattung eines Teils seines väterlichen Vermögens. Wie er in der DDR behandelt wurde, gefiel ihm sehr. Von Antisemitismus merkte er hier nichts. Er starb im Jahr 2007.

Als es meinen Eltern wirtschaftlich besser ging, engagierten sie mit anderen Eltern zusammen eine Kindergärtnerin, Frau Stoof. Sie meinten, ein Kindergarten wäre eine gute Vorbereitung auf die Schule, zumal für mich als Einzelkind. Mir ist Frau Stoof nur schemenhaft in Erinnerung, nur insoweit, als ihr Name bei mir immer noch einen Widerhall von Sympathie auslöst. Meine Eltern waren in den zwanziger Jahren klüger als die späteren Psychologen und Politiker, die nach dem Beitritt der DDR zur BRD die Kindergärten der DDR miesmachten und die Erziehung durch die Mütter als unentbehrlich darstellen wollten. Inzwischen haben sie das weitgehend aufgegeben.

***

1928, ich war noch nicht sechs Jahre alt, wurde ich vorzeitig in der 1. Volksschule in der Boddinstraße eingeschult. Dem waren Diskussionen meiner Eltern mit anderen Eltern vorausgegangen, ob man das Kind auf eine Privatschule schicken solle. Besonders mein Vater war für die Volksschule. Sein Junge sollte sich nicht als etwas Besseres dünken als andere Kinder. In die Schule gingen damals in Deutschland Jungen und Mädchen getrennt, während in den USA – so weiß es mein Lexikon – die Koedukation schon seit Beginn des 19. Jahrhunderts eingeführt war, in den skandinavischen Ländern seit 1876 und in der Sowjetunion 1917. In Deutschland existierte die gemeinsame Erziehung von Jungen und Mädchen vor 1945 nur in den sogenannten weltlichen Schulen, die auch Sammel- oder Einheitsschulen genannt wurden. In eine derartige Schule, die von sozialdemokratischen oder kommunistischen Eltern favorisiert wurde, kam ich nicht. Die Prügelstrafe war an allen Schulen, die ich bis zum Abitur besuchte, eine übliche Strafe. Sie wurde je nach dem Geschmack des Lehrers vollzogen. Auf der Volksschule war der Rohrstock anscheinend unentbehrlich. Es wurde auf den strammgezogenen Hosenboden oder auf die ausgestreckte flache Hand gehauen. Die Hand durfte nicht zurückzucken, kein Abwehrreflex war erlaubt, die Strafe konnte sonst verdoppelt werden. Mannhaft und diszipliniert sollte sich der Schüler bei Erleiden der Bestrafung zeigen. Jeder Lehrer hatte seine eigene Methode. Auch das Zwirbeln der kurzen Schläfenhaare war bei einigen beliebt. Auf den Gymnasien schlugen Lehrer nach meiner Erinnerung nur mit der Hand. 1945 brachte auch hier den Wandel, die Prügelstrafe wurde endlich abgeschafft und die Koedukation, die gemeinsame Erziehung von Jungen und Mädchen, eingeführt, jedenfalls in der sowjetischen Besatzungszone.

Von meinen ersten Schuljahren ist mir wenig in Erinnerung. Die Namen der Lehrer, die ich auf meinem ersten Zeugnis lese, rufen anders als der Name der Kindergärtnerin keinerlei Nachhall bei mir hervor. Aus dem ersten Schuljahr in einer Schule in der Neuköllner Boddinstraße habe ich nur noch ein Bild vor Augen: Auf dem Weg zur Schule gehe ich durch eine menschenleere Straße auf eine Reihe von Polizisten zu, die, Schulter an Schulter stehend, die Straße absperren. Weimarer Republik zur Zeit des »Blutmai«. Noch ein anderes ähnliches Bild stammt auch aus dieser Zeit: Meine Mutter steht am Fenster unserer Wohnung in der Berliner Str. 11, im zweiten Stock. Schüsse knallen, sie verbietet mir, zu ihr ans Fenster zu kommen. Vorspiel späterer Ereignisse.

Nachdem die Inflation mit ihren Folgen überwunden war, ging es meinen Eltern wirtschaftlich besser. Sie konnten sich eine größere und schönere Wohnung leisten, die zudem von der Praxis getrennt sein sollte, um Störungen der Freizeit zu vermeiden. So zogen wir 1928 oder 1929 nach Kreuzberg zum Kottbusser Damm 90. Das Haus war von dem berühmten Architekten Taut gebaut. Unsere im 3. Stock gelegene Wohnung war schön und zweckmäßig. Ein kurzer Korridor führte zu einer Diele, von der alle vier Zimmer, das Bad und die Küche abgingen. Ich bekam ein eigenes Zimmer und war darüber sehr glücklich. Meine Eltern richteten sich völlig neu ein und besonders das Esszimmer beeindruckte mich sehr. Seine Möbel waren aus massivem poliertem Nussbaumholz. Über einem großen Büffet, in dem Geschirr, Besteck und Tischtücher untergebracht waren, prangten zwei Sofitten genannte Wandleuchter, die zusammen mit einem Kronleuchter das Zimmer festlich beleuchteten. Im sogenannten Herrenzimmer standen zwei wuchtige Lederklubsessel an einem Rauchtisch mit Marmorplatte. Dort waren auch der Bücherschrank und der Schreibtisch, über dem eine gerahmte große Fotografie meines Großvaters Adolf Wolff hing. Das Schlafzimmer hatte einen gesonderten Zugang zum Bad, was als besonderer Vorzug hervorgehoben wurde.

In der Küche waltete das Dienstmädchen Anna. Sie galt meiner Mutter als besondere Vertrauensperson. Wenn meine Eltern verreisten, betreute sie mich. In einem Brief vom 15. August 1932, dem sie einem Brief von mir beifügte, berichtete sie meiner Mutter unter anderem: »Fritz ist sehr artig; wenn er nicht grade ein Buch liest, steht sein Mundwerk nicht fünf Minuten still. Als ich eben sagte, er möchte die Fehler verbessern, gab er mir zur Antwort: fällt mir gar nicht ein, Indianer können meistens nicht gut schreiben.« Orthografie und Zeichensetzung entsprechen dem Original. Anna ist mir im Gedächtnis geblieben. Sie ist die erste Person außerhalb unseres Familien- und engeren Bekanntenkreises, die ich nicht vergessen habe. Mit ihr mag auch jener Vorfall geschehen sein, den ich nur aus Erzählungen kenne. Meine Mutter war mit mir in Lockwitz und mein Vater mit dem Dienstmädchen allein in der Wohnung, als er einen Schrei hörte und darauf zu ihr ins Bad eilte. Anna war beim Saubermachen eine Maus in den Ausschnitt gesprungen. Mein Vater forderte sie auf, das Kleid zuzuhalten, ließ Wasser in die Wanne und dann öffnete Anna den Kleiderausschnitt und die Maus sprang in den Tod. – Mäuse waren damals überhaupt eine häufige Plage in den Wohnungen. Meine Mutter suchte ihr mit Mausefallen zu begegnen.

Aus der neuen Wohnung sind mir auch die Abende in Erinnerung, die meine Eltern mit ihren Freunden und Bekannten verbrachten. Es waren wohl vier Ehepaare, die sich jeden Mittwochabend trafen. Darunter der Zahnarzt Dr. Levineck und wohl auch der Kaufmann Stenszewski und der Apotheker Caro, alle mit ihren nicht berufstätigen Ehefrauen. (Für die Schreibweise der Namen kann ich mich nicht mehr verbürgen.) Dr. Levineck hatte seine Praxis am Antonplatz in Weißensee. Er besaß außer einem Auto ein Wochenendhaus in Dahlewitz, das wir manchmal besuchten und wo ich auch einen Teil der Sommerferien 1933 verbrachte, als mein Vater im Gefängnis war. Die Levinecks hatten eine Tochter namens Lilo, von der noch die Rede sein wird. Levinecks gelang rechtzeitig die Emigration. In Haiti lebten sie danach unter ärmlichsten Verhältnissen, bis ihnen die Einreise in die USA genehmigt wurde, wo es ihnen etwas besser, aber nicht gut ging. Dr. Levineck konnte nicht mehr als Zahnarzt tätig sein, sondern musste in der Fabrik arbeiten. Wir erfuhren das aus einem Brief, den sie uns nach dem Krieg völlig verbittert schrieben. Sie wollten auch mit uns nichts mehr zu tun haben. Alles, was deutsch war, war ihnen verhasst.

Nach dem Umzug zum Kottbusser Damm wurde ich in die 163. Volksschule umgeschult. Lehrer oder Freunde aus dieser Schule, die ich bis 1932 besuchte, blieben mir nicht in Erinnerung. Ich weiß nur, dass mich Mitschüler besuchten, mein Zimmer bestaunten und mit mir spielten. Dabei bevorzugte ich Trapper- und Indianerspiele. Unter meinem Bett baute ich eine Höhle, in der wir lagerten. Da ich dort auch einmal eine Kerze angezündet hatte, fing der Trapperanzug, den mir meine Mutter genäht hatte, Feuer, das ich jedoch gleich ersticken konnte. Immerhin ein unvergessener Eindruck. Unvergessen ist auch mein Bemühen, mit einer Apfelsine Ball zu spielen, indem ich sie an die Wand warf und erwartete, dass sie zurückkam. Sie platzte jedoch und ihr Saft floss, auf Dauer eine Spur zurücklassend, die Tapeten hinunter. Unvergessen ist schließlich ein Schüler, der in den Pausen auf dem Schulhof Geschichten vortrug, die aus Groschenheften oder Filmen stammten. Wir standen im Kreis um ihn herum und lauschten andächtig. Ich hätte nicht so schön erzählen können. Ich durfte leider Hefte mit derartigen Geschichten auch nicht lesen. Tomix hieß einer der bekanntesten Helden dieser Kinder- und Jugendliteratur, die mir verschlossen blieb. Ich selbst las mit Begeisterung Karl May, auch nach dem Schlafengehen unter der Bettdecke mit einer Taschenlampe. Wegen meiner umfassenden Kenntnisse der Werke dieses Autors wurde ich bei einem Besuch des Karl-May-Museums in Radebeul von dem dortigen Führer sehr gelobt, worauf ich so stolz war, dass mir auch dieses Erlebnis in Erinnerung geblieben ist. Schließlich habe ich auch noch ein weiteres Ereignis nicht vergessen. Auf dem Nachhauseweg von der Schule wurde ich von einem Mitschüler angegriffen. Ich kann es nicht mehr sicher sagen, aber ich glaube, der Angriff galt meiner Abstammung. Als »Dissident« und als Sohn eines Arztes hatte ich in der Klasse eine gewisse Sonderstellung. Ich war nicht nur der jüngste, sondern wohl auch der kleinste Schüler in der VIb. Wegen meiner Wendigkeit wurde ich damals in der Schule auch Floh genannt. Ich konnte den größeren Angreifer in den Schwitzkasten nehmen und ließ nicht los. Wenn ich losgelassen hätte, hätte er mich wahrscheinlich mit Fausthieben verprügelt. Andere Jungen standen um uns herum und wunderten sich über den Kleinen. Mein Vater erlöste mich schließlich, er hatte das Geschehen vom Fenster aus gesehen.

Die Freizeit gehörte nicht nur Karl May und den Spielen im Kinderzimmer. Auf der Straße oder in dem nicht weit entfernten Jahnpark spielte ich zwar so gut wie nie, aber ins Kino wollte und durfte ich sonntags manchmal gehen. Kindervorstellungen gab es unter anderem in einem Kino an er Hasenheide. Der Eintritt kostete, glaube ich, 30 Pfennig. Die Menge tobte, wenn die Helden der Wildwestfilme die bösen Feinde zur Strecke brachten. Mir flößte diese schreiende Schar von Kindern und Jugendlichen Unbehagen, um nicht zu sagen Angst, ein. Der Weg ins Kino war deswegen von zwiespältigen Gefühlen begleitet. Hinzu kam, dass ich durch die Schönleinstraße laufen musste. Das war eine typische Arbeiterstraße, geprägt von der Arbeitslosigkeit und dem Elend dieser Jahre. In ihr lagen auch Kneipen, die jeweils Stützpunkte von SA oder RFB, dem Rotfrontkämpferbund, waren, Genaueres weiß ich nicht mehr. Von diesen Lokalen gingen dann häufig Schlägereien und auch Schießereien mit den entsprechenden Folgen aus.

Ein kleineres Kino lag dichter bei unserer Wohnung am Hohenstaufenplatz. Das Kino war viel kleiner als das in der Hasenheide. Es war in zwei Räume geteilt, zwischen denen die Leinwand stand. So sah man aus dem einen

Raum zwar alles spiegelverkehrt, dafür aber billiger. Wir nannten es Flohkino. Der Weg dorthin auf der belebten Geschäftsstraße Kottbusser Damm vorbei am Hohenstaufenplatz war weniger bedrückend. Wegen der Skulptur zweier kämpfender Ziegenböcke hieß der Platz allgemein nur Zickenplatz. Im Sommer spielten dort an eigens dafür fest installierten Holztischen Arbeitslose Karten.

***

1932 ging es mit der Weimarer Republik zu Ende. Mit meiner Volksschulzeit auch. Im Januar 1932 bekam ich noch ein Zeugnis über meine Versetzung in die 4. Klasse. In den meisten Fächern hatte ich eine Zwei, im Fach Deutsch hieß es: »Im Diktat weniger«. In Musik stand ich 3 bis 4. Ich sollte danach das Gymnasium besuchen. Wieder überlegten meine Eltern, in welche Schule ich gehen sollte. Diesmal wurde ich allerdings mit einbezogen. Zu entscheiden war, moderne oder alte Sprachen. Eine Rolle spielte weiter der politische Charakter der Schule. Zur Auswahl stand eine näher gelegene Schule in der Kaiser-Friedrich-Straße, die bald in Braunauer Straße – nach dem Geburtsort des »Führers« – umbenannt werden sollte und jetzt euphemistisch Sonnenallee heißt. Die Schule war in einem wilhelminischen roten Ziegelbau untergebracht und galt bis 1933 als eine marxistisch orientierte höhere Schule. Zumindest inoffiziell, vielleicht auch offiziell, hieß sie Karl-Marx-Schule. Konkurrenz machte ihr ein erst unlängst gebautes Gymnasium in der Zwillingestraße, in der Nähe des S-Bahnhofs Köllnische Heide. Von diesem sagte mir mein Vater, dass dort viele Nazis wären. Ich zog den modernen Bau der marxistischen Lehranstalt in dem altmodischen Ziegelbau vor. Mein Vater stimmte meiner Wahl zu. So wurde ich Schüler des »Staatlichen Gymnasiums in Berlin-Neukölln«.

Wie ich erst mehr als 70 Jahre später erfuhr, war das Gymnasium damals die modernste Schule Deutschlands. Auf meinem Januarzeugnis 1934 nannte sie sich plötzlich »Staatliches Kaiser Wilhelms-Realgymnasium« und 1938 mutierte sie zur »Staatlichen Kaiser Wilhelms-Schule, Oberschule für Jungen«. Nach 1945 erhielt die Schule 1969 den Namen »Kepler Oberschule«. Irgendwann wurde sie eine der nicht gut beleumdeten Hauptschulen. Eine Geschichte dieser Schule berichtet: »1980 waren mehr als 50 Prozent der Schüler in den 7. Klassen Türken … Zu Beginn der achtziger Jahre befand sich die Schule in einem mehr oder weniger desolaten Zustand, der am besten dadurch zu beschreiben ist, dass ein Kollege mehr als sieben Wochen keine Tür zu seinem

Klassenzimmer hatte. ... Die Aula, die einst den kulturellen Mittelpunkt des Schullebens dargestellt hatte, war seit einigen Jahren wegen Einsturzgefahr gesperrt – 1978 hatte hier ein letztes Schulfest stattgefunden.«[1] Im Jahr 2006 hielt der damalige Bundespräsident Horst Köhler in der Kepler-Hauptschule eine Rede, die die Bedeutung der Schulbildung betonte. Die Zeiten hatten sich geändert, die Namen mit ihnen, die Schüler und die Pädagogik auch.

Als ich 1932 – nach einem »Beschluss der Prüfungskommission« – in die Sexta kam, hieß der Direktor der Schule noch Behrend. Er hatte ein Mathematik-Lehrbuch herausgegeben, das ich heute noch besitze. Meine mathematische Minderbegabung und meine fehlende Begeisterung für diese Disziplin konnte es allerdings nicht ausgleichen. Mein erstes Zeugnis im Herbst 1932 war alles andere als glänzend. In Deutsch und Mathematik hatte ich mangelhaft, in allen anderen Fächern genügend, nur in Religion hatte ich gut. Im Wesentlichen blieb das auch in der Folgezeit so. Ich erinnere mich nicht, dass meine Eltern darauf heftig reagierten.

In der neuen Schule fand ich einen neuen, einen ersten Freund. Wir verlebten zufällig gemeinsam einen Weihnachtsurlaub 1932 in Oberschreiberhau und wohnten sogar in einem Hotel zusammen. Sonst hatten wir nur in Privatquartieren Urlaub gemacht. Es war unser erster gemeinsamer Urlaub, mehrere weitere folgten ihm. Kurt Schmidt, so hieß mein Schulkamerad, wurde bald mein bester, mein lebenslänglicher Freund. Unsere beiden Familien feierten auch gemeinsam Silvester. Wir Jungen tobten ausgelassen, aber mein Vater wurde von einem Nazi angepöbelt. Die Schmidts ließen sich davon nicht beeindrucken und mein Vater wich nicht von seinem Platz, trank allerdings mehr als es meiner Mutter lieb war.

1 Mathias Homann, Von der Heckerschen Realschule zur Kepler-Oberschule. Berliner und Neuköllner Schulgeschichte von 1747 – 1992, Frankfurt/Main 2001, S. 370f

»Mampe halb und halb« im Hitler-Reich

Der 30. Januar 1933 brachte den ersten und mein ganzes Leben beeinflussenden Einschnitt in meiner Entwicklung. Ich wurde amtlich als jüdischer Mischling ersten Grades bezeichnet. Im Laufe der Zeit machte die Selbstironie der Betroffenen daraus »Mampe halb und halb«. Das war die Bezeichnung eines Produkts einer allgemein bekannten Berliner Likörfabrik. Trotz allem verging uns das Lachen nicht.

Die jüdischen Bekannten und Freunde meiner Eltern diskutierten die politische Lage. Ich musste zwar abends zeitig ins Bett, doch schnappte ich Fetzen der Diskussionen auf und behielt sie in Erinnerung. Die Ursachen des Antisemitismus wurden erörtert. Dabei spielten die sogenannten Ostjuden eine Rolle, ihnen wurde viel Schuld an den antisemitischen Hassgefühlen zugesprochen. Es gab auch die Auffassung, die Juden sollten nicht so in den Vordergrund treten. Das Hauptthema hieß Auswanderung – ja oder nein. Mein Vater erklärte ohne Schwankungen, er sei Deutscher und bleibe in Deutschland. Für zionistische Bestrebungen war er nicht zu gewinnen. Andere entschieden sich anders. Levinecks wanderten wie gesagt nach Haiti aus, Stenszewskis nach Holland, von wo sie von den Nazis verschleppt und umgebracht wurden. Die Tochter des Apothekers Caro und Ruth Friedmann, die Tochter der Freundin meiner Mutter, gingen nach England, wo sie überlebten. Das Schicksal der Eheleute Caro ist mir unbekannt, der Vater von Ruth beging Selbstmord.

Am 1. April 1933 standen SA-Männer vor der Praxis meines Vaters. Sie forderten auf Schildern, nicht zum jüdischen Arzt zu gehen. Mein Vater hatte mich an diesem Morgen in die Praxis mitgenommen. Warum er das getan hatte, weiß ich nicht. Es war Anschauungsunterricht. Meine Eltern waren nie wohlhabend oder gar reich, jetzt stellte sich für sie die Existenzfrage. Würde mein Vater als Frontkämpfer im Ersten Weltkrieg die Kassenzulassung behalten? Ihr Verlust hätte ihn finanziell ruiniert. Ich glaube, mein Vater war in dieser Beziehung optimistisch. Tatsächlich hat er die Zulassung bis zu seinem Tod auch nicht verloren, aber seine Praxis ging erheblich zurück. Ein Gedicht, das mein Vater am 4. Mai 1935 auf seiner neuen Reiseschreibmaschine tippte, sagt im letzten Vers, nachdem es zuvor Frau und Sohn gepriesen hatte:

»Dein Vers, mein Sohn, geriet mir etwas lang.
Viel länger noch ist meine müssige Stunde.
Wahrscheinlich wird mir heute niemand krank.
Es wäre gut, gäb es nur noch Gesunde.
Bring ich heut Abend diesen Vers nach haus,
Dann wisst Ihr: so sah's heute in der Praxis aus.«

Der Boykott wurde befolgt, auch im »roten« Neukölln.

Während der Sommerferien 1933 war ich wieder einmal mit meiner Mutter bei meiner Großmutter in Dresden-Lockwitz. Dort erhielt meine Mutter den folgenden Brief meines Onkels Walter:

»Meine liebe Johanna!

Eine wohl unangenehme, aber zu Besorgnis nicht Veranlassung gebende Nachricht muß ich Dir mitteilen. Sämtliche Obleute und Stellvertreter wurden heute früh zur Vernehmung abgeführt durch Kriminalpolizei. Sie sind alle 30 Mann gut untergebracht und werden anständig behandelt. Oranienburgerstraße und Reichsbund jüdischer Frontsoldaten hält ständige Verbindung mit ihnen aufrecht. Die Freilassung wird täglich erwartet, könne sich aber bei der großen Zahl der zu Vernehmenden auch 2 bis 3 Tage hinziehen. Du brauchst nicht nach Berlin zu kommen, denn Du kannst auch nichts machen. Ich habe ununterbrochene Verbindung mit den Organisationen und habe sowohl Praxis wie auch Wohnräume besucht, alles ist in bester Ordnung. Ein sehr übertriebener und politisch aufgebauschter Artikel erschien heute im Tempo. Nur in der Annahme, dass Du diesen Artikel zu Gesicht bekommst und Dich erschrickst, mache ich Dir Mitteilung. Besorgnis brauchst Du nicht zu haben, es geht Alfred körperlich gut. Wir erwarten, wie ich schon schrieb, stündlich und täglich die Freilassung.«

Die Verhaftung meines Vaters war im Zuge einer Aktion erfolgt, die sich gegen jüdische Repräsentanten der Berliner Ärzteschaft richtete. Ich glaube, mein Vater war im Vorstand einer Ärztekammer. Sein Aufenthalt im Gefängnis dauerte nicht lange, es mögen vielleicht 2 Wochen gewesen sein. Er war aber von diesem Erlebnis stark beeindruckt. Als er zwei Jahre später an Angina pectoris starb, gab meine Mutter dieser Verhaftung und den anderen Zeitereignissen die Schuld.

Meine Mutter fuhr entgegen dem Rat meines Onkels mit mir nach Berlin zurück und brachte mich bei Levinecks unter, die ihren Urlaub auf ihrem Wochenendgrundstück verbrachten. Es war trotz allem eine schöne Zeit für mich. Besonders beeindruckte mich ihr Hund, ein Deutscher Boxer, der auf den Namen Ajax hörte und den ich allein ausführen durfte. Auch das Auto, das sie besaßen, fand mein Interesse. Mit Lieselotte Levineck, einem molligen Mädchen, das wohl zwei, drei Jahre älter als ich war, spielte ich darin, wenn es in der Garage stand. Lieselotte benutzte die günstige Gelegenheit, um mir ihre ersten sexuellen Erfahrungen zu vermitteln. Es war aber ein Versuch am untauglichen Objekt, ich war noch nicht so weit wie sie, was ich aber zu verbergen suchte.

Nach seiner Verhaftung und nach dem Boykott seiner Praxis erhielt mein Vater mit Datum vom 10. Januar 1935 folgende Urkunde:

»Im Namen des Führers und Reichskanzlers
Dem Facharzt für Orthopädie
Dr. med. Alfred Wolff
in Berlin-Neukölln
ist auf Grund der Verordnung vom 13. Juli 1934 zur Erinnerung an den Weltkrieg 1914/1918 das von dem Reichspräsidenten Generalfeldmarschall von Hindenburg gestiftete Ehrenkreuz für Frontkämpfer verliehen worden.
Berlin den 10. Januar 1935.
Der Polizeipräsident
Polizeiamt Neukölln-Treptow.
I.V.
gez. Unterschrift«

Die Urkunde bestätigte gewiss den Optimismus meines Vaters. Tatsächlich hatte sie keine Bedeutung.

Trotz des Rückgangs der Praxis konnten meine Eltern weiter Reisen machen. Meine sparsame Mutter nähte ihre und meine Kleidung, es gab kein Dienstmädchen mehr und sie sparte Wirtschaftsgeld. So konnte sie ihren Mann mit der Nachricht überraschen, dass sie das Geld für eine Reise hätte. Wegen der politischen Verhältnisse reisten wir nach 1933 nur noch ins Ausland. Ich erinnere mich besonders an eine Italienreise im Sommer 1935. Unser erstes Ziel war der Gardasee, in dessen wärmerem Wasser ich es über mich brachte, eine Viertelstunde zu schwimmen, was mir ein italienischer Bademeister formlos bescheinigte. Ich hatte also meinen »Freischwimmer«. Es war der letzte Urlaub mit meinem Vater. Anschließend fuhr meine Mutter mit mir noch nach Venedig. Mein Vater konnte uns dorthin nicht begleiten, da er für so lange Zeit keinen Praxisvertreter bezahlen konnte. Solche Reisen, die meine Mutter auch nach dem Tod meines Vaters ermöglichte, waren damals ungewöhnlich und für mich ein großes Erlebnis.

Am 15. September 1935 wurde das Gesetz »Zum Schutze des deutschen Blutes und der deutschen Ehre« erlassen, bekannt unter dem Namen Nürnberger Gesetze. Es berührte mich noch nicht. Heirat und Geschlechtsverkehr mit »arischen« Frauen, den es mir, wie allen »Mischlingen«, verbot, standen bei mir noch nicht auf der Tagesordnung. Was es für mich später bedeuten würde, erahnte ich nicht.

Mein Vater litt unter Angina pectoris, die Judenverfolgung begünstigte die Krankheit. Er ahnte, dass sein Leben zu Ende ging. Im Herbst 1935 sagte er meiner Mutter, »wir wollen noch einmal einen schönen Urlaub verbringen, so wie früher«. Es kam anders.

Am 13. Dezember 1935 wurde ich zum Direktor meiner Schule gerufen. Das war noch nie geschehen. Gutes konnte es nicht bedeuten. Oberstudiendirektor Dr. Schroeder verkündete mir, ich solle sofort nach Hause fahren. Ich weiß nicht mehr, wie er es mir es mitteilte: Mein Vater war gestorben. Ein Herzschlag, auf dem morgendlichen Weg in seine Praxis, noch auf der Treppe unseres Hauses. Er war nicht einmal zwei Monate vorher, am 28. Oktober 1935, 60 Jahre alt geworden. Der Tag markierte das Ende meiner Kindheit.

Der Tod meines Vaters änderte fast alles in unserem Leben. Meine Mutter war plötzlich allein, wie sollte sie jetzt mit dem Leben fertig werden? Ohne Einkommen mit einem Kind, das jüdischer »Mischling« war. Sie war damals 51, ich war 13 Jahre alt. Ich spürte, wie sie meinen Vater vermisste, spürte ihre Sorgen. Anfangs schlief ich im Bett meines Vaters neben ihr. Ich wollte ihr eine Stütze sein, den Mann im Haus ersetzen, es kann sogar sein, dass Freunde der Familie so etwas zu mir sagten. Ein Mann hätte ihre Situation erleichtert. Sie suchte einen neuen Partner. Für mich war es unvorstellbar, dass ein anderer Mann an die Stelle meines Vaters treten sollte. Das erkannte sie, vielleicht habe ich es ihr direkt gesagt, sie gab jedenfalls ihre diesbezüglichen Versuche auf. Wovon sollte sie unseren Lebensunterhalt bestreiten? Klar war, die große und teure Wohnung würde sie nicht behalten können. Wie sollte sie das Schulgeld für mich bezahlen. Freunde rieten, der Junge, ohnehin kein guter Schüler, solle das kostenpflichtige Gymnasium verlassen und eine Lehre antreten. Handwerk habe einen goldenen Boden, besonders in diesen unsicheren Zeiten. Meine Mutter hörte nicht auf diesen Rat. Handwerkliche Fähigkeiten hatte sie bei ihrem Sohn nicht wahrgenommen. Der Knabe äußerte sich zudem ablehnend, er wollte auf der Schule bleiben. Sie muss auch geglaubt haben, dass die Zeugnisse der Schule nicht die letzte Wahrheit seien.

Mit Freunden aus der Studentenverbindung Neo Silesia, der mein Vater angehört hatte, beriet meine Mutter, wie der Betrag aus der Lebensversicherung meines Vaters anzulegen sei. Das Ergebnis hieß, ein Miethaus müsse gekauft werden. Die Beratungen der Freunde konzentrierten sich nun auf die Frage, was für ein Miethaus, große oder kleine Wohnungen, mit Hinterhaus oder ohne, wie hoch müsse der Kapitalertrag sein? Dann kamen Makler, mir unsympathische Gestalten. Sie nahmen meine Mutter zu den Besichtigungen im Auto mit. Es dauerte, bis schließlich das Haus in der Charlottenburger Königin-Elisabeth-Straße 59 gefunden war. Es gehörte einem Nazi, der sich dem Trunk ergeben hatte und gestorben war. Seine Frau, die noch in dem Haus wohnte, musste es verkaufen. Die Probleme zwischen »armer Arierin« und »reicher Judenfrau« waren vorprogrammiert, sie traten später zutage.

In dem Haus war vom Voreigentümer nichts mehr instandgesetzt worden. Meine Mutter musste Reparaturen in Auftrag geben, die die Mieteinnahmen auffraßen. Sie musste sich weiter einschränken. Wir zogen in eine kleinere Wohnung in der Thiemannstraße in Neukölln. Es war eine Parterrewohnung in einem Neubau, der wohl während der Inflation oder der Wirtschaftskrise errichtet worden war. Jedenfalls war er billig gebaut und äußerst hellhörig. In einer der ersten Nächte, die ich in der neuen Wohnung verbrachte, wurde ich von einem heftigen Hautjucken geweckt. Bei Licht sah ich, wie viele kleine rote Tierchen über mein Bett und an der Wand lang liefen. Ich vermutete Wanzen. Von ihnen hatte ich viel gehört, aber sie noch nie gesehen. Ich verbrachte die Nacht im Klubsessel meines Vaters. Meine Mutter bestätigte am Morgen meinen Verdacht. Wanzen zu haben, war eine Schande. Wanzen waren identisch mit Armut und Unsauberkeit. Meine Mutter besorgte ein Schädlingsbekämpfungsmittel, um sie selbst zu bekämpfen. Es war ein Gas, das in den luftdicht abzuschließenden Räumen zur Entwicklung zu bringen war. Mutter verfuhr zunächst in ihrem Schlafzimmer, das auf die Straße hinausging, nach Gebrauchsanweisung und ließ mich allein mit dem sich entfaltenden Präparat in der Wohnung zurück. Nach einiger Zeit klingelte es, und man sagte mir aufgeregt: »Bei Dir brennt's!«. Meine Mutter hatte das Fenster zur Straße nicht perfekt abgedichtet, so dass die Gasschwaden nach außen drangen. Sehr peinlich.

Die Hellhörigkeit war auch nicht angenehm. Wenn meine Mutter in ihrem Zimmer nieste, wünschte ihr ein an den Rollstuhl gefesselter Junge aus der angrenzenden Parterrewohnung im Nebenhaus Gesundheit. Besondere Vorsicht war auch geboten, als wir später Feindsender, d.h. den Londoner Rundfunk oder Radio Moskau hörten. Der Londoner Rundfunk wurde von uns am meisten gehört. Er war besser zu empfangen und die Gestaltung der Sendungen gefiel uns besser. Man erzählte sich die furchtbarsten Sachen, mit welchen Mitteln es möglich sei, das mit Todesstrafe bedrohte Abhören ausländischer Sender zu entdecken. Wir glaubten den Gerüchten nicht, doch das Radio wurde ganz leise gestellt oder sogar mit einer Decke abgedeckt, unter die wir dann krochen. Störsender erschwerten zusätzlich den Empfang. Das Informationsbedürfnis war jedoch stärker als alle Gefahren und Hindernisse. Später lernte ich eine Aussage Lenins kennen, die sinngemäß auf den italienischen Rechtsphilosophen Cesare Beccaria (1738–1794) zurückging: »Die abschreckende Wirkung der Strafe beruht nicht so sehr auf ihrer Höhe als ihrer Unvermeidlichkeit.« Ich dachte dann immer an die Szenen vor dem Radio.

Die Räume in der Thiemannstraße waren viel niedriger als in dem Taut-Haus und wirkten auf mich anfangs bedrückend. Andererseits war die Thiemannstraße viel ruhiger als der verkehrsreiche Kottbusser Damm. Von den drei Zimmern gingen das sogenannte Herrenzimmer, in dem ich jetzt auf einer Couch schlief, und das Esszimmer, in dem sich meine Mutter am Tag aufhielt, auf eine Kleingartenanlage hinaus. Das Herrenzimmer hatte auch einen großen Balkon, auf dem wir bei schönem Wetter frühstückten und den ersten Fliegeralarm am 1. September 1939 erlebten. Die Wohnung lag zudem näher zur Schule und näher zur Donaustraße, in der mein Freund Kurt wohnte. Außerdem wohnte in einem Nachbaraufgang Sonja Klose, meine spätere Frau. Von ihr, ihrem Stiefvater Arthur Heimburger und ihrer Mutter Lucie Heimburger wird später noch die Rede sein. Diese »Vorteile« konnten natürlich das Defizit im Familienhaushalt nicht ausgleichen. Meine Mutter wusste Rat. Schließlich hatte sie schon immer ihre Kleider selbst genäht und damit Furore gemacht. Auf ihrer elektrischen Singer-Nähmaschine, damals noch ein exklusives Stück, hatte sie einen Preis in einem Stickwettbewerb gewonnen.

Also entschloss sie sich, Heimarbeit zu übernehmen. Kein leichtes Brot. Die Aufträge mussten schnell und korrekt erledigt werden. Nur gelegentlich half ich dabei. Da sie sparsam wirtschaften konnte, reichte das Einkommen für Miete und Nahrung, aber auch für Schulgeld und sogar für die gewohnten Reisen zum Skifahren im Winter und Wandern im Sommer.

Das alles ging noch an. Jahre später wurde es kritischer. Meine Mutter hatte einen Vetter meines Vaters, Dr. Vogelsdorff, bei sich aufgenommen, der nach Beginn der Deportationen mit seiner Frau untergetaucht war und illegal in Berlin lebte. Er hatte es als Zahnarzt in Pankow zu Vermögen gebracht. Seine Tochter und seinen Sohn hatte er nach Israel emigrieren lassen, er selbst wollte jedoch noch nach Möglichkeiten suchen, wenigstens einen Teil seines Vermögens ins Ausland zu transferieren. So hatte er die Chance zu entkommen verpasst. Mit dem Geld, das ihm geblieben war, finanzierte er für sich und seine Frau Unterkünfte und Verpflegung ohne Lebensmittelkarten. Beiden sah man ihre jüdische Abstammung deutlich an. Sie waren zudem klein, die Frau zierlich und beide unbeholfen. Jeder Gang auf die Straße war für sie lebensgefährlich. Meine Mutter hatte sie mit Lebensmitteln unterstützt, doch eines Tages hatte er für sich kein Quartier. Meine Mutter nahm ihn vorübergehend auf. Ich denke, dass es allenfalls vier Wochen waren, die er bei uns wohnte. Er war ein unruhiger, nervöser Typ, wippte mit dem Fuß, wenn er saß und hielt es nicht lange sitzend aus, sondern wanderte im Zimmer umher. Der Junge aus der Nebenwohnung hörte ihn, als er wusste, dass meine Mutter und ich die Wohnung verlassen hatten. Er dachte an Einbrecher, wie er meiner Mutter später sagte, und wollte die Polizei alarmieren. Das wäre unser aller Ende gewesen. Es ging gut aus. Vogelsdorffs hatten überhaupt Glück, sie überlebten. Zuletzt als Hauswartehepaar. Davor durchlitten sie abenteuerliche Situationen. Sie erzählten, wie sie in der Nähe des Alexanderplatzes eine Unterkunft in einer Wohnung gefunden hätten, die offenbar als Absteige oder Puff gedient habe. Eines Nachts sei Militärpolizei erschienen, die einen Deserteur suchte. Sie seien nicht beachtet worden. In Luftschutzkeller hatten sie nicht gehen können, weil die Gefahr der Entdeckung zu groß war. Gelegentlich suchten sie Splittergräben in öffentlichen Anlagen auf. Sie kamen durch. Nach dem Krieg praktizierte Dr. Vogelsdorff zunächst weiter in Pankow und emigrierte dann nach Israel.

Während sich die Lebensverhältnisse meiner Mutter und mir nach 1933 wesentlich verschlechterten, verbesserte sich der Lebensstandard der Arbeiter und vieler anderer Berliner überraschend schnell und umfangreich. Die Zahl der Arbeitslosen sank. Gerade im Bereich der Landwirtschaft und des propagandistisch ausgenutzten Straßenbaus griff ein Beschäftigungsprogramm, das schon von der Regierung Brüning eingeleitet worden war. Für mich war das im Straßenbild unmittelbar wahrnehmbar, etwa wenn ich auf dem Weg zur Schule an dem Zickenplatz oder an dem Arbeitsamt in der Sonnenallee mit der Straßenbahn oder mit dem Fahrrad vorbeifuhr. Auf dem Zickenplatz verschwanden die arbeitslosen Skatspieler und vor dem Arbeitsamt standen keine Schlangen von Arbeitssuchenden mehr. Das geschah zwar nicht von einem Tag zum anderen, aber doch im Verlauf von wenigen Jahren. Anderes kam hinzu, die Wohnungsnot wurde zunächst verringert, wenn auch nicht beseitigt. Zur realen Lage weichen die Angaben von Historikern voneinander ab, die *FAZ* stellte 2012 fest: »Das Versprechen, die Wohnungsnot zu beseitigen, lösen die Nationalsozialisten nicht ein.« Jedenfalls verschwanden die roten Schilder »Zu vermieten«, Neubauten wurden errichtet. Allerdings wurden auch etwa 10.000 Wohnungslose, von den Nazis als »Asoziale« bezeichnet, inhaftierten und teilweise in KZs verschleppt. Unmerklich verschwand für viele die soziale Frage. Klassen und Klassenkämpfe schienen obsolete Begriffe geworden zu sein. Hitlers Wort »Gebt mir vier Jahre Zeit und Ihr werdet Deutschland nicht wiedererkennen« schien sich im positiven Sinn erfüllt zu haben. Doch es ist nicht zu übersehen: Die scheinbare Beseitigung von Klassenkämpfen war vor allem dem offenen Terror gegen Organisationen der Arbeiterbewegung geschuldet, die nach ihrer Zerschlagung kaum noch handlungsfähig waren. Derweil bestanden die sozialen Widersprüche fort und Klassenkämpfe wurden mehr unter der Oberfläche ausgetragen. Dennoch wurde die demagogische Volksgemeinschaftsideologie durch sozialpolitische Maßnahmen genährt. Viele Menschen, die vorher nie hatten verreisen können, konnten jetzt reisen – vor allem durch die Organisation »Kraft durch Freude«. Insgesamt wurden Hunger und Not im Laufe der Jahre von 1933 bis 1939 verringert. Den Preis dafür zahlten die Deutschen nach 1939. Da wurde die Not viel größer und verbreiteter.

***

Neben Kurt Schmidt hatte ich im Laufe der Schulzeit noch zwei andere Freunde, Konrad Klucke und Friedbert Kirfel. Uns verband die Ablehnung der Nazis, die Vorliebe für Jazzmusik und für Literatur aus der »Systemzeit«, die jetzt verboten war. Ich hatte die Bibliothek meines verstorbenen Vaters zur Verfügung, der solche verbotenen Autoren gern gekauft hatte. Heinrich Mann,

Glaeser, Feuchtwanger, Wassermann, Werfel, Arnold und Stefan Zweig waren darunter. Sie wurden auch von meinen Freunden gelesen. Einmal fand Kirfels Vater ein derartiges Buch bei seinem Sohn. Er war empört, sicher war er PG, wohl kein richtig überzeugter, ich denke, er war Beamter, und da gehörte Parteimitgliedschaft einfach dazu. Mein Buch erhielt ich dennoch zurück, ohne dass nachteilige Konsequenzen entstanden.

Ostern 1937 wurde ich nicht von der Obertertia in die Untersekunda versetzt. Ich war nie ein guter Schüler. Schlechte Zensuren fürchtete ich zwar, aber es war nicht mein Ziel, für die Schule zu lernen. Für das Leben, für meine Bildung wollte ich schon etwas tun. Ich hatte vielseitige Interessen, und aus meinem Tagebuch ergibt sich zum Beispiel, dass ich im gleichen Jahr mich mit jüdischer Geschichte beschäftigte und neben Bierbaum auch Thomas Manns *Zauberberg* las. Auch Fremdsprachen hatten es mir angetan. Ich begann, unter ständigem Einsatz von Wörterbüchern, englische und französische Schriftsteller im Original zu lesen, und hatte doch auf dem Osterzeugnis 1937 in Französisch die Zensur »nicht genügend«. Durch das Sitzenbleiben wurde ich von meinen Freunden »klassenmäßig« getrennt. Dennoch blieb unsere Freundschaft bis zum Ende unserer jeweiligen Schulzeit erhalten, und mit Kurt war ich bis an sein Lebensende befreundet.

Als besonders NS-freundlich habe ich meine Schule nicht empfunden. Der Erfolg der Nazis, die die Arbeitslosigkeit stark verringert und den Kauf eines eigenen PKW (eines Volkswagen) auch für Arbeiter denkbar gemacht hatten, bewirkte zwar eine weit verbreitete Akzeptanz der neuen, faschistischen Ideologie, die sich als national und sozial ausgab, dennoch fand man nicht alles gut und glaubte auch nicht alles. Der HJ-Dienst wurde zum Beispiel von meinen Mitschülern überwiegend als lästige Pflicht empfunden, viele versuchten, sich vor ihm zu drücken. Von der Überlegenheit der »arischen Rasse« und der Minderwertigkeit der Juden waren wohl die meisten überzeugt, doch leitete man daraus nicht ab, dass jeder »Arier« jedem »Nichtarier« überlegen war. Die Schädelmessungen, die in unserer Klasse durchgeführt worden waren und mit denen man die Zuteilung jedes Einzelnen zu verschiedenen »arischen Rassen« – »ostisch«, »nordisch«, »dinarisch« und andere – begründete, wurden mehr als Kuriosität denn als wissenschaftlich erwiesene Wahrheit betrachtet. Nur wenige Schüler in meiner Klasse verhielten sich zu mir ablehnend und diese waren darin noch maßvoll. So gab es von ihnen erfolglose Polemiken, als ich ein Architekturbuch in der Klasse zeigte, auf dem Bilder von modernen Bauten in der UdSSR zu sehen waren. Gehässige Attacken gegen mich ereigneten sich in dieser Schule nicht. Dazu trug vielleicht bei, dass ich kein guter Schüler, schon gar kein Streber, dafür aber sportlich gut war. Als ich einmal von der Schule ausgeschlossen worden war, weil die Schulleitung eine Nazianordnung falsch interpretiert hatte, erhielt ich Solidaritätsbesuch von einer Gruppe meiner damals neuen Klassenkameraden. Das tat mir gut. Wie es in den Köpfen meiner Mitschüler aussah, zeigt mir ein Tagebuch, das mir ein Klassenkamerad überließ, bevor er zum Arbeitsdienst eingezogen wurde. Er gehörte nicht zu den Nazis der Klasse, ich habe ihn vielmehr als Antinazi in Erinnerung.

Almanach eines Individuellen hat er seine Aufzeichnungen genannt, die am 25. Januar 1938 beginnen und am Ende Februar 1940 enden. Diesen Titel hätte kein Nazi gewählt, Individualismus war verpönt. Am 12. September 1938 trug er ein:

»Es beginnt Herbst zu werden, die Natur ist sommermüde. Aber die Straßen sind voll von Menschen, Staub und Musik. Marschmusik. Vom Reichsparteitag. Und man munkelt vom Krieg. Gibt es tatsächlich noch Menschen, die von Sturmangriff und Hurra träumen? September in the rain…«

Am 7. Mai 1939 schreibt der etwa Achtzehnjährige:

»Aus meiner Englandreise ist nun nichts geworden. Hier hat der Charakter die Politik verdorben. Beide Seiten fletschen die scharfen Zähne, hier die englische Bulldogge, starr, dogmatisch, mit dem berühmten demokrat. Beharrungsvermögen, dort der deutsche Schäferhund, edel und durch seine Erfolge berauscht, aber auch jung und vorwärts stürmend. Diese Gegensätze müssen einfach nicht miteinander auskommen, obgleich es rassisch durchaus tragbar wäre. Tragbarer als mit Italien. Einige die können noch nicht genug haben, behaupten, es gäbe Krieg mit Polen. Es nützt dann nichts, ich muss als deutscher Staatsbürger für die ›imperialistischen Ziele des aggressiven Weltfaschismus‹ (!) meine Knochen von polnischen Kuhhirten zu Brei zermalmen lassen. Frankreich sagt: Um Danzig einen Krieg anfangen? Der schizophrenetische Beifall der Weltpresse zu der Rede des Obersten Beck ist zu durchsichtig, als daß man ihn auch (?) begreifen könnte. Trotzdem! Was geht uns eigentlich Palästina an? Würden wir etwa den Arabern Bonbons statt Bomben auf die Häuser schütten? Allerdings kümmert es den alten Mann an der Themse einen Kehricht, was wir im mitteleuropäischen Raum für Entscheidungen zu unserer Sicherheit treffen!«

Und am Tage des Kriegsausbruchs, am 1. September 1939, notiert der Hitlerjunge: »Es ist Krieg. Das sagt genug.« Er listet anschließend noch die Bücher auf, die er seit Januar 1939 gelesen hatte, darunter finden sich Werke von Krasnow, Kröger, Oscar Wilde, Gottfried Benn, Werner Finck, Trakl, Barbusse, Remarque und Alfred Kerr. Am 20. September 1939 heißt es:

»Unsere Schule fällt mal wieder aus, sie ist Lazarett geworden. Wie an alles so gewöhnt man sich auch an den Krieg.

Geradezu phantastisch mutet die Tatsache an, daß in den Berliner Cafés du die Bürger sehen kannst: Gleichgültig, manche krampfhaft fröhlich, andere dumpf vor sich hin brütend, einige blasiert. Sie lauschen den hackenden Rhythmen der amerikanischen Schlager, die ihnen willige Orchester immer wieder und wieder vorblasen. Die einen hauchen ihr Leben aus, die anderen klatschen zu den Klängen eines Volkes Beifall, das die FEINDE direkt und versteckt unterstützt. Ein wahrer Run auf englische Platten hat eingesetzt.

›Lieber Engländer, lieber Franzose! Man hat Krieg mit Dir, ja das hat man. Man weiß zwar nicht wie lange, aber besiegen wird man Dich! Das halte fest!‹«

Vier Monate später, am 24. Januar 1940, schreibt derselbe Siegessichere:

»Das Neuste: Die Dichter an die Front. ›Benutzung der Dichtkunst als polit. Hörwerke‹ (Goebbels) lies: Herabwürdigung des dichterischen Schaffens zu platten Propagandazwecken. Joseph, ich glaub Dir nicht!«

Ende Februar 1940, im Angesicht des bevorstehenden Dienstes beim Reichsarbeitsdienst, schließt das Tagebuch mit dem Eintrag:

»Ich sehe sie schon vor mir, die Truppführer: ›Abiturienten raus! Scheißhaus reinigen!‹

Sind wir noch Menschen? Sind wir – nicht – schon zu – Tieren geworden? Zu Maschinen für die Arbeitssklaverei? Da gehen die Menschen hinaus die einen – und morden sich. Die anderen schippen, schippen, schippen, Tag um Tag!

III. Reich! Hahaha!!!«

Ich habe die Eintragungen so übernommen, wie sie im Original enthalten sind. – Viel Widersprüchliches, aber doch wohl über die Jahre eine zunehmende der Ablehnung des Hitler-Staates.

Meine Mitschüler stammten in der Mehrzahl aus Beamten-, Angestellten- oder Arbeiterfamilien. Ich glaube, ich war der einzige, der einen Vater mit einem akademischen Beruf hatte. Neben Kurt war unter meinen Mitschülern noch ein weiterer Sohn eines Fabrikbesitzers, aber Kurt übertraf ihn in puncto sozialer Status. Mit sechzehn Jahren machte er einen Führerschein, sein Vater konnte oder durfte nicht fahren, und von da an fuhr er den Opel Admiral seines Vaters, damals ein Auto der Spitzenklasse. Der Vater, ein ehemaliger Zwölfender – so bezeichnete man Soldaten, die eine mindestens zwölfjährige Dienstzeit ableisteten und damit Anspruch auf eine Stelle im öffentlichen Dienst erwarben –, hatte als einer der ersten in Deutschland Anbaumöbel hergestellt und damit seine Möbelfabrik zum Erfolg geführt. Er war ein kleiner, dicker Mann, der seiner größeren, stattlichen Frau, die früher einmal seine Buchhalterin war, nach meinem Eindruck geistig kaum entsprach, was aber die Ehe nicht beeinträchtigte. Zur Familie gehörte auch ein Dackel, Schnucki, der auf seine Art seinem Herrchen glich. Während des Krieges, als die Lebensmittel schon knapp waren, erhielt er noch Schlagsahne. Hund bei Schmidts müsste man sein, dachte ich manchmal.

Ich hing sehr an Kurt. Das war nicht dem Opel Admiral oder der großen Wohnung geschuldet, in der er ein eigenes Zimmer hatte und außerdem in einem Musikzimmer auf einem Flügel nach Belieben spielen oder die große Musikanlage (Radio und Grammophon) benutzen konnte. Es war auch nicht seine antifaschistische Einstellung oder seine geistigen bzw. musischen Fähigkeiten (er komponierte sogar). Eine Zeitlang liebte ich ihn regelrecht, bis meine Zuneigung sich Mädchen zuwendete.

Kurt war immer einer der besten Schüler seiner Klasse, nur das Turnzeugnis machte ihm Probleme. Leibesübungen hatten ein hohes Gewicht bei der schulischen Beurteilung. Die Nazis brauchten eine Jugend, die den Worten des Führers entsprach: Schnell wie Windhunde, zäh wie Leder, hart wie Kruppstahl. Von diesem Mannesideal war er weit entfernt. Ohne eine gute oder sehr gute Note in Leibesübungen konnte man, wenn ich mich recht erinnere, das Abitur nicht mit der Gesamtnote »gut« bestehen. Es hieß: »mens sana in corpore sano«. Daraus folgte, war der Körper nicht gesund, war der Schüler im Sport nicht gut, konnten sein Geist und seine schulische Leistung auch nicht gut sein. Nazilogik. Sie wurde von der Mehrheit der Personen aus meinem Umfeld hingenommen wie die Rassentheorie, wie die Lehre vom Volk ohne Raum, wie das Führerprinzip und der Führer selbst. Man war nicht immer von allem überzeugt, aber irgendetwas, glaubte man, war schon dran. Kurts

Mutter, die mich und meine Mutter immer liebevoll behandelte, fand auch, dass die Juden eine Reihe negativer Eigenschaften besäßen und dass insofern die Nazis nicht ganz Unrecht hätten. Auch in dem erwähnten *Tagebuch eines Individualisten* zeigt sich der Einfluss der Naziideologie bei einem, der nicht Nazi sein wollte.

Unsere Lehrer waren nicht alle Nazis. Die überwiegende Zahl war jedoch wenigstens den »Mitläufern«, wie es damals hieß, zuzurechnen. Überzeugte Nazis teilten sich in zwei Gruppen, die gutgläubigen Idealisten, die man achten konnte, und die Fanatiker, die man fürchten musste. Dazwischen gab es viele Schattierungen. Unser Klassenlehrer, bei dem wir Französisch hatten, Herr Hauffe, war nicht der Typ eines Nazis, er wich allen politischen Bekundungen aus. Hauffe war sorgfältig modisch, ja elegant gekleidet und auch parfümiert. Uns belustigte das. Wir machten ihm aber keine Schwierigkeiten, wohl weil wir den Eindruck hatten, dass er sein Fach beherrschte.

Anders war Herr Paczkowski. Er gab Deutsch-, Latein- und Turnunterricht. Er trug das Parteiabzeichen. Kurt Schmidt hatte bei ihm Deutschunterricht. In einem Aufsatz über das Führerprinzip schrieb er 1938: »Eine Hammelherde kann nicht demokratisch geführt werden.« Das gab Ärger, hatte aber keine wesentlichen Folgen.

Ein ausgesprochener Nazi war Studienrat Schneider. Ich hatte bei ihm nur Erdkunde. In dem Erdkundezimmer waren die Wände mit Graphiken bestückt, die Deutschlands militärische Bedrohung durch seine Nachbarn anschaulich machen sollten. So waren viele Flugzeuge, Panzer und anderes Kriegsmaterial auf unser »wehrloses Vaterland« gerichtet. Schneider rügte in seinem Unterricht auch Schüler, die Südfrüchte mitbrachten: Deutscher, iss deutsche Früchte! Für den VDA, den Verband des Deutschtums im Ausland, warb er intensiv.

Meine Erinnerung an die Lehrer weicht zum Teil stark von der anderer Schüler ab, die Mathias Homann in seiner bereits zitierten Schrift über unsere Schule wiedergibt. Vielleicht irre ich mich, aber auch Homann berichtet von Nazilehrern und Antinazis.

In meiner neuen Klasse erhielt ich neue Lehrer. 1938 wurde Dr. Wicht unser Deutschlehrer. Er war klein, hinkte stark und musste am Stock gehen, sein grauer Kopf war kahlgeschoren. Dr. Wicht galt als streng. Im Gegensatz zu anderen Lehrern bestrafte er nicht mit Ohrfeigen, sondern zwirbelte den Übeltäter an den kurzen Haaren, was recht schmerzhaft war. Im Februar 1940 notierte ich in meinem Tagebuch, das ich seit dem Juli 1937 unregelmäßig führte: »Ich hätte im Vorjahr nicht gedacht, dass mein Deutschlehrer, Dr. Wicht, einmal so großen Einfluss auf meine geistige Zielsetzung nehmen könnte, wie augenblicklich.« Von Dr. Wicht ging das Gerücht, dass er 1933 einem HJ-Stammführer an unserer Schule gesagt haben soll: »Dir werden sie noch einmal das Hakenkreuz auf den Hintern malen.« Solch eine Ausdrucksweise war Dr. Wicht an sich fremd, vielleicht stimmte das Gerücht dennoch und war die Äußerung das Ergebnis starker Erregung. Fest steht jedenfalls, Dr. Wicht war kein Nazi. Homann nennt ihn in der Geschichte meiner Schule als einen von drei Nazigegnern. Er erwähnt auch den Fall des HJ-Führers, berichtet jedoch, es habe sich um eine Äußerung Wichts nach dem Ausbruch des Krieges und um ein Eisernes Kreuz gehandelt, das dem HJ-Führer auf den Hintern gemalt werden sollte.[2] Wie dem auch sei, ich denke, Wicht war ein überzeugter Protestant, gehörte wahrscheinlich der Bekennenden Kirche an und war ein bürgerlicher liberaler Demokrat. Neben dem Deutschunterricht leitete er eine Arbeitsgemeinschaft Philosophie, an der auch ich teilnahm. Die Schülerzahl in der Klasse hatte sich im Verlauf der Jahre, besonders durch die Meldung von Freiwilligen zur Wehrmacht, stark vermindert. Kurt Schmidt und Kirfel waren im Sommer 1940 nach ihrem Abitur zum Reichsarbeitsdienst (RAD) eingezogen worden. In der Arbeitsgemeinschaft Philosophie waren nach meiner Erinnerung weniger als zehn Schüler. Dr. Wicht verteilte philosophische Texte, über die jeweils ein Schüler referieren sollte. Mir gab er das Kommunistische Manifest. Ich glaube, das Exemplar stammte aus der Fachbibliothek der Schule. Ich lehnte das Referat ab. Natürlich hätte es mich sehr interessiert. In der Bibliothek meines Vaters hatte es keine marxistische Literatur gegeben und gefühlsmäßig neigte ich den Kommunisten zu. Sie waren, wie ich schon damals glaubte, die entschiedensten Kämpfer gegen die Nazis und damit meine natürlichen Verbündeten. Außerdem hatte in der Nachbarwohnung am Kottbusser Damm ein junger Mann gewohnt, den ich für einen Kommunisten hielt, obgleich ich ihn nur flüchtig kannte und der mir sehr sympathisch war. Bei allem Interesse hielt ich aber das Thema für zu gefährlich für mich. Dr. Wicht wird das verstanden haben. Als ich nach dem Abitur keine Lehrstelle fand, versuchte er mir zu helfen. Auch später hatten wir noch Kontakt. Sein letzter Brief an mich trug den Poststempel vom 14. April 1945. Er schrieb unter anderem: »Da ich jetzt wieder hier bin, und ein Dach über

2 Mathias Homann, Von der Heckerschen Realschule zur Kepler-Oberschule. Berliner und Neuköllner Schulgeschichte von 1747 – 1992, Frankfurt/Main 2001, S. 270ff

dem Kopf habe, würde ich Sie gern einladen, mich hier zu besuchen. Es ließe sich dann manches vielleicht doch besser klären.« Ich entnahm daraus, dass er mit der Schule aus Berlin in eine bombenfreie Gegend verlagert worden und nun ebenfalls kriegsbedingt wieder in Berlin war. Ich entnahm auch, dass er immer noch aus Vorsichtsgründen lieber reden als schreiben wollte. Aus dem Besuch wurde nichts. Am 25. April wurde die Thiemannstraße von sowjetischen Truppen befreit. Dr. Wicht ist von einer Fliegerbombe in diesen letzten Kriegswochen getötet worden. Ein Kollateralschaden, das Wort war damals allerdings noch nicht erfunden.

Meine Mutter beschloss 1938, mich taufen und konfirmieren zu lassen. Ich war widerspenstig. Ich glaubte nicht an Gott und wollte nicht heucheln. Sie – eine lebenserfahrene Frau – meinte, die Kirche würde mich schützen. Ich ließ mich nicht überzeugen, wollte die Kirche nicht missbrauchen. Eines Tages wurde ich in der Schule zum Direktor bestellt. Es war das zweite Mal, mir war nicht wohl. Der Direktor hieß jetzt Dr. Reinecke, ich hatte ihn noch nicht näher kennen gelernt. Vom Aussehen war er mir weder sympathisch noch unsympathisch. Wilhelm Reinecke war ein großer Mann mit hagerem Hals und schmalem Kopf, man nannte ihn Putenschlund. Er sprach auf mich ein und wiederholte die Argumente meiner Mutter. Die Situation war mir peinlich, ich kapitulierte und ging fortan zum Konfirmandenunterricht. Mir schien damals, er war kein Nazi und hatte wohl Verständnis für meine Mutter und mich. In der Geschichte meiner Schule heiß es über ihn, »mit der Bestallung vom 2. September 1938 durch den ›Reichskanzler und Führer‹ wurde Reinecke … ab dem 1. Oktober 1938 die Leitung der KWS endgültig übertragen … Dabei blieb es, wenn auch ›der Stellvertreter des Führers‹ im Oktober 1938 den Vorgang bis auf weiteres rückgängig machen wollte, ›da mir nachträglich über Dr. Reinecke noch ein äußert ungünstiger Bericht zugegangen ist, der gegenwärtig geprüft wird.‹ Was dieser ungünstige Bericht beinhaltete, ist nicht bekannt.«[3]

Am Religionsunterricht hatte ich ohnehin schon bisher immer teilgenommen. Neben Sport war Religion ein Fach, in dem ich die besten Noten hatte, in der Regel gut, 1938, bei unserem Klassenlehrer Lasarzik sogar sehr gut. Der Religionsunterricht bestand bei ihm zunächst im Auswendiglernen des Inhaltsverzeichnisses des Neuen Testaments. Lasarzik sprach ostpreußischen Dialekt. Einen Schüler unserer Klasse hatte er ständig im Verdacht, seine Hausaufgaben nicht gemacht zu haben. Er fragte ihn: »Tiburtius, hast gelernt?« Tiburtius wuss-

3 Mathias Homann, a. a. O., S. 267f.

te, dass Lügen sinnlos war und verneinte, darauf wurde er zum Lehrer gerufen, der seine Hand zum Mund erhob, sich die Kuppen der gespreizten Finger leckte und danach dem faulen Schüler eine kräftige Ohrfeige versetzte. Christliche Nächstenliebe in Aktion. Außerdem wurden bei Lasarzik im Religionsunterricht germanische Sagas gelesen. Wer gut, d. h. mit Betonung vorlas, bekam eine gute Zensur und brauchte die Bücher der Bibel nicht aufzusagen. Ich las gut, mit schöner Betonung, das brachte die Eins und befreite vom Auswendiglernen.

Herr Jordan, unser Physiklehrer, war, so schien es mir, ein typischer Junggeselle. Er war freundlich, doch ohne besondere Autorität und seine Bemühungen, mir Physikkenntnisse beizubringen, blieben, aus welchen Gründen auch immer, erfolglos. Er hatte, wohl nach einer Kehlkopfoperation, eine heisere Stimme, und wenn er atmete, sog er hörbar die Luft durch den Mund ein. Seine Schuhe erweckten unser besonderes Interesse. Er rühmte sich, sie selbst zu besohlen. So sahen sie auch aus. Sie hatten die Form einer Gondel, Bug und Heck erhoben sich deutlich und näherten sich der U-Form. In meiner Erinnerung ist noch, dass wir uns auf dem Schulweg vom S-Bahnhof Sonnenallee zur Schule in der Braunauer Straße trafen. Unsere Schule in der Zwillingestraße war Lazarett geworden, und wir wurden in die ehemalige Karl-Marx-Schule verlegt. Es muss in dem Jahr vor dem Abitur gewesen sein, als wir uns trafen. Krächzend und röchelnd berichtete er mir, er habe die vergangene Nacht von mir geträumt. Der Schulrat sei bei ihm im Unterricht gewesen und habe ihn aufgefordert, ihm seinen schlechtesten Schüler zu zeigen und da habe er auf mich gewiesen. Das alles sagte er nett und leicht amüsiert und so fasste ich es auch auf.

Gern erinnere ich mich auch noch an unseren Zeichenlehrer Loewe. Ich hatte so wenig Zeichentalent wie musikalisches Gehör. Der Zeichenunterricht machte mir jedoch Spaß, wenn er Kunsterziehung war. Mir ist noch in Erinnerung, dass Herr Loewe unseren Geschmack zu bilden suchte, indem er uns vor allem Unechten, allem, was so schien als ob, warnte. Ich dachte an die Ausschmückung der Linden zur Olympiade mit griechischen Säulen aus Pappmaché. Mir schien, er wollte gerade dies assoziieren. Meine Standardzensur war die ganzen Jahre »ausreichend«, auf dem Abiturzeugnis hieß es auf einmal »befriedigend«. Ob Loewe zu diesem Zeitpunkt noch unser Lehrer war, weiß ich nicht. In der Geschichte unserer Schule wird er der »beliebteste Lehrer« genannt.[4]

In einem anderen Nebenfach, den Leibesübungen, hatte ich gewöhnlich »gut«, manchmal auch »sehr gut«. Das freute mich besonders, weil es den

---

4 Mathias Homann, a. a. O., S. 195

»rassentheoretischen« Erkenntnissen eklatant widersprach. Besonders stolz war ich, als ich einmal in die Schulstaffel für den 400-m-Lauf aufgenommen wurde und im Stadion besonderen Beifall erhielt, weil ich als Kleiner mit den Großen mithalten konnte. An spezielle Lehrer in diesem Fach kann ich mich nicht erinnern. Sie wechselten wohl zu häufig. Ich weiß nur, dass von Einigen Wert auf militärische Marschübungen gelegt wurde. Einmal – es war wohl bei Studienrat Donat – hatte ich mich aus irgendeinem Grund vom Turnunterricht entfernt und sollte mich, als ich wiederkam, zurückmelden. Die Klasse stand in Reih und Glied da, der Lehrer vor der Front. Fritz hätte nun zackig sagen müssen: »Melde mich zur Stelle!«. Das wollte Fritz aber nicht und sagte stattdessen unter dem teils höhnischen, teils amüsierten Gelächter der Klasse: »Ich bin wieder da.«

Nach Taufe und Konfirmation in der Neuköllner Martin-Luther-Kirche verordnete mir meine Mutter Tanzstunde. Sie fand ab Oktober 1938 im Westen, am Kurfürstendamm bei Lutz Hoffmann statt. Neuköllner sprachen damals schon vom »Westen« als Synonym für Vornehmheit und Eleganz. Man sagte auch, man fährt in die Stadt, wenn man zum Einkauf ins Zentrum, etwa in die Leipziger Straße fuhr. Westen war natürlich teuer, eine Tanzstunde in Neukölln wäre preiswerter gewesen. In dieser Beziehung sparte meine Mutter nicht. Der Junge sollte gutes Benehmen lernen.

Meine Voraussetzungen für dieses Unternehmen waren nicht die besten. Mit Mädchen hatte ich so gut wie keinen Kontakt gehabt, war in dieser Beziehung schüchtern. Musikalisch war ich auch nicht, zudem klein. Dennoch notierte ich im Tagebuch: »Ich werde selbstsicherer und gewandter.« Von moderner Tanzmusik, von Swing, Lambeth Walk und Hot, war ich allerdings, wie man heute sagen würde, ein Fan. Meine Freunde und ich kauften, so wir Geld hatten, Schallplatten in einer Seitenstraße der Tauentzienstraße, in einem Geschäft im ersten Stock, das englische und amerikanische Platten der Firma Brunswick führte. Solche Musik war bei den Nazis verpönt, war entartet, undeutsch. Wir aber liebten Armstrong, Count Basie, Benny Goodman, die Andrewsisters und andere, von mir vergessenen Stars der dreißiger Jahre. Nach diesen Rhythmen und dem damals modernen Lambeth Walk tanzten wir unter anderem bei einer Propagandaveranstaltung der Winterhilfe auf dem Kurfürstendamm. Die Zuschauer, die uns aus den Lokalen zusahen, schüttelten zwar den Kopf, aber niemand schritt ein. Anglo-amerikanische Tanzmusik war schon in den dreißiger Jahren eine Waffe in der ideologischen Auseinandersetzung. Die Nazis kämpften dagegen vergeblich an, den Kommunisten sollte es später nicht anders ergehen. Der Kampf um die Köpfe und Herzen der Menschen wird auf vielen, auch den anscheinend abseitigsten Gebieten, ausgetragen.

Dennoch machte ich wohl Eindruck auf Ingeborg Konietzny, genannt Konny, die ich im Konfirmandenunterricht kennen gelernt hatte, ohne mit ihr ein Wort zu wechseln. Sie wurde jedenfalls meine Tanzstundenpartnerin und meine erste große Liebe. Die Rassengesetze gewannen für mich Bedeutung. Nicht, dass wir so weit gegangen wären, die Verbotsgrenze zu übertreten, aber ich fühlte mich doch verpflichtet, Konny über meine »nichtarische« Abstammung aufzuklären. Mein Tagebuch enthält nur wenig über diese Periode. Es fehlte nicht nur an Zeit für Eintragungen, sondern ich dachte auch daran, dass meine Mutter lesen könnte, was ich schrieb. Manchmal schrieb ich daher deutsch mit griechischen Buchstaben, Stenographie oder auch französisch. Beides war jedoch zeitraubend und setzte sich nicht durch. Heute kann ich manches nicht mehr entziffern. Mit Konny traf ich mich, wann immer es ging. Wenn es nicht ging, machte ich es öfter dennoch möglich, indem ich die Schule schwänzte. In einer Pause verließ ich dann die Schule, damit wir in den Treptower Park oder den Tiergarten gehen konnten, wenn sie schulfrei hatte. Es ist nie aufgefallen, und niemand von den Mitschülern hat mich verpetzt.

Im Übrigen kam es, wie es kommen musste. In den Sommerferien fuhr sie nach Koserow, ich nach Oberstdorf. Sie lernte junge Männer kennen, älter als ich, die auch keine Probleme mit den Nürnberger Gesetzen gehabt haben dürften. Aus war es. Ich war vor Liebeskummer richtig krank. Meine Mutter machte sich Sorgen. Das vorletzte Mal berichtet mein Tagebuch am 2. Oktober 1939 in Sütterlinschrift von meinem Kummer: »Es ist immer noch dasselbe mit mir. Ich warte immer noch, dass sich die ›große Liebe‹, denn als solche erscheint sie mir jetzt, erneuern möge. Ich warte immer noch auf eine Begegnung. – Die Zeiten, d.h. also der Krieg, berühren mich wenig. Ich bekomme eigentlich nur die Veränderung des Schulunterrichts zu spüren.« Schule hatte ich 1940 nur dreimal wöchentlich und die Schulstunde zählte nur 20 Minuten.

Mein Tagebuch, von dem hier schon mehrfach die Rede war, ist als Quelle für die Wirkung des Zeitgeschehens auf mich wenig ergiebig. Von Fakten ist aus ihm so gut wie nichts zu erfahren. Nur was Fritz dachte und was er fühlte, ist in ihm ausgebreitet. Immer wieder Klagen über Einsamkeit, nachdem Kurt beim Militär war, das Fehlen von Freunden und nach dem Ende der Affäre Konny die Sehnsucht nach einer Freundin. Dennoch verstand ich meine Mutter nicht, wenn sie in Abständen äußerte, dass meine Jugend, die schönste Zeit des Lebens, verloren wäre. So sah ich das wiederum nicht.

Ich las und träumte. – Ich las, was ich für lesenswert hielt. Einiges habe ich im Tagebuch und anderen Aufzeichnungen festgehalten. Die Aphorismen von Lichtenberg und Werke von Shaw, Seneca, Epiktet, Wilde, Stehr. Auch die französischen Moralisten waren Teile meiner Lektüre in den Jahren 1938 bis 1941. Auch Übersetzungen aus dem Französischen und Englischen machte ich damals für mich, darunter die »Balladen in Prosa« von Alphonse Daudet und ein Aufsatz von George Moore.

Gute Bücher waren schwer zu bekommen. In der Anzengruber Straße 20 in Neukölln war die kleine, Spitzweg-Haus genannte Buchhandlung von Herrn Paapke, die oft weiterhalf. Der Buchhändler war kein Nazi und hatte Verständnis für unsere Wünsche. Er verkaufte auch Drucke von Malern wie van Gogh und anderen Expressionisten, die bei den Nazis verpönt, bei meinen Freunden und mir aber beliebt waren.

***

Der Krieg hatte seit Jahren in der Luft gelegen. Nichts davon im Tagebuch, nichts von den Luftschutzübungen, von Fliegerbomben-Imitaten aus Pappmaché auf den Straßen, von der Einrichtung der Luftschutzkeller, von den Vorträgen über den Luftkrieg, von der Rationierung der Lebensmittel, von der Hermann Göring zugeschriebenen Parole »Kanonen statt Butter« (Rudolf Heß hatte sie bereits 1936 verwendet). Nichts von dem, was Freunde und Bekannte zur Kriegsgefahr sagten. Kein Wort von der »Reichskristallnacht«, vom Polenfeldzug, vom Überfall auf die Länder Europas. Selten ein verwendbarer Splitter über meine Einstellung zu den politischen Ereignissen. Vielleicht lag es an der Angst vor der Gestapo, dass ich dem Tagebuch solche Gedanken nicht anvertraute. In einem Aufsatzheft finde ich einen Klassenaufsatz, den uns Dr. Wicht am 29. August 1939 schreiben ließ: »Gilt heute noch das Wort der alten Griechen: ›Der Krieg ist der Vater aller Dinge.‹?« Die letzten Sätze meines Aufsatzes lauten: »Daladier sagte dem Sinne nach in einem Brief an Adolf Hitler: In einem künftigen Krieg wird also nicht mehr entschieden, wer der Stärkere ist, sondern er wird selbst der Stärkere sein. Es ist heute absurd geworden Kriege zu führen, denn der Krieg ist kein Mittel zum Zweck mehr.« Am 27. November 1939 war das Thema unseres nächsten Klassenaufsatzes: »Die Form« und am 29. April 1940 schrieb ich einen Hausaufsatz: »Hans Grimms und Hitlers Weg zur sozialen Frage.« Hans Grimm, der mit dem seinem Roman *Volk ohne Raum* von 1926 bekannt wurde, war ja einer der Lieblingsautoren Hitlers.

Im Gedächtnis ist mir geblieben, dass ich an einem Tag, es muss wohl im Jahr 1939 gewesen sein, in einen Kreis mir bis dahin unbekannter junger Männer geriet, die den Krieg fürchteten. Ihre offene Sprache überraschte mich. Der Gedanke einer Flucht im Paddelboot über die Ostsee tauchte auf. Der Kontakt zu diesem Kreis war auf diese eine Begegnung beschränkt. Ich weiß nicht, was für ein Schicksal die Teilnehmer des Gesprächs hatten.

Der September 1939 war sehr heiß. Die Meldung aus dem Rundfunk, dass »zurückgeschlagen« werde, bestätigte die Befürchtungen. Die Wochenschauen zeigten siegreiche Soldaten im Vormarsch, schwitzend und siegesgewiss. Mir war ängstlich. Eines Morgens, es war wohl ein Sonntag, heulten die Sirenen – Fliegeralarm. Es passierte aber nichts und bald kam Entwarnung. Polnische Flugzeuge waren in den Berliner Luftraum eingedrungen, ohne Schaden anzurichten. Danach gab es lange keine Luftangriffe auf Berlin. Erst am 1. September 1940 schrieb ich ins Tagebuch: »Seit einer Woche bekommen wir in Berlin den Krieg zu spüren. Berlin wird fast jede Nacht bombardiert. Es ist eine gute Schule der Selbstbeherrschung und ein kleiner Vorgeschmack der Belastungsproben, die einen vor der Front erwarten.«

Die Siege in den Blitzkriegen beeindruckten mich stark. In einem *Grundriss der deutschen Geschichte*, der 1979 in der DDR erschienen war, hieß es: »Die schnellen Siege in der Anfangsphase des Krieges erzeugten bei der Mehrheit der Bevölkerung in Deutschland die Illusion, dass die Wehrmacht unbesiegbar sei.« So muss es wohl gewesen sein. Persönlich dachte ich damals, die Erfolge seien den Deutschen zu gönnen. Ich maß mir nicht das Recht an, nur wegen meiner eigenen Einstellung und meiner persönlichen Probleme, Deutschlands Niederlage zu wünschen, so unverständlich und abwegig diese Haltung auch heute erscheint. Ich war eben in gewisser Beziehung selbst beeindruckt von der »Volk-ohne-Raum«-Theorie, und von der Einstellung meiner Schulkameraden, die sich freiwillig zum Dienst in der Wehrmacht meldeten. Nur wenige blieben in meiner Klasse. Meine Haltung änderte sich, bevor sich die Siege Hitlers in Niederlagen verwandelten. Als am 11. Dezember 1941 Deutschland den USA den Krieg erklärte, wusste ich, dass die Niederlage Deutschlands besiegelt war. Ich sehnte sie als Niederlage Hitlers und Gewinn für Deutschland von diesem Zeitpunkt an herbei. Dennoch, die Erinnerung an meine Konzession an das, was ich für die nationalen Interessen Deutschlands zu Beginn des Krieges hielt, ist nicht ausgelöscht. Es war mir ein Beweis für die Tatsache, dass das stärkste politische Propagandamittel der Erfolg ist. Hitler war vom Außenseiter zum Reichskanzler geworden, Hitler hatte die Arbeitslosigkeit beseitigt, er hatte Deutschland stark gemacht, er hatte über die Feinde triumphiert. Eine ununterbrochene Kette von Erfolgen. Hitler war in den Augen Vieler der starke Mann, dem alles gelang, er war der Retter der Nation. Die Andersdenkenden waren eine Minderheit.

Zu dieser Minderheit gehörte Fritz Sellke. Er spielte für mich eine bedeutende Rolle; aber wann lernte ich ihn kennen, woher hatte ihn meine Mutter für meinen Privatunterricht in Englisch aufgegabelt? Fehlanzeige. Mein Tagebuch beginnt am 2. Juli 1937 und endet an meinem 20. Geburtstag, am 30. Juli 1942. Unter dem Datum vom 9. Februar 1940 taucht er das erste Mal auf und zwar in Verbindung mit Dr. Wicht. Beiden sage ich dort nach, sie hätten angestrebt, mich zu »systematischem Denken« zu zwingen.

Fritz Sellke war Lehrer an der Karl-Marx-Schule in Neukölln. Als die Nazis kamen, wurde er entlassen – Grund: Kommunist. Er sollte mir Englisch beibringen. Ich glaube, der Unterricht bei ihm begann, bevor ich in der Untersekunda 1938 mit Englisch anfing. Fritz Sellke wurde mir ein verehrtes Vorbild. Er brachte mich dem Kommunismus näher, ohne das direkt und fühlbar anzustreben. Das wäre wohl auch zu gefährlich für ihn gewesen. Seine Freundin, Gisela Adler, Jüdin, war auch Kommunistin. Ihr Bruder war, wie ich nur andeutungsweise erfuhr, wegen des Anschlags auf die Ausstellung »Sowjetparadies« zusammen mit anderen Mitgliedern der Herbert-Baum-Gruppe verhaftet und hingerichtet worden.

Fritz Sellke war allseitig gebildet, ein typischer Intellektueller. Er brachte mir nicht nur Englisch bei. Anfang 1943, also um die Zeit des Debakels von Stalingrad, wurde er zur Wehrmacht eingezogen. Wir schrieben uns noch über ein Jahr. Mein letzter Brief an ihn datiert vom 11. August 1944. Er kam mit dem Stempelaufdruck zurück: »Neue Anschrift abwarten«. Seither blieb Fritz Sellke verschollen. Es hieß, er sei zur Roten Armee übergelaufen. Mit Gisela Adler behielt ich noch Kontakt, als sie schon den dänischen Architekten Vagn Christensen geheiratet und mit ihm nach Dänemark ausgewandert war, auch er hatte zu dem Kreis um Fritz Sellke gehört, war aber wohl kein Kommunist, jedoch Antifaschist.

Je näher das Ende der Schulzeit heranrückte, desto dringlicher und unabweisbarer wurde die Frage, welchen Beruf wollte, welchen Beruf durfte ich ergreifen. Im August 1939 erhielt ich von dem »Leiter der Reichsstelle für Sippenforschung«, die am Schiffbauerdamm 26 ihren Sitz hatte, einen »Abstammungsbescheid«. Ich weiß nicht mehr, wie es zu diesem Bescheid kam. Heute glaube ich, er war ein Ergebnis meines Antrags auf Zulassung zum Studium.

Als sehr unangenehm ist mir die Prozedur in Erinnerung, mit der festgestellt wurde, dass ich nicht beschnitten war. Eine Berührung meines für diese Frage ausschlaggebenden Körperteils durch eine fremde Person hatte ich bewusst noch nicht erfahren. Der Arzt war jedoch freundlicher als seine Dienststelle erwarten ließ. Ich habe ihn in guter Erinnerung. Der Bescheid war von Dr. Kurt Mayer unterschrieben und stellte fest:

»Der (z. Zt. Minderjährige)
Friedrich Adolf Moritz Wolff
in Berlin-Neukölln, Thiemannstr. 23,
geboren zu Berlin – Neukölln am 30.7.1922, ist
-------------- jüdischer Mischling --------------
mit zwei der Rasse nach volljüdischen Großelternteilen –
im Sinne der Ersten Verordnung zum Reichsbürgergesetz vom 14. November 1935 (RGBl. I S. 1333).«

Die Gründe für diese Feststellung waren auf anderthalb Schreibmaschinenseiten auf der Basis von umständlichen Recherchen dargelegt. Wesentlich war, dass ich nie der jüdischen Religionsgemeinschaft angehört hatte, sondern im Gegenteil immer am christlichen Religionsunterricht teilgenommen und dann christlich getauft und konfirmiert worden war. Meine kluge Mutter. Als Angehöriger der jüdischen Religionsgemeinschaft wäre ich als sogenannter Geltungsjude behandelt worden und letztlich im KZ gelandet. – Im Tagebuch findet das Ereignis keine Erwähnung.

Am 12. Dezember 1940 wurde ich gemustert und als Mischling der Ersatzreserve II zugeteilt. Im Tagebuch wurde es von mir am 3. Januar 1941 mit den heute für mich und wohl jedermann unverständlichen Worten kommentiert: »Trotzdem es wahrscheinlich dadurch unmöglich geworden ist, dass ich studiere, bin ich doch nicht so enttäuscht, wie man vielleicht annehmen könnte«. Krieg erschien mir damals anscheinend noch nicht so schlimm wie die Tatsache, nicht studieren zu dürfen. Bis zum 3. Januar 1941 hatte der Krieg noch nicht vielen Deutschen das Leben gekostet. Die Zukunft beunruhigte mich daher auch nicht, obgleich man hätte sehen können, was kommen wird. Ich sah es jedenfalls noch nicht.

Am 17. März 1941 bestand ich das Abitur mit dem Prädikat befriedigend. Die besten Zensuren erhielt ich in Englisch mit der Note sehr gut sowie in Leibeserziehung und Deutsch mit der Note gut, die schlechtesten in allen mathematisch-naturwissenschaftlichen Fächern mit der Note ausreichend. Als mein Berufswunsch war angegeben, dass ich Medizin studieren wolle. Knapp zwei Monate vorher, am 27. Januar 1941, hatte mir der Rektor der Friedrich-Wilhelms-Universität mitgeteilt: »Auf Grund der Erlasse des Herrn Reichsministers für Wissenschaft, Erziehung und Volksbildung vom 5.1.1940 WJ 4790/39 (b) – und vom 25.10.1940 – WJ 2850 (b) – kann ich Ihrem Gesuch vom 20. Jan. 1941 um Zulassung zum Studium an der Friedrich Wilhelms Universität Berlin nicht entsprechen.«

Nachdem mein Antrag, mich zum Studium zuzulassen, abgelehnt worden war, hatten meine Mutter und ich uns bemüht, eine Lehrstelle für mich zu finden. Trotz des kriegsbedingten Arbeitskräftemangels war das nicht einfach. Man wollte keinen Halbjuden. Mich zog allerdings auch nichts in einen ungeliebten Beruf. Meine Mutter war aktiver als ich. Ich erkannte das an und vermerkte in meinem Tagebuch, dass sie sich »voll für meine Interessen einsetzte«. Es war wohl das erste Mal, dass mir diese Tatsache richtig bewusst wurde. Im Mai klappte es schließlich. Ich hatte mich in der Tuchgroßhandlung Dudek & Kauschke am Molkenmarkt 9-10 vorgestellt, Herr Dudek hatte mich in Latein geprüft und mich für würdig befunden, ab Juni eine Lehre als Kaufmannsgehilfe in der Firma anzutreten.

Soweit ich erkennen konnte, war der ältere und hagere Dudek der Geldgeber und der kleinere, füllige und vigilante Kauschke der Fachmann. Dudek war, wie schon aus der Lateinprüfung ersichtlich, gebildet. Die Bildung von Herrn Kauschke bestand in seinem kaufmännischen und warenkundlichen Wissen. Beide waren keine Nazis, Politik kam in meiner Anwesenheit nicht zur Sprache. Die Firma vertrieb Stoffe, hauptsächlich an Tuchgeschäfte und Schneider in Ostpreußen.

Meine Aufgabe bestand zunächst darin, zusammen mit der Packerin und Reinemachefrau Stoffballen zu verpacken und danach mit einem Handkarren von dem Firmensitz am Molkenmarkt zum Postamt zu rollen. Die Packerin war also in den ersten Wochen und Monaten meine engste Arbeitskollegin. Mit ihr kam ich bald ins Gespräch. Sie wusste sicher auch, wie ich rassisch und damit politisch einzuordnen war. Sie erzählte mir, dass sie Mitglied der Roten Hilfe gewesen sei und illegal einen KPD-Funktionär beherbergt hätte. Dieser hatte bei ihr verschiedene Bücher zurückgelassen. Da er sich in den Jahren, die vergangen waren, nicht mehr gemeldet hatte, gingen wir davon aus, dass sie mir diese schenken könne. So kam ich zu meiner ersten kommunistischen Literatur, darunter Karl Liebknecht, Reden und Aufsätze, herausgegeben von

Julian Gumperz 1921. Außer dieser älteren Frau, deren Namen ich vergessen habe, gab es noch eine Buchhalterin, die zugleich Sekretärinnenarbeit verrichtete, einen jungen Kaufmannsgehilfen, der später in den Krieg ziehen musste und eben mich. Ich wurde mit der Zeit zu einem Mädchen für alles, abgesehen von der Buchhaltung. Für Kauschke holte ich Schrippen, mit Dudek brachte ich einen großen Wäschekorb voller Äpfel vom Schlesischen Bahnhof in seine Grunewaldvilla und wurde dafür mit einem Groschen belohnt. Auf einige Äpfel hatte ich vergeblich gehofft. – Ein Dudek wurde nach 1945 SPD-Finanzsenator in Hamburg. Ich nehme an, es handelte sich um meinen Chef. Schließlich hatte er mir deutlich gemacht, dass er mit Geld umgehen konnte. Maschineschreiben, Stoffe zuschneiden und ähnliches machte ich natürlich auch.

Neben der praktischen Einführung in den Kaufmannsberuf lief der obligatorische Besuch der kaufmännischen Berufsschule, zu der ab Oktober 1942 ein freiwilliger Kurs an der »Textil- und Modeschule der Reichshauptstadt« kam. Der Besuch der Berufsschule war für mich nützlich, ich erwarb Grundkenntnisse in Stenographie und trainierte Kopfrechnen. Die Modeschule brachte mir zwar Material- und Warenkenntnisse bei, die mich jedoch weder interessierten noch mir in der Folgezeit nutzten. Die Schüler und Schülerinnen waren von ihrem Berufswunsch geprägt – modebewusst und auch sonst mit den entsprechenden Interessen. Ich stand abseits, nicht weil ich es wollte, sondern weil ich keinen Zugang zu ihnen fand. Ich besuchte diese Schule auch nur ein halbes Jahr, danach wollte ich nicht mehr. In meinem Tagebuch notierte ich nach drei Wochen Lehrlingszeit:

»Der Abscheu, den ich vor meinem Stellungsantritt vor dem kaufmännischem Beruf empfand, schien sich in der Praxis zunächst als unbegründet zu erweisen. Jeden Tag lernte ich viel Neues, ich lebte in einer neuen Umgebung unter neuen, zum Teil interessanten Menschen. Es bot sich mir endlich einmal die Gelegenheit einer Studie eines Abschnitts des sozialen Lebens, ja einer Studie des Lebens überhaupt. Ich lebte zum ersten Mal das Alltagsleben von Millionen. Alles dies verhüllte mir in den ersten Tagen die wahre Stupidität und Geistlosigkeit meines Berufs, die ich jetzt in zunehmenden Maß zu erkennen beginne.«

Und später resümierte ich weise: »Arbeit ist zum Fluch, die Freizeit zum Sinn des Lebens geworden.« Von dem Einmarsch der Deutschen in die UdSSR, der am 22. Juni stattgefunden hatte und der dem Krieg ein neues Gesicht gab, kein Wort. Da ich mir der Bedeutung dieses Ereignisses bewusst gewesen bin, kann die Enthaltsamkeit nur darauf beruhen, dass ich dem Tagebuch vorsichtshalber keine politischen Gedanken anvertraut habe. Diese Enthaltsamkeit hielt mit Ausnahme einiger Tage im April und Mai 1945 bis 1988 an. Damals begann ich wieder Tagebuch zu führen, war allerdings bis 1990 politisch vorsichtig.

Meine während der Schulzeit entwickelten Interessen verfolgte ich in der Freizeit weiter. Diese war allerdings knapper geworden. Immerhin konnte ich eine Kartei der Bibliothek meines Vaters aufstellen, die ich geerbt und fortgesetzt hatte, was eine langwierige Arbeit bedeutete. Der Versuch, meine mathematischen und naturwissenschaftlichen Schulkenntnisse auszubauen, scheiterte kläglich. Meine deutsche, französische und englische Lektüre setzte ich dagegen fort. So Ernst Jünger, *Auf den Marmorklippen*; eine Sammlung von *Six short stories of to day*; G. K. Chesterton, *The outline of sanity*; Jean Jacque Rousseau, *Bekenntnisse;* Joseph Conrad, *Lord Jim*; Johannes von Saaz, *Der Ackermann aus Böhmen*; Erich Maria Remarque, *Der Weg zurück* und *Das verräterische Herz* von E. A. Poe. Ich notierte alles, was ich las in einem Oktavheft, in dem ich es heute überrascht wiedergefunden habe.

Ab Oktober 1942 – die Wehrmacht hatte Stalingrad erreicht und Hitler hatte ausgerufen: »Ich spreche es erst heute aus, weil ich es erst heute aussprechen darf, daß dieser Gegner bereits bezwungen ist und nie sich mehr erheben wird« – lernte ich Italienisch in der Botschaft Italiens am Tiergarten. Die Luftangriffe, die mich gelegentlich unterwegs in einen öffentlichen Luftschutzkeller zwangen, störten mich nur wenig, sie waren damals noch nicht so gefährlich wie später. Der Unterricht war vom Fascio organisiert, jedenfalls hieß es so. Das schreckte mich nicht ab, und die Italiener verlangten ihrerseits auch keinen Abstammungsnachweis. In drei Jahren sollte man so weit sein, dass man eine Dolmetscherprüfung machen konnte. So weit kam es bei mir nicht. 1944 musste ich Berlin verlassen. Immerhin nützte mir der Unterricht, als die sogenannten »Badoglio-Italiener« 1943 nach Berlin kamen. Das waren die italienischen Soldaten, die von den Deutschen gefangen genommen worden waren, weil ihr Oberbefehlshaber, Badoglio, die Fronten gewechselt hatte.

Mit meinem Gymnasium hatte ich immer noch etwas Kontakt. Ich gab Nachhilfestunden an einen seiner Schüler und hörte auch von anderen Bekannten die eine oder andere Nachricht. Dr. Wicht war mit seiner Klasse im Sommer 1942 im Erntehilfeeinsatz und soll dort mit den Bauern eifrig politisiert haben. Offenbar teilten sie seine kritischen Anschauungen, denn sie haben ihn und seine Frau – wie es hieß – reichlich mit Lebensmitteln versorgt.

Im Februar 1943 erfuhr ich aus der Schule, dass ein auch mir bekannter Englischlehrer ins KZ gekommen sei. Zu dieser Zeit hatte Stalingrad kapituliert und Goebbels rief im Sportpalast zum totalen Krieg auf. Seine berühmte rhetorische Frage »Wollt ihr den totalen Krieg?« wurde von den Anwesenden mit einem Ja beantwortet, das bis auf den heutigen Tag in meinem Kopf nachhallt. Die Luftangriffe verstärkten sich. Berlin wurde zunehmend evakuiert. Meine Mutter zog im Sommer mit vielen Sachen, die sie unbedingt in Sicherheit bringen wollte, auf Schmidts Wochenendgrundstück nach Karolinenhof bei Grünau. Dort hatte Herr Schmidt von den Arbeitern seines Betriebes im Garten einen Bunker bauen lassen, der nicht nur sehr vertrauenerweckend, sondern geradezu komfortabel aussah. In ihm wurden auch die Sachen meiner Mutter verstaut. Als wir sie nach Kriegsende wieder heimholten, stellten wir fest, dass sie durch Mäusefraß mehr Schaden genommen hatten als alles, was in Berlin geblieben war.

Mit meinen Freunden, insbesondere mit Kurt, stand ich im regen Briefwechsel. Ziel war es offenbar, jede Woche einen Brief zu schreiben und einen zu erhalten. Kurt war seit Anfang 1943 in Kiel und arbeitete dort in der Wachtmeisterei, so dass er manchmal seine Briefe mit Maschine schreiben konnte. Gegenstand des Briefwechsels waren neben den Mitteilungen über seine Existenz als Matrose und meine Tätigkeit als Lehrling und später als Arbeiter auch Berichte von Büchern und Filmen. So schrieb ich Kurt zum Beispiel am 31. März 1943: »für die *Marmorklippen* (Titel des Buches von Ernst Jünger) bin ich Dir sehr dankbar. Ich habe mich gleich auf sie gestürzt, als sie vorgestern hier ankamen. Zu einem klaren Urteil bin ich indes über das unklare Buch nicht gekommen. Vielleicht wird die eben angeführte Eigenschaft auch die einzige bleiben, die ich ihm, nachdem ich es zu Ende gelesen habe, mit Sicherheit nachsagen kann. Aber um mir wirklich ein Urteil über dieses mystische Buch bilden zu können, muss ich es nicht nur zu Ende lesen, sondern ich müsste auch mehr über den Verfasser wissen.« In diesem Stil korrespondierten wir. Wir waren wohl recht überzeugt von uns und unseren Fähigkeiten. Erst aus diesem Brief ist mir bewusst geworden, dass ich die umstrittenen »Marmorklippen« einmal gelesen habe. Was nutzt das Lesen, wenn man alles vergisst?

Meine Lehrzeit bei Dudek & Kauschke endete mit der bestandenen Kaufmannsgehilfenprüfung im August 1943. Die Alliierten waren einen Monat zuvor in Italien gelandet. Ich war nun Kaufmannsgehilfe. Kauschke wollte mir jedoch zunächst nur mein Lehrlingsentgelt von 50 RM monatlich weiter bezahlen. Ich setzte mich zwar durch, aber am 30. September endete mein Angestelltendasein. Ich wurde dienstverpflichtet in die Firma National-Krupp Registrierkassen, deren Gebäude jenseits der Braunauer Straße auf der anderen Seite der Thiemannstraße standen. Der kurze Weg war natürlich für mich sehr angenehm, die Arbeit als Revisor, die ich als Ungelernter in der Automatendreherei zu verrichten hatte, war es weniger. Sie war stupide und die Arbeitszeit betrug 11½ Sunden. Die Schichten begannen morgens um 6 Uhr oder abends um 18 Uhr, sonnabends wurde etwas weniger gearbeitet. Die Fabrik produzierte Zünder für Flak-Granaten, also praktisch Uhrwerke. Die kleinen Teile hatten von entsprechender Präzision zu sein. Die Automatenstähle, die die Teile von langen Stangen abdrehten, mussten daher von Zeit zu Zeit durch Einrichter nachgestellt werden. Meine Aufgabe war es, Abweichungen von der Norm mit einer Mikrometerschraube rechtzeitig festzustellen, damit der Einrichter eingreifen konnte. Ich war ungeschickt und verkantete die Teile, so dass meine Maße besonders zu Beginn nicht stimmten.

Interessant waren wiederum die Menschen, mit denen ich zusammenkam. Mit einem deutschen Vorarbeiter freundete ich mich schnell an. Seinen Namen habe ich vergessen, glaube aber, er hieß mit Vornamen Willi. Man traf sich beim Rauchen auf der Toilette. Schnell wusste jeder, wes Geistes Kind der andere war. Der Neuköllner Arbeiter war Kommunist und hatte seine Gesinnung nicht aufgegeben. Er meinte, die müssen doch verrückt sein, wenn die denken, wir arbeiten. Mein neuer Freund kümmerte sich wenig oder gar nicht um das Produktionsresultat. Besonders in der Nachtschicht, wenn es nur eine geringe Kontrolle durch die Ingenieure gab, hielten wir uns häufig auf den Toiletten auf, um dort zu rauchen und miteinander zu reden. Man vergewisserte sich zuerst, dass keiner der bekannten Nazis in der Nähe war. Dazu wurden alle Kabinentüren geöffnet und wenn kein unerwünschter Lauscher darin war, begann das Palaver. Am Eingang zum Maschinensaal wurde aufgepasst, wer den Saal betrat. War es ein Vorgesetzter, so fiel ein Blech um, die Schläfer rappelten sich auf und alle gingen ihrer Arbeit nach. Das Ergebnis war entsprechend. Die Automatendreherei wurde wiederholt gerügt, es wurde sogar von Sabotage gesprochen, doch in meiner Zeit nichts änderte sich nichts.

Außer dem Neuköllner Kommunisten und dessen Freunden gehörten noch Ausländer zu meinen Gesprächspartnern in der Fabrik. Mit zwei Franzosen, Lucien Bessetes und André Piccard, bekam ich schnell Kontakt. Piccard, älter als ich, war Mitglied der Französischen Kommunistischen Partei; Bessetes, etwa in meinem Alter, war wohl kein Kommunist, aber jedenfalls Antifaschist.

Je näher das Kriegsende kam, desto mehr interessierte mich, was aus Deutschland würde. Immer wieder sagte ich den Franzosen, dass nicht alle Deutschen Nazis sind. Sie hatten das sicher auch selbst schon erkannt, doch wussten sie auch: die Nazis waren in der Mehrheit und bestimmten das Bild des Deutschen. Es gab natürlich nicht nur politische Themen. Eine große Rolle spielte das Essen. Die Franzosen schwärmten von ihrer Küche und schimpften auf das Kantinenessen, immer Kümmel. Das französische »toujours de Kümmel« klingt mir noch heute im Ohr. Frauen waren ein anderes Thema. Die ausländischen Arbeiterinnen wurden begutachtet. Gefallen fand besonders eine Polin, die ihr »P« sowie die bescheidene Kleidung, die ihr möglich war, so trug, dass man sie allgemein die Pariserin nannte.

Mir hatte es eine Ukrainerin angetan, Katja hieß sie. Ihr Vater war Georgier und so sah sie anders aus, als man sich eine Ukrainerin vorstellt. Sie sprach etwas deutsch und wir freundeten uns an. Sie besuchte mich zu Hause, wobei sie ihr »OST«-Abzeichen, das sie wie alle auf der Kleidung sichtbar zu tragen hatte, zu verbergen trachtete. Es war für uns beide nicht ungefährlich, aber die Liebe kennt bekanntlich kein Gebot. Meine Mutter erhob gegen die Besuche keine Einwände und störte uns nicht. Katja setzte selbst meinen schüchternen, aber wohl deutlichen Bestrebungen Grenzen. Natürlich versuchte ich, von ihr etwas über die Sowjetunion zu erfahren. Ich fragte, ob sie auch eine solche Wohnung, solches Geschirr und andere Dinge wie wir hätten. Sie antwortete stereotyp: ja, nur besser. Ich liebte Katja heiß und inniglich. Auch deswegen beeindruckten mich die Verführungsversuche einer deutschen Arbeiterin nicht, die in der Automatendreherei als Dienstverpflichtete arbeitete und Ersatz für ihren Mann an der Front suchte. Das war mir zudem zu gefährlich. Rassenschande plus Ehebruch mit Kriegerfrau, das wäre der Gipfel gewesen.

Als die »Badoglios«, die Italiener, nach ihrer Kapitulation und Gefangennahme, die am 3. September 1943 erfolgt war, in die Fabrik kamen, konnte sich niemand mit ihnen verständigen. Man merkte, dass ich mit ihnen sprach. So wurde ich Amateur-Dolmetscher. Einmal ließ ein deutscher Chef die Italiener auf dem Hof antreten und hielt ihnen eine Rede, die ich übersetzen sollte. Es ging mehr schlecht als recht, aber es ging. Den Italienern wurde ihre Arbeitsaufgabe mit Ausdrücken erklärt, die ich nicht einmal im Deutschen verstand. Die »Badoglios« waren aber zum Teil wohl selbst Arbeiter und errieten, worum es ging. Durch diese Übersetzung war ich bei ihnen bekannt. Sie suchten mich auf, wenn sie Beschwerden oder Sorgen hatten. Häufig litten sie unter Malaria und wollten von der Arbeit freigestellt werden. Weil ich für sie eintrat, wurde ich ihren deutschen Vorgesetzten nicht sympathischer. Alles verlief jedoch ohne größere Komplikationen.

Inzwischen hatte der Krieg seinen Charakter für die Zivilbevölkerung geändert. Seit dem Frühjahr 1942 griff die britische Luftwaffe zivile Ziele in Deutschland an. 1943 begann eine kombinierte Bomberoffensive der Amerikaner und der Briten. Während der Fliegerangriffe saßen wir in der Arbeitszeit in den Kellern der Fabrikgebäude, die wesentlich stabiler waren als unser Hauskeller. Nur einmal bei einem Tagesangriff wurde ich zum Branddienst in der Lackiererei im obersten Stock eingeteilt, die natürlich besonders feuergefährdet war. Manchmal gingen wir auch von unserer Wohnung in den öffentlichen Luftschutzkeller der Fabrik. Die Zeit zwischen der Luftwarnung im Radio und der Ankunft der Bomber musste natürlich reichen, um den Weg zurückzulegen. Wir taten es überdies nur, wenn wir stärkere Angriffe fürchteten, weil die Zahl der anfliegenden Bomber vom Rundfunk besonders hoch angegeben worden war. Bei solchen Angriffen bebte der Keller unter den Bombenexplosionen und das elektrische Licht drohte zu erlöschen. Sonjas Mutter ist mir noch aus derartigen Situationen in Erinnerung. Bei ihr verkrampften sich die Hände vor Angst zu einer »Pfötchenstellung«.

Nach einem knappen halben Jahr, am 29. März 1944, war auch die Arbeit bei National-Krupp Registrierkassen beendet. Man teilte mir mit, ich würde in die Metallwarenfabrik Treuenbrietzen, Werk Selterhof, »abgeordnet«. Die deutsche Wehrmacht hatte das MG 42 in Dienst gestellt, das so schnell schoss, dass die Munitionsfabriken nicht mehr den erforderlichen Nachschub liefern konnten. Deswegen mussten Fabriken und auch Militäreinheiten Arbeitskräfte für die Fabrikation von Infanteriemunition abstellen. Gerüchtweise hörte ich, die Fabrik habe mich ausgesucht, weil sie mich ohnehin an die Organisation Todt, die den Atlantikwall baute, verloren hätte. In die OT kamen damals alle Halbjuden zur Zwangsarbeit. Die Fabrik schlug damit also zwei Fliegen mit einer Klappe.

Das Werk Selterhof lag unweit von Treuenbrietzen inmitten von Wäldern und Schonungen. Es hatte eine eigene Station der Vorortbahn, die von Potsdam nach Jüterbog fuhr. Von dem kleinen Bahnsteig führte ein breiter Waldweg zu dem Werk, das aus mit Tarnfarbe gestrichenen Flachbauten bestand. Die einzelnen Gebäude waren so weit von einander entfernt, dass im Falle einer Explosion die jeweiligen Nebengebäude verschont bleiben sollten. Vor dem eingezäunten Werkgelände befanden sich zwei Barackenlager, die als Ost- und Westlager bezeichnet wurden. Im Ostlager befanden sich die sowjetischen und polnischen Arbeitskräfte, im Westlager Franzosen, Belgier und andere Ausländer. Das Regime im Ostlager war strenger als das im Westlager. Ich kam in eine Baracke im Westlager, in der sich außer mir nur vom Militär für das Munitionsprogramm freigestellte Soldaten befanden. Sie nahmen mich ohne Vorbehalte auf.

In der Fabrik kam ich in die Werkzeugabteilung, wo ich an einen Automaten gestellt wurde, an dem ich in kurzen Abständen die Teile auszuwechseln hatte. Die ganze Zeit musste ich stehen, was mir schwer fiel, dazu bekam ich zunehmend Metallsplitter in meine verweichlichten Hände. Neben mir saß ein Franzose an einer Hobelbank und las. Er hatte nur in großen Zeitabständen die Maschine zu bedienen. Beneidenswert. Das Schicksal war mir jedoch schon bald gnädig. Ein Angestellter aus dem Werkstattbüro, Herr Boland, sprach mich an, ob ich ihm Französischunterricht geben könnte. Er bewirkte meine Versetzung ins Büro, wo ich als Nachkalkulator geführt wurde.

Als Nachkalkulator führte ich ein ruhiges Leben. In der Nachtschicht hatte ich keinen Vorgesetzten und konnte lesen oder auf der Schreibmaschine Briefe an meine Freunde und Bekannten, die nun alle beim Militär waren, schreiben. An den Wochenenden fuhr ich zu meiner Mutter nach Berlin. Dort war bei einem kleinen Luftangriff im Juli 1944 unsere Wohnung stark beschädigt worden. Eine Luftmine, die in der Nähe niedergegangen war, hatte unsere Wohnung durchgepustet. Alle Glasscheiben der Fenster und der Möbel waren zu Splittern geworden, die auf den Fußböden lagen oder in den Wänden piekten, wo sie die Reste der Gardinen angeheftet hatten. Holzmöbel hatten teilweise auch gelitten, doch das Problem waren die Fenster, die wieder mit Sperrholz und Zellophan geschlossen und deren Rahmen geflickt und gangbar gemacht werden mussten. Eine Aufgabe, der ich mich ohne jede Erfahrung und mit dem für mich typischen Ungeschick unterzog. Das Ergebnis war jedoch für mich überraschend positiv und zeigte mir, dass der Spruch »Man kann so dumm sein, wie man will, man muss sich nur zu helfen wissen« eine gewisse Berechtigung hat.

Im Laufe der Zeit lernte ich meine Treuenbrietzener Umgebung näher kennen. Im Büro war mir Herr Boland der Vertrauteste. Mit ihm konnte ich über Politik und in gewissem Umfang auch über die Bücher sprechen, die ich nach wie vor las. Er war ein Junggeselle, dem man trotz der mageren Kriegskost ansah, dass er zur Fettleibigkeit neigte. Ein Mensch, der keiner Fliege etwas zu Leide tat, der aber andererseits auch, anders als ich, die Welt nicht verbessern wollte. Er schickte sich widerstandslos in seine Lebensumstände, die im Vergleich zu denen seiner Alters- und Geschlechtsgenossen schließlich relativ günstig waren. Unser gemeinsamer Vorgesetzter war ein Ingenieur, der die Werkzeugabteilung leitete. Zu ihm bestand in der Werkshierarchie eine erhebliche Distanz, die er auch nicht zu verringern suchte. Die Werkzeugabteilung arbeitete nicht so gut, wie sie sollte, und wurde deshalb in Gestalt ihres Leiters kritisiert. Der suchte sich der Kritik unter anderem dadurch zu entziehen, dass er sich im Werk unauffindbar machte. Er hatte auch sonst Probleme. Der Schriftverkehr war nicht seine Sache. Als Sekretärinnen hatte er gewöhnlich junge und hübsche KHD-Maiden, so wurden die Mädchen bzw. jungen Frauen genannt, die zum Kriegshilfsdienst (KHD) verpflichtet worden waren. Ihre Sekretärinnenfähigkeiten waren noch nicht besonders stark entwickelt. Sie schrieben, was der Chef ihnen diktierte und nicht, was er hätte diktieren sollen. Aus solchen Anlässen griff er vorübergehend auf mich zurück. Meine stenographischen Kenntnisse waren sicher wesentlich geringer als die der »KHD-Maiden«, dazu konnte ich auch nur mit zwei Fingern Maschineschreiben. Ich erfühlte jedoch, was er hätte diktieren sollen, und so ging es, bis eine neue »Maid« kam, die ihm in die Augen stach.

Kontakte zu anderen Menschen, die nicht im Werkstattbüro arbeiteten, ergaben sich nach und nach. Im Lager des Werkes arbeitete ein Treuenbrietzener, Herbert Heckel, der meine politische Einstellung gespürt hatte. Er besuchte mich gelegentlich an meinem Arbeitsplatz und teilte mir die neuesten Nachrichten der »Feindsender« mit. Heckel überstand den Krieg, und ich begegnete ihm nur ein einziges Mal in Berlin bei einer Mai-Demonstration. Er gab mir zu verstehen, dass er beim MfS arbeitete.

Relativ spät bekam ich Kontakt zu Dr. Förstner, der im Werk wohl als Chemiker beschäftigt war. Er bat mich, Artikel über das damals entdeckte Penicillin aus der englischen Zeitschrift *Nature* ins Deutsche zu übersetzen. Wie er zu dieser Zeitschrift kam, weiß ich nicht. Die Übersetzung des wissenschaftlichen Textes überstieg zwar meine Fähigkeiten bei weitem, aber ich brachte immerhin einen Text zustande, der einem Fachmann, dem die vielen in ihm enthaltenen Formeln etwas sagten, verständlich war. Förstner wurde, wie mir Boland nach dem Krieg mitteilte, von der Roten Armee als Vergeltung für die Erschießung eines Sowjetsoldaten erschossen. Das bedauerte ich besonders, weil er kein Nazi war.

Zu meinen Barackengenossen hatte ich ein unterschiedliches Verhältnis. Da war ein ständig Uniform tragender SA-Mann, der am 20. Juli 1944 alarmiert wurde, wodurch wir zuerst erfuhren, dass irgendetwas Bedeutendes geschehen sein musste. Er war ziemlich isoliert, und ich wechselte mit ihm kaum ein Wort.

Vertrauter war mir ein etwa 18jähriger Stubengenosse mit schon ergrauenden Haaren, der von mir Bücher borgte. Er suchte nach Kriegsende wieder Kontakt zu mir, war mir aber nicht sympathisch. Ich lieh ihm ein Barbusse-Buch mit viel Sex und meine Erwartung erfüllte sich, ich sah ihn nie wieder. Das Buch natürlich auch nicht.

Einen anderen Stubengenossen hielt ich für ein ehemaliges SPD-Mitglied. Er war es, der morgens in unserem Aufenthaltsraum den »Goebbelsschnauze« genannten Volksempfänger auf einen »feindlichen« Soldatensender einstellte. Der Sender brachte viel Schlagermusik, und man musste aufmerksam hinhören, um aus seinen Wortsendungen zu erkennen, dass es ein »feindlicher«, wahrscheinlich englischer Sender war. Aus diesem »Volksempfänger« hörte ich auch zu hämmernden Rhythmen einen »Invasionsschlager« mit dem Text:

»Bombenflieger, Fallschirmspringer
und noch viele andere Dinger,
Bombenteppich monoton,
hepp, hepp, dudel, dudel Invasion!«

So entstand durch das Radio meine erste Bekanntschaft mit westlicher Propaganda. Sie erschien mir sehr intelligent, psychologisch gekonnt und äußerst wirkungsvoll. Chomsky hat erklärt, dass später aus dieser Kriegspropaganda Lehren für die US-amerikanische Innen- und Außenpolitik in Friedenszeiten gezogen worden seien.[5] Der DDR wie der UdSSR fehlten solche Lehren.

Während mein SPD-Freund sich beim Abhören von »Feindsendern« als fast tollkühn erwies, war er in anderer Hinsicht typisch deutsch und entsprach genau meinen Vorstellungen von Sozialdemokraten. Er verhielt sich zum Beispiel exakt so, wie die Zettel, die überall klebten und den sogenannten Kohlenklau zeigten, es verlangten. Schaltete ich, wo es nur anging, Strom ein, aber nicht aus, machte er, wenn er zum Beispiel die Toilette verließ, immer das Licht hinter sich aus. Es war die Zeit, in der unser Werk zeitweise bereits durch Stromsperren lahmgelegt wurde. Das war beeindruckend. In der Fabrikhalle standen alle dröhnenden Maschinen mit einem Schlag still. Man konnte eine Stecknadel zu Boden fallen hören, bis die Arbeiter die Stille nutzten, um sich zu unterhalten und ihrer Freude über die Pause Ausdruck zu geben. Das lud

5 Noam Chomsky, Profit over people. Neoliberalismus und globale Weltordnung, Europa Verlag , 6. Aufl. 2001, S. 111

mich immer ein, wo es nur ging, Strom zu verbrauchen, nicht so meinen antifaschistischen Kollegen.

Natürlich hatte ich auch Kontakt zu vielen Ausländern, vor allem zu Franzosen und Belgiern. Ich gab ihnen die Nachrichten weiter, die mir aus den »Feindsendern« zugekommen waren. Meine Kontakte wurden von manchen Vorarbeitern, die mir als Nachkalkulator an sich nichts zu sagen hatten, nicht gern gesehen. Einer sprach mich deswegen an und sagte, ich solle keinen so engen Kontakt zu den Ausländern halten, das könne mir schlecht bekommen. Die Stammarbeiter des Werkes, so wurde mir gesagt, seien vielfach Nazis. Sie waren halb Bauern, halb Arbeiter. Hatten eben kein richtiges Klassenbewusstsein, wie mein Gewährsmann meinte. Mir war das glaubhaft, weil allgemein die Auffassung herrschte, die Berliner seien kritischer, keine so gläubigen Nazis wie die Leute aus der Provinz. – Auch unter den Ausländern gab es Nazis. Im Umkleideraum äußerte ich einmal zu Franzosen freimütig meine politische Auffassung. Ein Belgier, der dabei stand, antwortete darauf, »nicht alle denken hier so wie Sie«. Es war der Freund einer sehr hübschen KHD-Maid, die ich hoffnungslos selbst bewunderte. Ich durfte ihr nur seine amourösen Botschaften übersetzen. Er meldete sich später freiwillig zur Waffen-SS, verraten hat er mich nicht.

Irgendwann wurde das Regime im Werk strenger. Estnische Waffen-SS erschien und bewachte mit Hilfe von Hunden das Werk. Einmal hörte ich, wie aus den Räumen des Werkschutzes rhythmische Geräusche herausdrangen, die ich nur als Schläge deuten konnte. Später musste eine Schicht im Werk antreten und zusehen, wie Ostarbeiter, die angeblich bei Bauern Lebensmittel gestohlen hatten, im Werk gehenkt wurden. Ich selbst musste nicht unter den Zuschauern sein.

Auch in meiner Treuenbrietzener Zeit ging der Schriftwechsel mit Kurt und anderen Freunden weiter. Als ich im Büro beschäftigt war, konnte ich von dort mit Maschine schreiben. Am 30. September 1944 beantwortete ich zwei Briefe von Kurt:

»Die Frage, die Du in Deinem ersten Brief angeschnitten hast, inwieweit diese fünf Kriegsjahre verlorene Jahre sind. Diese Frage kann naturgemäß nur jeder für sich beantworten, trotzdem bei der überwiegenden Mehrzahl es sicher verlorene Jahre sind. Wenn man diese Frage jedoch für sich selbst beantworten will, so ist die Antwort doch nicht so klar und eindeutig, wie es zuerst erscheint. Denn man weiß ja z. B. schon nicht, was man unter anderen Umständen aus dieser Zeit gemacht hätte. Ist es tatsächlich sicher, dass man sie nutzbringender (d.h. für die eigene Entwicklung nutzbringender) angewandt hätte? Sicher ist jedenfalls für mich (und wahrscheinlich auch für Dich), dass es eine Zeit gewesen wäre, die die theoretischen Kenntnisse zwar vermehrt hätte, und darunter verstehe ich die Kenntnisse auf unseren privaten Unterhaltungsgebieten sowie auch die auf den speziellen Studiengebieten, dass aber das Wissen von den Realitäten, die einem Menschen, der, wie man sagt ›im Leben steht‹, weiter hoffnungslos vernachlässigt worden wäre, so wie es schon auf der Schule vernachlässigt werden musste. Man kann daher als gewesener Pennäler zumindestens diesen einen, bestimmt nicht unwesentlichen Gewinn als das Ergebnis von fünf Jahren verbuchen, dass man einmal aus dem fest vorgeschriebenen Lebenslauf herausgerissen worden und einmal in eine andere als die bürgerliche Welt gestellt worden ist. Daraus ergaben sich Erfahrungen, die gerade zu diesem Zeitpunkt des Lebens äußerst gelegen kommen und die vielleicht auf spätere Meinungen und Ansichten in der Weise einwirken werden, dass diese nicht mehr so einseitig sind, wie sie unter ›normalen‹ Umständen aller Wahrscheinlichkeit nach gewesen wären. Natürlich bezahlt man für diese etwas raue Art von Erziehung einen Preis, der nicht nur in der Rauheit derselben liegt, sondern auch im Verzicht auf die Beschäftigungen und Gewohnheiten, die uns bisher selbstverständlich und angenehm zugleich waren und bei deren weiterer Ausübung wir besonders in kultureller Hinsicht heute anders dastehen würden, als wir in der Tat dastehen.«

Im Werk wurde Russischunterricht von einem Russen gegeben. Ich unternahm damals den ersten Versuch, diese Sprache zu erlernen. Dreimal wöchentlich erhielten wir eine Stunde. Der Unterricht war kostenlos, für mich war er aber leider auch ergebnislos. Ich habe die Sprache nie erlernt. In der wenigen Freizeit habe ich neben dieser Bemühung auch Bücher in Treuenbrietzen gelesen, darunter solche von Jeremias Gotthelf, Schleich, Anatole France, Gottfried Keller, Aldous Huxley, Maxim Gorki, Jack London, Michail Karpow und Paul de Kruif.

Im Juni 1944 waren die Alliierten endlich in Frankreich gelandet, am 20. Juli hatte ein deutscher Offizier das Attentat auf Hitler verübt, die sowjetische Armee stand in Polen und im September 1944 wurde der Volkssturm für alle Männer zwischen 16 und 60 Jahren aufgestellt. Die Befreiung vom Faschismus machte sich also nicht nur durch die immer häufigeren Stromsperren bemerkbar. Die Ausländer wurden mutiger. Wenn die Franzosen sonntags vom Ausgang nach Treuenbrietzen zurückkehrten, sangen sie auf dem Waldweg lautstark:

»Dans le cul, le cul
ils ont toute la victoire,
ils ont perdu
toute espérance de gloire,
ils sont foutus,
dans le monde on a allegresse
et repétons tous sans cesse,
ils ont dans le cul, dans le cul.«

Der Eindruck dieses Gesangs ist mir unvergesslich, wenn ich auch nicht weiß, ob ich den Text des Liedes, das verkündete, dass die Deutschen den Sieg im Arsch und alle Hoffnung auf Ruhm verloren hätten, richtig erfasst und behalten habe. Es war der Vorbote der neuen, glücklicheren Zeit, die bald anbrechen musste. Ich konnte den Kopf wieder höher tragen.

An den Wochenenden in Berlin spürte ich unter den Menschen im Luftschutzkeller die wachsende Kriegsmüdigkeit und die Antipathie gegen Hitler und die Nazis. Es gab immer wiederkehrende Formeln: Lieber Trockenbrot essen als die Fliegeralarme, Hitler hätte vor '33 eingesperrt werden müssen, die damalige Regierung war zu weich und ähnliches oder man erinnerte an das Göringwort: »Ich will Meier heißen, wenn ein feindlicher Flieger nach Berlin kommt.«

Am 20. Oktober 1944 ist in meinem Arbeitsbuch die Beendigung meiner Tätigkeit in der Metallwarenfabrik Treuenbrietzen GmbH eingetragen und in der nächsten Zeile ist der erneute Beginn in demselben Betrieb verzeichnet. Meine Mutter hatte mir am 20. Oktober telegraphiert, ich hätte eine Vorladung zur Organisation Todt (OT) erhalten. Pflichtbewusst und dumm, wie ich war und wohl heute noch bin, meldete ich mich im Werk ab und fuhr nach Berlin. Meine lebenstüchtige Mutter war über mein Erscheinen sehr verwundert. Sie meinte, sie würde Bescheid geben, dass ich nicht mehr bei ihr wohne, sondern dienstverpflichtet in Treuenbrietzen sei. Ich fuhr also wieder in meine Baracke und meldete mich bei der Personalabteilung wieder an. Von da an überlegte ich, was ich mache, wenn mich eine neue Einberufung erreichen würde. Ich war mehr oder weniger entschlossen, ihr nicht zu folgen und illegal zu leben. Der Krieg neigte sich dem Ende zu, und die OT hatte einen schlechten Ruf. Zu ihr wurden alle Mischlinge ersten Grades eingezogen, um kriegswichtige Arbeiten am Atlantikwall und anderswo zu leisten. Die Lager der OT sollten von den KZ-Lagern nicht wesentlich unterschieden sein. Ich erhielt jedoch nie eine weitere Einberufung. Die Dienststelle der Gestapo, auf der meine Mutter gewesen war, hatte wahrscheinlich eine Bombe getroffen, und meine Akte vernichtet.

Die veränderte politische Lage spiegelt sich auch in einem Brief Kurts vom 22. Oktober 1944 aus Wetzlar wieder:

»Hoffentlich wendet sich Deine Lage in nächster Zeit nicht auch im gleichen Maß ungünstig, wie es mit meiner inzwischen geschehen ist. Bei Verkündung der Verordnung über den Volkssturm musste ich unwillkürlich an Dich denken. Du wirst sicher einen phantastischen Verteidiger Treuenbrietzens abgeben, ebenso phantastisch wie Hans-Ulrich Stanke ein Verteidiger Frankreichs war. Wie mir meine Mutter schrieb, ist er inzwischen wohlbehalten in Kanada gelandet. Vielleicht sehen auch wir uns eines Tages dort wieder. Seit drei Wochen gehöre ich nun dem Heer an. Wir laufen noch immer in unseren feldgrauen Marineuniformen herum und haben hier noch kein einziges Ausrüstungsstück empfangen.«

Zu Beginn des Jahres 1945 stellte sich Treuenbrietzen tatsächlich auf den Endkampf ein. Der Volkssturm wurde im Werk gebildet. Ich musste mitmachen, es kann aber nicht viel gewesen sein, denn ich habe keine Erinnerung an irgendeine Aktivität. Von Kurt kam ein Brief, den er am 18. März 1945 geschrieben hatte: »Von meiner Reise zum Westen sende ich Dir herzliche Grüße. Die Reise geht langsam aber sicher und wir sind bemüht, sie uns auch einigermaßen angenehm zu gestalten, was uns bis jetzt recht gut geglückt ist. … Die Stimmung hier bei der Bevölkerung ist einheitlich. Man rechnet mit einer Kriegsdauer von 6–8 Wochen.« Es war Kurts letzter Brief im Jahr 1945. Der nächste stammte vom 15. Januar 1946 aus amerikanischer Kriegsgefangenschaft. – Am 21. März 1945 wurde ich in Treuenbrietzen entlassen. Das Werk hatte keinen Strom, keine Arbeit mehr. Der Eintrag im Arbeitsbuch wurde korrekt ausgeführt und ich erhielt auch ein Zeugnis, das mit »Bescheinigung« überschrieben war und nach Aufzählung meiner verschiedenen Tätigkeiten im Werk mit den Worten schloss: »Herr Wolff zeigte eine gute Auffassungsgabe. Seine Leistungen waren durchaus zufriedenstellend. Seine Haltung war ohne Tadel. Herr Wolff verlässt uns heute infolge Aufhebung der Dienstverpflichtung und kehrt in seine frühere Arbeitsstelle zurück.« Was will man mehr, nichts vom Strommangel, nichts von Mischling, die Bürokratie arbeitete bis zur totalen Niederlage, als wäre nichts gewesen. Meine Volkssturmzeit endete auch an diesem Tag. Wieder einmal Glück gehabt.

Berlin war im März 1945 eine Stadt, die den Angriff der Roten Armee erwartete. Meinem Treuenbrietzener Vorgesetzten und Französisch-Schüler beschrieb ich meine Ankunft in einem in französischer Sprache – oder was ich dafür hielt – abgefassten Brief rückübersetzt mit folgenden Worten:

»Meine Ankunft in Berlin war nicht sehr amüsant, denn die Engländer unternahmen am selben Abend einen Luftangriff auf Neukölln, bei dem eine Luftmine etwa 50 m von unserem Luftschutzkeller entfernt detonierte. Ich musste Fenster und Türen, ungeschickt wie ich war, notdürftig reparieren. Das benutzte ich als Vorwand, mich nicht gleich wieder bei National-Krupp zu melden, wie es eigentlich meine Pflicht als Dienstverpflichteter gewesen wäre. Als ich an dem auf meine Ankunft in Berlin folgenden Montag mich bei der Firma meldete, sagte mir der Personalchef, dass die Situation des Betriebes sich geändert hätte, man arbeite verkürzt, und ich könne nur im Werkschutz beschäftigt werden. Als ich auf meine Abstammung hinwies, wollte er mich als Kontrolleur beschäftigen. Ich wies auf ein Augenleiden hin, das ich tatsächlich nicht hatte, worauf er erklärte, er könne mich nicht beschäftigen. Alle anderen Mischlinge seien bereits aus Berlin raus. Da er mich nicht beschäftigen konnte, stellte er mir einen Entpflichtungsantrag aus, mit dem ich am nächsten Tag zum Arbeitsamt ging. Dort hatte man auch keine Arbeit. Die Zahl der Arbeitslosen wuchs ständig. Ich sagte dem Beamten, ich würde zu meiner Tuchgroßhandlung zurückgehen. Er war es zufrieden, unterschrieb meine Entpflichtung und riet mir, mich wieder zu melden, wenn meine alte Firma auch keine Arbeit für mich hätte. Ich ging natürlich weder zu meiner alten Firma noch erneut zum Arbeitsamt, sondern zog es vor, arbeitslos zu sein. Am gleichen Tag ging ich zum Volkssturm. Ich wurde an die Kreisleitung verwiesen, die mir bestätigte, dass ich nicht zum Volkssturm dürfe, weil in meinem Wehrpass immer noch der nzv-Vermerk stand. Mir war es sehr recht, dass ich »nicht zu verwenden war.«

Arbeitslos erwartete ich das Ende Hitlers und des Krieges. Ich las, schrieb Briefe und wartete im Luftschutzkeller auf das Ende der Angriffe. Wenn ich meine Briefe aus dieser Zeit lese, habe ich den Eindruck, dass ich nicht unter Todesangst litt und auch nicht das Gefühl hatte, wenige Tage vor einer historischen Wende zu stehen. An meinen verehrten Deutschlehrer schrieb ich am 8. April 1945:

»Ich bin nicht umsonst Lehrling gewesen, noch viel weniger bin ich umsonst Fabrikarbeiter gewesen. Gerade das, was ich in der Fabrik zu sehen und zu hören bekam, scheint mir heute eine sehr nützliche Ergänzung meines durch die schulische und außerschulische Erziehung entstandenen Lebensbildes gebracht zu haben. ... ich sitze nun zu Hause ohne eine andere Arbeit als die, zu der ich Lust habe oder zu der mich die Folgen des Bombenschadens bzw. andere Kriegsauswirkungen nötigen. Das hat mich momentan in solchem Maße unabhängig gemacht, dass sich bei mir schon Vorfriedensgefühle zu regen beginnen. Ein Misstrauen gegen alle allzu günstigen Entwicklungen veranlasst mich jedoch, dieses Vorahnen möglichst zu unterdrücken, damit die Enttäuschung bei einer erneuten Wende meiner privaten Verhältnisse zum Ungünstigen nicht zu groß wird.«

Dr. Wicht erwiderte darauf (wie erwähnt) am 12. April 1945, indem er mich zu sich nach Zehlendorf einlud. Die Ereignisse machten das zunichte.

Die Fliegerangriffe nahmen an Häufigkeit zu, waren jedoch bei weitem nicht mehr so stark wie zuvor. Einzelne »Moskitos« (englische Kampfflugzeuge, die angeblich aus Holz gebaut waren und vom Radar nicht erkannt wurden) flogen fast ununterbrochen über die Stadt. Die Sirenen gaben jetzt unterschiedliche Zeichen für massierte Luftgeschwader und einzelne Kampfflugzeuge. Bei diesen suchte man den Keller gewöhnlich nicht mehr auf.

Alle warteten auf das Kriegsende. Angst und Hoffnung zugleich bestimmten das Warten. Meine Freunde von National-Krupp traf ich in dieser Phase wieder. Die Verbindung zu ihnen war während meiner Tätigkeit in Treuenbrietzen nicht abgebrochen. Wir hatten uns getroffen, wenn ich am Wochenende in Berlin war. Jetzt wurde der Abschied vorbereitet. Lucien brachte ich mit meinem Fahrrad noch nach Baumschulenweg, wo er sich von seiner deutschen Freundin verabschiedete. Mit Katja traf ich mich auch. Man versprach, brieflich in Verbindung zu bleiben, und tauschte Adressen aus. Tatsächlich habe ich nie wieder etwas von ihr gehört. Vom Osten, genauer von der Oder, war Kanonendonner zu hören, der von Woche zu Woche stärker wurde. In den Straßen Berlins wurden Panzersperren gebaut. Es war deutlich, das »Tausendjährige Reich« lag in Agonie. Doch die SS, die Soldaten kämpften, starben und töteten weiter. Ich sah dem Ende passiv entgegen. Jeder Widerstand war sinnlos. Einmal allerdings, so entsinne ich mich, gingen Sonja und ich abends über die Braunauer Straße. Wir hatten ein Stück Kreide bei uns und schrieben ein- oder zweimal »Frieden« an die Wand. Wir übersiedelten schließlich mit anderen Mietern in den Luftschutzkeller unseres Hauses, den wir nur noch vorübergehend verließen.

Ab 22. April 1945 führte ich Tagebuch, in dem ich die Ereignisse vom 20. April bis 6. Mai 1945 festhielt. Hier sein Wortlaut unter weitgehender Beibehaltung von Orthographie und Zeichensetzung des Originals, wobei ich allerdings für die absolute Korrektheit der Übertragung nicht garantiere, weil die Schrift schwer leserlich ist. Ich schrieb mit Bleistift, bei schlechten Lichtverhältnissen und sicher nicht ohne Erregung:

»22.4.45: Vorgestern verabschiedeten sich Lucien und Piccard von mir. Mit Lucien fuhr ich noch auf meinem Rad nach Baumschulenweg. Der Kanonendonner der letzten Tage hatte sich bereits beträchtlich verstärkt. Unterwegs sahen wir die ersten Soldaten die vorbereiteten Stellungen beziehen. Am Abend warfen russische Flugzeuge Bomben, bevor der Alarm ausgelöst werden konnte. Wir stürzten in unseren Keller und waren dort eine Weile höchst ungemütlich allein, ohne Licht. Später kam Herr Eger mit einer Petroleumlampe. Er war auch überrascht worden und hatte sich erst anziehen müssen. Die Bomben fielen um Krupp herum und wir waren froh, als es Vorentwarnung gab. Mit Sack und Pack rannten wir zu Schule, während über uns schon wieder die Flugzeuge brummten. Um ½10 waren wir in unseren Keller gegangen, gegen 2 Uhr kamen wir endlich aus der Schule zurück.

Am nächsten Morgen, den 21.4., war aus dem dumpfen Getöse der Front schon deutlich das Feuer einzelner Geschütze auszumachen. Leute berichteten, dass Treptow, Ostkreuz, Weissensee, Gesundbrunnen, Friedrichstr. und Schlesischer Bahnhof unter Artilleriefeuer lägen ebenso Alexanderplatz. Wir brachten darauf alles Entbehrliche, was uns wertvoll erschien, in den Keller. Vereinzelt hörten wir Granaten pfeifen. Am Nachmittag steiften wir den Keller weiter ab und schippten Schutt vor die Aussenwand. Die folgende Nacht war die erste, die wir im Keller verbracht haben. Ich schlief ungewöhnlich ruhig. Der Artilleriebeschuß verebbte, von einem Fliegerangriff war bei uns nichts zu bemerken. Gegen ½ 1 Uhr gab es von weitem Entwarnung, wir gingen wieder in die Wohnung, kehrten aber bald in den Keller zurück, da der Beschuß plötzlich wieder stark wurde. Von 6 bis 9 Uhr morgens schliefen wir dann doch wieder in unseren Betten, allerdings mit allen unseren Sachen, nur die Schuhe zogen wir aus.

Heute gab es Zeitungen! Der letzte Wehrmachtsbericht (vom 21.4.) meldete die Russen auf der Linie Bernau, Straussberg, Fürstenwalde und auch ihren Durchbruch bei Kottbus auch vor Wünsdorf. Heute brachte die Zeitung eine Verordnung über Lebensmittelabgabe unter Anrechnung auf die beiden nächsten Kartenperioden. Die Lebensmittelgeschäfte müssen am heutigen Sonntag den Verkauf fortsetzen. Durch den Zustrom der Kunden und den Ausfall der Elektrizität gab es gestern bereits kein Brot mehr. Die Stimmung der Bevölkerung ist ausgesprochen kriegsmüde und nazifeindlich. Alle sind sich jetzt darin einig und geben ihren Gedanken offen Ausdruck. Die von Mund zu Mund gehenden Nachrichten lauten heute: Potsdam hat vor den Amerikanern kapituliert, die Russen beschießen die Linden und stehen vor Köpenick und Niederschöneweide. Während der Vormittag sehr ruhig verlief, haben wir seit Mittag ununterbrochen Tieffliegertätigkeit und demgemäss auch dauernd Flakfeuer. Von dem Arifeuer (Ari = Artillerie, F. W.) der Front ist wenig zu vernehmen. Verschiedene Hausbewohner halten sich bereits am Tag im Keller auf, da sie nicht immer vor den Tieffliegern Deckung suchen wollen. Aus dem Keller des gegenüberliegenden Hauses sah ich aus einem Ofenrohr Rauch aufsteigen. Man kocht schon im Keller.-

19.45: Vor ca. einer Stunde schlugen die ersten Granaten in unserer Umgebung ein und zwar angeblich am Richardplatz. Ich war gerade bei Sonja, als es losging. Jedenfalls war (Auslassung im Original) schneller im Keller als ich raufgegangen war. Die Aufregung war natürlich allgemein und gross. Die Stimmung sank rapide. Die meisten äußerten, dass wir das Ende des Krieges nicht erleben würden. Ich versuchte, dieser Stimmung dadurch entgegen zu arbeiten, indem ich die Wirkung der Ari gegenüber den Bomben als geringer schilderte. Mit der Zeit werden wir uns vielleicht wieder an die Granaten gewöhnen. Hoffen wir, dass es nicht allzu lange dauert. Der OKW-Bericht von heute soll russische Panzerspitzen vor Weissensee gemeldet haben. Fantastische Gerüchte gehen um, u. a. auch, dass die USA der Sowjetunion den Krieg erklärt haben sollen. Das ist alles die Folge des Strommangels.

23.4.45: Die Nacht zu heute verlief verhältnismäßig ruhig. Bei schwachem Arifeuer, gingen wir um 21.30 schlafen. Ich liege auf einer Matratze am Boden. Gegen 23°° wachte ich vom Einschlag einer Bombe auf. Es war ein kurzer Luftangriff und wir legten uns bald wieder hin. Bis heute 7°° konnten wir durchschlafen. Der heutige Morgen brachte etwas lebhaftere Aritätigkeit in unserer Nähe. An der Panzersperre in der Braunauerstr., kurz vor der Bahn, schlugen mehrere Granaten ein. – Eben, d. h. 8.50 kam die Nachricht, dass die Russen über Hermann- und Chausseestr. vordringen, angeblich sollen wir in ca. 1 Stunde mit Beginn des Angriffs zu rechnen haben. Die Nachricht, dass die Russen so nahe sind, löste allgemein große Freude aus. Meine Mutter fing sogar vor Freude an zu weinen.

24.4.45: Natürlich war die Parole von der Hermannstr. und dem bevorstehenden Angriff falsch. Die Russen belegten am Nachmittag nur die Braunauerstr. mit Aristörungsfeuer. Die Frauen standen in Schlangen vor den Fleischläden und suchten nur ab und zu Deckung, wenn die Tiefflieger zu toll wurden. Meine Mutter wollte noch in den Milchladen gehen, aber 3 Granaten schlugen gerade Ecke Braunauerstr. in dem Haus des Budikers ein. Später bin ich dann selbst die Butter holen gegangen. An Nachrichten lief gestern ein, dass es nicht richtig war, dass die Amerikaner in Potsdam seien, dagegen brachte Eger am Abend von einem SS-Posten die Meldung mit, dass die Russen bis Alexanderplatz vorgedrungen seien, sowie dass Schöneweide und Köpenick in ihrer Hand seien. – Die Nacht verlief sehr ruhig, wenn auch die Tieffliegertätigkeit gegen Abend sehr stark gewesen war. – Heute morgen um 4°° wurden wir von einem Soldaten geweckt, der für einen Gefechtsstand Quartier machen wollte. Er kündigte uns an, dass die Stellung heute bei Baumschulenweg entlang des Kanals verlaufen würde. Daraufhin entspann sich bei uns im Keller eine Debatte des üblichen Inhalts über die Verbrecherischkeit der Fortsetzung des Kampfes unter diesen Umständen. Wir waren kaum wieder eingeschlafen, da wurden wir um 7°° durch die Einschläge russischer Granaten auf dem Hertzbergplatz geweckt, auf dem 2 Feldhaubitzen in Stellung gegangen waren. Auch Krupp sollte unter Feuer liegen. Bei Krupp ist viel Militär untergebracht. In der Thiemannstr. waren Fahrzeuge und Geschütze untergebracht. Die Leute nahmen an, dass uns deshalb die Ari aufs Korn genommen hätte und forderten die Soldaten sehr rau zum Abhauen auf. Diese standen der Haltung der Zivilisten ganz fassungslos gegenüber. Wir hatten später auch einen Fahrer bei uns in der Küche, der sich waschen wollte und dem wir Kaffee gaben. Er glaubte auch, dass sich die Kämpfe in Berlin sehr lange hinziehen würden. Man hatte den Soldaten gesagt, Hitler sei selbst Kommandant von Berlin. Es schien aber keinen allzu grossen Eindruck auf sie zu machen. Sie waren schon bis Mosdok am Turek gekommen und der Weg zurück war doch nicht ganz ohne Auswirkung auf ihren Glauben an den Sieg geblieben. Trotzdem war ihre Moral eine diesen Umständen nach sehr gute. Es war die Moral von Landsknechten, die sich eben immer und überall schlagen und die an ein »Später« nicht denken. Während wir uns noch mit dem Fahrer im Hausflur unterhielten, wobei ständig Granaten irgendwo am Hertzbergplatz krepierten, kam ein anderer Soldat und verlangte einen Sanitäter. Offenbar hatte es schon Verwundete gegeben. Um 9.30 hiess es, dass es auf dem Sportplatz Kartoffeln gibt. Wir rannten gleich mit Eimern rüber und binnen kurzem war der Platz voll mit Menschen, die in den Mieten die Kartoffeln mit den Händen herausklaubten. Die Schiesserei war immer noch toll. Plötzlich tauchten Flugzeuge am Himmel auf. Die Leute fingen schon an durcheinander zu laufen, während Soldaten schrien, dass alles stehen bleiben soll. Es war ein Bild wüstester Bewegung. Einige lagen in Deckung, andere klaubten hingeduckt gierig und hastig weiter Kartoffeln. Nach einigem hin- und herlaufen hatten wir schliesslich eine genügende Menge Kohl und Kartoffeln in unsere Wohnung gebracht. Plötzlich hiess es: »Bei Lehmann brennt es. Ich lief mit rauf, aber es war nichts zu sehen, nur Kalkstaub von irgendeinem Einschlag erfüllte die Wohnung und drang durch die Fenster nach aussen, so dass es aussah wie Rauch. Als wir gerade oben waren, schlugen Granaten in der Nähe ein. Die Treppen runter und in den Hauskeller, das war alles eins. Weitere Granaten schlugen ein, Kalk und Mörtel fiel von oben herunter und der Keller war ganz voll Staub. In einer Feuerpause rannten wir zu unserem Luftschutzkeller, wo dann noch weitere Einschläge folgten. Später als es ruhiger geworden war, stellte sich dann heraus, dass unser Block mehrere Treffer bekommen hatte. Darunter einer in Fiedlers Wohnung und einer in die Wohnung Levihns. Auf dem Sportplatz soll es mehrere Tote gegeben haben. Die neuste Parole lautet, die Russen stehen am Arbeitsamt Neukölln. Wir sind jetzt allerdings nicht mehr so leichtgläubig. Gegen 2°° hatten wir den letzten Do-Werferbeschuss. Wir wussten das langandauernde Heulen erst gar nicht zu erklären. Ein Soldat, der in den Keller stürzte teilte uns dann mit, dass es sich um Do-Werfer [Raketen-Werfer; F. W.] handle. Man kann sich jetzt nicht mehr aus dem Haus wagen, kaum noch in die Wohnung gehen. Die Soldaten raten auch, sich nur noch im Keller aufzuhalten. Die Schwierigkeiten werden immer grösser. Wasser gibt es nur noch in den Parterre-Wohnungen, sicher ist es auch dort bald damit zu Ende. Dazu kommt, dass jetzt in der weiteren Umgebung schon überall die Rauchsäulen von Bränden aufsteigen. Hoffen wir, dass wir wenigstens vor Feuer verschont bleiben. Schon jetzt überlegen wir, wo wir hinkönnen, falls wir den Keller infolge eines Brandes verlassen müssen. Die Gegenwart wäre zu ertragen, wenn man von der Zukunft nicht noch viel Schlimmeres erwarten müsste. Man staunt immer wieder, wie es dem Menschen gelingt, sich den neuen Lebensbedingungen anzupassen und in immer schlechteren Umständen auszukommen. Eben bringt Herr Eger die Nachricht mit, dass die Russen wieder bis Baumschulenweg, Kiefholzstr. zurückgedrängt worden sind. Übrigens soll der eine Beschuss, den wir für Do-Werferbeschuss hielten, von einer Stalinorgel hergerührt haben. Im Südosten und Süden stehen grosse Rauchsäulen von Bränden, die am Nachmittag nicht weit von hier ausgebrochen sind. Danach müssten die Russen nicht mehr weit sein. Trotzdem glauben wir, dass es noch einige Tage dauern wird, bis der Russe hier ist. – Das Gerücht, dass Amerika nicht mehr gegen uns kämpft und dass Truppen vom Westen nach den Osten kommen, wurde heute von den Soldaten weiter verbreitet. Ebenso sagten sie, dass Hitler in Berlin sei. Die meisten glauben nicht recht daran. Alle Soldaten, die heute mit ihren Fahrzeugen in der Thiemannstr. Schutz gesucht hatten, haben Marschbefehl bekommen. Sie gehen zurück. Auf dem Kohlenplatz zwischen Thiemann- und Hertzbergstr. wird ein Regimentsgefechtsstand eingerichtet. Gegen Abend stärkerer Beschuss. Die Soldaten kündigen uns Strassenkämpfe an. Der Regimentsgefechtsstand oder ein Haus dicht daneben fing lichterloh an zu brennen. Allgemeine Aufregung wegen Brandgefahr. Schließlich kamen wir doch zum Schlafen und hatten eine ruhige Nacht.

25.4.45: Gegen 7°° wachte ich auf. Es war alles ruhig, nur Gewehrschüsse schlugen an unsere Hauswand. Die Strassen waren meist ganz menschenleer. Nur selten liefen Soldaten in Deckung die Braunauerstr. entlang. Später begann das Arifeuer wieder und zwar mit einer Heftigkeit, wie wir sie bisher noch nicht kannten. 11.45 erlebten wir den Feuerschlag einer Werferbatterie oder einer Stalinorgel. Das übertraf alles. Die Frauen fingen während der schnell aufeinanderfolgenden Einschläge, von denen das Haus in allen Fugen bebte, an zu schreien und zu weinen. Die Russen können nicht mehr weit sein. Ein Sturmgeschütz, das Ecke Thiemannstr. steht und in Richtung zum Bahnhof feuert, schießt schon im direkten Beschuss.

6.5.45: Eben ging die elektrische Beleuchtung wieder an. Ich weiss nicht, wie lange es her ist, seit wir einmal abends bei gutem Licht zusammengesessen haben. Schon bevor der Kampf um Berlin begann, hatten wir nur noch eine Stunde Strom am Tag. Dabei sassen wir dann noch im Dunkeln bis zu 4 Stunden im Luftschutzkeller. Jetzt ist das Licht für uns das Zeichen des Beginns des Wiederaufbaus.«

Trotzkist in der SBZ

Am 25. April unterbrach ich mein Tagebuch. Am 25. um 14.15 Uhr kamen die ersten Russen. Ich war gerade oben in der Wohnung. Der Tag war ziemlich still gewesen. Am Morgen hatte uns das Klatschen von Gewehrschüssen gegen die Mauer geweckt. Sonja war in meinem Zimmer und rief mich plötzlich aus der Küche zu sich. »Es sind Leute im Garten, sagte sie, ich glaube, es sind Russen«. Ich war kaum im Zimmer, da hörte ich schon Laute in russischer Sprache. Wir stürzten in den Keller und trafen dort mit den ersten Rotarmisten zusammen, die durch den Hintereingang hereinkamen. Wir waren freudig erregt, boten den Russen Zigaretten und zu trinken an. Es waren alles gut aussehende Burschen. Sie taten keinem Menschen was, fragten nur nach versteckten Soldaten und wann und wohin die Deutschen sich zurückgezogen hätten. Schon verkündeten wir jubelnd, wie verlogen die Nazipropaganda auch in diesem Punkt gewesen sei. Während wir uns noch mit den Soldaten unterhielten, war meine Mutter in die Wohnung gegangen, um Kaffee für sie zu holen. Plötzlich fing die russische Ari wieder an zu schießen. Zwei schwere Brocken gingen in den uns gegenüberliegenden Block. Meine Mutter kam schreckensbleich in den Keller. In der Küche waren ihr die Scheiben um die Ohren geflogen. – Unsere Russen zogen bald weiter. Aus der Haustür beobachteten wir, wie eine Abteilung zum Angriff auf die Schule antrat. Dabei schlug ein Offizier seine Leute mit einem Stock oder einer Peitsche, wir konnten das nicht genau sehen, um sie zum Angriff zutreiben. Wir waren enttäuscht. Die Nacht brachte mehr Enttäuschungen. Die Uhren mussten wir bald abgeben, aber darüber weinten wir keine Träne. Nachts kamen dann jedoch die Patrouillen mit Taschenlampen und Maschinenpistolen in die Keller, leuchteten alles ab und fragten nach Soldaten. Immer wieder musste ich beteuern, dass ich kein Soldat sei. Morgens um halb drei kam noch ein Russe. Er kontrollierte alle Ausweise, schrieb die Namen auf, erzählte immer etwas von der Ukraine, was wir natürlich so deuteten, dass wir dorthin zur Arbeit geschickt werden sollten. Schließlich erklärte er, dass die Papiere einer Frau nicht stimmten, und zwang sie unter Revolvergefuchtel, mit ihm zu gehen. Als sie nach zwei Stunden zurückkam, erzählte sie, dass sie vergewaltigt worden sei.

Meine Mutter hat die Erlebnisse dieser Tage, so wie sie sie empfand, in dem ersten Nachkriegsbrief wiedergegeben, den sie an meine Großmutter geschrieben hatte. Mehr als zwei Monate mussten vergehen, die normale Post ging noch nicht, aber sie fand eine Möglichkeit. An einem Baum hatte sie einen Zettel gesehen, auf dem angeboten wurde, Post mit nach Dresden zu nehmen. Das klappte. Ihr Brief war acht eng beschriebene DIN-A4-Seiten lang. Sie schrieb unter anderem:

»Neukölln, d. 29.6.45.

Meine liebe, liebe Mutter!

Wir leben! Es fällt mir sehr schwer diesen Brief zu schreiben, aus seelischen u. körperlichen Gründen. Ich habe 2 Tage schweren Durchfall mit hohem Fieber gehabt u. bin eben aufgestanden und fühle mich hundeelend. Aber es ist G.s.d. überstanden. Durch starkes Abführmittel ist alles raus u. es wurde mir gleich besser. Die seelischen Gründe wirst Du Dir denken können, beim Schreiben dieser Zeilen kommt mir das namenlose Elend wieder zum Bewußtsein, was wir durchgemacht haben, 6 Wochen, ehe der Russe hier war, Nacht für Nacht bombardiert Berlin hatte 700 Angriffe. Dann kam der Kanonendonner der Front langsam aber sicher näher. Wir haben gezittert wenn er aufhörte, wir glaubten der Russe würde wieder zurück gedrängt. Wir hatten wohl Angst vor dem Straßenkampf u. deren Folgen, vor Brand am meisten, aber wir hofften u. wünschten auf die Befreiung. Dann war sie da. Am 25. April 2¼ Uhr kamen 2 Russen durch unseren Garten, wir raus aus der Wohnung, ihnen entgegen. Ich habe geweint und ihnen die Hand gedrückt, andere haben sich versteckt. Ich hatte keine Angst. Die zwei sahen sehr gut aus u. sagten: ›Rusks tut keinen Zivilpersonen etwas.‹ 10 Minuten vorher waren noch 4 S.S.Soldaten bei uns im Haus, die setzten sich ohne zu schießen G.s.D. ab. In der Luft war eine tolle Schießerei, die Granaten flogen über den Häusern, die Stalinorgel orgelte ihre Granaten aus allen Rohren, es war ein Höllenlärm. 15 Mieter aus unserem Haus, wir natürlich mit, hatten uns vollkommen Tag u. Nacht im gut abgestützten Keller eingerichtet. Nun kam der Mittwoch Abend, welcher den Nachschub der Russen brachte, von da ab noch mindestens 8 Tage war es furchtbar. Sie kamen und plünderten u. holten die Frauen aus den Kellern. Ich hatte in meinem Keller sämtliche Koffer mit unseren Sachen.

Da kamen 2 Russen mit einem Beil u. wollten den Keller aufbrechen, ich dazu u. sagte nicht aufbrechen hier Schlüssel. Ich schloß auf, ich glaubte mein Ende ist nahe. Blitzschnell überlegte ich, wie bekommst du sie von meinem Keller weg. Sie griffen zuerst nach den eingeweckten Sachen, nach einer Flasche mit Tomatenpüré, ha, nun kam mir der rettende Gedanke. Ich sagte nix Wodka, Wodka oben u. zeigte mit dem Finger nach oben, u. winkte ihnen mit rauf zu kommen. Sie folgten mir, zum Erstaunen meiner Hausbewohner wie ich mit den beiden Russen abschob. Ich hatte ein bissel Korn, den goß ich in 2 Gläser, ihre Gesichter strahlten, ich mußte aber selbst erst trinken, dann dranken sie aus, klopften mir auf die Schulter u. sagten gut Mamuschka und zogen ab.«

Neben den Erlebnissen in den letzten Kriegs- und ersten Friedenstagen drängte es sie, zu berichten, was sie in der Nazizeit durchgemacht hatte. So erzählte sie, was ihr Bruder Max ihr damals angetan hatte: »Als ich im Oktober '33 ganz hoffnungslos bei Dir war u. Max war auch zugegen u. ich meinen Kummer ihm erzählte, sagte er vollkommen unberührt: ›Ja, das lässt sich nicht ändern, die Regierung ist nun mal gegen die Juden so eingestellt, das muss man eben hinnehmen.« Etwas später fügte sie hinzu:

»Über 12 Jahre habe ich das Leid gehabt. Was habe ich um meinen Jungen gekämpft, das ganze letzte Jahr, alle kamen sie in Mischlingslager und mussten in Steinbrüchen arbeiten. Dank meiner energischen Natur ließ ich die Befehle zurückgehen, ich musste zur Gestapo, alles hat mir nichts ausgemacht, ich habe gekämpft bis zur letzten Minute u. ich habe ihn aus ihren Klauen gerettet. Noch die letzten 14 Tage hatte ich mir einen Plan ausgedacht, was ich mache, wenn sie ihn holen wollen.« Fast zum Schluss des Briefes schrieb sie: »Nun wirst Du noch wissen wollen, meine liebe Mutter, wie ich dazu komme Dir zu schreiben. An einem Baum nicht weit von uns war ein Zettel angebracht, dass ein Kurier Briefe nach Dresden Leipzig Chemnitz mitnimmt. Hoffentlich kommt er wieder zurück u. bringt mir Nachricht von Dir.«[6]

Man sieht, wie unterschiedlich wir damals schon das Geschehen aufgenommen und verarbeitet haben. Bei mir hatten die Eroberung Berlins und die Ausschreitungen der Rotarmisten weniger tiefe Spuren hinterlassen als bei meiner

6 Bis auf wenige Korrekturen entsprechen Orthographie und Zeichensetzung dem Original, soweit mir nicht Fehler beim Lesen und der Abschrift unterlaufen sind.

Mutter. Andererseits hatte sie sich insbesondere gegenüber den Soldaten als viel resoluter erwiesen als ich. Während ich mich passiv meinem Geschick ausgeliefert hatte, hatte sie umsichtig, mutig und erfolgreich gehandelt. Für mich hatten die Tage und Nächte im Keller ganz andersartige bleibende Erinnerungen hervorgerufen. Mein Einsiedlerleben, das ich bis dahin geführt hatte, war beendet. Ich hatte Sonja gefunden oder richtiger, sie mich. Ich war zufrieden, ja dankbar.

Irgendwann hatten wir uns wieder aus den Kellern und den Häusern gewagt. Nur unzusammenhängend, bruchstückhaft kann ich mich an die ersten Tage danach erinnern. Am 1. Mai zog ein Zug mit einer roten Fahne über die Straße, die damals noch nach Hitlers Geburtsort benannt war. An einem anderen Tag war ich zu Fuß von Neukölln nach Karolinenhof unterwegs, um zu erkunden, wie es dort, wo wir unsere Sachen ausgelagert hatten, aussah. Auf dem Rückweg am Bahnhof Grünau sah ich Deutsche auf den Eisenbahngleisen arbeiten. Ein unvergessener Eindruck. In den Jahren davor hatten solche Arbeiten nur Ausländer verrichtet.

Sonja und ich stürzten uns noch im Mai in die politische Arbeit. Was wir damals empfanden, was wohl die meisten empfanden, die den Sturz Hitlers herbeigesehnt hatten, fand in dem Titel der Publikation eines Journalisten einen treffenden Ausdruck: Die Stunde Null. Alles wurde neu, anders gemacht. Wir meldeten uns bei der Antifa-Jugend und wurden gemeinsam Leiter eines Abschnitts des Neuköllner Jugendausschusses, der sein Quartier in den ehemaligen Räumen der Kreisleitung der NSDAP am Richardplatz hatte. Hinter allem stand schon »die Partei«, die offiziell noch gar nicht existierte. Für mich spielte Genosse Sasse eine wichtige Rolle. Er muss für unseren Kiez damals der Chef der KPD gewesen sein. Am 23. Mai 1945 notierte ich, dass eine Besprechung über Heimabendgestaltung stattfinden solle. Wir veranstalteten Lesungen aus bis dahin verbotenen oder jedenfalls verpönten Büchern sowie Diskussionen über Gott und die Welt. Eine schöne Zeit. Arbeitseinsätze und Sportveranstaltungen wurden geplant, natürlich auch Tanzveranstaltungen. Allerdings zeigte sich mir schon damals, dass es nicht so einfach ist, mit einer Partnerin gemeinsam zu arbeiten. Wir meisterten jedoch auch die sich daraus ergebenden Probleme.

Im Sommer 1945 und danach 1946 schrieb ich insgesamt drei Artikel zur Jugendarbeit. Ob sie für eine Wandzeitung oder für eine richtige Zeitung bestimmt waren, kann ich nicht sagen. Ich besitze nur die Manuskripte mit den Überschriften *Zwischen Faschismus und Demokratie*, *Der Anspruch der Jugend* und

Passive Jugend. Sie zeigen nach meinem heutigen Eindruck meine Unzufriedenheit mit der Tätigkeit der Jugendausschüsse und damit auch mit der KPD bzw. SED. So schrieb ich im Juli 1945: »Man muß sie verstehen diese Jugend, man muss eine gemeinsame Ebene finden, auf der man sie mit vertrauten Worten ansprechen kann, um sie dann langsam, Schritt für Schritt an das für sie noch so Unbegreifliche heranzuführen. Es hat keinen Zweck, ihr faschistische Verseuchung vorzuwerfen, es hat überhaupt keinen Zweck, es mit großen Worten zu versuchen, man wollte denn mit den Nazis konkurrieren und das ist auf diesem Gebiet sehr schwer.«

Im Oktober 1945 enden meine Notizen zur Jugendausschussarbeit. Der Umzug nach Charlottenburg in das Haus, das meine Mutter gekauft hatte, machte eine weitere Arbeit im Jugendausschuss Neukölln unmöglich.

Noch im Juli 1945, sofort nach der Zulassung politischer Parteien, wurde ich Mitglied der KPD. Meinem Freund Kurt schrieb ich darüber in dem ersten Brief, den ich ihm in das amerikanische Kriegsgefangenenlager schreiben konnte, am 2. April 1946:

»Je näher Hitlers Ende rückte, desto intensiver beschäftigte ich mich mit der Frage, in welcher Form und in welcher Partei ich mich am politischen Leben beteiligen solle. Ich gelangte damals aber noch zu keiner klaren Entscheidung und beschloss damals abzuwarten und mir in Ruhe ein Urteil zu bilden. Das war sicher sehr vernünftig gedacht. Aber es kam anders. Drei Dinge waren dafür vor allem maßgeblich. Mein Drang mitzumachen, der Einfluss, den Sellke und andere auf meine Erziehung ausgeübt hatten und schließlich die Verflechtung von allen möglichen mehr oder minder unwesentlichen Umständen in der Zeit kurz nach der Kapitulation. Kurz, den guten Vorsätzen erging es wie üblich, sie wurden vergessen. Ich trat bereits im Juli 1945 in die KPD ein.«

Unerwähnt ließ ich in dem Brief den Einfluss, den meine Freundin, meine spätere Frau, Sonja, auf mich ausgeübt hatte. Sie stammte aus einer alten kommunistischen Familie. Ihre Mutter, Lucie Heimburger, war bereits Mitglied im Spartakusbund, und ihr Stiefvater, Arthur Heimburger, der sie von klein auf erzogen hatte, war ebenfalls altes KPD-Mitglied und hatte im M-Apparat des ZK gearbeitet, dem die politische Arbeit unter den Soldaten oblag[7]. Später

7 Bernd Kaufmann, Der Nachrichtendienst der KPD, Berlin 1993, S. 19 und S. 44, Fn. 100; ähnlich zu beiden: Herrmann Weber / Andreas Herbst, Deutsche Kommunisten. Biographisches Handbuch 1918–1945, Berlin 2004. 2. Aufl., Berlin 2008.

gehörte er der Kommunistischen Partei-Opposition (KPO) an und war deswegen als »Abweichler« verfemt worden. Die KPO hatte sich gegen die Linie der KPD, die Sozialdemokraten als »Sozialfaschisten« zu bekämpfen, gewandt. Sie hatte zweifellos recht, doch das erschwerte in den Augen der KPD noch ihre Verfehlung. Arthur Heimburger, der mit seiner Familie im Nachbaraufgang wohnte und mit dem wir einen gemeinsamen Luftschutzkeller hatten, hatte mir während der langen Tage und Nächte, die wir im Keller verbrachten, viel aus der Zeit vor 1933 erzählt. Nur wenig davon war mir verständlich, weil er mit Namen und Begriffen operierte, die mir nichts sagten, die er aber als bekannt voraussetzte und mir nicht erklärte. Ich habe es immer bedauert, daß mir so ein großer Teil seiner Erzählungen verschlossen blieb. Immerhin war Teddy, wie Arthur Heimburger von Verwandten und Freunden genannt wurde, ein weiterer Kommunist, der mir nahe stand und mich beeinflusste. Und Sonja kam dazu. Für sie stand der Eintritt in die KPD von vornherein unzweifelhaft fest.

Unsere Parteigruppe tagte in einem ehemaligen Vereinslokal der KPD in Neukölln. Viel ist mir aus dem Parteileben nicht in Erinnerung. Unvergessen ist mir nur eine Weihnachtsfeier, zu der Arthur Heimburger einen neuen Text zu einem bekannten Schlager mit dem Refrain schrieb: »... und mit einer Chesterfield macht er meine Schwester wild.« Von dieser und anderen amerikanischen Zigaretten kostete das Stück 12 RM auf dem schwarzen Markt, und nur dort waren sie zu bekommen. Deutsche Zigaretten waren rationiert, Männer erhielten 12 Stück pro Monat, Frauen die Hälfte. Keine Gleichberechtigung.

Irgendwann musste ich wieder Geld verdienen. Bis dahin war Geld das aller Unwichtigste gewesen. Im August 1945 bekam ich eine Anstellung als Dolmetscher beim Neuköllner Bezirksbürgermeister. Meine Aufgabe bestand darin, Antragsformulare für Bauarbeiten aus dem Deutschen ins Englische zu übersetzen. Viele in diesem Zusammenhang auftretende Ausdrücke waren mir unbekannt. Ich erinnere mich zum Beispiel an das Wort »Biberschwänze«, das wiederholt auftauchte, dessen Bedeutung als Dachziegel mir jedoch bis dahin völlig unbekannt gewesen war. Mit Hilfe des *English Duden. Picture Vocabularies in English with English and German indices* konnte ich meine Aufgabe jedenfalls so lösen, dass mir in den zwei Monaten meiner Tätigkeit keine Beanstandungen bekannt wurden.

Zwei Monate dauerte diese Arbeit nur, weil bekannt gegeben worden war, dass die Berliner Universität ihre Tätigkeit wieder aufnimmt. Ich ließ mich in der medizinischen Fakultät immatrikulieren. Meine Berufsvorstellungen waren noch nicht gefestigt und so wollte ich studieren, was der Vater studiert hatte. Daraus wurde jedoch nichts. Ein Professor war eigenmächtig vorgeprellt, der sowjetische Stadtkommandant hatte jedoch seine Zustimmung zur Eröffnung der Universität nicht gegeben. Also musste ich mir wieder Arbeit suchen und fand sie von November 1945 bis Januar 1946 bei der Staatsanwaltschaft Neukölln wiederum unter der Bezeichnung Dolmetscher. An das, was ich dort übersetzen musste, habe ich keine Erinnerung. Ich weiß nur, der Winter war sehr kalt, und wir saßen mit Mantel und Mütze an unseren Schreibmaschinen. Damals holte ich mir einen hässlichen Blasenkatarrh, der wohl die Ursache eines Nierenleidens wurde, das mich lebenslänglich begleitete.

Im Oktober 1945 war meine Mutter mit mir in ihr Haus nach Charlottenburg in die Wohnung der Voreigentümerin umgezogen. Auch das war nicht einfach gewesen. Wir erhielten die Wohnung aber schließlich, weil die Voreigentümerin Nazi gewesen war und meine Mutter bei der NSDAP angeschwärzt hatte. In der Vier-Zimmer-Wohnung hatten wir drei Zimmer für uns, in einem weiteren Zimmer wohnten immer Untermieter, die vom Wohnungsamt eingewiesen worden waren, weil sonst der Wohnraum, wie es damals hieß, »unterbelegt« gewesen wäre. Der Umzug war mir nicht recht, aber meine Mutter wollte in das Haus, weil ihr das die Verwaltung erleichterte. Zur Arbeit und zum Besuch bei Sonja musste ich immer mit der S-Bahn fahren, was damals schon wieder möglich war, wenn auch die Fahrten in den häufig unbeheizten Zügen kein Vergnügen waren.

Natürlich wartete ich ungeduldig auf die Eröffnung der Universität. Am 30. Oktober 1945 war es soweit, dass ich meinen Antrag auf Zulassung zum Studium stellen konnte. Als Antwort auf die Frage 3b des Antragsformulars schrieb ich in bemüht guter Handschrift:

»*Begründung meiner Wahl des Jura-Studiums*

Mein Entschluß, Jurist zu werden, stand keineswegs von vornherein fest, obgleich verschiedene Bekannte, darunter auch einige meiner Lehrer, mir immer zu diesem Studium geraten hatten, weil sie glaubten, dass ich besondere Anlagen dafür mitbrächte wie z. B. sachliches Denken mit einer – wie sie sagten – Neigung zum Sophismus und einer Vorliebe für Diskussionen.

Ich selbst scheute mich aber vor der ›Trockenheit‹ des Studiums und zog zunächst aus Tradition Medizin vor, da mein Vater Arzt war. Zudem wollte ich zu jener Zeit (1940/41) noch auswandern und dafür war dieses Studium geeigneter. Später dachte ich auch an Philologie, da ich Sprachen liebe und bei gelegentlichem Nachhilfeunterricht Freude am Lehren empfunden hatte. Aber schließlich lehnte ich dieses ab, da ich die seelisch-charakterlichen Rückwirkungen des dauernden Umgangs mit Kindern oder Jugendlichen fürchtete und jenes, weil ich keinerlei naturwissenschaftliche Begabung habe.

Schließlich kam ich auf den Rat meiner Freunde und Bekannten zurück, dachte an die vielfachen Möglichkeiten, die sich nach Absolvierung des Studiums bieten und auch daran, dass es den Weg zu Berufen öffnet, deren Ideal ein so hohes wie das Finden und Wahren des Rechts ist.

Also beschloß ich, Jura zu studieren.«

Am 29. Januar 1946 wurde die Berliner Universität wieder eröffnet.

Viel stürmte in diesen ersten Tagen und Monaten nach der Befreiung auf mich ein. Am 17. November 1945 schrieb ich an meinen ehemaligen Vorgesetzten in Treuenbrietzen, Herrn Boland:

»Ich komme jetzt wenig zum Lesen, obgleich ich doch Zeit genug haben müsste, aber wenn man täglich die Zeitungen liest, so ist das allein jetzt schon fast ein Studium, dazu kommen die verschiedenen Zeitschriften, von denen manche ebenfalls äußerst interessant sind, dazu kommen alle die vielfältigen Dinge, die, nachdem die Nazischranken gefallen sind, auf einen einstürmen und von denen man nicht weiß, wie man sie alle verarbeiten soll, da man auch gar nichts verpassen möchte. Da gibt es ein neues Theater, neue Filme aus England, Amerika, Russland und die vielen Ereignisse im politischen und kommunalen Leben. Alles das ist so neu für uns, so interessant, dass man die viele Zeit, die es verschlingt, gern opfert. Vieles ist keineswegs, wie es sein sollte, aber alles ist interessant.«

Das Leben im ersten Nachkriegswinter war hart. Die Lebensmittelrationen klein, zum Leben zu wenig, zum Sterben zu viel. Die Bevölkerung wurde für die Rationierung in vier Gruppen eingeteilt: Schwerarbeiter, Arbeiter, Angestellte und Sonstige. Brot gab es zwischen 300 und 600 g täglich, Nährmittel zwischen 30 und 80 g, Fleisch zwischen 20 und 100 g, Fett zwischen 7 und 30 g, Zucker zwischen 15 und 25 g, Kartoffeln 400 g, Salz 400 g pro Monat. Um unser Essen kümmerte sich nur meine Mutter. Das war ich so gewohnt. Aus Brennnesseln machte sie Spinat und zum »Hamstern« fuhr sie aufs Land und tauschte, was wir entbehren konnten, gegen Lebensmittel ein. Zum Heizen gab es kaum Holz oder Kohlen. Mit meiner Mutter suchte ich in benachbarten Ruinen Brennholz zusammen. In meinem Zimmer waren Minusgrade, ich schlief mit einer Mütze auf dem Kopf. Haare hatte ich schon damals nicht viel.

***

Trotz aller Widrigkeiten im täglichen Leben versuchten wir uns zu bilden, die Lücken zu schließen, die die Zensur des »Tausendjährigen Reiches« bei uns hinterlassen hatte. Schon 1945 wurden wieder Bücher gedruckt. Im Verlag der Sowjetischen Militärverwaltung in Deutschland erschienen politische Schriften wie Eugen Warga, *Die historischen Wurzeln der Besonderheiten des deutschen Imperialismus*, im Wedding-Verlag (West-)Berlin, Otto Heinrich von der Gablentz, *Über Marx hinaus*, im Aufbau Verlag Ernst Niekisch, *Deutsche Daseinsverfehlung*. Die Palette war breit, Diskussionsstoff gab es so reichlich wie Lesestoff. Von Juni bis Dezember 1945 habe ich 28 Titel als gelesen notiert (ich war wohl schon immer ein Bürokrat), darunter Bücher von Upton Sinclair, Jack London, John Reed, Maxim Gorki, Iwan Turgenjew, Pearl S. Buck, Stendhal, Jeremias Gotthelf, George Elliot, J. W. Stalin, Walter Ulbricht, Heinrich Mann und Georg Lukács.

Mit Datum vom 22. März 1946 erhielt ich die von dem Rektor Johannes Stroux unterzeichnete Urkunde, nach der ich »als Student der Rechts- und Staatswissenschaftlichen Fakultät in die Universität Berlin aufgenommen und durch Handschlag feierlich auf ihre Ordnung verpflichtet worden bin.« Friedrich-Wilhelm-Universität hieß sie nicht mehr, Humboldt-Universität noch nicht.

Im März 1946 begann schließlich auch mein Studium. Schon vorher hatten Vorkurse begonnen, die ich in Russisch, Englisch, Französisch und zum Teil auch in Deutsch besuchte. Die Zeit der Vorbereitung auf das Studium nutzte ich auch, um mich der kommunistischen Studentengruppe anzuschließen. Zum ersten Mal wurde ich dabei in der KPD aktiv. Bis dahin hatte ich nur an Parteiversammlungen unserer Wohngruppe teilgenommen. Dort war ich wohl mehr ein Zuhörer als ein aktives Mitglied. Jedenfalls habe ich keine Erinnerung an meine damalige Aktivität als Genosse. Das wurde nunmehr anders. Wir jungen Genossen diskutierten viel. Es war die Zeit der Vereinigung von KPD und SPD zur SED. Ich erinnere mich nicht an den historischen Vereinigungsparteitag im April, die mit dem Studienbeginn verknüpften neuen Lebensumstände verdrängten wohl Vieles.

Unter der großen Zahl der Studierenden, von denen dieser oder jener noch vom Nazigeist beseelt gewesen sein mochte, waren die Kommunisten bzw. später die Mitglieder der SED eine Minderheit. Die Stimmung unter den Studenten war überwiegend antisowjetisch, antikommunistisch. Es gab heiße Diskussionen im vollbesetzten Hörsaal 113. Gäste waren auch Offiziere aller vier Alliierten. Ich verteidigte dabei gegen die Mehrheit die Politik der SED und der Zentralverwaltung für Volksbildung. Intern kritisierte ich beide bei jeder passenden und unpassenden Gelegenheit.

Die Studenten waren anders als die Studenten vor dem Krieg und auch anders als die späteren. Die Männer hatten fast alle am Krieg teilgenommen und viele trugen noch mangels anderer Bekleidung Uniformen, von denen natürlich Rang- und sonstige Abzeichen abgetrennt worden waren. Sie waren nicht nur älter, sondern auch durch ihre Erfahrungen und Erlebnisse gereifter als es Studenten normalerweise sind. Sie wollten studieren, die verlorenen Jahre nachholen, einen Beruf ergreifen, eben ein normales Leben führen. Von Politik wollten nur wenige etwas wissen, die meisten waren enttäuscht und desillusioniert. Hitler hatte sie einmal beeindruckt. Die Nazi-Weltanschauung war diskreditiert, die Sowjetunion aber auch. Ausschreitungen sowjetischer Soldaten und der Abbau von Fabriken und Eisenbahnschienen für Zwecke der Reparation hatten das bewirkt. Die GIs hoben sich davon vorteilhaft ab. Schließlich hatte auch das preußisch-deutsche Weltbild bei vielen den Krieg überstanden. Die politische Lage war kompliziert, unsere Propaganda hielt ich für schlecht.

Die studentische Selbstverwaltung war noch nicht entwickelt. Es war jedoch eine Arbeitsgemeinschaft demokratischer Studenten gegründet worden, deren erster Vorsitzender Georg Wradzidlo hieß. Er wurde im März 1947 verhaftet. Genaue Gründe erfuhr ich damals nicht. Die Deutsche Zentralverwaltung für Volksbildung, die auch Wradzidlo ernannt hatte, setzte mich als seinen Nachfolger ein. Ich selbst nannte mich »kommissarischer« Leiter, die Zentralverwaltung sah das wohl nicht so. Viel später erfuhr ich aus dem Internet, Wradzidlo sei am 12. Dezember 1948 wegen Spionage und antisowjetischer Tätigkeit von einem sowjetischen Militärtribunal zu 25 Jahren Zwangsarbeit verurteilt und nach Verlegung in das Zuchthaus Bautzen am 13. Oktober 1956 entlassen worden. Wradzidlo sei an den Folgen eines Verkehrsunfalls 1959 in der BRD verstorben. Besonders als Opfer gerühmt wurde er anscheinend nicht.

Irgendwann war ich zum Vorsitzenden der SED-Parteiorganisation der Studenten aller Berliner Universitäten und Hochschulen gewählt worden. Diese

Funktion und meine Tätigkeit als Leiter der Arbeitsgemeinschaft demokratischer Studenten beschäftigten mich in den ersten drei Semestern mehr als das Studium. Es war eine Zeit interessanter, ja stürmischer politischer Entwicklungen. Die Viersektorenstadt Berlin stand im Zentrum politischer Auseinandersetzungen und ihre Universität war Schauplatz erregter Diskussionen.

Die Universität war vom Krieg stark beschädigt. Studenten beteiligten sich an den Aufräum- und Aufbauarbeiten. Ganz freiwillig geschah das wohl nicht. Politisch beteiligten sie sich weniger. Die kleine Gruppe von SED-Studenten bestand aus Kindern von politisch oder rassisch Verfolgten neben ehemaligen Soldaten, die, wie viele Menschen dieser Zeit, den Sozialismus als einzige Alternative zum Faschismus ansahen. Einige Karrieristen gab es wohl auch. Die Mitgliedschaft in der KPD, später der SED erleichterte ihnen den Zugang zum Studium. Der Kapitalismus galt, wenigstens bis zum Ahlener Programm der CDU vom 3. Februar 1947, selbst unter den Christ-Demokraten als endgültig gescheitert. Damals schrieben sie in ihr Programm:

»Das kapitalistische Wirtschaftssystem ist den staatlichen und sozialen Lebensinteressen des deutschen Volkes nicht gerecht geworden. Nach dem furchtbaren politischen, wirtschaftlichen und sozialen Zusammenbruch als Folge einer verbrecherischen Machtpolitik kann nur eine Neuordnung von Grund auf erfolgen.

Inhalt und Ziel dieser sozialen und wirtschaftlichen Neuordnung kann nicht mehr das kapitalistische Gewinn- und Machtstreben, sondern nur das Wohlergehen unseres Volkes sein. Durch eine gemeinschaftliche Ordnung soll das deutsche Volk eine Wirtschafts- und Sozialverfassung erhalten, die dem Recht und der Würde des Menschen entspricht, dem geistigen und materiellen Aufbau unseres Volkes dient und den inneren und äußeren Frieden sichert.«

Heute wird das Gegenteil angenommen, ohne dass der frühere Standpunkt irgendeine Erwähnung findet.

Der Lehrkörper der juristischen Fakultät bestand während meines Studiums aus anerkannten Rechtswissenschaftlern, die zumindest die Nähe zum NS-System gemieden hatten. Kommunisten waren bis auf Alfons Steiniger nicht unter den Professoren. In einer 1991 erschienen Festschrift für einen meiner damaligen Kommilitonen, den bekannten Berliner Rechtsanwalt Karlheinz Quack, heißt es: »Die juristische Fakultät hatte damals, obwohl im Ostteil der Stadt und damit im kommunistischen Machtbereich gelegen, durch Namen wie Eduard Kohlrausch, Heinrich Mitteis, Hans Peters, Hermann Dersch, Richard Lange und andere einen Rang, der sie in die vorderste Reihe der juristischen Fakultäten im damaligen Nachkriegsdeutschland stellte.«

Mir imponierte am meisten Prof. Kohlrausch, der Strafrecht lehrte. Vielleicht beeindruckte er mich auch deshalb so, weil mir das Strafrecht von allen Fächern das verständlichste und sympathischste war. Kohlrausch war präzise, knapp und ein guter Pädagoge. Ich erinnere mich noch an einen seiner ständigen Aussprüche: »Wenn der Himmel einfällt, sind alle Spatzen tot.« Damit trat er dem »Wenn« entgegen, mit dem wir Anfänger die Veränderung eines von ihm vorgegebenen Sachverhaltes einleiten wollten. Der Sachverhalt war jedoch unveränderbar und wir sollten diesen und eben nur diesen rechtlich werten.

Steiniger war ein witziger, schlagfertiger Diskutant, der allerdings seinen Vortrag durch ständige »Ähs« unterbrach, die wir während der Vorlesung mitzählten. Im Übrigen vertrat er im Gegensatz zu den meisten anderen, d.h. westdeutschen Rechtswissenschaftlern, die Auffassung, dass das Deutsche Reich durch »debellatio«, d.h. Vernichtung im Krieg, untergegangen sei. Die herrschende Meinung ist heute wie damals, dass die Bundesrepublik Deutschland die Rechtsnachfolgerin des Deutschen Reiches ist. Das nimmt man ihr weniger übel als der einstigen PDS – und mitunter noch der Partei Die Linke – die Nachfolge der SED.

An Heinrich Mitteis, den berühmten Rechtshistoriker, erinnere ich mich nicht näher, obgleich mich Rechtsgeschichte interessiert.

Von Peters, der Verwaltungsrecht las, weiß ich noch, dass er Studenten zu sich einlud und mit ihnen diskutierte. Ich gehörte nicht zu diesem Kreis, was ich bedauerte.

Der Arbeitsrechtler Dersch ist mir lebhafter in Erinnerung, wenn auch das Arbeitsrecht nie mein Fall war. In seiner Vorlesung im vollbesetzten großen Hörsaal 113 ereignete es sich, dass mir schlecht wurde und ich eilig den Hörsaal verlassen musste. Dersch führte das auf die schlechte Luft im Saal zurück. Der Grund war jedoch ein anderer. Ich hatte in der Mittagspause im Mittelkeller in der Mittelstraße mit Fritz Möller, meinem Freund und Genossen unserer Fakultät, ein Stammessen gegessen. Stammessen hießen damals die Essen in Restaurants, für die man keine Lebensmittelkarten abgeben musste. Sie waren gewöhnlich auch danach, aber so, dass einem davon schlecht wurde, war das Essen im Mittelkeller nicht. Wir hatten an einem Tisch gesessen, an dem schon eine Dame und ein Herr saßen, die miteinander politisch stritten. Die Dame vertrat die antifaschistische Seite, der Herr hatte die NS-Vergangenheit noch nicht bewältigt. Es war klar, wir unterstützten die Dame und schlugen deren Gegner aus dem Feld. Die Dame – wesentlich älter als wir – war erfreut und vielleicht sogar begeistert und lud uns in ein anderes Lokal ein, in dem es »Alkolat« gab. Das war, wie der Name unschwer erkennen lässt, ein damals berühmt-berüchtigtes alkoholhaltiges Getränk, das aus Rückständen der Marmeladenproduktion gewonnen wurde. Ich war zu dieser Zeit praktisch noch Antialkoholiker, fühlte mich aber aus Höflichkeit verpflichtet, das mir großzügig angebotene Getränk zu mir zu nehmen. Der Erfolg zeigte sich später im Hörsaal. Ich fuhr mit der S-Bahn nach Hause und kam bis Bahnhof Westkreuz, wo ich alles wieder von mir gab. Danach war es mit meinem Alkoholkonsum für mehr als 10 Jahre vorbei. – So weit die Vorlesung Arbeitsrecht von Dersch.

Unter den Mitgliedern unserer Parteiorganisation bildete sich bald ein engerer Kreis. Ich weiß es nicht mehr genau, aber ich glaube, er fand sich schon vor dem eigentlichen Studienbeginn zusammen, als für die KPD-Studenten ein spezieller, 14-tägiger Schulungslehrgang in Karolinenhof stattfand, wo auch das Wochenendhaus von Schmidts war. Dort wurde viel diskutiert, und schon dort schieden sich die Geister in Dogmatiker und – wie sie die anderen später nannten – Revisionisten. Es ging fröhlich, unbefangen, sogar etwas locker zu, in der Parteischule an der Dahme. Die Kriegsangst war der Lebensfreude der Studentinnen und Studenten gewichen. Damals schrieb ich für die Wandzeitung einen Artikel unter der Überschrift *Krause Gedanken*. Er glossierte die Diskussionsbeiträge einer Genossin Krause, sprach von Dogma und endete mit dem ironisch gemeinten Aufruf: »Erhebt euch gegen uns Ketzer!«. Eine Vorahnung kommenden ideologischen Puritanismus kam wohl doch schon auf. In diesen 14 Tagen werden wir uns zusammengefunden haben zu einem Kreis, der innerhalb der Berliner KPD-Studenten eigene Ziele für die weitere Politik der Partei verfocht. Wir unterhielten untereinander in den folgenden Jahren freundschaftliche Beziehungen, feierten die Feste, wie sie fielen, bis etwa ein Jahr später die Partei dem ein Ende machte.

Zu diesem Kreis gehörte vor allem Wolfgang Heise, der damals Vorsitzender der Parteiorganisation der Humboldt-Universität war und später dort ein bekannter Professor für Philosophie wurde. Zuletzt hatte er den Ruf eines Abweichlers in der Partei.

Carsten Bresch gehörte gleichfalls diesem engeren Kreis an. Er wurde als Erfinder der Idee von einer »GeStuPo« gehänselt. Er meinte, eine Geheime Studentenpolizei müsse die Universität vor dem Treiben von Faschisten sichern. Er hatte zunehmend Schwierigkeiten mit der Politik der SED, litt unter dem niedrigen intellektuellen Niveau mancher ihrer Funktionäre. Ich versuchte vergeblich, ihn zu meiner Meinung zu bekehren, dass die Ausschaltung der NS-Führungskräfte sowie die Förderung der Arbeiter notwendig mit einem Qualitätsverlust verbunden sei, den man hinnehmen müsse. Am meisten erregte ihn der Lyssenko-Kult in der UdSSR. Er studierte Biologie und konnte diese Verirrung nicht begreifen. Erst 2011 fand ich wieder Kontakt zu ihm. Er war inzwischen Professor emeritus und Verfasser mehrerer bekannter Fachbücher.

Zu unserem Kreis gehörte ferner Herbert Theuerkauf. Er wurde nach dem Studium als DDR-Journalist bekannt. Auch Hertwig und Heilborn gehörten dazu. Fritz Möller teilte unsere Auffassungen, verkehrte aber mehr mit anderen Kommilitonen. Nicht alle Namen sind mir noch in Erinnerung, maximal zwei habe ich vielleicht vergessen, mehr werden es aber nicht gewesen sein.

Auch unter unseren innerparteilichen Gegnern befanden sich Studenten, deren Namen später in der DDR bekannt wurden. Erwähnt seien Walter Florath, später Wirtschaftskommentator beim DDR-Fernsehen, und Oskar Hauser. Er wurde Physikprofessor und Prorektor der Humboldt-Universität. Er war schon damals mit Irene verheiratet, die ebenfalls Physik studierte und Professorin wurde. Beide wurden nach der Wende als Nachbarn gute Freunde von uns. Verschiedener politischer Meinung blieben wir dennoch, ich wurde Betonkopf und er Reformer, was in meinen Augen ein anderes Wort für Revisionist ist. Oskar ist 2005 verstorben.

Auf der bürgerlichen politischen Seite standen Franz Amrehn, der als Zweiter Bürgermeister von Berlin bekannt wurde, der spätere Präsident des Bundesverfassungsgerichts Ernst Benda, die Herausgeber der Studentenzeitschrift *Colloquium*, von der später noch die Rede sein wird, Otto H. Hess und Joachim Schwarz, sowie der Landesvorsitzende der CDU Berlin und das spätere Entführungsopfer der RAF, Peter Lorenz.

Nach meinem bzw. unserem damaligen Verständnis führten wir einen Zweifrontenkampf, einerseits gegen diejenigen Studenten, die die Politik der SED angriffen, und andererseits gegen die von uns für falsch gehaltene Linie der Partei. In den Diskussionen in studentischen Versammlungen, die hauptsächlich im Hörsaal 113 der Universität stattfanden, verteidigten wir die Partei, zum Beispiel wegen der Verglasung der Fenster im Haus des ZK in der Wilhelm-Pieck-Straße (jetzige Torstraße) Ecke Prenzlauer Allee, die die Gemüter angesichts der vielen nicht verglasten Wohnungsfenster sehr erhitzte. Auch die Pajoks, die Lebensmittelpakete, die Funktionäre von der sowjetischen Militäradministration erhielten, spielten in solchen Auseinandersetzungen eine große Rolle. Hier wie auf vielen anderen Gebieten zeigte sich der Einfluss der KPdSU. Die Sonderstellung, die Privilegien der Funktionäre vereinbarten sich nicht mit unseren Vorstellungen von kommunistischer Haltung und auch nicht mit den Vorstellungen, die das Volk von der Rolle seiner Politiker hatte. Daraus entstanden gegenüber der SED feindliche Stimmungen, die von den Westberliner Medien gekonnt geschürt wurden. Wir empfanden es generell als ein Manko, dass der überwiegende Teil der Partei- und Staatsfunktionäre in der Emigration gewesen war und daher – nach unserer Meinung – die Stimmung der Bevölkerung nicht kannte, was zu falschen politischen Entscheidungen führte.

Wir waren überzeugt, dass die Linie der Partei in vielen entscheidenden Punkten nicht der Auffassung ihrer Mitglieder entsprach. Innerhalb der Parteiorganisation der Berliner Studenten vertraten wir diese Überzeugung gegen den Widerspruch anderer Studenten, die in unseren Augen Dogmatiker waren. Die Diskussionen waren heftig, die Landesleitung veranlasste, dass Genossen Professoren wie Kuczynski an ihr teilnahmen, die die »Dogmatiker« unterstützen sollten. Das brachte jedoch nicht viel, die meisten Mitglieder unserer Parteiorganisationen teilten unsere Auffassungen, so dass Heise die Funktion als Vorsitzender der Parteiorganisation der Humboldt-Universität und ich die des Vorsitzenden aller Berliner Studenten behielten.

Über den Kreis der Studenten hinaus wurden wir nicht wirksam. Es wurde zwar in dieser Richtung einmal diskutiert, wie man die Parteiorganisationen der Berliner Stadtbezirke auf unsere Seite ziehen könne, doch es blieb bei Worten. 1947, mit dem Ablauf des dritten Semesters, d.h. nach der Hälfte der Mindest-Studienzeit, beschloss ich, mich aus der Universitätspolitik zurückzuziehen, um ordentlich zu studieren. Das entsprach der gemeinsamen Auffassung aller Mitglieder unseres Kreises. Wir hielten es für unsere selbstverständliche Pflicht als Genossen, so schnell wie möglich unsere Ausbildung zu beenden, um mit am Aufbau Deutschlands zu arbeiten. Unter den Antifaschisten der Nachkriegsjahre war das eine normale Haltung. Überall fehlte es an geeigneten Menschen, an Kadern, wie man das damals nannte, da die ehemaligen Nazis aus ihren Positionen entfernt worden waren. Das hatte naturgemäß zu einem Absinken des Bildungsniveaus auf vielen Gebieten geführt, das wir aber als unvermeidbar hinnahmen. Desto notwendiger war es, dass die neuen Kräfte ihren Arbeitsplatz einnahmen.

Mein Abschied von meiner Funktion als Parteivorsitzender der Studenten fiel mit der Einberufung des 2. Parteitages der SED zum September 1947 zusammen. Die Partei rief dazu auf, in freimütigen Diskussionen zu den aktuellen politischen Problemen Stellung zu nehmen. Das nahm ich wörtlich. Ich wollte, da ich nun ein Nur-Jura-Student wurde, die Tür hinter meiner Episode als Studenten-Politiker mit einigem Geräusch schließen. Also setzte ich mich an die von meinem Vater geerbte Royal-Reiseschreibmaschine aus den 20er Jahren und tippte den nachstehenden Text:

»*Entwurf einer Resolution zum Parteitag der SED 1947*

1.

Seit geraumer Zeit machen sich in der Partei ernste Erscheinungen der Inaktivität, Müdigkeit und Unzufriedenheit bemerkbar. Wir halten es für die gegenwärtig dringendste Aufgabe, Art und Umfang dieser Erscheinungen festzustellen, ihre Ursachen zu erkennen und dieselben zu beseitigen. Wir bedauern, daß die Diskussionsgrundlage des ZS [Zentralsekretariat; F.W.] sich dieser Aufgabe nicht unterzogen hat. In dem Bewusstsein, dass unser Beitrag nur unvollständig sein kann, stellen wir folgende Ursachen für die genannten Erscheinungen fest und weisen nachdrücklichst auf die Notwendigkeit ihrer Abstellung hin.

Der Verantwortung, die jeder Genosse für die Politik der Partei trägt, entspricht das Recht auf reale Möglichkeiten, die Gestaltung dieser Politik zu beeinflussen. Die Erreichung einer vollendeten innerparteilichen Demokratie wurde von Gen. Wilhelm Pieck bei der Gründung der SED wiederholt als Ziel proklamiert. Es gehört zu ihr nicht so viel, dass wir sie nicht schon haben könnten. Andererseits bedeutet die weitverbreitete Unzufriedenheit über später aufzuzeigende Maßnahmen und Verhältnisse in der Partei verbunden mit der immer wiederholten resignierten Feststellung: ›Wir können ja doch nichts ändern‹, eine ernste Gefahr, die das Leben in der Partei zu lähmen droht. Die geringe Beteiligung der Genossen an Veranstaltungen der Partei gibt dafür einen nicht zu übersehenden Hinweis. Wir fordern deshalb folgende Maßnahmen zur baldigen Schaffung einer realen Demokratie in der Partei:

1. Öffnung der Presse für eine allseitige innerparteiliche Diskussion.
2. Wahl der Vorsitzenden und der Sekretariate unmittelbar durch die Delegierten und nicht mittelbar wie bisher durch den Vorstand.
3. Wahl der Fachreferenten durch die der betreffenden Fachsparte angehörenden Genossen.
4. Freie, nicht vorher bestimmte Diskussionen auf Parteitagen, Delegierten-Konferenzen usw.
5. Aufgabe aller sonstigen mit dem Wesen einer echten Demokratie unvereinbaren Praktiken.

2.
Das Bewusstsein, für eine gerechte Sache zu kämpfen, ist der stärkste Antrieb einer Bewegung. Jedes Moment, das dieses Bewusstsein schmälert, ist daher zu vermeiden, jede Erscheinung, die in dieser Richtung wirkt, rücksichtslos zu bekämpfen. Hierher gehört auch alles, was den Anschein erwecken könnte, als sei es uns nicht ernst mit der Verwirklichung der von uns gelehrten Ideen. Wir verlangen daher schnellste Verwirklichung entsprechender Maßnahmen, z.B.:

- Abschaffung der übermäßigen Verpflegung und sonstigen materiellen Besserstellung des höheren Funktionärskörpers.
- Unterlassung der Beweihräucherung führender Genossen in Wort und Bild, in Gips und Bronze.
- Aufhebung der entwürdigenden und schematischen Klassifizierung in der Leistungsbewertung innerhalb der Partei.

3.
Die Propaganda ist der wundeste Punkt unserer ganzen Parteipolitik. Ihr Versagen trägt in erheblichem Maß zur Stagnation innerhalb der Partei bei. Statt die Massen aufzurütteln, die Genossen zu festigen, gibt sie unseren Gegnern nur ständig neue Waffen in die Hand.

Die Ursachen dieser verhängnisvollen Situation liegen in der falschen Vorstellung, die der Parteivorstand augenscheinlich von der gegenwärtigen Mentalität des Deutschen hat. Dummheit und Primitivität brauchen nicht immer dasselbe zu sein. Der Deutsche mag politisch dumm sein, primitiv ist er nicht. Hier wäre es notwendig, dass die maßgeblichen Funktionäre, wie der Entwurf des ZS sagt, ihr ›Ohr bei den Massen zu haben, von den Massen lernen.‹ Hier erweist sich aber auch die andere Seite des Enthobenseins unserer höheren Funktionäre von den materiellen Nöten der Gegenwart. Nicht nur Verbitterung und Resignation der Massen wie der Genossen unserer Partei ist der Erfolg, sondern offensichtlich mangelndes Einfühlungsvermögen in die Lage des eigenen Volkes. Die nunmehrige Anerkennung der Tatsache des Versagens der Presse von Seiten des Parteivorstandes, die von der Mitgliedschaft schon seit mehr als einem Jahr festgestellt wurde, bedeutet nichts, wenn man nicht Abhilfe schafft. Der ewig wiederholte Satz: ›Wir haben keine geeigneten Leute‹, ist nicht bewiesen, bewiesen ist nur, dass wir nicht die richtigen Leute an der richtigen Stelle haben. Dies gilt für die Presse wie für die gesamte Propaganda. Wir fordern daher:

- Schleunigste Entfernung von Funktionären und Redakteuren, die versagt haben.

- Anerkennung des Prinzips, dass auch die bitterste Wahrheit besser ist als notwendig kurzlebige Lügen.
- Durchführung des Grundsatzes: Lieber weniger aber besser.

4.

Unsere Politik in der Ostzone hat dank der Unterstützung durch die SMA [Sowjetische Militäradministration, auch SMAD; F. W.] mit Boden-, Industrie-, Schul- und Justizreform beachtliche Erfolge für die Vorbereitung des Sozialismus errungen. Was wir nicht erreicht haben, ist die tatsächliche Gewinnung der Massen. Eine Fahrt mit der Eisenbahn zeigt die Fragwürdigkeit von Mitgliedzahlen (wie das auch der 20. Oktober in Berlin zeigte.) [Am 20. Oktober 1946 fanden Wahlen in Berlin statt. 48,7 % wählten SPD, 19,8 % SED; F. W.] Dass wir dies nicht erreicht haben, liegt zum Teil an den vorgenannten Umständen, zum Teil an Ereignissen, die sich unserem Einfluss entziehen, zum Teil aber auch an den folgenden Umständen:

In der Verwaltung wird eine Gehaltspolitik und eine Politik sonstiger materieller Vergütungen betrieben, die die Bevölkerung (unsere Genossen eingeschlossen) mit Recht empört.

Die Gruppen der SED maßen sich Rechte an, die zu Vergleichen mit der NSDAP herausfordern und die das Bestreben der Bevölkerung, nach 12 Jahren endlich frei zu sein, missachten.

In die SED selbst haben sich Elemente eingeschlichen, die schnellstens entfernt werden müssen, weil sie die Partei diskreditieren.

Wir fordern die Abstellung dieser Missstände und darüber hinaus die Ergreifung folgender Maßnahmen:

- Vollste Offenheit unserer Genossen bei der Darstellung der wirtschaftlichen und politischen Lage der Zone.
- Strengere Gestaltung der Aufnahmebedingungen in die SED. Vermeidung auch der leichtesten Druckmittel zur Erreichung des Eintritts eines neuen Mitglieds.

5.

Unsere Haltung der SPD gegenüber muss klar und eindeutig sein. Die Vermischung von Anbiederungsversuchen einerseits mit bloßem Geschimpfe andererseits macht uns im Endeffekt nur lächerlich. Wir sollten in dem einen zurückhaltender, in dem anderen scharf, aber nicht rabaukenhaft sein.

Ohne die Berücksichtigung der geschilderten Umstände werden wir nicht die augenblickliche Lethargie überwinden, werden wir nicht die Massen überzeugen, werden wir nicht auf dem Weg zum Sozialismus vorwärts kommen.«

Der Resolutionsentwurf wurde von der kleinen Parteigruppe der SED-Studenten der juristischen Fakultät, der ich angehörte, angenommen. Ob er auch von den Parteiorganisationen anderer Fakultäten der Humboldt-Universität oder anderer Hochschulen akzeptiert wurde, weiß ich nicht.

Nach einiger Zeit spürte ich, dass in der Partei etwas gegen mich im Gange war. Es wurde eine Kommission gebildet, die das Parteiverfahren vorbereiten sollte. Ihr gehörten mit Wolfgang Heise, Carsten Bresch und Fritz Klein drei Genossen an, die meine Auffassungen geteilt hatten. Oskar Hauser und Heinz Hechler waren in den Diskussionen unsere Gegner gewesen, Hechler war Vorsitzender der Kommission. Auf einer Sitzung dieses Gremiums am 18. Oktober musste ich sieben Fragen beantworten. Das Protokoll, das darüber verfasst wurde, hatte folgenden Wortlaut:

»*Bericht der Sitzung am 18.10.47, 9.30*

Anwesende Wolfgang Heise, Oskar Hauser, Heinz [er hieß Fritz] Klein, Heinz Hechler.

Betr. Eigene Stellungnahme des Gen. Wolf zu seinem Resolutionsentwurf

Frage 1: Hältst Du den Entwurf in seiner Gesamtheit aufrecht?

Antwort: Ja

Frage 2: Hältst Du den Vergleich der Gruppen der SED mit der NSDAP für richtig?

Antwort: Ja. Falsch ist die Fassung ›die Gruppen‹. Es müsste lauten ›einige Gruppen‹. Bei nochmaligem Schreiben würde ich diese Formulierung weglassen. Einige Gruppen fordern die Bevölkerung dazu heraus.

Frage 3: Bist Du der Ansicht, dass der Parteivorstand die Errichtung einer innerparteilichen Demokratie gehemmt hat?

Antwort: Er (Parteivorstand) hat nicht genügend getan, um die innerparteiliche Demokratie zu verwirklichen. Er hat die Mitglieder nicht genügend zu Ausnutzung der innerparteilichen Demokratie, insbesondere zur Kritik erzogen.

Frage 4: Bist Du Dir darüber klar, dass die Punkte 1b und c eine Änderung der Parteistatuten erfordern? [In der angeführten Resolution 1.2 du 1.3; F.W.]

Antwort: Ja. Bei 1 c.

Frage 5: Was verstehst Du unter Punkt 1a?

Antwort: Ich bin der Meinung, dass die Möglichkeit zu einer umfassenden Diskussion noch geschaffen werden muß.

Frage 6: Was verstehst Du unter ›sonstigen Praktiken‹ in Punkt 1c?

Antwort: Z.B. beim Berliner Parteitag waren den Delegierten nur die Zusammenfassungen der Resolution bekannt. Einzelresolutionen der Delegierten haben nicht vorgelegen.

Frage 7: Bist Du der Ansicht, dass die Diskussionen auf Parteitagen etc. nicht frei und vorher bestimmt waren?

Antwort: Zumindestens habe ich den Eindruck, dass es so ist. Z.B. auf Berliner Funktionär-Konferenzen hat von jedem Kreis nur einer gesprochen. Seitdem ist dieser Punkt eine Forderung in meinem Repertoire. Diese Forderung ist nicht überall, aber auch nicht nirgendwo erfüllt.«

Jetzt, nach meinen Erfahrungen in politischen Prozessen in der DDR, fällt mir auf: derartige Frage-und-Antwort-Protokolle gab es von den Vernehmungen, die das MfS machte. Es mutet mich seltsam an, dass Studenten, die Medizin, Physik und Philosophie studierten, aus eigenem Antrieb so formulierten. Stand da jemand dahinter? Ich weiß es nicht.

Über die folgenden Sitzungen der Kommission gab es dann wiederum Berichte. So hieß es am 20. Oktober 1947:

»Die Kommission kam einstimmig zur Ansicht, dass einige Punkte notwendig als provokatorisch und parteischädigend aufgefasst werden müssen.

Über Gesinnung und Person des Genossen Wolf zu urteilen, war nicht Aufgabe der Kommission und ist nur auf Grund der Berücksichtigung seines gesamten Verhaltens möglich.

Wir haben deswegen die Unterlagen dem Landesverband Groß-Berlin zur Verfügung gestellt.«

In einem Nachtrag vom 22. Oktober 1947 war zu lesen:

»Gen. Heise und Klein sind der Ansicht, dass sie die Formulierung vom 20.10.47 nicht aufrechterhalten können. Ihrer Auffassung nach ist die Resolution in vielen Punkten einerseits falsch, verunglimpfend und parteischädigend und muss zweifelsohne provokatorisch wirken, andererseits glauben sie nicht, dass Gen. Wolf die Partei bewusst provozieren wollte.«

Gez. Heinz Hechler, Oskar Hauser

Von zwei Kommissionsmitgliedern liegen mir außerdem schriftliche, undatierte Stellungnahmen vor. Heinz Hechler beendete seine dreiseitige, engzeilig getippte Erklärung wie folgt:

»Zusammenfassend bin ich der Auffassung, dass die Resolution des Gen. Wolf nicht nur in allen Punkten provokatorisch, sondern in Punkt 2 und Punkt 4 unmarxistisch und konterrevolutionär ist.«

Wolfgang Heise befand am Schluss seiner mehr als vierseitigen, ebenfalls engzeilig getippten Ausführungen (Papier war knapp), dass es keinen Beweis für die »provokatorische Absicht des Gen. Wolff« gäbe. Und er fügte hinzu:

»Entgegensteht meine Überzeugung, die sich auf eine lange Bekanntschaft mit Gen. Wolff gründet, und welche m.E. die Mehrheit der Betriebsgruppe teilen wird, da sie Gen. Wolff zwei Male zum ersten Vorsitzenden wählte, dass seine Gesinnung über allen Zweifel erhaben ist.«

Die Dokumente spiegeln den Zeitgeist wider, speziell die Situation in der SED. Es waren damals harte Zeiten. Man konnte schnell beim NKWD landen. Ich erkannte das ziemlich spät. Dann allerdings habe ich mich entsprechend verhalten. Meine Gesinnung blieb jedoch all die Jahre dieselbe.

Im Verlaufe der Untersuchungen gab es noch viele Aussprachen und Sitzungen, wichtige Funktionäre der Landesleitung Berlin der SED wie der Genosse Karl Mewis griffen ein. Die Sache verlief jedoch im Sande. Genaue Informationen darüber erhielt ich damals nicht. Die zitierten Dokumente verdanke ich einem Historiker und Irene Hauser, die sie mir zu meinem 84. Geburtstag übergab.

Mein Freund Wolfgang Heise mied nach dem Parteiverfahren zunächst den Kontakt zu mir und ich zu ihm. Es war besser so. Der Parteiapparat konnte jedoch anscheinend die Blockade, die Wolfgang Heise zusammen mit der Leitung und dem überwiegenden Teil der Mitglieder unserer Parteiorganisation gegen das Parteiverfahren errichtet hatte, nicht überwinden. Im Geheimen gingen die Verdächtigungen weiter. In einem »Aktenvermerk Möller-Leissner-Oppoczinski-Gruppe vom 4.9.1950« aus dem Archiv der Zentralen Parteikontrollkommission (ZPKK) hieß es über mich:

»In der SED-Betriebsgruppe der juristischen Fakultät der Humboldt-Universität Berlin gab es eine sehr aktive Oppositionsgruppe. Geführt wurde diese Gruppe von einem Studenten Möller. ... Ferner gehörten zu der Gruppe ein gewisser Fritz Wolf, der im Frühjahr 1949 sein Referendarexamen ablegte und dessen Ehefrau als Sekretärin in der DWK [DWK = Deutsche Wirtschaftskommission, deutsche

Verwaltung in der Sowjetischen Besatzungszone 1947–1949, F.W.] beschäftigt sein soll. Wolf wurde als der eigentliche Kopf der Trotzkistischen Gruppe um Möller herum angesehen.«

Meinen Namen konnten die wachsamen Genossen nach ca. dreijähriger Ermittlung immer noch nicht richtig schreiben. Anderes stimmte auch nicht. Meine Frau war nie bei der DWK und nie als Sekretärin tätig. – Später, viel später wurde mir irgendwann verziehen.

Von diesen ganzen hintergründigen Ermittlungen, Feststellungen und Verdächtigungen wusste ich natürlich früher nichts. Ich wusste nur, dass ein Parteiverfahren über mir schwebte. Es schwebte lange, wie lange weiß ich nicht. Weder vom Beginn noch vom Ende des Schwebezustands erhielt ich sichere Nachricht. Allerdings machte ein Zwischenfall die hintergründigen Bemühungen publik. Der neue Vorsitzende der Betriebsgruppe der SED, der Medizinstudent Hechler, der auch führendes Mitglied der Kommission war, die das Parteiverfahren gegen mich durchführte, hatte im Büro des jetzt gebildeten Studentenrats seine Aktentasche stehen lassen, in der sich mein Resolutionsentwurf befand. Als er sie wieder bekam, hatte man offenbar den Resolutionsentwurf abgeschrieben, denn im Januarheft der in Westberlin erscheinenden Studentenzeitschrift *Colloquium* wurden wesentliche Auszüge aus ihm unter der Überschrift *Einer gegen den Motor. Die Resolution des Genossen Wolff* veröffentlicht. In der Aktentasche war wohl noch mehr Material, denn in dem Artikel wurde auch berichtet, dass sich der Verfasser der Resolution

»einer ebenfalls aus Studenten bestehenden fünfköpfigen Kommission zu stellen [hatte], die darüber entscheiden sollte, ob ›die Resolution des Genossen Wolff provokatorisch‹ sei. Ein Kommissionsmitglied, Hechler, stud. med., das sich bei dieser Gelegenheit als ›linientreu‹ bewähren wollte, traf zwar so bemerkenswerte Feststellungen, wie: ›Die zusätzliche Verpflegung und materielle Besserstellung des hohen Funktionärskörpers steht durchaus nicht im Gegensatz zu unserer Lehre‹ und ›wir bejahen Druckmittel, nicht nur zur Erreichung des Eintritts, sondern generell‹, aber der Verfasser gab von seinem Standpunkt nichts nach, und die Kommission überließ den ganzen Vorgang der Landesleitung, da über die Frage provokatorisch oder nicht provokatorisch – ein Verdienst des stud. phil. Heise und des stud. phil. Fritz Klein – die Ansichten der Kommissionsmitglieder stark auseinander gingen.«

Irgendwann, es kann nur im Zusammenhang mit der Resolution gewesen sein, wurde ich zu Bruno Baum bestellt, der damals Sekretär der Landesleitung der SED war. Baum, ein kleiner, untersetzter Mann, der mir stets einen ernsten und entschlossenen Eindruck machte – Funktionäre trugen damals fast immer eine ernste, verschlossene Miene zur Schau –, wurde von mir ob seiner Vergangenheit geschätzt. Er war, wie man hörte, Jude und Kommunist und als solcher in Auschwitz gewesen. Persönlich war ich ihm bis dahin nie näher begegnet. Jetzt nahm er mich ins Gebet und verkündete mir abschließend, dass man mich auch nach Sibirien schicken könne. An dieser Möglichkeit hatte ich keinen Zweifel, schließlich war das meinem Vorgänger im Amt des Leiters der studentischen Arbeitsgemeinschaft wohl so widerfahren. Allerdings hatte ich bis dato in meinem Verhalten keinen Ansatzpunkt für ein derartiges Vorgehen gesehen. Ich war, wie man heute sagen würde, blauäugig. Da ich nicht mehr aktiv am politischen Leben der Universität teilnahm, maß ich dieser Warnung auch keine übertriebene Bedeutung bei. In Erinnerung habe ich sie jedoch behalten.

***

Das Leben im neuen Frieden war auch sonst schwer. An die Stelle der Bombenangst war die Furcht vor Hunger und Kälte getreten. Hamstern und Schieben war angesagt. Zum Bersten volle Züge mit Berlinern fuhren aufs Land zu den Bauern. Man tauschte die letzten Habseligkeiten gegen Lebensmittel. Gute Zeiten für Bauern. Ich überließ dieses profane Geschäft meiner Mutter. Ich war zu erfüllt vom politischen Aufbruch und von den neuen Erfahrungen im Studium und in der Liebe. Alles kam auf einmal. Im August 1946 fuhren Sonja und ich an die Ostsee nach Göhren auf Rügen. Es waren nur ganz wenige kühne Besucher dort zu finden. Befangen mietete ich für uns ein gemeinsames Zimmer bei netten Wirtsleuten. Es ging besser als erwartet. Die Verpflegung, natürlich auf Lebensmittelkarten, war reichhaltiger als in Berlin. Eines Morgens stellte ich jedoch fest, dass Sonja krank war. Sie hatte hohes Fieber, war nicht ansprechbar und lag mit verdrehten Augen, in denen man das Weiße sah, im Bett. Ein Arzt stellte Diphterie fest und wies sie in die Infektionsabteilung des kleinen örtlichen Krankenhauses ein. So saß ich auf Rügen fest und konnte mit Freundin und Mutter nur brieflich verkehren. Am 23. August 1946 schrieb mir meine Mutter unter anderem:

»... soeben komme ich von einer Fahrt nach Werder nach Hause... Früh 5.03 ab Westend mit dem Zug nach Werder halb tot gedrückt, macht fast gar nichts. Die

Leute haben sich geschlagen, ist mir auch egal, ich kam jedenfalls mit. Kurz nach 8 Uhr in Werder. 1½ Stunden Marsch, Pflaumen, Pfirsiche, Gurken, Tomaten, Kohlrabi getankt, dann wieder 1½ Stunden Marsch nach Ferch. Kontrolle! Alles behalten. Herrliche Dampferfahrt bei schönem Sonnenschein bis Potsdam, dann wieder Schlägerei in der Stadtbahn! Am Walde bei Ferch noch eine Menge Pilze gefunden.«

»Hamstern« sah so aus. So optimistisch im Ton schrieb sie nicht immer. Im Brief vom 23. August klang es anders:

»Ich habe auch sonst keinen Mumm. Geldsorgen und andere halten mich davon zurück, das Leben ist nicht so einfach wie Du denkst, mir ist es oft sehr schwer ums Herz, Du kümmerst Dich wirklich wenig darum. Wenn es irgend geht, sieh zu, ob Du dort Kartoffeln kaufen könntest. Du musst fragen, ob sie im Sack per Express aufgegeben werden können oder als Passagiergut. Wir reichen mit unserer Zuteilung nicht und müssen uns kümmern.«

Und sie kümmerte sich. Auf dem Balkon und in der Wohnung in der Königin-Elisabeth-Straße hielt sie ein Kaninchen, Anton genannt. Anton bewegte sich ziemlich frei in den Zimmern. In Mutters Briefen spielte er keine kleine Rolle, er rangierte gleich nach den Lebensmittel-Berichten, gehörte streng genommen dazu. Vorerst dachte aber niemand von uns an sein vorhersehbares Ende. In ihrem Brief vom 19. August schrieb Mutter: »Anton war auch krank [wie Sonja, F.W.]. Er hatte keine Verdauung und fraß nicht, Fr. Magister und ich haben ihm den Bauch massiert, es ist heute wieder besser, aber ganz in Ordnung ist er noch nicht.« Im gleichen Brief hieß es dann am Schluss: »Also gute Nacht. Übrigens hast Du Dir ja viel vorgenommen, solange zu bleiben. Ihr müsst ja viel Geld haben.« Am 25. August kam dann neue, bessere Nachricht von Anton:

»Heute habe ich Futtersorgen für Anton. Da ich keine Frischkartoffeln mehr besitze, fehlt es an Schalen. Ich habe es Fr. Magister schon gesagt, sie soll mir ihre Abfälle heute bringen, aber bis jetzt warte ich noch vergebens. Inzwischen hat Anton sich so lang gemacht, daß er mir ein Primel im Blumentopf auf dem Fenster radikal abgefressen hat, so ein Luder, aber ein Zeichen, daß er gesund ist. Er ist beinah wie ein Hund. Wenn ich mit meinem Essen auf dem Balkon sitze, kommt er an mir hochgeklettert und schnuppert, bis ich ihm etwas gebe.«

Besondere Aufregung verursachte Anton später dadurch, dass er nicht mehr auffindbar war. Meine Mutter vermutete, dass er vom Balkon gestürzt sei. Sie ging auf die Straße und fragte die dort spielenden Kinder, ob sie ein Kaninchen gesehen hätten. War mir sehr peinlich. Ich fand Anton schließlich unter dem Büffet im Esszimmer. Das aus den Wohlstandszeiten meiner Eltern um 1928 stammende Möbelstück, das damals zu jedem Bürgerhaushalt gehörte, hatte eine Breite von über 2 m, war aus massivem Nussbaum und unheimlich schwer. Anton saß darunter und kam nicht mehr hervor. Das Büffet hatte eine Blende, die tiefer reichte als sein Boden. Ich trieb ihn schließlich mit einem Schrubber unter diese Blende, wo er zunächst eingeklemmt war, aber dann mit der Kraft der Verzweiflung und nach wiederholtem Fußschurren auf dem Parkett den Weg ins Freie errang. – Er wurde später irgendwann geschlachtet und gegessen, aber nicht vergessen.

Als ich nach über 55 Jahren die Briefe meiner Mutter wieder las, hatte ich ein sehr schlechtes Gewissen. Ich zweifele, dass ich es damals auch hatte. Heute erst weiß ich, was ich meiner damals 62-jährigen Mutter zumutete. Es war nicht nur, dass ich ihr die Sorge um unsere Ernährung allein überließ, hinzu kam, daß ich Kommunist geworden war, ein Anrüchiger in ihren Kreisen, hinzu kamen Sonja und deren Eltern, alles Kommunisten, Arbeiter, »Proleten«. Sie ließ es sich nicht anmerken, sprach zu mir nie davon. Sie war eine kluge Frau. Sie nahm in Kauf, was sie nicht ändern konnte, vermied jeden Streit, auch mit ihren Mietern, lieber verzichtete sie auf Geld oder andere Vorteile.

Das Jahr 1947 war für mich nicht nur politisch sehr bewegt. Sonja litt unter Beschwerden, die als Magenschleimhautentzündung diagnostiziert wurden. Später stellte sich heraus, sie war schwanger. Vorher hatten ihr Ärzte erklärt, sie würde keine Kinder bekommen, da ihre Gebärmutter abgeknickt wäre. Ein uneheliches Kind war damals noch nicht so unproblematisch wie heute. Hatte ich bis dahin nicht an eine Ehe gedacht, so war es jetzt selbstverständlich, dass wir heirateten. Es geschah am 22. November 1947. Meine Mutter war von dieser Eheschließung nicht grade begeistert. Dennoch schuf sie ein gutes Verhältnis zu Sonja, das über unsere Scheidung hinaus bestand, schon wegen der Kinder. – Sonja zog in das Haus und die Wohnung meiner Mutter. Sie ging bald nach der Geburt von Barbara wieder ihrer Arbeit nach, so dass die Versorgung des Babys meiner Mutter und, wenn ich zu Hause war, auch mir oblag. BGB-Studium und Säuglingsversorgung mussten zusammen gewährleistet werden. Die Blockade verknappte die dringend benötigte Milch. Auf besonderen Bezugsschein bekamen sie Eltern von Säuglingen in den damals in Berlin noch bestehenden Kuhställen. Mit dem Fahrrad fuhr ich morgens nach Westend und holte aus einem Kuhstall die Milch. Die Jahre 1947 und 1948 waren sicher für meine Mutter eine schwere Zeit. Währungsreform, Heirat, Schwiegertochter und Enkelkind in ihrer Wohnung, Probleme der Hausverwaltung. Alles das, was ich ihr damals aufbürdete und antat, ohne ein Gefühl dafür zu haben, was es für sie bedeutete, kann ich nicht wieder gutmachen. Erst heute erkenne ich, was ich ihr verdanke.

Nachdem ich meine Funktionen abgegeben hatte, widmete ich mich ganz dem Studium. Dabei legte ich das Hauptgewicht auf das Selbststudium. Ich las Lehrbücher, lernte Paragraphen auswendig und besuchte einen Kurzlehrgang bei einem bekannten Westberliner Repetitor. Das war 1948 während der Blockade. Wir Studenten saßen dichtgedrängt in einem Raum, der bei Stromsperren durch Petroleumlampen, die Petromax genannt wurden, erleuchtet wurde. In der kurzen Zeit dieses Lehrgangs, ich glaube er dauerte zwei Wochen, habe ich mehr für mein juristisches Handwerkszeug gelernt als in den Jahren der Vorlesungen an der Universität. Wissenschaft war das natürlich nicht. Für mich ist es ohnehin immer noch eine offene Frage, ob die Juristerei eine Wissenschaft ist.

Das Selbststudium war auch nicht unproblematisch. Lehrbücher und Kommentare gab es praktisch nur antiquarisch und auch Gesetzbücher waren schwer zu erhalten. Zu beachten war immer, dass man keine NS-Quellen verwendete. Die Gerichte mussten damals weitgehend selbst entscheiden, welche Gesetze in welcher Fassung anzuwenden waren. Ich lieh mir Bücher von einem Assessor, der im Haus meiner Mutter wohnte und kaufte, was mir möglich war, im Antiquariat, wobei ich eins in der Nähe der Uni, in der Dorotheen- oder der Mittelstraße, bevorzugte.

Das Jahr 1948 bescherte uns die Währungsreform und die Geburt von Barbara, unserer ersten Tochter. Sie wurde im Mai geboren und im Juni spaltete die Einführung der DM (offiziell Deutsche Mark der Bank deutscher Länder) in Westberlin die Stadt. Ich erhielt mein Stipendium wie Sonja ihr Gehalt in DM der Deutschen Notenbank, d. h. in alten RM-Banknoten, die durch Klebemarken als DM gekennzeichnet waren. Auch in der SBZ hatte eine Währungsreform stattgefunden. Das Geld war wie in den Westzonen 10:1 umgetauscht worden. Für neue Banknoten hatte die Zeit nicht gereicht, der Umtausch-Coup der Westalliierten hatte die Sowjets überrascht, so zogen sie mit der »Klebemark« nach. Wir kauften alle Lebensmittel in Ostberlin und verließen uns im Übrigen auf meine Mutter, bei der wir weiterhin mietfrei wohnten.

Im Mai 1949 streikte die UGO, die Unabhängige Gewerkschaftsopposition. Sie bestreikte die von der im Sowjetischen Sektor gelegenen Verwaltung geführte S-Bahn. Die S-Bahn fuhr dennoch durch Westberlin. Rabiate Gruppen der UGO versuchten das zu verhindern. Die SED machte ihre Westberliner Mitglieder dagegen mobil. Als Charlottenburger Genossen erhielten Sonja und ich mit anderen Genossen den Auftrag, den S-Bahnhof Westend gegen Provokationen der UGO zu schützen. Mir war gar nicht wohl. Tätliche Auseinandersetzungen waren nicht mein Fall. Wir mussten zu meiner Erleichterung nicht in Aktion treten.

Am 1. Juni 1949 hatte ich es geschafft, ich bestand die erste juristische Staatsprüfung mit dem Prädikat gut, besiegelt vom Präsidenten des Kammergerichts in Ostberlin Ebelt. Befreit von Prüfungsängsten fuhren Sonja und ich in den Urlaub. In Sitzendorf im Thüringer Wald verlebten wir schöne, auch von den Elternpflichten freie Wochen. Wir wanderten, und ich las *Krieg und Frieden*, das eben wieder erschienen war. Tolstoi hat mich sehr beeindruckt. – Nach dem Urlaub meldete ich mich als Referendar beim Kammergericht in der Neuen Friedrichstraße, die später in Littenstraße umbenannt wurde. Man sah mich erstaunt an: Ein Westberliner beim Ostberliner Kammergericht.

Die Atmosphäre im Gerichtsgebäude war alles andere als erfreulich. Der Justizmensch, der die notwendigen Formalitäten zu Papier brachte, brauchte am helllichten Tag eine Schreibtischlampe, so dunkel war es in seinem Gemach. Vielleicht waren die Scheiben noch vom Krieg zerstört und durch Pappe ersetzt. Das ganze Gebäude wies starke Kriegsschäden auf. Die Lampe und das übrige Inventar erinnerten an die Kaiserzeit, die Fassade wies an den vom Krieg unversehrten Stellen verschnörkelte Sprüche auf, die zur Einhaltung von Recht und Gesetz mahnten, etwa: »Üb immer Treu und Redlichkeit.« Die Fliesen der Eingangshalle waren mit Kaiserkronen verziert, was republikanisch gesinnte Besucher noch lange zu Eingaben bewegte. Mich schreckte das alles nicht, so war es eben in Berlin 1949.

Bevor ich meinen Dienst antreten durfte, musste ich erst einen Eid ablegen. Das geschah am 13. August und wurde so protokolliert:

»Es erschien Gerichtsreferendar Friedrich Wolff wohnhaft in Berlin-Charlottenburg, Königin-Elisabethstr. 59.

Ihm wurde der von der Militärregierung vorgeschriebene Eid vorgelesen. Er wurde auf die Bedeutung des Eides hingewiesen und wiederholte unter Erhebung der rechten Hand die folgende ihm vorgesprochene Eidesformel, nachdem er zur Person angegeben hatte:

Ich heiße Friedrich Wolff
und bin geboren am 30. Juli 1922 in Berlin-Neukölln.

›Ich schwöre bei Gott dem Allmächtigen, dass ich die Gesetze jederzeit zu niemandes Nachteil, mit Gerechtigkeit und Billigkeit gegenüber jedermann, ohne Rücksicht auf Religion, Abstammung oder politische Überzeugung anwenden und handhaben werde, dass ich die deutschen Gesetze und alle Rechtssätze der Militärregierung sowohl ihrem Wortlaut als auch ihrem Sinne nach beachten werde, um die Gleichheit aller vor dem Gesetz zu wahren. So wahr mir Gott helfe!«

Die religiöse Eidesformel war von den Alliierten vorgeschrieben und durfte nicht abgeändert werden.

Nachdem ich so geschworen hatte, durfte ich meinen Dienst beim Amtsgericht Mitte in Berlin antreten. Wenn ich mich recht erinnere, kam ich zum Nachlassgericht, sicher bin ich nicht, denn der Eindruck auf mich war wohl nicht sehr tief. Geblieben ist mir jedoch die Erinnerung an die Tatsache, dass ich keine Vergütung als Referendar erhalten sollte, weil meine Frau arbeitete. Das empörte mich. Ich wandte mich über den Direktor (oder war es noch der Präsident) des größten deutschen Amtsgerichts an Frau Magistratsdirektor Neumann. Der Direktor bzw. Präsident des Amtsgerichts warnte mich, Frau Neumann galt als streng und als Referendar hatte man offenbar schweigend zu leiden. Ich war mir jedoch sicher, dass ich Opfer reaktionärer Vorstellungen geworden wäre und Recht bekommen müsse. So war es auch, ich bekam mein Referendargehalt, doch nur für kurze Zeit, vielleicht ein oder zwei Monate, dann wurde ich zum Richter kraft Auftrags bzw. Hilfsrichter ernannt. Alle meine ehemaligen Kommilitonen waren sofort als Richter eingesetzt worden, ich verstand nicht, warum das bei mir nicht geschah. Heute argwöhne ich, es lag an meinem schlechten politischen Leumund. Der Richtermangel muss größer gewesen sein als die politische Wachsamkeit. Mit der Spaltung der Justiz hatten die meisten Richter die Ostberliner Gerichte verlassen, da sie standesgemäß im Westen Berlins wohnten. Also fehlten nicht nur die ehemaligen Nazis. Volksrichter mussten die freien Stellen besetzen und eben die politisch unbelasteten Referendare. Noch vor der Spaltung der Berliner Justiz, die am 4. Februar 1949 vollzogen war, meldeten ihre Verantwortlichen am 27. April 1948 der Alliierten Kommandantur, dass 181 Planstellen für Richter von 530 vorgesehenen unbesetzt waren.[8] Zu Beginn meiner Referendarzeit muss also der Mangel noch größer gewesen sein.

8 Ernst Reuß, Berliner Justizgeschichte, Berlin 2000. S. 361

Bonze in der DDR

1949 war das Jahr meines Eintritts in das Berufsleben und das Jahr der Gründung der DDR. Wie manches andere historische Ereignis hat auch dieses in meinem Gedächtnis keine Spuren hinterlassen. Ich weiß nicht, was ich an dem historischen 7. Oktober 1949 tat, weiß nicht, wie mich die Staatsgründung berührte. Heute vermute ich, dass ich sie als ein längst fälliges Ereignis ansah und ihr keine große praktische Bedeutung gegenüber dem vorherigen Zustand beimaß. Außerdem war ich sicher von meiner neuen beruflichen Stellung so beansprucht, dass alles andere dahinter zurücktrat.

Etwa zur gleichen Zeit war Sonja bei den 2. Weltfestspielen der Jugend und Studenten in Budapest. Sie war begeistert. Mit Jugendlichen aus vielen Ländern hatte sie Kontakt, alle wollten nur den Frieden, mit vielen konnte sie sich auf Englisch verständigen. Und es gab gut zu essen, einschließlich Wein, Obst, auch Melonen, an die wir in der SBZ noch nicht zu denken wagten. Meine Mutter betreute auch in dieser Zeit Barbara.

Im Amtsgericht Weißensee zog ich also zum ersten Mal den schwarzen Talar an und fällte Urteile über die Klagen, die die Alltagsstreitigkeiten der ersten Nachkriegsjahre zum Gegenstand hatten. Charakteristisch waren die vielen Todeserklärungen. Männer waren im Krieg »geblieben«, ihre Frauen wollten wieder heiraten.

Ich war gern Richter. Das materielle Recht bereitete mir keine Schwierigkeiten, aber die Formalitäten eines Zivilprozesses, das Diktieren der Formeln im Protokoll musste ich noch lernen. Die Protokollantinnen waren mir dabei eine große Hilfe. Natürlich hatte ich auch Kontakte zu den anderen Richtern des Gerichts. Da war zum Beispiel ein alter Richter, d. h. kein Volks-, sondern ein akademischer Richter, der große Kenntnisse im Zivilrecht besaß, der sich aber nicht entscheiden konnte, der, wie die Juristen sagen, nicht entscheidungsfreudig war. In seinem Zimmer türmten sich die unerledigten Akten. Es gab zu dieser Zeit nur noch wenige alte akademische Richter. Max Berger, ein ehemaliger Rechtsbeistand, Mitglied der KPD vor 1933, danach zu mehreren Jahren Zuchthaus wegen antifaschistischer Tätigkeit verurteilt, berichtete in seinen Erinnerungen über sie, »dass das Durchschnittsalter dieser Hüter des Rechts 62½ Jahre war. Das heißt also, dass sie sowohl unter Wilhelm dem II., der Weimarer Republik, z. T. auch unter Hitler und jetzt im Neuen Deutschland anklagten und richteten …«[9] Tatsächlich kam auch mir der Geist der übernommenen Justizbeamten und zum Teil auch der Richter sehr wilhelminisch vor.

Eine Volksrichterin sprach mit mir oft über ihre Probleme. Sie hatte vor allem Schwierigkeiten mit dem BGB. Ich half ihr, wo ich konnte. Ich glaube, sie hat sich später durchgebissen. Volksrichter verfügten in dieser Zeit über keine umfassende juristische Ausbildung und ihre Allgemeinbildung war das Ergebnis einer achtjährigen Volksschulzeit. Der RIAS, der Rundfunk im amerikanischen Sektor, machte sich über diese Richter lustig, immer wieder wurden aus Urteilen wirkliche oder erfundene sprachliche Fehler höhnisch zitiert. Die westdeutsche Alternative, Nazirichter weiter wirken zu lassen, war kein Thema – für den RIAS. Später machten die Volksrichter im Fernstudium das juristische Universitätsexamen. Das verlangte außerordentliche Anstrengungen neben der beruflichen Arbeit. Das Fernstudium war zu dieser Zeit eine weitverbreitete Erscheinung nicht nur bei den Juristen. Arbeiter qualifizierten sich zu Meistern, Meister zu Ingenieuren.

Zu meinen Aufgaben am Amtsgericht Weißensee gehörte auch die Durchführung der »innerbetrieblichen Schulung«. Sie wurde wöchentlich mit allen Angestellten durchgeführt. In einer amtlichen Verfügung vom 17. Februar 1950 hieß es dazu: »Die Beschäftigten der Justiz stehen heute mitten im Brennpunkt des Kampfes für ein einheitliches demokratisches Deutschland. Die Probleme unserer Gesellschaftsordnung, die täglich neu an sie herantreten, müssen in einem fortschrittlichen Geist gelöst werden, der den Massen der Bevölkerung Vorbild und Ansporn sein soll.«[10] Eines dieser Probleme war die Verstaatlichung von Betrieben. 49 Prozent des Einzelhandels waren volkseigen.[11] Für viele Menschen war es damals noch unvorstellbar, dass es Geschäfte und Betriebe geben kann, die funktionieren, ohne dass ein privater Eigentümer sie leitet. Im Laufe der Zeit hörte ich dieses Argument nicht mehr. – Eine ähn-

9 Ernst Reuß, Berliner Justizgeschichte, Berlin 2000, S. 373

10 Ernst Reuß, Berliner Justizgeschichte, Berlin 2000, S. 199

11 Gerhard Keiderling, Berlin 1945 – 1986, Berlin 1987, S. 369

liche propagandistische Aufgabe hatte ich damals auch in einer Berufsschule für ungelernte Arbeiter. Diese Jugendlichen galten als besonders schwierig, sie waren undiszipliniert und weniger gebildet als der Durchschnitt ihrer Altersgenossen. Die Schule bereitete mich darauf vor und die Lehrer, die meinen Auftritten zusahen, waren vielleicht nicht nur skeptisch, sondern auch voll von vorweggenommener Schadenfreude. Mir machte die Aufgabe jedoch Spaß. Ich erlitt keinen Schiffbruch.

Mit der Zeit empfand ich den Widerspruch zwischen meiner Mitgliedschaft in der evangelischen Kirche und der in der SED immer stärker. Bis dahin hatte ich es als unanständig empfunden, dieser Kirche den Rücken zu kehren, nachdem ich ihre Hilfe nicht mehr benötigte. Mir klang im Ohr: »Der Mohr hat seine Schuldigkeit getan, der Mohr kann gehen.« Doch dann musste ich konsequent sein: Entweder Genosse und Atheist oder Kirchenmitglied. Am 30. Januar 1950 trat ich aus der Kirche wieder aus.

Etwa sechs Monaten nach meiner Ernennung zum Hilfsrichter wurde ich 1950 ans Landgericht versetzt, wo ich Beisitzer in einer großen Strafkammer wurde. Vorsitzender war Richter Teuber, ein Volksrichter, der in seinem früheren Beruf Schriftsetzer war. Er hatte viel gelesen und beeindruckte mich mit seinen daraus gewonnenen Kenntnissen. Später wurde Teuber Generalstaatsanwalt von (Ost-)Berlin. Aus seinen Personalunterlagen hat Reuß folgende Angaben entnommen: »Seit 1926 SAJ, 1927–1933 KPD ab 1945 KPD/SED. Trotz seiner langen Organisationszugehörigkeit hat er sich erst verhältnismäßig spät mit den wissenschaftlichen Grundlagen unserer Weltanschauung beschäftigt und auseinandergesetzt. Darum hatten seine Handlungen mehr gefühlsmäßigen Charakter. Er hat diesen Fehler erkannt und an sich gearbeitet.«[12] Mir offenbarte er, dass er sich vor dem Urteil erst frage, ob der Täter im Falle eines Falles auf dieser oder auf der anderen, gegnerischen Seite der Barrikade stehen würde und danach urteile. Ich versuchte, meine im Studium erworbenen juristischen Argumente bei ihm anzubringen. Teuber hörte auf mich, folgte mir aber nicht immer. Wir hatten ein fast freundschaftliches Verhältnis zueinander, das noch fortdauerte, als ich schon Rechtsanwalt und er Generalstaatsanwalt war.

In einer benachbarten Kammer führte ein anderer Volksrichter den Vorsitz. Er hieß, glaube ich, Noah. Die Kammer war für Vergehen nach der Direktive 38 des Kontrollrats zuständig, die Naziaktivitäten unter Strafe stellten. Er

12 Ernst Reuß, Berliner Justizgeschichte, Berlin 2000. S. 397

litt unter der Vorstellung verfolgt, vergiftet zu werden und ließ einmal seinen Kaffee auf Gift untersuchen. Seine Ängste waren offenbar Nachwirkungen der Verfolgungen unter dem Faschismus. Derartige Nachwirkungen dürften auch für viele politische Entscheidungen der Nachkriegszeit verantwortlich gewesen sein.

Vom Landgericht wurde ich im September 1950 an die Berliner Richterschule als Seminarleiter versetzt. Direktor der Schule war damals, als Nachfolger eines in den Westen gegangenen Rechtsanwalts, Klaus Heinze, ein Kommilitone von mir. War ich an der Universität in der Parteiorganisation verantwortlicher, so war er es jetzt im Beruf. Er hatte sich das, was er für das angemessene Verhalten eines Chefs hielt, gut angeeignet. Telefonanrufe führte er nicht selbst aus, sondern ließ grundsätzlich seine Sekretärin wählen und wartete ab, bis der gewünschte Gesprächspartner am Apparat war, wobei er neben ihr stand. Wir kamen aber gut miteinander aus, ich habe ihn viel später auch einmal als Anwalt in einer Zivilsache vertreten.

Der Lehrkörper war klein, ich erinnere mich nur noch an Dr. Löwenthal, Oberrichter am Obersten Gericht, der als Lehrer bei den Schülern sehr beliebt war, weil er über einen großen Fundus an Witzen verfügte, mit denen er seinen Unterricht würzte. Wir sahen uns später beim Obersten Gericht wieder, ich als Verteidiger, er als Beisitzer. Da machte er auch Scherze. So fragte er mich einmal in einer Verhandlung, ob ich schon die Vollmacht für die Kassation hätte, gemeint war die Kassation des Urteils, das er erst noch mit fällen sollte. Er konnte aber auch anders sein. Einmal brauchte ich nach seiner Meinung eine spezielle Vollmacht für das Verfahren, in dem ich vor Gericht auftrat. Ich versprach, sie sofort beizubringen, er jedoch ließ das nicht zu, ich konnte also nicht auftreten und kein Honorar berechnen. So etwas vergisst man nicht. Der Fall wurde übrigens in meinem Sinn entschieden.

Der Unterricht an der Richterschule verlief etwa so wie beim Repetitor, nur dass meine Rechtskenntnisse nicht an die der Repetitoren heranreichten. Natürlich wurde auch auf politische Haltung geachtet. Ich machte mit den Schülern Übungen im BGB, dabei lernte ich auch selbst noch viel bzw. festigte das, was ich gelernt hatte. Die Schüler stammten aus den unterschiedlichsten Berufen, Abitur hatten wohl nur wenige, wenn es überhaupt Abiturienten gab. Alle gaben sich aber große Mühe, alle wollten beim Aufbau einer neuen, volksnahen Justiz mitwirken. Ich habe den Unterricht gern erteilt und bin, glaube ich, mit den Schülern, von denen ich einige später als Richter oder Staatsanwälte wieder traf, gut ausgekommen.

Es muss um diese Zeit gewesen sein, als ich nach dem Beschluss des Zentralkomitees vom 26./27. Oktober 1950 zur Überprüfung der Mitglieder und Kandidaten der SED nach vielen anderen Genossen um mich herum an der Reihe war, überprüft zu werden. Ich hatte schon viel von diesen Überprüfungen gehört und wusste, dass viele Genossen aus der Partei ausgeschlossen worden waren. Ein solches Schicksal fürchtete ich, nicht wegen der beruflichen Folgen, die ein derartiger Entscheid zweifellos gehabt hätte, sondern weil ich mich der Partei verbunden fühlte und aktiv mithelfen wollte, dieses neue Deutschland aufzubauen. An den Inhalt des Gesprächs vor der Kommission kann ich mich nicht mehr im Einzelnen erinnern. Es ging nach meinem Empfinden alles ganz gut, bis mir die Frage gestellt wurde, ob ich anlässlich des UGO-Putsches die rote Fahne geflaggt hätte. Auf die Frage musste ich jedoch antworten, dass ich damals in Westberlin im Miethaus meiner Mutter gewohnt hätte, der ich das nicht antun konnte. Das sahen die Genossen wohl anders. Entscheidend aber dürfte meine Resolution aus dem Jahr 1947 gewesen sein, die jedoch niemand erwähnte.

Im März 1951 erfuhr ich schließlich als Ergebnis der Überprüfung, dass ich in den Kandidatenstand zurückversetzt worden wäre. Das trug ich mit Fassung. Es hätte schlimmer kommen können. Der Entscheid änderte nichts daran, dass ich weiter meinen Mitgliedsbeitrag zahlen musste, an den Parteiversammlungen teilnehmen konnte und musste sowie schließlich sogar mit der Funktion eines Propagandisten im Parteilehrjahr beauftragt wurde, das 1951 für alle Genossen verbindlich eingeführt worden war. Noch bemerkenswerter war, dass mir die Rolle des Seminarleiters nicht in irgendeiner Parteiorganisation, sondern in der der Berliner Theater übertragen wurde. Ich stand danach vor Parteimitgliedern, die schon vor 1933 der Partei angehört hatten, die in der Emigration gewesen waren, sich einen Ruf als Schauspieler erworben hatten und die sich jetzt wunderten, was dieser junge Spund sie lehren wollte. Nach meiner Erinnerung waren Fritz Wisten und Steffi Spira unter ihnen. Noch größer war ihr Erstaunen, als sie von mir hörten, dass ich nur Kandidat wäre. Sie kannten aber wohl den Spruch erfahrener Genossen, den ich damals noch nicht kannte: »Mein Helm hat viele Beulen, einige davon stammen vom Klassenfeind.« Wir kamen gut miteinander aus und diskutierten gläubig die *Geschichte der Kommunistischen Partei der Sowjetunion (Bolschewiki). Kurzer Lehrgang.* Die Tätigkeit als Propagandist, wie man das damals nannte, und das Milieu des Theaters gefielen mir. – Meine Kandidatenzeit endete übrigens nach Ablauf eines Jahres, so dass meine Parteimitgliedschaft von da an nicht seit 1945, sondern 1952 bestand, bis sie später wieder auf 1945 zurück datiert wurde, weil die Zurückversetzung in den Kandidatenstand statutenwidrig war. Man hat als Genosse manches erlebt und mitgemacht.

Nach Auflösung der Berliner Richterschule, die nicht mehr gebraucht wurde, kam ich im April 1951 in die Abteilung Justiz des Magistrats als Referent für Strafrecht und zwar immer noch als Gerichtsreferendar. Erst mit Wirkung vom 1. November 1951 wurde ich zum Referenten für Gerichtskontrolle und Revision ernannt und erhielt ein Gehalt von 810 DM. Als Angestellter des Magistrats konnte bzw. durfte ich nicht weiter in Westberlin wohnen. Als Mitglied der SED durfte ich jedoch ohne Erlaubnis der Partei nicht aus einem Westsektor in den Osten ziehen. Die Erlaubnis erhielt ich natürlich und auch Sonja bekam sie. Wir bekamen eine Drei-Zimmer-Wohnung in der Möllendorffstraße in Lichtenberg zugewiesen. Sie war nicht sehr schön, aber sehr kalt, weil alle drei Zimmer an einer Brandmauer lagen und das angrenzende Haus den Bomben zum Opfer gefallen war. Ein Zimmer hatte so drei Außenwände, ein anderes zwei. Wir aber waren froh und stolz, ein eigenes Heim zu haben. Einige Möbel besaßen wir, andere mussten wir erwerben.

Die DDR machte sich nach der Verkündung des Aufbaus des Sozialismus auf der 2. Parteikonferenz im Jahr 1952 daran, die wilhelminischen Justizgesetze durch neues Recht zu ersetzen. Was die DDR vormachte, machte der Magistrat in Ostberlin nach. Berlin gehörte rechtlich weder zur DDR noch zur BRD. Später sah man das anders, da wurde Berlin Hauptstadt der DDR. 1952 jedoch mussten wir noch in der Abteilung Justiz die DDR-Gesetze in auf die Berliner Gegebenheiten angepasster Form der Stadtverordneten-Versammlung zur Beschlussfassung vorlegen, wonach sie im Berliner Gesetz- und Verordnungsblatt publiziert wurden. Obgleich ich ursprünglich nicht diese Aufgabe hatte, habe ich später die entsprechenden Texte formulieren müssen. Dabei gab es auch Probleme, so wenn wir Bergbaugesetze übernahmen. Bergbau gab es zwar in Berlin nicht, aber Berlin sollte keine Sonderstellung haben, und so wurden auch diese Gesetze übernommen. Es war politisch verpönt, von der besonderen Lage in Berlin zu sprechen. Sie bestand zweifellos, aber die Partei hatte messerscharf beschlossen, dass nicht sein kann, was nicht sein darf.

Auch die Tätigkeit in der Justizverwaltung gefiel mir. Ich arbeitete in der Abteilung Rechtssprechung und hatte daher mit den Gerichten zu tun. Als 1952 nach Inkrafttreten eines neuen Gerichtsverfassungsgesetzes (GVG) die Stadtbezirksgerichte an die Stelle der Amtsgerichte traten, hatte die Abteilung Justiz die notwendigen organisatorischen Arbeiten zu leisten. Während nach dem wilhelminischen GVG die Amtsgerichtsbezirke nicht mit den Verwaltungsbezirken übereinstimmten, hatte jetzt jeder Stadtbezirk sein eigenes Stadtbezirksgericht, in der DDR jeder Kreis sein Kreisgericht. Im Gebäude des Amtsgerichts Mitte befanden sich damit zum Beispiel die Stadtbezirksgerichte Mitte, Prenzlauer Berg und Friedrichshain. Das brachte Verwirrung beim Sortieren der eingehenden Post mit sich, da die Aktenzeichen das Gericht nicht erkennen ließen. Ich hatte früher für mich – wohl mit Hilfe von Fritz Sellke – das Dezimalsystem entdeckt. Das wurde nun zur Grundlage der Aktenzeichen erwählt, die fortan Gericht, Kammer und Art der Sache angaben. Meine Chefin musste erst Bedenken dagegen überwinden, da die vielstelligen Zahlen den Eindruck zahlreicher Prozesse erwecken könnten und das durfte nicht sein. Alles Politik, auch die Aktenzeichen.

Mit anderen Mitarbeitern der Abteilung las ich Urteile, prüfte die Statistiken, die von den Gerichten kamen, und fertigte danach Berichte für unsere Vorgesetzten, d. h. für Magistratsdirektor Hilde Neumann (SED) und Stadtrat Dr. Kofler (CDU). Hilde Neumann unterstand ich unmittelbar, mit Dr. Kofler hatte ich nur gelegentlich zu tun. Er hatte wohl hauptsächlich politische Aufgaben im Magistrat. Uns einfachen Mitarbeitern gegenüber war er freundlich, besonders schätzten wir an ihm sein freigiebiges Angebot von Westzigaretten, die wohl in seinem Pajok enthalten waren und sicher aus sowjetischer Produktion stammten. Wesentliche andere Qualitäten habe ich an ihm nicht bemerkt. Sein Name ist mir in der Literatur nicht begegnet, auch Hilde Benjamin erwähnt ihn in ihrer dreibändigen *Geschichte der Rechtspflege* nicht. In der Abteilung Justiz spielte er nach meinem Empfinden praktisch keine Rolle.

Die eigentliche Chefin für uns war Hilde Neuman. Sie gehörte als Jüdin und Kommunistin zu den vielen Emigranten, die vor den Nazis in das westliche Ausland geflohen und zurückgekommen waren, um ein neues, demokratisches Deutschland aufbauen zu helfen. Sie war schon vor 1933 als Rechtsanwältin in dem Büro ihres Vaters, Dr. Kurt Rosenfeld, einer der hervorragendsten Verteidiger der Weimarer Republik, tätig gewesen. Wie ihr Vater, der linker Sozialdemokrat war und in der Emigration wahrscheinlich Mitglied der KPD wurde, hatte sie die Interessen von Sozialdemokraten und Kommunisten vor Gericht vertreten. Nach 1933 musste sie zusammen mit ihrem Vater aus Deutschland fliehen. In Paris wurde sie Mitglied der AIJD, der Internationalen Juristen-Vereinigung und bald deren Exekutivsekretärin. In dieser Organisation gewann sie international berühmte Rechtsanwälte für die Verteidigung von Dimitroff vor dem Reichsgericht. Wenn diese auch dort nicht zugelassen wurden, so traten sie doch öffentlich für Dimitroff auf. Sie wirkte auch an der Organisierung des Londoner Gegenprozesses mit. Nach dem faschistischen Überfall auf Frankreich wurde sie interniert, konnte aber nach Mexiko entkommen, wo sie bis 1947, bis zu ihrer Rückkehr nach Deutschland, verblieb.[13] In Berlin wurde sie zunächst Präsidentin des Landgerichts und danach Magistratsdirektor in der Abteilung Justiz des Magistrats. Wegen ihrer Westemigration musste sie diese Funktion 1953 aufgeben und wurde Chefredakteurin der *Neuen Justiz.* Die Tatsache, dass sie, »rassisch« gesehen, Jüdin war, spielte nie eine Rolle. Jede »rassische« Betrachtungsweise war mit dem Untergang des Naziregimes aus unserem Leben verschwunden. Es gab keinen Antisemitismus in der DDR. Als Hilde Neumann von polnischen Juristen hörte, dass Juden das Land wegen antisemitischer Vorfälle verließen, war sie entsetzt. Sie sprach nur wenig und nur unter vier Augen darüber, schließlich waren die polnischen Kommunisten unsere Freunde. Sie konnte nicht fassen, dass in einem kommunistisch geführten Land antisemitische Einstellungen nicht gleich verschwunden waren.

In der kleinen Schar von Mitarbeitern der Abteilung Justiz hatte ich relativ häufig Kontakt zu meiner neuen Chefin und gewann ein gutes Verhältnis zu ihr. Sie war klug und stellte hohe Anforderungen. Allerdings hatte sie meiner Meinung nach nicht immer eine glückliche Hand in ihren Personalentscheidungen. Als sie an Krebs erkrankt war, suchte ich sie auf ihren Wunsch im Krankenhaus auf. Es war eine schlimme Begegnung für mich, sie hatte ihr Haar verloren und bot auch sonst den Anblick einer Todgeweihten. Hilde Neumann starb 1959 im Alter von 54 Jahren. Die Vereinigung der Juristen der DDR stiftete 1989 zum Andenken an ihre Mitbegründerin einen Hilde-Neumann-Förderpreis. Die Gedenkrede hielt ich als damaliger Vizepräsident der Vereinigung.[14] Der Preis wurde nur einmal vergeben, Hilde Neumann war für die Westberliner und nunmehrige Gesamt-Berliner Justiz eine Unbekannte. Und sie wird es wohl auch bleiben.

***

Da Sonja inzwischen wieder beim Allgemeinen Deutschen Nachrichtendienst (ADN) arbeitete, brauchten wir eine Frau, die bei uns sauber machte. Einen Kindergartenplatz hatten wir gleichfalls, und so ging alles ganz gut. Im Mai

---

13 Vgl. Nachruf in Neue Justiz 1959, S. 613 und Erinnerung an Hilde Neumann. Neue Justiz 1990, S. 150

14 Vgl. Neue Justiz 1959, S. 93 und 312

1952 wurde unsere zweite Tochter Renate geboren. Wir waren zufrieden, hatten wir doch als Dreißigjährige, wie wir meinten, schon viel erreicht und hofften, noch mehr erreichen zu können.

Eines Tages ging Sonja wie üblich zur U-Bahn, als sie von fremden Männern gepackt und in einen PKW gezerrt wurde. Ihr wurden die Augen verbunden, und sie wurde an einen unbekannten Ort verbracht, wo sie vernommen wurde. Dabei wurden auch Äußerungen über mich gemacht, die erkennen ließen, dass die Vernehmenden nicht gut auf mich zu sprechen waren. Nach einiger Zeit wurde Sonja entlassen, zuvor war sie aufgefordert worden, strengstes Stillschweigen über alles zu bewahren, was sie erlebt hatte. Es war die Zeit der Entführungen in Berlin. Sonja war der Meinung, sie wäre von einer westlichen Macht entführt worden. Ein Indiz für sie war, dass auf der Toilette ihres Unterbringungsortes Schriften Stalins als Toilettenpapier ausgelegt waren. Sie erzählte mir ihr Erlebnis und wir gingen gemeinsam zur nahe gelegenen Normannenstraße, dem Sitz des MfS, um das Geschehen zu melden. Wir waren eben naiv. Man hörte uns an und entließ uns ohne Kommentar. Später erfuhr Sonja, dass eine Mitarbeiterin des ADN, die auch Wolf hieß (wenn auch nur mit einem f), wegen Spionage verhaftet worden war. Man hatte eben die Wölfe verwechselt. – Trotz der schlechten Meinung, die das MfS von mir hatte, konnte ich weiter in der Abteilung Justiz arbeiten. Es war Kalter Krieg. Der Feind sprach dieselbe Sprache, war unser unmittelbarer Nachbar und wollte die DDR beseitigen. Adenauer sagte damals: »Bis jetzt hat man von der Wiedervereinigung Deutschlands gesprochen. Wir sollten aber lieber sagen: Befreiung.«[15]

Im Juli 1952 fand ein für die weitere Entwicklung der DDR wichtiges Ereignis statt. Wieder hinterließ es bei mir keinen bleibenden Eindruck. Die SED beschloss auf ihrer 2. Parteikonferenz den Aufbau des Sozialismus. Ich hielt das vielleicht damals für eine selbstverständliche Formsache. Heute sieht man das anders. Hilde Benjamin erklärte in ihrer *Geschichte der Rechtspflege der DDR* 1980: »Für die Entwicklung des Rechts und der Rechtspflege der DDR bedeutete der Beschluss der 2. Parteikonferenz, in allen Bereichen planmäßig die Grundlagen des Sozialismus zu schaffen, einen bedeutsamen Einschnitt. … Es wurde begonnen, ein geschlossenes Gesetzeswerk der Justizorganisation zu schaffen.« Dazu gehörte neben einem Gerichtsverfassungsgesetz, einer Strafprozessordnung, einer Verordnung über die Errichtung und Tätigkeit des

15 Günter Benser, DDR – gedenkt ihrer mit Nachsicht, Berlin 2000, S. 174

Staatlichen Notariats, die im Oktober 1952 verkündet wurden, auch die Verordnung vom 15. Mai 1953 über die Bildung von Kollegien der Rechtsanwälte. Sie wurde wenige Tage später die rechtliche Grundlage für mein Berufsleben in den folgenden 37 Jahren. Mir scheint, dass alle diese Gesetze auch beschlossen worden wären, wenn es die 2. Parteikonferenz nicht gegeben hätte. Schließlich konnten so grundlegende Gesetze nicht binnen weniger Monate erarbeitet und erlassen werden.

Am 18. September 1952 legte ich die zweite juristische Staatsprüfung ab. Für meine weitere berufliche Entwicklung wäre das nicht nötig gewesen. Die DDR verlangte von Jurastudenten nur noch ein Examen, nach einem zweiten wurde nicht mehr gefragt. Ich sagte mir wohl, schaden kann es nicht. Genutzt hat es auch nicht. Nur an wenige Einzelheiten dieses Ereignisses kann ich mich erinnern. Die Prüfung wurde von Professor Nathan als Hauptabteilungsleiter des Justizministeriums abgehalten. Er gab mir als Hausarbeit einen Grundstücksfall, der nur unter Rückgriff auf das Preußische Allgemeine Landrecht von 1794 zu lösen war. Bis dahin war ich nie genötigt, mich mit diesem Gesetz zu befassen. Nathan machte es in dieser Beziehung so, wie er es selbst gelernt hatte. Sonst aber war er ein Revolutionär und ein Wegbereiter des sozialistischen Zivilrechts, das die DDR schaffen wollte. Ich bestand das Examen mit der Note gut. – Einer meiner Mitprüflinge war Wolfgang Vogel. Ich hatte zu ihm allerdings keinerlei persönlichen Kontakt. Mir waren nur Gerüchte zu Ohren gekommen, dass seine Strafrechtsarbeit sehr gut gewesen sei. Andererseits behaupteten damalige junge Rechtsprofessoren wie Renneberg, er habe sowjetische, in der DDR noch unveröffentlichte Quellen ohne Angabe benutzt. Es war eins der vielen Gerüchte, die später um Wolfgang Vogel entstanden.

Zu meinen Aufgaben in der Abteilung Justiz gehörte auch die Revision der Strafgerichte. Im Oktober 1952 war in der DDR das Gesetz zum Schutz des Volkseigentums erlassen worden, das Berlin natürlich übernahm. Es drohte für jeden Diebstahl von in staatlichem oder genossenschaftlichem Eigentum stehenden Sachen eine Mindeststrafe von einem Jahr Zuchthaus an. Das war offensichtlich eine völlig übertriebene Sanktion. Es war aber Gesetz. Ich hielt das Gesetz schon damals für falsch, sah jedoch keinen anderen Weg, als es solange konsequent durchzuführen, bis unsere Oberen dies auch erkannten. Das war 1953 im Zuge des Neuen Kurses der Fall. Zur Empörung der Richter und Staatsanwälte wiesen die Spitzen von Partei und Justiz die Schuld für die korrekte Anwendung des Gesetzes, d. h. für die drakonischen Strafen, den Gerichten zu.

Als ich im März 1953 erfuhr, dass Stalin verstorben war, war ich davon nicht erschüttert. Der Kult um die Person Stalins war mir immer unangenehm. Ich glaubte auch, dass Lenin nicht so autokratisch gehandelt hätte wie sein Nachfolger. Ich wusste nichts Sicheres von den Verbrechen Stalins, aber ich hatte gehört, dass ihm Schlimmes nachgesagt wurde. Ich glaubte es nicht, war mir aber nicht sicher. Ich hatte die Hoffnung, dass jetzt der Kommunismus wieder mehr die Züge annehmen würde, die nach meiner Meinung Karl Liebknecht und Rosa Luxemburg ihm geben wollten. Ich hatte nichts von Rosa gelesen und von Karl nur ganz Weniges. Ich kannte nicht die ideologischen Differenzen innerhalb der kommunistischen Parteien der zwanziger und dreißiger Jahre. Ich wusste nicht, was Trotzki gewollt hatte, ich war überhaupt kein Theoretiker und bin es auch nie geworden. Ich hatte nur das Gefühl, nach Stalin würde es freier, demokratischer werden. Kommunisten würden wieder wie vor 1933 für Schwangerschaftsabbruch, gegen die Bestrafung der Homosexualität und gegen die Todesstrafe eintreten, würden wieder offen diskutieren, auf welchen Wegen wir am besten zum Sozialismus kommen. Gesagt habe ich das allenfalls meinen besten Freunden. Das Zeremoniell nach seinem Tod hatte noch völlig den Charakter der Kundgebungen unter seiner Ägide. In allen Parteiorganisationen, staatlichen und gesellschaftlichen Einrichtungen wurde ein einheitlicher Text verlesen, der die Leistungen des großen Stalin würdigte. In der Berliner Justiz war der damalige Präsident des Kammergerichts, Hans Ranke, mit dieser Aufgabe betraut worden. Ihm unterlief ein sinnentstellender Versprecher, den ich heute nicht mehr wiedergeben kann. Freud hätte ihn vielleicht gedeutet. Die Zeiten waren so, dass der Fehler das Ende der Karriere des Vorlesers hätte bedeuten können. Ranke geschah jedoch nichts. Die DDR ging unter und seine Laufbahn erst mit ihr. In meinen Augen hatte er keine inneren Bindungen zur Partei, aber er gehorchte ihr bedingungslos und so stieg er später zum Stellvertreter des Justizministers auf. 1952 war Ranke im Deutschen Institut für Rechtswissenschaft Leiter der Abteilung Prozessrecht. Ich wurde Mitglied dieser Abteilung und war stolz darauf. Die Freude dauerte nicht lange, das Institut ging irgendwann sang- und klanglos ein. Es hinterließ in der Rechtsgeschichte der DDR keine Spuren.

Die Resolution von 1947 war übrigens wieder am 29. Januar 1953 Gegenstand einer Aussprache und einer daraufhin von mir angeforderten und abgefassten schriftlichen Stellungnahme vom selben Tag. Abschließend hieß es in ihr: »Aus meinen damaligen Fehlern habe ich viel gelernt und insofern waren sie für mich nicht umsonst. Ich weiß jetzt aus eigener Erfahrung und nicht nur aus Büchern, dass und warum die Partei Recht hat. Die mehr als fünf Jahre, die seitdem vergangen sind, haben nicht nur die Partei, sondern auch mich ein sehr großes Stück voran gebracht. Ich glaube, dass sich das in meiner Arbeit und in meinem gesamten Verhalten ausdrückt.« So war es damals, so war ich damals. Allerdings glaube ich heute nicht, dass das 1953 meine ehrliche Überzeugung gewesen ist. Gelernt hatte ich wirklich, und zwar Vorsicht. Im Übrigen war mein Schuldgeständnis vermutlich Taktik. Ich wollte in der Partei bleiben, schließlich war ich Kommunist aus Überzeugung, wenn mir auch vieles an der Politik der Partei nicht gefiel. – Die Aussprache war vielleicht das Vorspiel zu meiner weiteren juristischen Entwicklung.

Auch ich hatte in der Abteilung Justiz Karriere gemacht. Am 1. November 1951 war ich vom Gerichtsreferendar zum Referenten, und ab 1. Januar 1952 zum Hauptreferenten mit einem Monatsgehalt von 950,– DM ernannt worden. Das war viel Geld. Ab 1. April 1953 erhielt ich eine Leistungszulage von 250,– DM mit dem Hinweis, »dass die Einweisungen in die Leistungsstufen vierteljährlich überprüft werden«. Am 28. Mai 1953 vermerkt aber meine Personalakte: »Der Kollege Friedrich Wolff scheidet mit Ablauf des 31. Mai 1953 im gegenseitigen Einvernehmen aus dem Beschäftigungsverhältnis der Abt. Justiz des Magistrats von Gross-Berlin aus.« So schnell konnte sich die Lage des Kollegen Wolff ändern. Vorausgegangen war dem eine Aussprache in der Bezirksleitung Berlin der SED, in der die Genossen mir mitgeteilt hatten, dass ich aus »kaderpolitischen« Gründen aus dem Staatsapparat ausscheiden müsse. Welcher Art diese kaderpolitischen Gründe waren, wurde mir nicht gesagt. Ich fragte auch nicht danach, das war nicht üblich. Meiner Chefin, Hilde Neumann, war es kurz vorher schließlich auch nicht anders ergangen. So wie ihr die Position des Chefredakteurs der *Neuen Justiz* angeboten worden war, wurde mir mitgeteilt, ich könne Rechtsanwalt werden oder an die Universität gehen. Ich wählte ohne Bedenkzeit den Anwaltsberuf. Anwalt hatte ich schon vor Beginn des Studiums werden wollen, damals hatte die Partei anderes mit mir vor. Jetzt sagte ich mir, ihr werdet schon sehen, was ihr davon habt. Die Wissenschaftslaufbahn wollte ich nicht einschlagen, ich hatte gehört, welche scholastischen Streitigkeiten dort unter den Professoren ausgetragen wurden. Das war nicht mein Fall. Das Rechtsanwaltskollegium war gerade gegründet worden. Ich hatte das Initiativkomitee leiten dürfen, als Vorstandsmitglied kam ich jedoch nach Meinung der Partei nicht in Frage. Ernst Brunner, Absolvent der Parteihochschule, wurde (gegen seinen Willen) Vorsitzender, Butte, ehemaliger Staatsanwalt, der seinen Dienst aus kaderpolitischen Gründen hatte quittieren müssen, und Willy Haase, der schon Rechtsanwalt gewesen war, wurden als Mitglieder des Vorstands für geeignet befunden. Nur Willy Haase war wirklich geeignet, die beiden anderen verließen das Kollegium schon innerhalb eines Jahres und kehrten in ihre früheren Funktionen zurück. So verlief Kaderpolitik in den 50er Jahren, vielleicht nicht nur damals.

Am 1. Juni 1953 begann ich also den Beruf, den ich noch bis ins Jahr 2010, wenn auch in den letzten Jahren sehr, sehr eingeschränkt, ausgeübt habe. Meine ersten Schritte als Anwalt habe ich in dem 1999 erstmalig erschienen Buch *Verlorene Prozesse* beschrieben, ich will hier nur wiederholen: der Anfang war schwer. Von der Anwaltschaft, ihrer Geschichte, ihren geschriebenen wie ungeschriebenen Regeln hatte ich keine Ahnung. Ich wollte dieses Manko ausgleichen, doch ich hatte keinen Lehrer und Bücher gab es auch nicht, jedenfalls keine neuen. Die alten Bücher, die es noch gab, verloren zunehmend ihre einstige Autorität. Je mehr sich die DDR dem Sozialismus zuwandte, desto mehr lehnte sie die Erkenntnisse der bürgerlichen Rechtswissenschaft ab. So wurde auch die Bibliothek des Stadtgerichts schließlich von dem alten »Ballast« befreit und die Palandt, Baumbach, Rosenberg und wie die Kommentatoren und Lehrbuchverfasser der Weimarer Zeit noch alle hießen, aus dem Fenster im dritten Stock des Justizgebäudes auf die Straße geworfen, wo sie mit LKWs abtransportiert wurden. Einige Bände habe ich allerdings damals aufgesammelt und an mich genommen. Sozialisten wollten oder sollten sich deutlich von der bürgerlichen Justiz distanzieren. Juristische Nazi-Literatur war natürlich ohnehin nie zitierbar gewesen. Als äußerer Ausdruck der Volksverbundenheit der sozialistischen Justiz wurden auch, es war wohl in den fünfziger Jahren, die Roben abgeschafft. Berlin hinkte auch hier etwas hinter der Republik hinterher. Ich erinnere mich noch, wie Generalstaatsanwalt Melsheimer am Schluss einer Rede vor den versammelten Berliner Juristen ausrief: »Und legt endlich die Roben ab!« Danach war möglichst dunkle Kleidung erwünscht. Die Richter am Obersten Gericht trugen in Sitzungen alle schwarze Anzüge, die Anwälte auch. Für die Damen war es schwieriger. Beim Stadtgericht Berlin erschien, als Hosenanzüge aufkamen, einmal die etwa 30 Jahre alte attraktive Anwältin Gisela Schimpff in einem damals (es war wohl Anfang der 70er Jahre) noch ungewohnten Hosenanzug. Der Vorsitzende der Kammer unterbrach die Sitzung und forderte sie auf, »anständig« gekleidet wieder zu kommen. So geschah es. Dem Gericht gebührte Achtung.

Kurz vor dem Untergang der DDR sollten die Roben wieder eingeführt werden. Den Vorsitzenden der Kollegien wurden bereits die neuen Modelle vorgeführt. Ich sah das nicht als Fortschritt an.

Von der bürgerlichen Advokatur war 1953 überhaupt nicht die Rede. Über die Anwaltschaft des »großen Bruders« war so gut wie nichts bekannt. Sowjetische Texte waren noch kaum übersetzt. Die Rechtswissenschaft der DDR, sagte ich damals in einer Diskussion, war eine Wissenschaft ohne Bücher. In dieser Situation bemühte ich mich, etwas über meinen neuen Beruf zu erfahren und stöberte in Antiquariaten nach entsprechender Literatur. Bücher aus der Weimarer Zeit waren da schon zu finden, sie waren schließlich nicht verboten. Besonders behilflich bei meiner Suche war mir Herr Hempel. Er war »Anwaltsbeamter« bei der Westberliner Anwaltskammer und übte seine Tätigkeit ungeachtet der Spaltung der Justiz weiter im Anwaltszimmer des Justizgebäudes in der Littenstraße aus. Beamter war Hempel natürlich nicht, aber seine Stellung wurde so bezeichnet. Vielleicht war das früher einmal eine Beamtenstellung. Sein Gehalt bekam er zunächst weiter von der Kammer. Es waren eben damals in Berlin seltsame Zustände. Hempel erhielt Bücher aus Anwaltsnachlässen bzw. von Anwälten, die sich von altem Ballast befreien wollten. Auf diese Weise verschaffte ich mir eine ganz schöne Sammlung von Büchern zur Anwaltsthematik. Später, als ich schon Vorsitzender des Kollegiums geworden war, fiel Hempels Stellung weg, das Kollegium übernahm die Bibliothek der Anwaltskammer in der Littenstraße und führte sie mit einer neuen Bibliothekarin fort. Die Zustimmung zu diesem kostenbereitenden Vorgehen war unter den Kollegiumsmitgliedern nicht allgemein. Nicht jeder Anwalt sah ein, dass Bücher für uns wichtig waren. Ich konnte jedoch immer eine Mehrheit davon überzeugen. Unlängst las ich bei Uwe Wesel, »dass man die Kompetenz eines Anwalts an seiner Bibliothek erkennt«.[16] Das reicht vielleicht für die Bewertung eines Anwalts nicht aus, aber etwas ist schon dran. Zunehmend erschienen auch in der DDR juristische Publikationen, die wir für unsere Mitglieder bereitstellten.

Die Ereignisse des 16. und 17. Juni 1953 – des sogenannten Volksaufstandes in der DDR – trafen mich unvorbereitet. Natürlich hatte ich die schlechte Stimmung in weiten Kreisen bemerkt, doch eine derartige Reaktion hatte ich nicht für möglich gehalten. Schließlich hatte die Partei – wie Historiker sagen, auf sowjetischen Einfluss – am 9. Juni einen Neuen Kurs beschlossen und damit Fehler korrigiert. Damals machte ich erstmalig die Erfahrung, dass Nachgeben nicht zu einem Abnehmen konterrevolutionärer oder auch revolutionärer Bestrebungen führt, sondern im Gegenteil ihre Intensität erhöht.

16 Uwe Wesel, Risiko Rechtsanwalt, München 2001, S. 9

Gleich vielen anderen Genossen wollte ich, dass die Ursachen für die Fehler, die eingestanden worden waren, gesucht und genannt würden. Ich glaubte, weil ich es wünschte, ein Sturz Ulbrichts stünde unmittelbar bevor und versprach mir davon eine grundlegende Wende. Ulbricht erschien mir allein wegen seiner sächsischen Fistelstimme ungeeignet, die Partei zu repräsentieren. Doch die Partei verkündete; *»Nur keine Fehlerdiskussion!«* So stellten sich bald wieder die gewohnten Verhältnisse ein. War ich nach dem Tode Stalins bald enttäuscht, dass die Partei nicht zu Leninschen Grundsätzen zurückfand, so hatte ich jetzt neue Hoffnung gehabt. Auch diese Hoffnung erwies sich schnell als unbegründet. Heute lese ich bei Historikern, Ulbricht wäre ein großer Staatsmann, von ähnlichem Format wie Adenauer, gewesen. Ich beginne, das zu glauben.

Der 17. Juni brachte mir Mandanten, Pflichtverteidigungen. Er war der Beginn meiner Tätigkeit als Verteidiger in politischen Strafverfahren. Die Zeiten waren eben so. Das lag mir. Zum Verteidiger von Kriminellen fehlte mir einiges. Mir fehlte überhaupt manches, was ein Anwalt besitzen sollte, ich liebe zum Beispiel keinen Streit im Sinne von Gezänk, ich rede nicht gern, wenn ich nichts zu sagen habe. Mancher Mandant war mit mir unzufrieden, weil ich vor Gericht weniger gesprochen hatte als der gegnerische Anwalt. Es ging aber auch so und insgesamt blicke ich zufrieden auf mein Berufsleben zurück.

Neben den Prozessen gegen die Demonstranten vom 17. Juni standen Verteidigungen von Kriegs- und Naziverbrechern am Anfang meiner Laufbahn als Verteidiger in politischen Strafsachen. Ich habe zwei solche Verfahren in den *Verlorenen Prozessen* geschildert. Auch über Spionageprozesse, die hinzukamen, berichtete ich dort. Die DDR sah überall Feinde. Nicht ohne Grund.

Im August 1953 veröffentlichte die *Neue Justiz* einen ersten Artikel von mir. Er hieß *»Staat und Recht«– eine Hilfe für die juristische Praxis.*[17] Damals waren noch kritische Rezensionen nicht nur von »oben«, sondern auch von »unten« möglich. Immerhin wurde damals eine These ständig wiederholt: »Kritik und Selbstkritik sind das Entwicklungsgesetz der Partei«. Hätte man sie nur wirklich beherzigt. Ich konnte jedenfalls in dem Artikel die Meinung äußern, dass die Auffassung eines der Autoren der Zeitschrift »einen bedauerlichen Mangel an Logik und wissenschaftlicher Gründlichkeit« enthalte. Zu

---

17 Neue Justiz 1953, S. 517

einem sonst von mir gelobten Artikel von Lekschas, dem später führenden Strafrechtstheoretiker der DDR, äußerte ich: »Der Aufsatz Lekschas' wäre zweifellos für alle in der Rechtspflege tätigen Juristen wertvoller, wenn er in einer klareren Sprache geschrieben wäre…« In einer weiteren Rezension im Oktoberheft konnte ich über einen Artikel Polaks, der damals als *die* Autorität in der marxistischen Rechtswissenschaft der DDR galt, schreiben: »So verdienstvoll die Arbeit Polaks besonders wegen der Fülle des in ihr verarbeiteten Materials ist, so hat sie doch den Charakter eines allgemeinen politischen Leitartikels nicht völlig überwunden. Es sind aber nicht solche Leitartikel, die wir von unseren führenden Staatsrechtlern in *Staat und Recht* zu lesen wünschen, sondern konkrete juristisch-politische Analysen der Bonner Staatspraxis.«[18] Die Reihe dieser Rezensionen endete im Februarheft 1954.

Bemerkenswert ist aus heutiger Sicht nicht nur, dass Kritik wenigstens in dieser Form damals noch möglich war, bemerkenswert ist auch, dass der Jahrgang 1953 der *Neuen Justiz* 788 Seiten hatte und die Zeitschrift zweimal im Monat erschien. Im Jahr 1989 war sie auf 516 Seiten geschrumpft und erschien nur noch monatlich. Papiermangel, der auf Devisenmangel beruhte, war vordergründig die Ursache. Unterschätzung der Rolle der Justiz dürfte aber auch mit bestimmend gewesen sein.

Es muss im Jahr 1954 gewesen sein, als mich die für mich zuständigen Kadergenossen der Partei vom Makel des Trotzkisten mehr oder weniger befreiten. Erfahren habe ich die Veränderung meiner kaderpolitischen Bewertung nie. Sie ist mir auch erst bewusst geworden, seitdem ich mich damit beschäftigt habe, mein Leben zu rekapitulieren. Jedenfalls machte ich seit 1954 Karriere. Möglich ist auch, dass die Veränderung meiner Bewertung durch die Partei schon 1953 mit meinem ersten Auftritt vor dem Obersten Gericht einsetzte. Wahrscheinlich wurden die Verteidiger bei ihren Gesprächen mit den Mandanten abgehört und vielleicht hat man dadurch entdeckt, dass ich kein Konterrevolutionär war. Wie es auch gewesen sein mag, 1954 erwuchsen mir im Rechtsanwaltskollegium neue Aufgaben. Ich wurde im Sommer 1954, als ich im Urlaub an der Ostsee war, in die Zweigstelle Prenzlauer Berg versetzt und dort Zweigstellenleiter. Dieser Berufung folgte noch im selben Jahr durch die Mitgliederversammlung des Kollegiums meine Wahl in den Vorstand und danach durch die Vorstandsmitglieder die Wahl zum Vorsitzenden des Kollegiums. Die Wahlen erfolgten jeweils nach entsprechenden Vor-

18 Neue Justiz, 1953, S. 612

schlägen der Bezirksleitung der SED, die wir kurz BL nannten. Möglich auch, dass die Partei keinen anderen fand und deshalb in den Apfel beißen musste, den sie für sauer hielt. Vielleicht. Nichts Genaues weiß ich bis heute nicht. Es waren eben *Verschwiegene Zeiten*[19].

Besonders in den ersten Jahren des Kollegiums wurden die Vorschläge der Partei befolgt. Mit zunehmender Selbstsicherheit der Kollegiumsmitglieder und der Organe des Kollegiums war das jedoch nicht mehr die Regel. Heute gehe ich davon aus, dass ich zu irgendeinem Zeitpunkt in die Nomenklatur der Partei, wahrscheinlich in die der Bezirksleitung aufgenommen wurde. Damals, in den fünfziger Jahren des vorigen Jahrhunderts, kannte ich den Begriff Nomenklatur nicht. Schließlich wurde das System der Nomenklatur, wie ich in einem Handbuch der SED gelesen habe, auch erst in der Zeit von 1950 bis 1960 aufgebaut[20]. Da die Justiz keinen hohen Stellenwert in der DDR besaß, in ihren frühen Jahren noch einen wesentlich geringeren als gegen Ende, war natürlich auch der Vorsitzende eines Kollegiums keine besonders wichtige Figur auf dem Schachbrett der Politik. In Berlin war das noch weniger der Fall als in den Bezirksstädten. Dort wurde der Vorsitzende vom Ersten Sekretär der Bezirksleitung empfangen, in Berlin kam das praktisch nicht vor. Ich sage praktisch, weil ich einmal der Delegation der Berliner Justiz zur Gratulation anlässlich eines Geburtstages von Paul Verner angehörte. Ich habe mir das Ereignis gemerkt, nicht nur, weil es ungewöhnlich war, sondern weil ich dort aus dem Mund von Paul Verner einen politischen Witz hörte, der in etwa so ging: In Sibirien treibt ein Tiger sein Unwesen, der auch Menschen tötet. Darauf erhält die Polizei den Auftrag, den Tiger zu töten. Ihre Anstrengungen bleiben vergeblich. Danach wird das Militär eingesetzt, dasselbe Resultat. Schließlich wird die Sicherheit beauftragt. Sie fängt ein Kaninchen. Na und? Das Kaninchen wurde so lange vernommen, bis es gestand, der Tiger gewesen zu sein. Das erzählte Paul Verner, eindrucksvoller, als ich es hier wiedergebe, den vor ihm angetretenen Staatsanwälten, Richtern und mir, dem Anwalt. Verner war Erster Sekretär der Bezirksleitung Berlin von 1959 bis 1961, seit 1958 war er auch Mitglied des Politbüros. Auch so war die DDR.

***

19 Titel des Buches von Herbert Crüger

20 Andreas Herbst, Gerd-Rüdiger Stephan, Jürgen Winkler (Hg.), Die SED. Geschichte, Organisation, Politik. Ein Handbuch, Berlin 1997, S. 152

Zwei Kinder waren genug für Eltern, die ihrem Beruf nachgingen. Sonja arbeitete im Allgemeinen Deutschen Nachrichtendienst (ADN) und musste dort auch Nachtschichten machen. Wir hatten eine Frau, die die Wohnung sauber machte und die Kinder betreute, wenn wir nicht zu Hause waren. Unsere Mütter konnten uns wenig helfen, denn sie wohnten zu weit entfernt. Als Sonja wieder schwanger wurde, entschlossen wir uns zu einer Unterbrechung. Es war ein schwerer Entschluss. Abtreibung war noch mit hoher Strafe bedroht. Außerdem war ich schließlich Jurist und an sich gewillt, mich streng an die Gesetze zu halten. Andererseits wusste ich, dass die Kommunisten in der Weimarer Republik immer gegen den § 218 des Strafgesetzbuches gekämpft hatten und verstand nicht, warum die DDR an der Strafbarkeit der Abtreibung festhielt. Schließlich hatte schon Lenin in einem Artikel vom 16. Juni 1913 in der *Prawda* geschrieben: »Selbstverständlich hindert uns das nicht im geringsten, die unbedingte Aufhebung aller Gesetz zu fordern, die die Abtreibung oder die Verbreitung medizinischer Werke über empfängnisverhütende Mittel usw. unter Strafe stellen. Solche Gesetze sind nichts als eine Heuchelei der herrschenden Klassen.«[21] Die DDR hatte zwar 1950 die Frau, die eine Abtreibung vornahm oder vornehmen ließ, für straflos erklärt, es bei der Strafbarkeit weiterer Beteiligter jedoch belassen.[22] Erst 1972 wurde mit dem Gesetz über die Unterbrechung der Schwangerschaft[23] umgesetzt, was Lenin 1913 für »selbstverständlich« gehalten hatte. In der Bundesrepublik galt die Strafvorschrift des § 218 bis 1993 weiter. Die heutige Regelung ist im Vergleich zur Gesetzgebung der DDR immer noch ein Rückschritt, der die Freiheit und die Rechte der Frau einschränkt. Es fällt unserem Gesetzgeber generell schwer, sich vom Althergebrachten zu trennen. Goethes Wort »Es erben sich Gesetz' und Rechte wie eine ew'ge Krankheit fort«, gilt im Osten wieder, im Westen noch.

Da Lenin sich in der DDR noch nicht durchgesetzt hatte, galt es, einen Arzt zu finden, der zu dem verbotenen, aber einträglichen Tun bereit war. Irgendwie erhielten wir einen Tipp. Gemeinschaftlich zogen wir in die Praxis, die in einem der oberen Stockwerke eines Altbaus lag, saßen beklommen in dem vollen Wartezimmer, bevor wir eingelassen wurden und ich in vorsichtigen Andeutungen unser Anliegen vortrug. Der Doktor verstand schnell und willigte ein. Der Eingriff wurde einige Tage später vollzogen und wir gingen

---

21 Lenin Werke Bd. 19 S. 227

22 Gesetz über den Mutter- und Kinderschutz und die Rechte der Frau vom 27. September 1950 (GBl. S. 1037)

23 GBl. I S. 89

mit dem Rat nach Hause, bei auftretenden Blutungen einen Arzt zu rufen. Die Blutungen traten sehr eindrucksvoll auf, der Arzt kam, ein Krankenhaus erledigte den Rest. Es war abenteuerlich, unwürdig und wohl auch gefährlich. Den Frauen der DDR blieb ein gleiches Schicksal ab 1972 erspart, denen in der Bundesrepublik erging es in dieser Hinsicht schlechter.

Nicht alle meine Verteidigungen in politischen Strafsachen waren damals »verlorene Prozesse«, wenngleich die Zahl meiner Niederlagen die meiner Siege bei weitem übertraf. Eine der wenigen erfolgreichen Verteidigungen in politischen Verfahren ist mir noch in Erinnerung. Die Richterin Kastanssci vom Stadtbezirksgericht Treptow, eine von den Nazis rassisch verfolgte Parteilose, war von einem Schöffen 1954 beschuldigt worden, sowjetfeindliche Äußerungen getan zu haben. Das war ein besonders schwerwiegender Vorwurf. Sie wurde verhaftet, angeklagt und in erster Instanz freigesprochen. Die Staatsanwaltschaft legte dagegen Protest ein (so wurde die Berufung der Staatsanwaltschaft genannt, um deutlich zu machen, dass sie sich qualitativ vom Rechtsmittel des Angeklagten unterschied). Das Urteil wurde aufgehoben und die Sache zur erneuten Entscheidung an die erste Instanz zurück verwiesen. Diese sprach wiederum frei. Ein erneuter Protest blieb erfolglos. Die von der Untersuchungshaft psychisch schwer getroffene Richterin wurde aus der Haft entlassen. Nach meiner Erinnerung arbeitete sie in der Folgezeit nicht mehr als Richterin, sondern als Justitiarin in einem volkseigenen Betrieb und fühlte sich in diesem Beruf wohler.

Neben Strafsachen, darunter vielen politischen, wie denen gegen Kriegsverbrecher und Spione, wurden Ehescheidungen zunehmend mein Hauptbetätigungsfeld. Das Familienrecht war durch die in der Verfassung der DDR von 1949 in Art. 7 und 30 statuierte Gleichberechtigung der Frau tiefgreifend umgestaltet. Schon 1948 war die Zuständigkeit für Scheidungen auf die Amtsgerichte übertragen worden. Das Amtsgericht, später das Kreisgericht, befand sich in der Nähe der Wohnung der Parteien. Die Eheleute brauchten keine Anwälte mehr, sie konnten sich selbst vertreten, so mündig waren sie in der DDR. 1955 regelte die Eheverordnung das Scheidungsrecht neu. Geschieden werden durfte die Ehe, wie es später in §24 des Familiengesetzbuches hieß nur, »wenn das Gericht festgestellt hat, dass solche ernstlichen Gründe vorliegen, aus denen sich ergibt, dass diese Ehe ihren Sinn für die Ehegatten, die Kinder und auch für die Gesellschaft verloren hat.« Ehebruch war kein absoluter Scheidungsgrund mehr. Natürlich war Ehebruch vielfach ein Indiz für den Sinnverlust, aber nach Schuld oder Unschuld wurde nicht gefragt, dreijährige Trennung war gleichfalls keine Scheidungsvoraussetzung. Ehescheidung war rechtlich unkompliziert. Die menschlichen Tragödien blieben. Die Frage nach dem Sinnverlust der Ehe verlangte eine umfangreiche Schilderung vom Verlauf und den Problemen des Ehelebens. Das ließ Parteien wie Richtern einen breiten Spielraum für Vortrag und Entscheidung. Formales war nicht gefragt. Die Richter bemühten sich besonders in den 50er Jahren überwiegend, die Ehe zu erhalten. Hilde Benjamin forderte damals, jedes Urteil müsse eine politische Tat sein, und so sahen auch die Familienrichter alles politisch. Bei einer Richterin am Stadtbezirksgericht Prenzlauer Berg, meinem Heimatgericht, gehörte es damals, zur Zeit des Korea-Krieges, zum feststehenden Repertoire, streitenden Eheleuten vorzuhalten, wie der Weltfrieden erhalten werden solle, wenn sie sich nicht einmal in der Familie vertragen. Später, als man vieles nicht mehr so verbissen sah, verliefen Scheidungsprozesse überwiegend schnell und komplikationslos. Vier Wochen nach der Einreichung der Klage fand ein erster Termin statt, dem innerhalb von 14 Tagen ein zweiter folgte, in dem dann das Urteil verkündet wurde. Nur die Zustellung des Urteils ließ auf sich warten, es fehlten Schreibkräfte. Scheidung war also schnell, einfach und billig. Anwälte waren Luxus, den sich aber doch relativ viele leisteten. Weil das so war, heiratete man gern in der DDR. Heirat war kein Risiko. Die geschiedene Ehefrau hatte in der Regel keinen Unterhaltsanspruch. Sie konnte arbeiten – wie gesagt im Regelfall.

Ein Problem war und blieb, wem das Erziehungsrecht über minderjährige Kinder zu übertragen war. Hilde Benjamin verkündete anfangs, die Scheidung sei eine Familienscheidung. Damit sollte erreicht werden, dass das Kind aus dem Streit seiner Eltern so weit wie möglich herausgehalten wird. Der Nichterziehungsberechtigte konnte den Umgang mit dem Kind nicht zwangsweise durchsetzen. Dagegen leisteten die Männer, meist waren sie es, die nicht erziehungsberechtigt waren, häufig extremen Widerstand. Die Referate Jugendhilfe bemühten sich intensiv, die Erziehungsberechtigten zur freiwilligen Gewährung des Umgangs zu bewegen. Das verbesserte die Situation, löste aber das Problem letztlich nicht.

Probleme bereitete auch die Verteilung des gemeinschaftlichen Eigentums und Vermögens. Mit zunehmendem Wohlstand wurden diese Probleme größer. War anfangs der Kühlschrank der Hauptstreitgegenstand, so war es später der Fernseher, dann das Auto und schließlich die Datsche. Wer das Erziehungsrecht bekam, hatte das Prä. Grundsätzlich gehörten die in der Ehe angeschafften Sachen und Vermögenswerte beiden Ehegatten zu gleichen Teilen

(§ 13 FGB). Abweichende Vereinbarungen waren zulässig, aber in der Praxis selten. Eheverträge gab es nicht. Mit der Scheidung war in der Mehrzahl der Fälle auch die Vermögensauseinandersetzung beendet.

Mit dem Abgang von der Universität hatten sich die Beziehungen zu meinen studentischen Freunden gelockert oder waren ganz abgebrochen. Wolfgang Heise befand sich in den höheren Sphären der Philosophie, Carsten Bresch war wohl schon im Westen und auch die anderen, die mir nicht ganz so nahe gestanden hatten, waren von ihren eigenen beruflichen Problemen voll in Anspruch genommen. Geblieben waren die Kommilitonen der juristischen Fakultät, geblieben war vor allem Fritz Möller. Hinzu kamen nach meiner Wahl in den Vorstand Willy Haase und Bernhard Strodt. Die Zusammenarbeit im Vorstand führte bald zu persönlichen und familiären Kontakten. Wir verstanden uns gut, hatten das gemeinsame Ziel, das Kollegium und seine Anwälte optimal durch die Klippen der Politik zu steuern. Wir standen (wenn auch mit unterschiedlichem Grad an Überzeugung) zur DDR, doch nicht zu jeder politischen Maßnahme ihrer Führung und speziell nicht zu ihrer Anwaltspolitik. Meine beiden Kollegen waren mir, was Anwaltserfahrung anbelangte, überlegen. Das galt besonders für Willy Haase, der bei dem DDR-Staranwalt Friedrich Karl Kaul gearbeitet hatte. Haase war auch Mitglied der SED, aber sehr politisch war er wohl nicht. Als Pommer machte er dem Ruf seiner Landsleute, besonders starrköpfig zu sein, alle Ehre. Wovon er nicht überzeugt war, das machte er nicht. Er war ein guter Jurist und hatte feste ethische Grundsätzen, insbesondere was die Pflichten eines Anwalts anbelangte. Wir waren alle stolz darauf, im Kollegium die Einhaltung solcher Prinzipien zu gewährleisten.

Bernhard Strodt war von uns dreien wohl der brillanteste Jurist. Im Kollegium genoss er deshalb ein hohes Ansehen. Außerdem war er parteilos, was sein Ansehen bei den parteilosen Mitgliedern des Kollegiums erhöhte. Auch er bejahte die DDR, schließlich war er unter Hitler rassisch verfolgt worden. Er nannte sich damals gern einen parteilosen Bolschewik, später nicht mehr. Als Anwalt war er beredter und schneidiger als Haase. Deswegen war er auch als Prozessgegner gefürchteter. Seine Plädoyers hatten nur einen Nachteil, sie nahmen kein Ende. In seinen Schriftsätzen bewies er sowohl Schärfe als auch Witz. Unvergessen ist mir seine Antwort auf einen Schriftsatz seines Gegners in einem Ehescheidungsverfahren. Dieser hatte vorgetragen, Strodts Mandant hätte zur Bezeichnung des weiblichen Geschlechtsteils den entsprechenden Berliner Jargonausdruck verwandt, was Strodt mit den Worten erwiderte: »… was die Sache mit dem Obst anbelangt«.

Politisch hatte sich nach meinem Gefühl nach dem Tod Stalins und dem 17. Juni 1953 zunächst trotz des Neuen Kurses nicht viel in der DDR geändert. Wir traten immer noch für die Einheit Deutschlands ein, »Deutsche an einen Tisch!« hieß die am meisten gebrauchte Losung. Immer wieder verlangte die Partei, dass wir als Genossen durch die Häuser gingen, an jeder Tür klingelten und mit den Bewohnern Gespräche über die aktuellen politischen Fragen führten. Gern machte ich das nicht, es war mir peinlich, aber was die Partei verlangte, wurde gemacht. Viel genutzt haben dürfte es nicht. – Ein anderes Betätigungsfeld, meist nach der Arbeit am Sonnabendnachmittag, war die Trümmerbeseitigung im Rahmen des Nationalen Aufbauwerks. Jeder hatte ein kleines Heft, in das entsprechend der Zahl der geleisteten Arbeitsstunden Marken eingeklebt wurden. Neben Staatsanwälten und Richtern schaufelten auch die Rechtsanwälte des Kollegiums Schutt in Loren oder klopften den Mörtel von Ziegelsteinen ab. Das war zweifellos nützlich, wenn es auch gleichfalls nicht angenehm war. Manchmal frage ich mich, ob die Staatsanwälte und Richter, die heute in den Ostberliner Gerichten sitzen und die Volksrichter strafrechtlich verfolgt haben, wissen, was jene für Berlin und Deutschland damals geleistet haben. Bis das Justizgebäude in der Littenstraße und die anderen Gerichte 1990 so aussahen, wie die neuen Herren sie vorfanden, haben Juristen des »Unrechtsstaates« bei minimalem Gehalt und ohne Aussicht auf Pension viel auf sich genommen.

Die politische Entwicklung in Deutschland setzte sich gleichzeitig weiter in der Richtung fort, die mit der Bildung der Bi-Zone, der Währungsreform und schließlich der Gründung der BRD begonnen hatte. Die Pariser Verträge von 1955 führten die BRD in die NATO und damit die DDR in die Warschauer Vertragsorganisation. Die Teilung Deutschlands war für lange Zeit besiegelt. Dennoch habe ich damals diese Entwicklung nicht in ihrer vollen Bedeutung erkannt. Obgleich ich immer ein politischer Mensch war, haben sich mir andere Erlebnisse tiefer eingeprägt.

Im November 1955 suchte mich ein Mitarbeiter des MfS auf. Es war mein erster Kontakt zu diesem Ministerium. Nach meiner Erinnerung fragte er mich, ob mir Post aus dem Westen zugestellt werden könne, die ich an das Ministerium weiterleiten solle. Ein Anwalt würde viel Post erhalten und daher sei es nicht so auffällig, wenn er aus dem Westen – einschließlich des westlichen Auslands – Post erhalte. Ich sagte zu. Als Genosse fühlte ich mich dazu verpflichtet, gleichzeitig war mir die Aufgabe unangenehm. Der Kontakt zum Geheimdienst erschien mir für einen Anwalt unangebracht, für einen Genossen aber Verpflichtung. Ich verfiel auf den Gedanken, das Problem unserem Mann in der Bezirksleitung der SED, Fritz Marquardt, vorzutragen. Das genügte, das MfS meldete sich nicht mehr – vorerst. Den Vorfall hatte ich ganz vergessen, als mich, es war wohl 1995, ein Journalist anrief und mir mitteilte, dass die Presse dies berichten würde und was ich dazu sage. Der Anruf brachte mir den Kontakt vor 40 Jahren wieder in Erinnerung. Ich sagte, was ich noch wusste. Am nächsten Tag titelte eine Zeitung »Der Wolff, der mit der Stasi tanzte«. Große Resonanz hatte die Meldung jedoch nicht. Vorsorglich hatte ich den Richterbund informiert, der mich zu einer Tagung eingeladen hatte, die wenige Wochen später stattfinden sollte. Er hielt die Einladung aufrecht. Das gab es auch, damals. – Heute berichtet das Online-Lexikon wikipedia: »Wolff war inoffizieller Mitarbeiter (Geheimer Informant) des Ministeriums für Staatssicherheit, Bereich Hauptverwaltung Aufklärung unter dem Decknamen ›Jura‹ und gewährte bei einem Treffen Einblick in die Unterlagen seiner Mandanten.« Nicht mehr, nicht weniger. Nun weiß der User, wer Wolff war, wer Wolff ist.

Die fünfziger Jahre waren stürmische Zeiten: Im Februar 1956 erschütterte der XX. Parteitag der KPdSU die Kommunisten auf der ganzen Welt mit seinen Enthüllungen über die Stalinsche Gewaltherrschaft. Ich selbst war nicht so erschüttert. Ich hatte vermutet, dass an den Berichten, die im Westen über Stalin publiziert wurden, etwas Wahres sein könnte. Es gab dafür Indizien. Sowjetische Soldaten hatten sich 1945 mehr als einmal geäußert, dass nach Hitler auch Stalin verschwinden müsse. Der Personenkult war gleichfalls unübersehbar. Er stieß mich ab. Ich hielt ihn nicht für marxistisch, nicht für kommunistisch. Die Enthüllungen Chruschtschows nahmen mir deshalb nicht meine Überzeugung, dass der Sozialismus für die Menschen eine Notwendigkeit ist und dass der Kapitalismus ins Chaos führen würde.

Auf andere, die vielleicht weniger an Marx als an Stalin geglaubt hatten, wirkten sich die Enthüllungen anders aus, für sie brach eine Welt zusammen. Die kommunistischen Parteien auf der ganzen Welt wurden harten Prüfungen unterzogen. Ihre Mitglieder und ihre Führer reagierten auf unterschiedliche Weise. Parteien spalteten sich, verloren vielfach einen großen Teil ihrer Anhänger.

Das Jahr 1956 war auch sonst voller dramatischer Ereignisse. Im Juni gab es in Posen einen Aufstand, in dessen Ergebnis Gomulka wieder an die Spitze der polnischen Partei berufen wurde. Im August 1956 verbot das Bundesverfassungsgericht die KPD. Im Oktober schlugen sowjetische Truppen in Ungarn einen Aufstand nieder, der dabei war, das Rad der Geschichte zurückzudrehen. Der Kalte Krieg drohte in einen heißen Krieg zu mutieren. Im November landeten englische und französische Truppen in Ägypten. In Kuba begann Castro seinen Kampf gegen Batista. Die DDR, die BRD und ihre Bürger blieben von diesen Ereignissen nicht unberührt. Ich hatte allerdings keine Ahnung, wie sehr die Führung der DDR davon betroffen wurde und dass ich dem Geschehen von 1956 ein Jahr später einen meiner dramatischsten politischen Prozesse verdanken würde.

Benser, der bekannte DDR-Historiker, schrieb am 19. Dezember 1956 an einen Freund, dass das Jahr 1956 »wohl eines der ereignisreichsten dieses Jahrhunderts« war.[24] Die Berichte und Bilder aus Ungarn führten bei meinem Vorstandskollegen und Freund Willy Haase zu Angstträumen. Er berichtete mir damals, er habe geträumt, ich sei von Aufständischen an einer Laterne aufgehängt worden. Ich teilte seine Ängste nicht, aber sie werfen ein Bild auf die damalige Situation auch in der DDR.

***

Unberührt von der politischen Dramatik, spiegelte das Leben unserer Familie wachsenden Wohlstand wider. Wir konnten 1956 eine neue größere Wohnung mit Zentralheizung und Warmwasser in Baumschulenweg beziehen. Der Vormieter, ein Anwalt, war nach Westberlin legal verzogen. Unsere beiden Mädchen hatten jetzt jedes ein eigenes Zimmer, und wir genossen den gestiegenen Komfort. Steigende Einnahmen versetzten uns wie andere Anwälte in die Lage, ein Auto zu kaufen. Wir hatten eisern gespart, über alle Ausgaben und Einnahmen sorgfältig Buch geführt. Meine Frau dichtete damals auf einem Neujahrglückwunsch:

»Wer raucht da Salem, wer knausert und geizt?
Das ist der Fritz, den der ›Ifa‹ reizt.
Er hetzt durch die Straßen mit irrem Blick,
Ach hätt' ich doch nur schon das teure Stück;
erst dann find' ich Ruhe und denke daran,
daß man auch and're Zigaretten rauchen kann.«

Schließlich war es 1956 so weit, dass wir die 14.000 DM zusammen hatten, die ein PKW der Marke F9, früher DKW genannt, kostete. Wenn ich mich nicht

24 Günter Benser, a. a. O. S. 210

irre, brauchte ich nur 6 Fahrstunden, um den Führerschein, der Fahrerlaubnis hieß – das Wort Führer hatte einen schlechten Klang –, im Juni 1956 zu erhalten. Die ersten Fahrten verliefen nicht ohne Komplikationen, der Wagen zog nicht, weil die Handbremse angezogen war, und er blieb auf der ersten Fernfahrt nach Rostock mitten auf der Behelfsbrücke in Treptow stehen. Ein Taxifahrer half mir, ich hatte den Choke, den man damals noch beim Start ziehen musste, nicht wieder zurückgeschoben, deshalb waren die Kerzen versottet. Ich konnte danach noch pünktlich zur Scheidung des Ersten Sekretärs der Bezirksleitung Rostock, jenes Karl Mewis, der 1947 in dem Parteiverfahren gegen mich eine unfreundliche Rolle gespielt hatte, in Rostock sein. Ich vertrat seine an Multipler Sklerose erkrankte Frau, die Tochter des in Ungnade gefallenen Franz Dahlem. – Das habe ich behalten. Vielleicht gilt auch hier der bekannte DDR-Spruch: Privat geht vor Katastrophe. – Diese ersten Probleme mit dem Auto wurden bald gelöst und das Leben gestaltete sich für die Familie und mich leichter. Wir konnten nicht nur Besuche bei Verwandten und Freunden mit den Kindern müheloser machen, sondern ich konnte auch die verschiedenen Gerichte und Haftanstalten mit meiner dicken Aktentasche schneller und bequemer erreichen. Sogar nach Westberlin konnten wir Anwälte damals mit dem PKW fahren. Dazu benötigte man eine besondere Genehmigung, einen »Propusk«, den wir Anwälte erhielten. Es ging uns besser, als wir es 1945 für möglich gehalten hatten.

Unter den wenigen Rechtsanwälten waren damals noch weniger Genossen und unter den wenigen Genossen gab es noch weniger, die für internationale Arbeit nach den Kriterien der DDR geeignet waren. So wurde ich 1957 Mitglied des Sekretariats der Vereinigung demokratischer Juristen (VdJ). Das kleine »d« kennzeichnete die VdJ der DDR, die West-VDJ benutzte das große »D«. In der Juristenvereinigung brauchte man besonders für den Verkehr mit der westlichen Welt Anwälte, möglichst Genossen und wenn möglich auch noch solche mit Fremdsprachenkenntnissen. Im Sekretariat saß ich mit führenden Juristen der DDR zusammen und lernte sie dadurch näher kennen. Das ist für einen Anwalt nicht zum Schaden. Ich machte davon allerdings nur sehr zurückhaltend Gebrauch. Ich lernte jedoch zwanglos ihren Charakter und ihre Denkweise kennen, was mir auch als Vorsitzender des Anwaltskollegiums nützlich war. Darüber hinaus hatte das auch andere Vorteile. Schon im Mai 1956 nahm ich als Delegierter unserer Vereinigung an dem 6. Kongress der Internationalen Vereinigung Demokratischer Juristen in Brüssel teil. In den Delegationen der anderen Länder waren überwiegend Rechtsanwälte und da machte es sich gut, ja es war fast unerlässlich, dass die DDR wenigstens einen Anwalt dorthin schickte. Es war meine erste Auslandsreise nach dem Krieg. Sonja fand es nicht gerecht, sie fragte mich: »Und was krieg ich?« Merkwürdig, wie viel ich vergessen habe und dass ich gerade diesen Satz behielt. Die Lösung des Problems ist mir auch noch in Erinnerung, das Fernsehen der DDR hatte am 3. Januar sein Programm aufgenommen, und wir kauften als Ausgleich für Sonja unseren ersten Fernsehapparat.

In Brüssel war ich happy. Nach elf Jahren hatte ich wieder Gelegenheit, Französisch zu sprechen und darüber hinaus zum ersten Mal ein Land mit französischer Kultur kennen zu lernen. Unsere Delegation war in einem sehr guten Hotel untergebracht, allerdings schlief ich mit Professor Gerats, einem der neuen DDR-Strafrechtswissenschaftler in einem Zimmer. Das hatte aber den Vorteil, dass wir viel Gelegenheit zu Gesprächen hatten, die natürlich unter dem Eindruck des XX. Parteitags standen. Gerats versicherte mir damals, er würde nie wieder nur aus Parteidisziplin etwas gegen seine Überzeugung machen. Er hatte anscheinend mehr gegen seine Überzeugung tun müssen als ich. Die Partei gab den Diskussionen über den Parteitag wenig Raum, aber unter uns diskutierten wir ihn lebhaft. Alle wollten, dass auch in der DDR entsprechende Schlussfolgerungen gezogen würden. Sicher hatte es nicht solche Verbrechen wie in der UdSSR gegeben, aber die Juristen wussten oder ahnten sehr wohl, dass Urteile wie die gegen Fechner und Merker nicht gerechtfertigt waren. Offensichtlich waren auch der Personenkult und Verletzungen der innerparteilichen Demokratie. Wir waren voller Hoffnung, dass dies alles überwunden werden würde, dass die Partei eine wahrhaft kommunistische Partei im Sinne von Liebknecht, Luxemburg und Lenin werden und dadurch an Kraft und Einfluss gewinnen würde. Auch Hilde Benjamin zog Lehren aus dem XX. Parteitag. Auf einer juristischen Konferenz im Dezember 1956 sagte sie:

»Wir setzen uns hier zugleich mit fehlerhaften Anschauungen Wyschinskis [Generalstaatsanwalt der UdSSR unter Stalin, F. W.] auseinander. ... Hier wird offenbar, dass sowohl die fehlerhaften Auffassungen Wyschinskis wie die unrichtige, die Gesetzlichkeit störende Handhabung einer Reihe von Bestimmungen der StPO bei uns die gleichen ideologischen Ursachen haben, das heißt, dass sie gemeinsam in der unrichtigen, fehlerhaften Theorie von der ständigen absoluten Verschärfung des Klassenkampfes wurzeln.«[25]

25 Fragen des Beweisrechts im Strafprozess, Berlin 1957, S. 107

Ich nahm gleichfalls an dieser Konferenz teil und konnte dort meine Auffassungen darlegen, die auf derselben Linie lagen wie mein Referat auf der Arbeitstagung im Juni, von der noch die Rede sein wird. – Intern wurde Hilde Benjamin übrigens noch deutlicher. Günter Benser notierte auf einer Informationsveranstaltung am 6. Juli 1956 unter anderem:

»Konkrete Maßnahmen der Justizorgane. 1. Festigung der Gesetzlichkeit im Strafverfahren – Rechte der Bürger, Verfassungsrechte – Vermeidung unberechtigter Haftbefehle ... Recht auf Verteidigung, sektiererische Einstellung zur Rechtsanwaltschaft überwinden – Unabhängigkeit der Richter, Verfassungsprinzip ... Kompliziert in Beziehung der Genossen Richter zur Partei und den übergeordneten Leitungen. Schließt nicht aus, dass Parteifunktionäre den Richtern ihre Meinung sagen, aber es gibt keine Anweisungen. Richter ist voll verantwortlich. Gegen Tendenzen der Staatsanwaltschaft, Einfluss auf die Gerichte zu nehmen.«[26]

Unsere Hoffnungen auf einen Wandel zum Besseren blieben im Wesentlichen unerfüllt. Walter Ulbricht konnte seine Kritiker im ZK entmachten. Sie wurden allerdings nicht verhaftet und nicht verurteilt. Aber klar war bald: es gab kein Tauwetter in der DDR. Dennoch färbte die Chruschtschowsche Politik etwas auf die DDR ab. Es blieb jedenfalls nicht alles unverändert. Stalin wurde zur Unperson. Merkers Verurteilung wurde kassiert, und er wurde freigesprochen. Fechner wurde aus der Haft entlassen und 1958 rehabilitiert. Ich konnte in meiner Funktion als Vorsitzender des Kollegiums Dinge sagen, die vorher nicht möglich gewesen wären. Was noch schwerer wog, die *Neue Justiz* gab den Inhalt meines Referats *Fragen des Strafverfahrens vom Standpunkt des Verteidigers,* das ich im Juni auf einer Arbeitstagung der Vorsitzenden der Kollegien gehalten hatte, auf 2½ Seiten wieder. Darunter solche Passagen: »In einer Reihe von Fällen wissen Richter oder Staatsanwälte nicht zwischen Angeklagtem und Verteidiger zu unterscheiden und behandeln den Verteidiger so, wie der Angeklagte nicht behandelt werden sollte.«[27] So etwas hätte ich früher wahrscheinlich nicht gesagt, auf keinen Fall wäre es gedruckt worden. Auch später, als nicht mehr davon gesprochen wurde, dass Kritik und Selbstkritik das Entwicklungsgesetz der Partei sind, wäre es nicht mehr gedruckt worden.

---

26 Günter Benser, DDR – gedenkt ihrer mit Nachsicht, Berlin 2000, S. 197

27 Neue Justiz 1956, S. 454

Der 17. Juni 1953 hatte die Parteiführung veranlasst, zum Schutz vor weiteren derartigen Ereignissen Kampfgruppen aufzustellen. Die Justiz beteiligte sich daran und die Genossen Anwälte wurden gleichfalls Kämpfer. So kam auch ich zu Uniform und Karabiner. Schon mit der Uniform hatte ich Probleme, irgendetwas stimmte bei meiner »Kleidung« nie. Ich war kein guter Soldat. Waren wir zuvor zur Trümmerbeseitigung, danach zur Erntehilfe zu den LPG gegangen, so zogen wir jetzt zu Übungen in die Wälder der Umgebung von Berlin. Richter, Staatsanwälte, Rechtsanwälte Seit' an Seit'. Gemeinsam sangen wir Kampflieder und machten allerlei Militärisches. Die alten Genossen unter den Richtern und Staatsanwälten waren keine willigen Kommissköppe. Was ihnen unsinnig erschien, machten sie nicht. Gelegentlich ging das ganze Wochenende für die Kampfgruppe drauf. Wir schliefen dann in Sälen von Ausflugslokalen und Wachen mussten unseren Schlaf beschützen. Sehr ernst wurde das alles nicht genommen, aber lästig war es allemal. Es kam auch zu komischen Vorfällen. Bei einem Manöver fiel es meinem ehrgeizigen Kommandanten, einem jungen Richter des Kammergerichts, ein, einen Spähtrupp auszusenden, um die »gegnerischen« Stellungen zu erkunden. Ich sollte dem Trupp angehören, Anwälte sind listig, dachte er. So weit so gut, aber zur besseren Tarnung wurde ich dazu ausersehen, in der Uniform eines Sowjetsoldaten durch die Gegend zu schlendern. Wir hatten tatsächlich einen Rotarmisten getroffen und mit ihm vereinbart, die Uniform zu tauschen. Ich zog also die gut parfümierte Feldbluse des Rotarmisten an und lief damit durch den Wald. Wie es der Zufall wollte, kreuzte ein großer Kommandant mit seinem Jeep den Weg, den ich mit einem anderen Kämpfer eingeschlagen hatte. Ihn täuschten wir nicht, er hielt an, stellte fest, dass wir unrechtmäßig sowjetische Uniformteile trugen und nahm uns mit. Die Tatsache, dass wir einem Sowjetsoldaten eine Kampfgruppenuniform gegeben hatten, war schwerwiegend. Sowjetsoldaten waren zu dieser Zeit desertiert und in den Westen gegangen, wir hatten dem Vorschub geleistet. Unser Soldat war zum Glück nicht desertiert. Ich bekam meine Uniform wieder und er die seinige. Unser schneidiger Richter vom Kammergericht bekam viel, seine Karriere gefährdenden Ärger. Was dem Sowjetsoldaten passierte, entzieht sich meiner Kenntnis. – Eine andere Episode trug sich gleichfalls bei einer Übung in einem Wald zu. Unser Kommandant, Oberrichter Michalek vom Stadtgericht, der den Prozess gegen die angebliche Muttermörderin geführt hatte, von dem ich in *Verlorene Prozesse* berichtet habe, nahm mich beiseite und trug mir auf, während des Marsches einen Unfall vorzutäuschen, damit die Sanitäter ihren Einsatz unter scheinbar echten Bedingungen üben könnten. Anscheinend hielt auch er mich zum Theaterspiel für geeignet – zu Unrecht. Befehlsgemäß stolperte ich, fiel hin und behauptete, ich hätte mir den Fuß verletzt. Die Sanitäterin, Staatsanwältin Jahnke, kam, verabreichte mir Tropfen und bettete mich auf einer Trage. So wurde ich während des Marsches weiter transportiert. Dagegen hatte ich nichts einzuwenden, aber mein Freund Möller kam zu mir und war echt besorgt. Ihn wollte ich nicht täuschen und gab ihm zu verstehen, dass alles nur Mache war. Seine Reaktion war typisch: Er kippte mich von der Trage. Allgemeines Entsetzen bei den Gutgläubigen. Besonders die Sanitäterin war außer Rand und Band. Sie war als Staatsanwältin in politischen Verfahren tätig und bei Betroffenen wie Verteidigern unbeliebt, wenn nicht verhasst. Sie behandelte die Angehörigen von Inhaftierten, als hätten sie die Verbrechen begangen. In dem Streich von Möller sah sie wohl einen staatsfeindlichen Akt, der ihr Urteil über Rechtsanwälte bestätigte. Ein Nachspiel hatte der Zwischenfall jedoch nicht.

Meine Kampfgruppenzugehörigkeit endete am 30. Januar 1962. Alle Leiter von Justizorganen wurden von diesem Dienst entbunden, sie wurden im Ernstfall in ihrer Funktion gebraucht. Der Kollegiumsvorsitzende gehörte dazu. Später wurden sämtliche Justizangehörigen freigestellt. Wann das war, weiß ich nicht mehr. Am 13. August 1961 waren jedoch die Kampfgruppenangehörigen des Kollegiums noch an der Mauer eingesetzt. Ich hatte zu dieser Zeit Urlaub.

***

In meiner Anwaltspraxis wie im Kontakt mit der Partei und dem Ministerium der Justiz merkte ich bald, dass der Wind in der DDR wieder rauer wehte. Am deutlichsten spürte ich das 1957 in den Prozessen gegen Harich und Janka vor dem Obersten Gericht. Beides bekannte Intellektuelle, die wegen Staatsverrats angeklagt und auch verurteilt wurden. Sie hatten gegen Ulbricht opponiert. Janka war Leiter des Aufbauverlages und ehemaliger Spanienkämpfer, Harich Professor für Philosophie. Ich habe an anderer Stelle darüber berichtet.

Die allmähliche Verbesserung der Lebensverhältnisse ermöglichte uns 1957 die erste Auslandsreise. Meine letzte Auslandsreise als Privatperson lag über 20 Jahre zurück. Mit meiner Mutter und Frau Schmidt sowie Kurt waren wir damals in die Schweiz gefahren. Jetzt fuhren Sonja und ich nach Prag und bei der Besichtigung dieser schönen alten Stadt erfuhren wir: Der erste Mensch umkreist im Weltall die Erde. Sputnik wurde zum Symbol für die Erstarkung der Sowjetunion, für die Überwindung ihres technischen Rückstands, für das Voranschreiten des Sozialismus.

Am 11. Dezember 1957 wurde das Strafrechtsergänzungsgesetz[28] erlassen. Hilde Benjamin bezeichnete es als das »erste Gesetz in der Geschichte der DDR, das eine komplexe Regelung der wesentlichsten und prinzipiellen Fragen des sozialistischen Strafrechts enthielt«[29]. Mit ihm wurden neue Strafarten ohne Freiheitszug eingeführt und dadurch der Ausspruch von Freiheitsstrafen eingeschränkt. Ohne den XX. Parteitag der KPdSU wäre dieses Gesetz wahrscheinlich nicht erlassen worden. Es erging zu einer Zeit, als mit dem Harich-Janka-Verfahren für die Justiz in politischen Verfahren das Signal auf verschärften Klassenkampf gestellt war. Das Signal an alle, die es anging, sollte wohl sein: Keine Gnade für politische Feinde, aber Milde für Gestrauchelte.

Das Leben wurde für meine Familie und mich leichter und besser. Die letzten Lebensmittelkarten wurden 1958 abgeschafft – zehn Jahre nach der BRD. Die Überzeugung wuchs, es würde immer weiter aufwärts gehen. Die Kinder wurden größer, Barbara und Renate waren in die Schule gekommen. Neu für die DDR war die polytechnische Erziehung, die in diesem Jahr anfing. Barbara wurde so Rinderzüchterin (zusammen mit Gregor Gysi) und Renate Maschinenschlosserin.

Während die Kriegsfolgen allmählich überwunden wurden, nahm der Kalte Krieg an Heftigkeit zu. Adenauer beriet mit dem amerikanischen Außenminister Dulles über »geeignete Schritte für die Befreiung der 17 Millionen Deutschen«[30]. Strauß erklärte ein Jahr darauf, in der militärischen Planung gäbe es nur noch den »Fall Rot«[31]. Das Politbüro unter Walter Ulbricht machte die Ansätze eines Tauwetters in der DDR vergessen. Besonders im Recht und der Justiz wurden die Zügel wieder straff angezogen. Walter Ulbricht wendete sich auf einer Konferenz, die unter dem Thema »Die Staatslehre des Marxismus-Leninismus und ihre Anwendung in Deutschland« im April 1958 in Babelsberg stattfand, gegen »dogmatische und revisionistische Positionen von Staats- und Rechtswissenschaftlern auf fast allen Gebieten.«[32] Der Kritik fielen die Rechtswissenschaftler Bernd Graefrath, Uwe-Jens Heuer und Hermann Klenner zum Opfer, weil sie »dogmatische und revisionistische Positionen« eingenommen hätten.[33] Sie

28 Gesetzblatt I, S. 643

29 Hilde Benjamin, Zur Geschichte der Rechtspflege der DDR 1949–1961, Berlin 1980, S. 207

30 Günter Benser, DDR – gedenkt ihrer mit Nachsicht, Berlin 2000, S. 207

31 Hilde Benjamin, a. a. O.

32 Ebenda, S. 258

33 Hilde Benjamin, a. a. O., S. 258

mussten sich auf anderen Gebieten bewähren, bevor sie wieder als Rechtswissenschaftler arbeiten konnten. Nach 1989 gehörten sie zu denjenigen, die keine Wendehälse waren, sondern weiterhin sozialistische Positionen vertraten. Diese sogenannte Babelsberger Konferenz galt damals für die Justiz als richtungweisend. Rechtsanwälte waren zu ihr nicht eingeladen, was ich als Missachtung der Anwaltschaft ansah und entsprechend bedauerte.

Im Juli 1958 fand unter der Losung »Der Sozialismus siegt« der V. Parteitag der SED statt. Walter Ulbricht verkündete die »Zehn Gebote der sozialistischen Moral«. In der folgenden Zeit hingen diese Gebote in den Korridoren der Berliner Gerichtsgebäude aus – und sicher nicht nur in diesen. Ich fand das keine gute Idee.

Als Anwalt in politischen Prozessen spürte ich auch in meiner Praxis den rauen Wind, der in der Innen- und Justizpolitik wieder wehte. Mathilde Danegger, eine berühmte Schauspielerin in der DDR, suchte mich Ende 1958 auf und beauftragte mich mit der Verteidigung ihres Ehemanns, des Dozenten Herbert Crüger. Er war ähnlicher »Verbrechen« beschuldigt wie Harich und Janka. Es wurde für mich einer der unangenehmsten Strafprozesse. Auch ihn habe ich schon an anderer Stelle beschrieben und unterlasse es deshalb, hier darauf einzugehen. In diesem politischen Klima fand eine Mitgliederversammlung der Betriebsparteiorganisation (BPO) der SED unseres Kollegiums statt, zu der Hilde Benjamin ihr Erscheinen angesagt hatte. Die Zeit, in der sie gefordert hatte, die »sektiererische Einstellung zur Rechtsanwaltschaft [zu] überwinden«, lag zwar nur zwei Jahre zurück, war aber längst vergessen. Nur keine Fehlerdiskussion, hieß auf allen Gebieten die kategorische Forderung der Partei. Wir richteten uns darauf ein, das Kollegium, insbesondere seine BPO, sollten ein makelloses Bild politischer Zuverlässigkeit geben. Wir bauten also ein ideologisches Potemkinsches Dorf, erteilten Diskussionsaufträge, die tadellos abgespult wurden und gewährleisteten so ein ideologisches Niveau, das die Ministerin so sichtlich nicht erwartet hatte. In einer Sitzungspause sprach Hilde Benjamin mit mir unter vier Augen. Es ist mir unvergessen, wie sie erklärte: »Wer hoch steigt, kann tief fallen.« Ich schloss daraus, dass ihre Position damals selbst gefährdet war. Vielleicht waren ihre Äußerungen zur Justiz, die mir erst durch das Buch von Günter Benser bekannt geworden sind, die Ursache ihrer damaligen Lage. Hilde Benjamin war eben keinesfalls der Freisler-Typ, als der sie heute vielfach dargestellt wird. Sie war eine kluge, energische Frau mit juristischer wie allgemeiner Bildung und sie war eine überzeugte Kommunistin, was man nicht von allen hohen DDR-Funktionären sagen konnte, wie sich nach 1989 herausstellen sollte. Sie hätte eine höhere Funktion verdient und nicht die Verbannung an die Humboldt-Universität in die politisch bedeutungslose Rechtswissenschaft. Sie wurde aus politischer Opportunität geopfert, wie Erich Honecker und andere nach ihr.

In den ersten Jahren meiner Anwaltstätigkeit stand ich bei Hilde Benjamin in hohem Ansehen. In einer Besprechung bezeichnete sie mich einmal als Typ des sozialistischen Anwalts. Das gab sich in dem Maß, in dem das politische Klima sich verschärfte. Wir verfolgten unterschiedliche Ziele, sie wollte die Anwälte dem Ministerium unterordnen, ich wollte ihre Unabhängigkeit verstärken oder wenigstens erhalten. Dabei war ich durchaus der Auffassung, dass die Anwälte im Sinne des Sozialismus und der DDR agieren sollten. Mein Ziel war es, für die Kollegien eine Dachorganisation zu schaffen, damit sie geschlossen ihre Interessen gegenüber dem Ministerium vertreten könnten. Hilde Benjamin war strikt gegen eine solche Dachorganisation wie gegen jede Art von »Standesorganisation«. Daraus ergaben sich mehr oder weniger ständig Differenzen zwischen uns. Der heftigste Zusammenstoß ereignete sich, als ich mich schützend vor den Kollegen Heinz Korbe stellte, der wegen eines mir nicht mehr erinnerlichen Vorfalls in ihre Kritik geraten war. Sie wurde so heftig, dass ich förmlich wurde, sie siezte und erklärte, wenn ich ihr Vertrauen nicht mehr hätte, müsste ich zurücktreten. Das wollte sie nicht und der Vorfall wurde ohne Beschädigung unseres Kollegen beigelegt.

Der Reise nach Prag folgte 1958 eine Reise nach Zakopane zum Skilauf in der polnischen Hohen Tatra. Wir konnten dorthin wieder nicht individuell reisen, aber das Ausland öffnete sich uns schrittweise. Der Krieg lag nun 13 Jahre hinter uns. Um diese Zeit suchten wir ein Wochenendgrundstück oder, wie man zunehmend sagte, eine Datsche. Das war nicht einfach, die gesetzlichen Grundstückspreise waren niedrig und viele Städter hatten dasselbe Ziel. Geld gab es genug, nur keine Waren. Endlich fanden wir 1959 ein Grundstück in Bollerdorf in der Märkischen Schweiz. Der Eigentümer, ein Arzt, sagte, ihm bekomme das Klima nicht, da er Asthma habe. Er verlangte für das ca. 1.000 qm große Grundstück, auf dem ein schmuckes braunes Holzhäuschen mit rotem Ziegeldach stand, das Veranda, Küche und drei kleine Zimmer hatte, 14.000 DM (Ost). Das war ein Schwarzpreis, der gesetzliche Preis betrug 7.000 DM. Wieder war eine Gesetzesübertretung fällig. Im Hausflur der Notarin Ingeborg Gentz zahlte ich 7.000 und anschließend im Zimmer der Notarin noch einmal 7.000. Anders war ein Grundstück eben nicht zu bekommen. – Der Verkäufer übersiedelte übrigens anschließend in den Westen, das war das eigentliche Motiv des Verkaufs. Er konnte nicht ahnen, dass er sein Eigentum behalten oder zurückerhalten hätte und dass sich der Wert des Grundstücks dreißig Jahre später mehr als verzehnfacht haben würde.

Alte Kommunisten sahen den Besitz eines solchen Grundstücks als kleinbürgerlich an. Benser notierte bei seinen Betrachtungen zum Jahr 1959: »Den Kleingärten haftete noch der Ruch an, ›Totengräber der Revolution‹ zu sein«.[34] Mein Freund Möller, mein Parteisekretär, belächelte mich damals ebenfalls. Später, viel später kaufte auch er eine Datsche.

Jedes Wochenende, das zunächst noch am Sonnabendmittag begann, fuhren wir jetzt nach Bollersdorf. An der Stadtgrenze von Berlin kontrollierte damals die Volkspolizei, ob keine Westberliner oder Westdeutsche unbefugt im Auto waren. Ich wollte auf dem Grundstück Sport treiben und so schaffte ich als erstes eine Tischtennisplatte und eine Kugel zum Kugelstoßen an. Das Grundstück war durch niedrige Hecken und durch Wege in kleine Stücke geteilt, was ich gar nicht gut fand. Neben und hinter ihm waren Parzellen frei. Ich beschloss, es zu arrondieren und pachtete dieses Land von der Gemeinde. Dadurch wurden aus 1.000 qm 3.000 qm. Diese mussten jedoch auch gärtnerisch so einbezogen werden, damit es ein einheitliches Bild ergab. So machte ich mich an das Umpflanzen. Sträucher wurden versetzt, Wege in Rasen verwandelt. Das war viel Arbeit. Intern sprach ich von einem Siebenjahrplan der Umgestaltung. Von Sport war kaum noch die Rede, allenfalls vom Tischtennis, wenn Besuch kam. Nolens volens hatte meine Laufbahn als »Gärtner« begonnen. Sonja hatte einen zweiten Haushalt erhalten und nannte unser Häuschen gelegentlich »Villa Mühlstein«.

Was auch um sie herum geschah, die DDR ging scheinbar unbeirrt weiter ihren Weg. An die Stelle der Acht-Klassen-Schule trat ab 1959 die zehnklassige »Polytechnische Oberschule«, und die »Erweiterte Oberschule« (EOS) mit den Klassen 11 und 12 ersetzte das Gymnasium. Ich war von der EOS nicht begeistert. Ich meinte, es wäre günstiger, wenn die »richtige« Oberschule bereits nach vier und nicht erst nach zehn Klassen beginnen würde. Erst nachdem ich Bundesbürger geworden war, habe ich den Wert unseres Schulsystems erkannt. So erging es mir häufiger, ich dachte, ich wäre klüger als die Partei, aber ich war es nicht. Auch heute bin ich vorsichtig mit meinen Urteilen über Fehler der DDR. Erstens ist man im Nachhinein immer klüger und zweitens kann der Beweis nicht geführt werden, dass eine andere Politik bessere Resul-

34 Benser, a. a. O., S. 227

tate erbracht hätte. Die gebotene Vorsicht sollte jedoch nicht dazu führen, dass mutmaßliche Fehler auch nicht Fehler genannt werden. Mögen andere zeigen, dass der Kritiker irrt.

Noch einmal wurde ich zu einem Kongress der IVDJ delegiert. Er fand 1960 in Sofia statt. Unsere Delegation, die diesmal ziemlich groß war, bestand, soweit ich mich erinnere, aus dem Präsidenten des Obersten Gerichts, Dr. Toeplitz, Professor Renneberg, Josef Streit, damals im Sektor Justiz des ZK tätig, Martin Teuber Generalstaatsanwalt von Berlin, mir und wahrscheinlich noch anderen Juristen. Wir wurden nach dem Kongress im Bus durch Bulgarien gefahren. Auf den vielen Gebirgsstraßen konnten wir nicht nur die Landschaft, sondern auch die Fahrkünste unseres temperamentvollen bulgarischen Fahrers bewundern. Meist saß ich mit Martin Teuber zusammen. Er war der einzige, den ich näher kannte. In meiner Zeit als Hilfsrichter hatten wir uns, wie bereits gesagt, gut verstanden und daran hatte sich durch seine Beförderung zum Generalstaatsanwalt nichts geändert. Jedes Mal, wenn der Bus wieder in einer Kurve dicht am Abgrund vorbei gerast war, stellten wir anerkennend fest, »hat er wieder sauber hingekriegt«. Meist bekamen wir in den Hotels nur Zweibettzimmer und so blieben wir auch dann zusammen. Das hatte für mich den Nachteil, dass ich mit anhören musste, wie Teuber mit den Zähnen knirschte. Aber das war das kleinere Übel, die anderen Delegationsmitglieder waren mir fremd und machten mich befangen. Teuber war mir dagegen ein echter Kumpel, ein Mann, mit dem man Pferde stehlen konnte. Er spielte sich nicht auf, klopfte keine großen Sprüche und verließ sich auf seinen gesunden Menschenverstand.

Bulgarien hatte für uns fremde Sitten. Auf den Toiletten eines sehr schönen, sehr modernen Hotels am Schwarzen Meer sollte man das Toilettenpapier nach Gebrauch nicht in das Toilettenbecken, sondern in einen Papierkorb werfen, das hatte Martin nicht beachtet und dadurch eine Überschwemmung verursacht. Schuldbewusst machten wir uns davon, ohne den Schaden zu melden.

Auf den langen Busfahrten lernte man auch die anderen Teilnehmer näher kennen. Renneberg gehörte zu jenen jungen Juristen, die zu Wissenschaftlern herangebildet worden waren. Er war ziemlich grobschlächtig und legte sich zusammen mit Streit gern mit Toeplitz an. Der war Nichtraucher und rügte den starken Nikotingenuss der beiden. Renneberg konterte barsch, Toeplitz rede wie der Blinde von der Farbe. Der Streit ging an die Grenze des Erträglichen.

***

Im August 1961 verbrachten Sonja, die Kinder und ich den ersten Urlaub auf der Datsche. Im Rundfunk (einen Fernseher besaßen wir dort nicht) hörten wir die sensationelle Nachricht, die Grenze zu Westberlin und Westdeutschland sei durch einen »antifaschistischen Schutzwall« geschlossen worden. Obgleich mich das von meiner Mutter trennte, war ich nicht entsetzt. Es musste sein, so wie bisher konnte es besonders in Berlin nicht weitergehen. Die Westberliner nutzten den Wechselkurs von 1:4 bis 1:10, um im Osten einzukaufen oder zum Friseur zu gehen und viele Ostberliner arbeiteten im Westen und genossen die billigen Mieten und sozialen Vorteile des Ostens. Der Westen erfreute sich seinerseits gut ausgebildeter Arbeitskräfte, ohne in deren Ausbildung investieren zu müssen. Im Osten machte sich der Arbeitskräftemangel überall negativ bemerkbar. Im Kollegium fehlten zum Beispiel die Sekretärinnen. Damit war nun Schluss. Für meine Mutter war das schlimm, aber ich sah die Notwendigkeit ein. Niemand dachte wohl daran, dass das ein Dauerzustand werden würde. Vordergründig schien die Kriegsgefahr erhöht, schon im April hatten die sowjetischen Raketen auf Kuba zu einer amerikanischen Reaktion geführt, die uns täglich den Ausbruch eines dritten Weltkriegs befürchten ließ. Doch in führenden Kreisen des Westens wusste man, was US-Präsident Kennedy in seinem Umfeld äußerte: »Das ist keine sehr schöne Lösung, aber eine Mauer ist verdammt noch mal besser als ein Krieg.«[35]

Gleichwohl waren wir alarmiert. Ich wusste, unsere Kampfgruppe würde zum Einsatz kommen. Am darauffolgenden Tag, einem Montag, rief ich von einer Telefonzelle im Kollegium an. Telefon hatten wir auf der Datsche natürlich nicht, das bekam man nur, wenn man es beruflich benötigte. Rechtsanwälte bekamen es in ihrer Wohnung. Die Parteisekretärin des Kollegiums sagte mir, ich könne meinen Urlaub fortsetzen. Ich war beruhigt, gern wäre ich nicht zur Kampfgruppe an die Grenze gegangen, aber gegangen wäre ich.

Während ich ungestört meinen Urlaub mit der Familie in Bollersdorf weiter verlebte, standen meine Genossen aus der Kampfgruppe Wache an der Grenze. Es waren auch Parteilose unter ihnen, die sich freiwillig zur Kampfgruppe gemeldet hatten. Für SED-Mitglieder war der Dienst in der Kampfgruppe eine Selbstverständlichkeit, eine notwendige Folge der Parteimitgliedschaft. Die Parteilosen übernahmen den Dienst ohne jegliche Verpflichtung, selbst ohne jegliche Werbung, die Mehrzahl der männlichen Parteilosen hielt sich auch

---

35 Zit. nach: Stefan Cornelius: Ich bin doch kein Berliner. US-Präsident Kennedy und der Mauerbau, in: Süddeutsche Zeitung, 13. August 2011.

fern, aber es gab auch andere. Irgendwelche Vorteile für sie waren für mich nicht erkennbar. Heute haben sie Glück, dass sie nicht in einer Behörde für die Unterlagen der Kampfgruppe erfasst sind.

Der Bau der Mauer veränderte die DDR, veränderte die Lage der Westberliner, veränderte den Ost-West-Konflikt – veränderte auch das Leben meiner Familie. Der Kontakt zwischen meiner Mutter und uns blieb auf den Briefverkehr beschränkt. Persönliche Besuche, sogar Telefonate waren nicht mehr möglich. Was das bedeutete, wurde mir nicht sofort klar. Für meine Mutter war das schmerzhafter als für uns. Die ganze Bedeutung, die der Mauerbau für sie hatte, begreife ich erst jetzt, wenn ich als alter Mann ihre Briefe noch einmal lese. Damals erkannte ich nur die politische Notwendigkeit der Schutzmaßnahme für die DDR und damit für das ganze sozialistische Lager. Aussprachen mit meiner Mutter über dieses und andere politische Themen vermied ich. Mir war klar, ich würde nicht sie und sie nicht mich überzeugen. Ich wollte überdies kein Missionar des Sozialismus sein. Das galt allerdings nicht für Auftritte in der Öffentlichkeit, bei denen ich offen für diese Gesellschaftsordnung eintrat. Es galt dagegen für die ganze Familie. Sonja brauchte ich nicht zu überzeugen und die Kinder sollten genau wie später meine zweite Frau Iris allein entscheiden, wie sie sich politisch verhalten wollten.

In der von Wolfgang Ribbe herausgegebenen *Geschichte Berlins* werden die politischen und wirtschaftlichen Folgen des 13. August so geschildert: »Die Schließung der Grenzen verursachte ein Defizit von insgesamt 60.000 Arbeitskräften, die bis dahin als Grenzgänger aus Ost-Berlin bzw. der DDR nach West-Berlin gekommen waren, um dort zu arbeiten. … West-Berlin benötigte von nun an ständig neue Arbeitskräfte aus Westdeutschland und dem Ausland.«[36] Die Regierung der BRD leistete jedoch Hilfe. Ribbe berichtet weiter: »Durch die Berlin-Hilfe-Gesetze stand sich die arbeitende Bevölkerung in West-Berlin besser als vor dem 13. August, und der Versuch, neue Arbeitskräfte nach West-Berlin zu bringen, die von der Wirtschaft dringend benötigt wurden, erwies sich als erfolgreich. Mit dem unfangreichen Hilfe-Katalog, der die früheren ERP- und Bundeszuschüsse an die Teilstadt erheblich erweiterte, legten Bundesregierung und Senat aber zugleich die Grundlage für eine gewisse Subventionsmentalität.«[37]

36 Wolfgang Ribbe (Hg.), Geschichte Berlins, Berlin 2002, S. 1148

37 Ebenda (ERP-Zuschüsse stammten aus dem European Recovery Program, die ab 1948 infolge des Marshallplans zur Verfügung gestellt wurden und über die Kreditanstalt für Wiederaufbau zugeteilt wurde.)

Die Briefe meiner Mutter sind ein Zeugnis dieser Zeit. Ich habe viele, sicher nicht alle, aufgehoben. Hätten wir auch nur telefonieren können, stünden mir heute diese Gedächtnisstützen nicht zur Verfügung. Die erste, noch vorhandene Nachricht, eine Karte meiner Mutter, datiert vom 16. August 1961: »Ich fühle mich schon ganz verlassen. Das Wetter, die politische Lage, alle meine Bekannten verreist … Ich werde heute nach Bhf. Friedrichstraße fahren, wo ich gestern schon war, um Post abzugeben. Vor allem wollte ich mich selbst überzeugen, was los ist. Ihr wisst, ich gehe der Sache auf den Grund.«

Nachrichten und Gerüchte lösten abwechselnd Hoffnung und Enttäuschung aus. In einem Brief vom 25. August hieß es: »Du wirst Dir ja denken können, wie es mir zu Mut ist. War es doch immer meine heimliche Sorge, dass das einmal kommen könnte. Wie freute ich mich auf ein Wiedersehen. … Am Mittwoch wurde angesagt, dass man von Ostberlin einen Passierschein beantragen könnte, deshalb telegrafierte ich so. Wie hatte ich mich gefreut Barbara und Renate noch einige Tage bei mir zu haben, alles ist vorbei.«

Die Nachricht, dass man von Ostberlin einen Passierschein beantragen könne, war natürlich eine Ente. Im Abstand von 41 Jahren schildert der Historiker Ribbe die Situation so: »Trotz der Kontrollen und massiver Behinderungen besuchten noch viele Westberliner ihre Verwandten und Bekannten im Ostteil der Stadt. An einem einzigen Übergang passierten am 20. August 1961 nach Schätzungen der West-Berliner Polizei etwa 7 000 Menschen die Sektorengrenze. Dies änderte sich, als die Ost-Berliner Behörden am 23. August anordneten, dass künftig auch West-Berliner zum Besuch des Ostsektors einen Passierschein beantragen müssten. Zugleich reduzierte sie die Übergänge auf sieben, von denen vier für West-Berliner, zwei für Westdeutsche und einer für Ausländer vorbehalten waren. Daraufhin beschloss der West-Berliner Senat, zwei von der DDR geforderte und zu betreibende Annahmestellen für Anträge auf Passierscheine in West-Berlin nicht zuzulassen.«[38] Es zeigt sich, beiden Seiten ging es damals um Politik, genauer gesagt um den Status Berlins. Alles musste sich dem unterordnen. Es war auch den Westdeutschen und ihren Verbündeten wichtiger, jeden noch so kleinen politischen Nachteil zu vermeiden, als menschliche Kontakte zu ermöglichen. Die Lage war unmittelbar nach dem 13. August unübersichtlich, meine Mutter und auch wir im Osten wussten nicht, dass noch Grenzübertritte bis zum 23. August möglich waren. Wir hatten meiner Mutter deswegen angeboten, zu uns umzuziehen und damit der

---

38 Wolfgang Ribbe (Hg.), Geschichte Berlins, Berlin 2002, S. 1140 f

Trennung ein Ende zu bereiten, aber das lehnte sie in ihrem Brief vom 25. August ab: »Ich kann hier nicht alles verlassen, ich hoffe, dass sich irgendwie eine Möglichkeit findet, uns zu sehen.«

Am 3. September schrieb sie von einem Bekannten: »Herr Krause hat Frau und Tochter nach Murnau abgeschoben, er hat vollkommen die Nerven verloren, es geht ihm nicht allein so.« Im gleichen Brief schrieb sie, sie habe gehört, dass am Bahnhof Zoo eine Passierscheinstelle errichtet worden sei, sie wäre aber nicht hingefahren. »Ich glaube Euch, dass Ihr alles versuchen werdet, einen Passierschein für mich zu bekommen.«

Neben dem Passierscheinthema handeln die Briefe von den täglichen Begebenheiten und immer wieder von den Paketen und Päckchen, die sie an uns schickte, wobei sie immer besorgt war, ob sie auch ankommen. In ihren Sendungen war Kleidung für die ganze Familie vor allem für die drei Damen, Obst aus dem Garten, aber auch Gekauftes, Zigaretten und tausenderlei Dinge, die es im Osten nicht oder nicht so gut oder so schön gab. Sie schrieb, dass sie wenigstens alle 14 Tage ein Paket oder Päckchen schicken werde. Was die damals 77-Jährige damit an Laufereien zu bewältigen hatte, war eigentlich zu viel, aber sie tat es gern, und wir nahmen es gern an. Der Einzelhandel in Westberlin profitierte davon ebenfalls. Auch in Ostberlin lief manches besser. Meine Mutter antwortete auf eine Nachricht von Sonja über den Erhalt eines Kleides von einer Schneiderin: »Ich freue mich, dass Du das Kleid so schnell bekommst, ja die Westkundschaft fehlt.« Und im gleichen Brief vom 23. November: »Die Gerüchte machen mich schon wieder nervös. Es heißt, das Schicken der Pakete und Briefe soll verboten werden.«

Im November war es mir gelungen, für meine Mutter einen Passierschein zu erhalten. Es war ein Privileg. Ich nehme an, genau erinnere ich mich nicht mehr, dass mir Professor Kaul dazu verhalf. Er war mit meinem Vater in derselben Studentenverbindung gewesen und kannte meine Mutter. Sie erzählte von ihm, er habe damals ein Monokel getragen und in der Verbindung hätte man gesagt, »aus dem wird niemals etwas«. Die Freude über das Wiedersehen wich jedoch bald der Enttäuschung, dass sie Weihnachten nicht bei uns sein konnte. In einem Brief vom 22. Dezember schrieb sie: »Diesen Brief an Euch zu schreiben fällt mir sehr schwer, das könnt Ihr mir glauben. Der ganze Jammer, dass ich Weihnachten nicht mit Euch feiern kann, kommt mir damit so richtig zum Bewusstsein. Ich denke an all die Jahre, wo es mir vergönnt war, bei Euch zu sein. Jedes Mal dachte ich im Innern: Wie wird es nächstes Jahr sein? Wenn Ihr weit weg von Berlin wohnen würdet, wäre es kein Problem für mich, zu Euch zu fahren. Alles würde ich entbehren, aber die Reise würde ich aufbringen. Und was ist jetzt? Ihr seid so nahe und doch so fern. Mit Empörung denke ich an den, der es vereitelt hat. Der Bogen ist sehr gespannt.« Als erneute Antwort auf einen Trostversuch von mir schrieb sie: »Du schreibst, ›wir holen alles nach‹, das ist nicht nachzuholen, das geht von meinem Leben ab.«

In ihrem letzten Brief des Mauerjahres 1961 hieß es am 29. Dezember: »Soeben komme ich von meinem Ofensetzer, er empfing mich mit den Worten: ›Na, wie war es bei Ihren Kindern?‹ Ich sage: ›Wie kommen Sie darauf, dass ich die Erlaubnis bekommen habe?‹ Da sagte er, eine Kundin von ihm hat von ihrem Sohn aus Ostberlin ein Telegramm bekommen, dass ein Passierschein Bhf. Friedrichstr. liegt, und sie hat Weihnachten dort verlebt. Na, was sagt Ihr dazu?« Mehr schrieb sie darüber nicht, aber ich las daraus den Vorwurf: Warum kannst Du das nicht für mich tun? Nur später schrieb sie: »Es ist das traurigste Weihnachten meines Lebens gewesen, bis auf das Weihnachten 14 Tage nach Papas Tod. Nervlich hat es mir auch einen schweren Schlag versetzt, bei der kleinsten Erinnerung daran stürzen mir die Tränen aus den Augen…«

In der DDR verbesserte sich die wirtschaftliche Situation. Der ostdeutsche Historiker Günter Benser berichtet: »Mit der Grenzsicherung hatten sich für die DDR die wirtschaftlichen Bedingungen verbessert, wenngleich für das Jahr 1962 noch mit vielen Schwierigkeiten gerechnet wurde. Bereits 1957 waren von dem Kieler Ökonomen Fritz Baade die der DDR zu Zeiten der offenen Grenze entstandenen Schäden mit 22,5 Milliarden DM beziffert worden; 1965 berechnete er den materiellen Schaden mit etwa 100 Milliarden DM. Die DDR sprach zunächst von einer Gesamtschadenssumme von 30 Milliarden DM und kam Ende der siebziger Jahre auf einen Betrag von 200 Milliarden DM. Solche Berechnungen schlossen nicht nur Folgeschäden ein, sondern auch Verluste, die sich die DDR durch politische Fehlentscheidungen selbst zuzuschreiben hatte. Gleichwohl war die DDR von der BRD, waren die Bürger der DDR von ihren westdeutschen Brüdern und Schwestern kräftig geschröpft worden.«[39]

Auch im Rechtsanwaltskollegium zeigte die Sperrung der Grenze positive Wirkungen. Ehemalige Grenzgängerinnen besetzten die bis dahin offenen Sekretärinnenstellen. Jura-Studenten aus der FU wurden bei uns vorübergehend Bürovorsteher, bis sie ihr Studium fortsetzen konnten. Natürlich wurden die Grenzgänger zunächst misstrauisch beobachtet, denn sie hatten sozusagen auf

---

39 Günter Benser, DDR – gedenkt ihrer mit Nachtsicht, Berlin 2000, S. 251

unsere Kosten ein gutes Leben geführt, billige Mieten, billige Sozialversicherung und ein mehrfach höheres Gehalt hatten sie über die Ostberliner erhoben. Jetzt hatten sie es schwerer und es dauerte einige Zeit, bis sie den Makel, Grenzgänger gewesen zu sein, verloren hatten.

Die politische Atmosphäre blieb zunächst angespannt. Am 25. Oktober 1961 fuhren amerikanische Panzer am sogenannten Checkpoint Charly auf und machten erst kurz vor den die Grenze bewachenden Volkspolizisten Halt. Am 27. Oktober fuhren sowjetische Panzer dort auf der Ostseite auf. Die Furcht vor einem dritten Weltkrieg ging um. Auch als die Westmächte von derartigen Auftritten an der Grenze absahen, blieb die Situation an der Grenze angespannt. Ribbe berichtet: »Die Empörung der Bevölkerung drohte in Krawalle umzuschlagen, als am 17. August 1962 der achtzehnjährige Ost-Berliner Arbeiter Peter Fechter von der Grenzpolizei des Ostsektors bei seinem Fluchtversuch angeschossen wurde und zwischen Stacheldrahtzaun und Mauer auf Ost-Berliner Gebiet schwerverletzt liegen blieb. Hilflos, weil von der schwerbewaffneten Grenzpolizei bedroht, musste eine große Menge West-Berliner untätig zusehen, wie der Flüchtling verblutete und dann tot abtransportiert wurde. Es kam zu Ausschreitungen in West-Berlin, auch gegenüber einem sowjetischen Bus, der Soldaten der Roten Armee zur Bewachung ihres Ehrenmals im Tiergarten (Britischer Sektor) fuhr. Kritik an der West-Berliner Polizei wurde laut, aber vor allem an den Alliierten, die nicht eingegriffen hatten. Versuche mit einem sogenannten ›Studio am Stacheldraht‹ die Ost-Berliner Polizei über Lautsprecher zu einem zivilisierten Verhalten zu bewegen, wurden nach dem Tode des energischen West-Berliner Innensenators Joachim Lipschitz eingestellt.«[40]

Die Teilung Berlins war, wie die Teilung Deutschlands, ein Ergebnis des Kalten Krieges zwischen dem kapitalistischen Westen und dem sozialistischen Osten. Mit allen Methoden wurde versucht, die Bevölkerung zu beeinflussen. Das »Studio am Stacheldraht« war ein solcher Versuch. Mit großen Lautsprechern wurde Ostberlin über die Grenze hinweg beschallt. Der Lautsprecherkrieg aus Westberlin hatte sich weniger an die Volkspolizei als an alle Ostberliner gewandt. Er war Bestandteil der psychologischen Kriegführung, die das ganze gesellschaftliche Leben durchdrang. Presse, Rundfunk und später das Fernsehen waren die Hauptakteure. Sie formten die Sprache und über sie auch unmerklich das Bewusstsein der Menschen. Auf diesem Gebiet war

40 Wolfgang Ribbe, a. a. O., S. 1146

der Westen dem Osten weit überlegen. Zwar wurde im Osten vielleicht mehr als im Westen über die psychologische Kriegführung geredet und geschrieben, aber diese Kriegführung selbst wurde vom Osten dilettantisch betrieben. Der Westen beherrschte die Sprache des Volkes. Er sagte »Mauer«, der Osten »antifaschistischer Schutzwall«, er nannte die Volkspolizei »VoPo«, die SED am Anfang »SEP«, die DDR »Zone«, das MfS »Stasi«, die Sowjetbürger »Russen« usw. Nur selten gab sich der Westen auf diesem Gebiet Blößen: die Abkürzung BRD war verpönt, nur die DDR kürzte ihren Namen ab, und Westberlin musste sich West-Berlin nennen, weil das seinem Status angeblich besser zum Ausdruck brachte. Ribbe hält sich, wie man lesen kann, noch heute an diese Regel. Er stellt dabei fest: »Nach der politischen Wende ist die Sensibilität für diesen Vorgang auf beiden Seiten schnell verlorengegangen.«[41]

Die psychologische Kriegführung, der Kampf um die Herzen und Hirne der Menschen, wurde nicht nur durch die westlichen Medien gewonnen. Er spielte sich vor dem Hintergrund des höheren westlichen Lebensstandards ab, vor dem Hintergrund der Mode in Kleidung und Frisur, vor der beherrschenden Rolle des westlichen Schlagers oder, anders ausgedrückt: vor dem *American way of life.* Mit dem Kampf gegen die Westmode auf allen diesen Gebieten machte sich die DDR nur lächerlich und trieb besonders die Jugend noch mehr in die Arme des Gegners. Die Nachteile in der Position der DDR waren nicht auszugleichen, zu verlockend war der Westen, aber etwas mehr hätte man tun können, wie vorübergehende Versuche, zum Beispiel die Rundfunksendung DT 64 und die Defa-Produktion *Stacheltier,* zeigten. Man hätte nur den Profis, die die DDR hatte, mehr Spielraum lassen sollen. Heute bestimmen die herrschenden Medien weiter, was die Masse denken soll und tatsächlich denkt.

Ungeachtet aller Dramatik der politischen Ereignisse verlief unser Familienleben in normalen Bahnen. Barbara erhielt die Jugendweihe, die in der DDR einige Jahre zuvor in Wiederbelebung alter Arbeitertraditionen eingeführt worden war. Im Saal, in dem das festliche Ereignis stattfand, prangte an der Stirnseite die Losung: »Vor Euch der Sozialismus – welch ein Ziel!« Renate absolvierte die Schule, meine Großmutter starb 1962 als älteste Bürgerin Dresdens in ihrem 104. Lebensjahr und mein Onkel Alfred starb im gleichen Jahr. Zur Beerdigung konnte meine Mutter nach Dresden fahren, wo wir uns sahen. Sie wurde zwei Jahre später 80 Jahre.

---

41 Wolfgang Ribbe, a. a. O., S. 1151

Meine berufliche Tätigkeit veränderte sich nach dem Mauerbau nicht wesentlich. Tendenzen, die sich schon zuvor abgezeichnet hatten, setzten sich danach weiter durch. Die Urteile in Strafsachen wurden milder. Mit dem Beschluss des Staatsrats vom 30. Januar 1961 wurde der Weg zum Rechtspflegeerlass vom 1. April 1963 eröffnet und damit eine Abkehr eingeleitet von der umfassenden Verurteilung zu Freiheitsstrafen hin zu den Strafen ohne Freiheitsentzug. Die Aufgabe der bis dahin die Strafrechtswissenschaft beherrschenden Theorie des ständig sich verschärfenden Klassenkampfes, die 1957 die Einführung der Strafen ohne Freiheitsentzug ermöglicht hatte, hatte jedoch keine Wirkung für diejenigen Straftaten, die im jeweiligen Zeitabschnitt als politisch am gefährlichsten angesehen wurden. Die jeweilige Gefährlichkeit änderte sich mit den Bedingungen des Kalten Krieges. Waren es nach dem XX. Parteitag der KPdSU die »Revisionisten« in der SED, die als Hauptgefahr für die DDR angesehen wurden, so waren es nach dem 13. August die gewaltsamen Grenzdurchbrüche, die zum Teil mit schweren LKWs unternommen und von den Berlinern als »Krawallfahrten« bezeichnet wurden, später die mehr oder weniger raffiniert durchgeführten Aktionen von Schleusergruppen, die in beträchtlichem Ausmaß kommerziell betrieben und als Menschenhandel hart bestraft wurden. Ein neuer Straftatbestand, die Republikflucht, erhielt zunehmende Bedeutung für die anwaltliche Praxis.

***

Es mag zu dieser Zeit gewesen sein, dass eine gewisse Gleichförmigkeit in meinem Leben eintrat. Die schulische wie die berufliche Entwicklung lagen hinter mir. Mit dem Anwaltsberuf hatte ich erreicht, was ich erreichen konnte. Ich hatte Frau und Kinder. Was nun kam, waren die Mühen der Ebene. Mein Leben war das Leben eines typischen DDR-Bürgers, konkreter gesagt, das Leben eines DDR-Intelligenzlers. Alles verlief in einem ruhigen Rhythmus. Die Woche war der Arbeit gewidmet, d.h. dem Anwaltsbüro, den Gerichtsterminen, dem Büro des Vorstandes des Rechtsanwaltskollegiums. Das war viel, das brachte auch Höhen und Tiefen, doch es wurde ohne größere Aufregungen erledigt. Es kamen ausreichend Mandanten, die Monatsabrechnungen des Kollegiums verschafften Sonja und mir ein überdurchschnittliches Einkommen, zumal ich zusätzlich auch als Vorsitzender ein festes Honorar bekam.

Am Wochenende fuhren wir auf unsere Datsche in der Märkischen Schweiz, besuchten Theater und Museen oder trafen uns mit Freunden und Kollegen. Dazu gehörten die Vorstandsmitglieder Bernhard Strodt und Willy Haase, mein Zweigstellenkollege Georg Reinicke, die Schulkameradin von Sonja Annemarie Tabbert, unser Wohnungsnachbar Günter Siemund. Man traf sich in den Wohnungen, aß, trank und tanzte dort auch gelegentlich. Viele Freunde waren Genossen, andere parteilos. Es machte das keinen Unterschied, wir diskutierten offen über Politik und alles, was unser Leben ausmachte. Sicher beachtete jeder gewisse Grenzen, aber wir sagten schon, was uns an der Politik nicht gefiel, und wir Anwälte hatten genügend auszusetzen. Angst vor »Stasi« hatten wir nicht. Man kannte eben die Grenzen und richtete sich danach. Deswegen fühlten wir uns aber nicht unfrei. Sicher wollten wir mehr Demokratie, damit der Sozialismus besser würde, aber dass wir unsere Lage als unfrei, die DDR gar als Gefängnis betrachteten, kam uns nicht in den Sinn. Weniger häufig traf ich mich mit den Vorsitzenden anderer Kollegien. Ich hatte zwar zu denjenigen, die Leitungsmitglieder der Zentralen Revisionskommission (ZRK) waren, besonders zu Dr. Pein aus Arnstadt, Dr. Eberle aus Magdeburg und Dr. Ködel aus Halle, auch ein sehr gutes Verhältnis, aber mit ihnen kamen wir eben nur zusammen, wenn Sitzungen stattfanden. Besondere Ereignisse waren die Seminare der ZRK. An ihnen konnten die Kollegiumsmitglieder aller Bezirke der DDR teilnehmen. Für Partnerinnen war jeweils ein besonderes Damenprogramm vorgesehen und den Abschluss bildete ein geselliges Beisammensein, in dem Garderobe gezeigt und getanzt werden konnte. Die Idee dazu war uns durch die Lektüre des Anwaltsblatts gekommen, das breit über die Anwaltstage in der BRD berichtete. Wir machten das im verkleinerten DDR-Maßstab nach. Das Ministerium sah es nicht gern, schritt aber nicht dagegen ein, schließlich wurde auf den Seminaren auch sozialistische Ideologie verbreitet.

Wenn wir nicht den Urlaub auf der Datsche verbrachten, was seltener geschah, dann verreisten wir. Jeden Februar fuhren wir zum Skilauf in die Berge. Die lagen erst in Thüringen, dann im polnischen Riesengebirge und der Hohen Tatra oder in der tschechoslowakischen Hohen wie Niederen Tatra, in den rumänischen Karpaten, später im bulgarischen Witoschagebirge. Im Sommer, in den großen Ferien fuhren wir mit den Kindern erst an die Ostsee, später auch ohne Kinder an die bulgarische oder die sowjetische Schwarzmeerküste oder in die slowakische Hohe Tatra. Immer waren die Reisen Höhepunkte des Jahres, Höhepunkte unseres Lebens. Nein, auf die Idee, wir seien in der DDR eingesperrt, kamen wir nicht.

In der Erinnerung haften geblieben sind mir einzelne Erlebnisse. So die Reise nach Jalta auf der Krim. Unser Hotel lag direkt am Meer, war im klassizistischen Stil erbaut und nannte sich Sanatorium. Alles war schön und gut.

Nur unmittelbar vor unserer Badestelle, also auch unmittelbar vor dem Hotel, hob ein schwimmender Bagger den Meeresboden aus. Das war mit Geräusch, richtiger mit Ohrenschmerz verursachendem Krach in regelmäßigen Abständen verbunden. Wenn der Bagger seine Löffel ins Meer senkte, quietschte das erbärmlich und wenn er sie beladen wieder herauszog ebenso, nur in einer etwas anderen Tonlage. Das begann, wenn wir noch schlafen wollten und endete, wenn wir schon wieder ans Schlafen dachten. So hatten wir uns den Erholungsurlaub nicht vorgestellt. Zu unserer Reisegruppe gehörte auch Bernhard Strodt. Er organisierte den Widerstand, setzte ein Schreiben an die Reiseleitung auf, das von den anderen Gruppenmitgliedern unterschrieben wurde. In ihm wurde auf die deutsch-sowjetische Freundschaft Bezug genommen und auf den Schaden, den das Wirken des Baggers ihr antat. Es trat darauf eine leichte Besserung ein. – Das Essen war landesüblich, zum Frühstück beispielsweise Würstchen mit Sauerkraut, das Klima und das Wetter hervorragend.

Ein anderes Mal machten wir eine Schiffsreise auf dem Schwarzen Meer. Wir lernten so praktisch die ganze sowjetische Schwarzmeerküste kennen – und natürlich auch ein klein wenig die Sowjetunion. In den Häfen erwarteten Kinder das Schiff und riefen »Socks, Socks«, sie erbaten auf diese Weise die damals modernen Ringelsocken. So hatten wir uns die Sowjetunion nicht vorgestellt. Auf der Rückfahrt mussten wir auf dem Flugplatz in Odesssa in den Abend- und Nachtstunden, lange und letztlich vergeblich auf unser Flugzeug warten. Wir wurden schließlich auf die Hotels der Stadt verteilt. Die Zimmer waren knapp und wir landeten in einem Vierbettzimmer, das wir mit dem Präsidenten des Obersten Gerichts und seiner Frau zu teilen hatten. Es gab keine Probleme. Der Präsident Kurt Schumann war mir, ohne dass ich ihn vorher oder nachher näher kannte, sehr sympathisch. Anders als sein Nachfolger Heinrich Toeplitz war er unprätentiös.

Die Winterreisen nach Bulgarien waren im Vergleich zu denen in die Tschechoslowakei etwas abenteuerlich. Einmal wurden wir von einem Bus vom Flugplatz zu unserem Hotel gebracht. Andere Reisende sollten zu in der Nähe liegenden Hotels fahren. Die Straße von Sofia ins Witoschagebirge ist ziemlich steil. Bei der Schneeglätte schaffte das der Bus nicht, wir mussten aussteigen und schieben. Dann ging's. Als wir unser Ziel nahezu erreicht hatten, hielt der Bus auf offener Straße. Die Auffahrt zum Hotel behagte ihm wohl nicht. Unser Gepäck wurde ausgeladen und wir mussten sehen, wie wir zu Fuß das schöne neue Hotel erreichten. Dort warteten auch noch Überraschungen auf uns. Von Zeit zu Zeit gab es Stromsperren, wir richteten uns bei späteren Besuchen darauf ein und nahmen Kerzen mit. Einmal trat eine Stromsperre während des Abendbrotes ein. Wir zündeten schlau unsere mitgebrachte Kerze an. Nach einiger Zeit kam der Ober und nahm sie mit sich an einen anderen Ort, wo sie ihm nützlicher erschien. – Es war auch zweckmäßig Werkzeug mitzunehmen, um kleinere Reparaturen an den Skiern durchzuführen. Schraubenzieher gab es im Hotel nicht.

Mit einem Lift fuhr man vom Hotel auf einen Berg, von dem die Abfahrt erfolgte. Alles schön. Nur einmal bestiegen wir noch den Lift, als er mittags den Fahrbetrieb unterbrechen wollte. Das geschah, als wir etwa die Hälfte der Strecke zurückgelegt hatten. Es war kalt und es wehte ein eisiger Wind. Mit anderen Skifahrern hingen wir hilflos in der Luft und versuchten durch Schreie auf uns aufmerksam zu machen. Eine Patrouille bulgarischer Soldaten auf Skiern passierte unsere Strecke. Sie meldeten wohl unser Ungemach, jedenfalls sprang der Lift wieder an. – Dennoch war Bulgarien schön.

Alle unsere Reisen wurden über das Reisebüro gebucht. Eine Reise bildete eine Ausnahme, sie war vom ADMV, dem Allgemeinen Deutschen Motorsport Verband, organisiert. Ein Konvoi von PKW, unter ihnen mehrere von Kollegiumsmitgliedern, fuhr durch die CSSR, Ungarn und Rumänien an die bulgarische Schwarzmeerküste. Es war eine schöne Fahrt. Autos begegneten wir auf den Straßen Rumäniens und Bulgariens nur wenigen, dafür trafen wir auf große Zigeunerlager, kamen zu den Siebenbürger Sachsen und erlebten so den Balkan noch ganz ursprünglich.

Später fuhren wir allein mit unserem PKW ins Ausland, natürlich nur in das sozialistische. So auch im August 1964 in die Hohe Tatra. Meine Mutter hatte dorthin ebenfalls eine Reise gebucht, wir konnten folglich den Urlaub gemeinsam verbringen. Für die westliche Reisegesellschaft, zu der meine Mutter gehörte, war die Begegnung der alten Dame mit ihrem Ostberliner Sohn in der Slowakei eine kleine Sensation. Mir war das peinlich, aber anders ging es eben nicht, wenn man länger zusammen sein wollte. Es war 1964 wohl nur zweimal, dass meine Mutter einen Passierschein für einen eintägigen Besuch erhalten hatte.

Ohne Sonja fuhr ich nicht nur zur Kur, sondern auch als Funktionär der Vereinigung demokratischer Juristen, die damals wohl noch so hieß und erst später Vereinigung demokratischer Juristen der DDR genannt wurde, im Juni 1965 zusammen mit einem anderen Juristen zu einem Besuch von Juristen in Stockholm. Solche Auslandsreisen waren für mich wie für andere DDR-Bürger ein großes Erlebnis. Stockholm imponierte mir durch seine modernen

Bauten in der Innenstadt, die dortigen Kollegen imponierten mir durch ihre langsame Sprechweise. Wir vertraten die DDR, erläuterten unser Recht und unsere Politik und daneben – last not least – gingen wir einkaufen. Wir verbrauchten möglichst wenig für unseren Lebensbedarf und benutzten unsere Tagegelder für schöne Sachen, so kaufte ich meiner Frau einen Bikini. Es ist – typischerweise – das einzige, woran ich mich erinnere. Unsere Lebensweise nannte ich damals »Hotel-Camping«, wir kauften im Supermarkt Lebensmittel und aßen auf dem Hotelzimmer.

Eine Privatreise machte ich ohne Frau und Kinder. Seit meiner Jugend hatte ich gelegentlich Herzbeschwerden. Schon in meiner Zeit auf dem Gymnasium war daher meine Mutter mit mir zu einem Neuköllner Internisten gegangen, der ihr noch von meinem Vater als gut und gewissenhaft bekannt war. Dr. Gysi (es war der Großvater von Gregor Gysi) machte mit mir einen sogenannten Grundumsatz, eine diagnostische Methode, die damals zur Feststellung der Schilddrüsenfunktion angewandt wurde, kontrollierte, ob meine ausgestreckte Hand zitterte und fand nichts Bedenkliches. Später zeigten sich immer wieder solche Beschwerden. Die Betriebsärztin der Berliner Justiz, zu der ich deswegen ging, verordnete mir schließlich 1966 eine Kneipp-Kur in einem Sanatorium der Wismut in Antonshöhe im Erzgebirge. Sie sagte mir, dass es dort streng zugehe, was mich aber nicht abschreckte. Im Januar 1966 fuhr ich entgegen der Vorschrift mit meinem Wartburg dorthin. Im Kurscheck stand, dass das Rauchen auf dem Gelände des Sanatoriums verboten wäre. Darauf nahm ich keine Zigaretten mit und seither habe ich nicht mehr geraucht. Zweifellos ein Erfolg der Kur.

Das Sanatorium war modern, aber rigide. Ich schlief in einem Drei-Bett-Zimmer, bekam kalte Güsse und fühlte mich einsam und verlassen. Jeden Morgen wurden wir von einer Krankenschwester geweckt, mussten nackt vor unser Bett treten und wurden mit kaltem Wasser abgerieben. Die Schwester sagte danach jedes Mal auf Sächsisch: Abstreifen, anziehen, spazieren gehen. Da kein Schnee lag, hatte ich meine Skier vergeblich mitgenommen. Die behandlungsfreie Zeit war folglich auch trübselig. Allzu schlimm kann es jedoch nicht gewesen sein, denn zwei Jahre später fuhr ich wieder zu einer Kneipp-Kur. Täglich schrieb ich in den vier langen Wochen der Kur Sonja einen Brief und schilderte mein trauriges Dasein. Die Familie amüsierte sich über die Kost, die ich essen (keinesfalls jeden Tag ein Ei! Und erst das Rohe, dann das Gekochte!) und die Behandlung, die ich über mich ergehen lassen musste. Ich fühlte mich offenbar in der Familie und bei Sonja wohl. Sie aber schrieb mir am 4. Februar: »Mein

Liebster, es ist 22^{00}, eben habe ich das Buch zugeklappt und wollte schlafen. Aber ich las Moravia, Die Verachtung. Die Geschichte einer Ehe, einer Frau, die ihren Mann nicht mehr liebt, nur noch Verachtung für ihn empfindet. Nicht mehr lieben, das war für mich das Stichwort. Ich könnte ja selbst einen Roman darüber schreiben, wie es ist, wenn man weiß, dass man nicht mehr geliebt wird. Es ist so trostlos, dass man gleich aus dem Fenster springen könnte.« Der Inhalt des Briefes überraschte mich, als ich ihn bei dem Bemühen wieder las, meine Biographie zu schreiben. Ich hatte ihn völlig vergessen.

Meine Mutter schrieb Sonja und mir ebenfalls weiter Briefe über ihre alltäglichen Freuden und Sorgen. Telefonverkehr war immer noch nicht möglich. Am 16. Januar 1966 klagte sie erneut, nachdem sie von der Renovierung ihrer Wohnung berichtet hatte: »Wie sehr ich bedaure, dass Ihr mich nicht einmal besuchen könnt, dies Verbot ist grausam und ist von einem grausamen Menschen erdacht. Wie sehr Ost und West zueinander streben, zeigt doch jedes Mal die Völkerwanderung, wenn der Westen nach dem Osten zu Besuch fahren kann.« Ich habe, wie gesagt, nie mit meiner Mutter politisch diskutiert. Vielleicht hätte ich das tun sollen. Ich befürchtete, dass sie mich nicht versteht und wir nur in Streit geraten würden. Es war ja einfach, dem »Osten« die Schuld zuzuschieben. Schließlich hatte er die Grenze geschlossen; dass der »Westen« ihn dahin getrieben, dass er Deutschland wirtschaftlich und dann politisch gespalten hatte, dass er die politische Entwicklung im Osten rückgängig machen wollte, hätte ich meiner Mutter wohl nicht vermitteln können. Es war dem ganzen »Westen« nicht zu vermitteln. Wir waren eben in dieser Beziehung auf der schwächeren Seite.

Mitten in meiner Kur teilte der Ifa-Vertrieb, der volkseigene Autohandel der DDR mit, dass ein neues Auto auf uns wartet. Es war ein Fiat, der damals in begrenzter Stückzahl importiert wurde. Sie wurden Angehörigen der Intelligenz zum Kauf angeboten und wir gehörten zu den Glücklichen. Aus dem Kollegium erhielten mehrere Mitglieder einen solchen PKW. Es war mein erster Westwagen, mein erster Viertakter, also ein großes Ereignis. Sonja brauchte eine Vollmacht von mir, die ich telegrafisch erteilte. Sie schilderte die für die DDR wie für die Beteiligten charakteristische Situation am 7. Februar 1966 so:

»Hurra, das neue Auto ist da. Es hat mich ja viel Nerven gekostet, aber nun steht es in der Garage. Also der Reihe nach. Um 13.00 Uhr sollte ich an der Rummelsburger Chaussee sein, wo das neue IFA Auslieferungslager ist. ¼1 machten wir uns auf den Weg, Barbara und ich, ich habe sie mitgenommen zur seelischen Stütze. Fuhren mit S-Bahn bis Schöneweide. Dort warteten wir eine halbe Stunde, bis endlich eine 69 kam. Dann bis Straße an der Wuhlheide, Ecke Rummelsburger. Im Sturm die Straße langgehechelt bis zum Lager. Ein schöner Wartesalon, Himmel und Menschen. Anscheinend haben sie das Kontingent für ein Jahr verkauft. Der Herr von der Anmeldung sah sich Deine telegrafische Vollmacht an und meinte, die könnte ich in den Papierkorb werfen. Es müssten noch Ausweisnummer und was weiß ich draufstehen. Du als Jurist! Also musste ich eine eidesstattliche Erklärung abgeben, dass Du mir erlaubst, den Autokauf zu tätigen. So, dann mussten wir warten, bis ein Verkäufer frei war. Inzwischen kam Witt [ein Kollege, der nicht nur Autos fahren konnte, sondern auch etwas von Autos verstand. Er war früher Verkehrsstaatsanwalt gewesen, musste aber den von ihm geliebten Beruf aufgeben, weil seine Freundin und spätere Ehefrau in die »konterrevolutionären« Vorgänge an der Humboldt-Universität verwickelt war. Ich hatte sie verteidigt. Sie wurde verurteilt und er hatte sich nicht von ihr getrennt; F. W.]. Ich war froh, dass er dabei war, als der neue Wagen vorgeführt und probegefahren wurde. Er kann Dir dann berichten, was alles zu beachten ist. Während ich dann wieder wartete, bis ich bezahlen durfte, ist Witt noch mal in und um den Wagen gekrochen, um verdeckte Mängel zu finden. Er ist zenithblau. Am Telefon musste ich mich entscheiden, ob weiß, dunkelgrau oder zenithblau. Nun tu das mal, ohne Dir etwas vorstellen zu können. Weiß, dachte ich, sieht man den Dreck so sehr, dunkelgrau ist so traurig. Also die Farbe gefällt mir ja, aber Du wirst jaulen, denn er ist so hell, auch nicht günstiger als weiß. Die Polster sind grau. Alles in allem waren wir um 16°° wieder vor unserem Haus.«

Höhepunkt unserer gemeinsamen Auslandsreisen war im Mai 1968 eine Fahrt nach Jugoslawien. Kollege Reinicke aus meiner Zweigstelle hatte diese Möglichkeit ausgekundschaftet. Solche Reisen wurden nicht in der Werbung angepriesen, sie gingen durch Mund-zu-Mund-Propaganda weg wie warme Semmeln. Wir waren drei Ehepaare, die sich mit ihren PKW auf die Tour begeben wollten. Alle drei hatten wir 1966 die neuen PKW FIAT 124 erwerben können. Glück mit der Reise und Glück mit den PKW, wir waren selig. Nur, das Glück blieb nicht allen von uns hold. Georg Reinicke, der uns die Reise vermittelt hatte und der darüber hinaus die Tour, die wir frei wählen konnten, ausgearbeitet hatte, bekam nicht die erforderliche Reisegenehmigung vom Innenministerium. Im Gegensatz zu uns hatte das Ehepaar keine Kinder, die als Faustpfand für ihre Rückkehr aus dem nicht zur Warschauer Vertragsorganisation gehörigen Jugoslawien galten. So machten wir uns Ende Mai mit zwei

PKW auf die Reise. Die Hotels an den jeweiligen Etappenzielen waren vorher gebucht, es waren gute Hotels, und es klappte entgegen unseren Befürchtungen auch immer. So war es in Ungarn und an allen Stationen auf unserer Fahrt entlang der Adriaküste von Rijeka bis nach Ulcinj in Montenegro. Es war einfach herrlich. Wir hatten die jugoslawischen Dinar zum offiziellen Wechselkurs erhalten, der zum Beispiel eine DM-Ost mit einer DM-West gleichsetzte. Für uns war alles billig. Wir aßen und tranken nach Herzenslust und wir kauften ein, was uns interessierte und was es bei uns nicht gab. Auf der Rückfahrt, bei unserem letzten Stop vor der Grenze der DDR hielten wir eine »Zollkonferenz« ab, d.h. wir berieten, wie wir unsere Einkäufe unbehelligt über die Grenze schmuggeln könnten. Ja, man war als DDR-Bürger manchen Unannehmlichkeiten ausgesetzt. Dennoch, bei allen ihren Macken, hielten Sonja und ich die DDR für das bessere Deutschland.

Die Jugoslawienreise stellte einen Wendepunkt in meinem Leben dar, sogar in unser aller Leben. Ich war damals noch nicht 46 Jahre alt und die Frau in dem anderen PKW – sie hieß Iris – feierte auf der Reise ihren 27. Geburtstag. Das barg an sich schon ein Risiko in sich. Überdies war sie liebenswürdig, hilfsbereit, heiteren Gemüts und hatte wundervolle rotblonde Haare. Kurz, ich verliebte mich in sie. Ich glaubte auch, dass sie etwas von mir wollte, weil sie eben so hilfsbereit war, immer an meine Sonnenbrille dachte und mir überhaupt jeden Wunsch von den Lippen ablas. Auf der Rückfahrt in Bratislawa gingen wir in eine Bar und tanzten. Ich gab mir einen Ruck und überwand meine Schüchternheit. Sie wies mich nicht ab, ihre Ehe war nicht harmonisch.

Mein Seitensprung hatte Konsequenzen. Ich beichtete 1970 Fritz Marquard, unserem Mann in der BL. Ich erklärte ihm zugleich, ich würde im Hinblick auf die Tatsache, dass Iris die Frau eines Genossen und Kollegen sei, von meiner Funktion als Vorsitzender zurücktreten. Als meinen Nachfolger schlug ich Gerhard Häusler vor. Unseren Ehepartnern hatten wir uns ohnehin offenbart. In der Parteiorganisation des Kollegiums wurde der Fall diskutiert, eine Mehrheit war für meinen Rücktritt. So geschah es dann auch.

Etwa zu der gleichen Zeit suchten mich noch im Vorstand des Kollegiums zwei Herren auf, die erklärten, sie kämen vom MfS und fragten mich, ob ich für unsere Kundschafter im Westen als Verteidiger tätig sein wolle. Ich bejahte das gern. Schon bisher hatte ich mich geärgert, dass nur Kaul oder Vogel für solche Aufträge ausgewählt worden waren. Ich freute mich auf die neue Aufgabe, zumal meine bisherigen anwaltlichen Tätigkeiten etwas ihren Reiz für mich verloren hatten. Ich suchte ohnehin neue Aufgaben.

Diese stellten sich in der Folgezeit allmählich ein. Ich reiste in fremde Länder, konnte französisch und englisch sprechen. Neue Horizonte eröffneten sich mir.

Die familiäre Idylle wie die familiäre Dramatik vollzogen sich vor dem Hintergrund bewegter politischer Ereignisse, die ich natürlich interessiert verfolgte und mit Sonja und unseren Freunden diskutierte: Der Rücktritt Adenauers im Oktober 1963 und der Tod Kennedys im November 1963 machten Schlagzeilen. In meiner Erinnerung ist der Rücktritt Adenauers nicht mehr gegenwärtig. Er spielte auch in der Korrespondenz meiner Mutter, soweit sie erhalten geblieben ist, keine Rolle. Anders die Ermordung Kennedys. Sie schrieb am 26. November:

»Wir alle sind hier erschüttert über den Tod von Kennedy. Es kann keiner fassen, dass sein junges und verheißungsvolles Leben auf diese Weise ein Ende gefunden hat. Wie sehr er von allen geschätzt wurde, zeigt die große Trauer in aller Welt.

Was sind nun die Hintergründe dieser furchtbaren Tat? Viel spricht dafür, dass es der Oswald gewesen ist. Warum wurde er wieder ermordet? Hoffentlich wird alles aufgeklärt, viel wird vermutet, aber noch weiß es keiner. Was der Grund ist, es ist sehr schade um den Mann, darüber sind sich alle klar.«

Chruschtschow wurde 1964 abgesetzt, aber weder, wie SU-Politiker vor ihm, inhaftiert noch gar erschossen. Er war mir sympathisch gewesen, aber er war auch nach meiner Ansicht sehr spontan und eigenwillig. Ein umfassendes Bild konnte ich mir nicht machen. Problematisch erschien mir, ob der Kurs, den er auf dem XX. Parteitag eingeschlagen hatte, von seinem Nachfolger fortgesetzt werden würde. Ich hoffte, dass das der Fall sein würde, sicher war ich mir aber nicht. – Die Ermordung Kennedys änderte nichts am Prozess der Entspannung, der nach dem Bau der Mauer begonnen hatte. Die USA, Großbritannien und die UdSSR schlossen am 5. August 1963 einen Vertrag über die teilweise Beendigung der Atomwaffenversuche. Görtemaker stellt in seiner *Geschichte der Bundesrepublik Deutschland* fest: »Die Gefahr eines großen Krieges zwischen den USA und der Sowjetunion schien damit fürs erste gebannt.«[42] Für die BRD zog er daraus die Schlussfolgerung: »Wenn sich die Bundesrepublik dem inter-

42 Manfred Görtemaker, Geschichte der Bundesrepublik Deutschland, München 1999, S. 396

nationalen Trend zur Entspannung versperrte, drohte sie zum Störfaktor der Ost-West-Beziehungen zu werden.«[43] Die Gefahr eines dritten Weltkriegs lastete in der Folgezeit nicht mehr so schwer auf uns, wenn sie auch nie völlig gebannt schien. – Die DDR wurde von immer mehr Staaten anerkannt. 1963 verkündete Egon Bahr (SPD) seine These von der »Wandlung durch Annäherung«. Die BRD fing an, die Hallstein-Doktrin aufzugeben, indem sie diplomatische Kontakte zu Rumänien und Bulgarien aufnahm, was in der DDR als Gefährdung der Einheit der sozialistischen Staaten empfunden wurde. Ich maß nur der Tatsache der wachsenden Anerkennung der DDR Bedeutung bei. – Es tat sich also viel zu dieser Zeit, nach dem Mauerbau, in der Politik. Die Sicht der Dinge veränderte sich in Ost und West. Mit Erstaunen lese ich heute, dass der frühere Berater von Präsident Kennedy, Theodore Sörensen, 1976 in einer Fernsehdokumentation über die Ereignisse des 13. August 1961 sagte, ohne die Mauer wäre die Entspannung der sechziger Jahre, bis zu den Ostverträgen 1970, nicht möglich gewesen.[44] Heute würden die Medien das als eine Verhöhnung der Opfer und eine Revision der Geschichte bezeichnen. Die Zeiten änderten sich und werden sich weiter ändern. – 1964 war auch das Jahr des Deutschlandtreffens der Jugend. Wir hatten in unserer Wohnung, wie viele andere, einen Quartiergast. Zwar sagten mir solche Massenveranstaltungen nicht zu, doch meine ich heute, dass sie wohl viele Jugendliche für die DDR, für den Sozialismus gewannen, zumindest vorübergehend. Unklar ist mir, inwieweit Ulbricht oder Honecker den Jubel der FDJler als einen Ausdruck echter Überzeugung gewertet haben. Ich fürchte, sie sind einem Wunschdenken erlegen. Mit dem Jugendsender *DT 64* wurde wenigstens ein neuer, gewinnenderer Ton in der Medienpolitik angeschlagen. Durchgehalten oder gar verstärkt wurde er nicht. Im Gegenteil. Politisch ging das Jahr 1965 mit einem ZK-Plenum zu Ende, das die Hoffnungen, die der XX. Parteitag der KPdSU geweckt hatte, weiter verdrängte. Als Jurist betraf mich die Abrechnung des 11. Plenums mit Kunst und Kultur nicht unmittelbar, aber die Tendenz hatten auch Anwälte zu berücksichtigen. Auch für uns galt, was der DEFA-Autor und Dramaturg Klaus Wischnewski so formulierte: »Wir unsererseits … hatten ein Interesse daran, chancenlose und nicht durchzusetzende Positionen zu räumen und um diejenigen Positionen zu kämpfen, zu denen wir voll standen und für die zu kämpfen wir uns auch

43 Ebenda

44 Manfred Görtemaker, Geschichte der Bundesrepublik Deutschland, München 1999, S. 531

in der Lage fühlten«.[45] Meine Positionen vertrat ich nicht nur als Rechtsanwalt, sondern auch als Vorsitzender des Berliner Anwaltskollegiums und Vorsitzender der ZRK. Das war besser als nichts. Diese Stellung wollte ich halten und im Rahmen des Möglichen weiter nutzen, um die Gestaltung sozialistischer Verhältnisse, so wie ich sie mir vorstellte, weiter zu fördern. Meine Aufgabe war es, die Position der Anwälte als Wahrer der Interessen ihres Mandanten zu sichern. Natürlich sollte dies im Rahmen der Gesetze geschehen, wobei die Gesetze den Anwälten die entsprechenden Möglichkeiten gewähren sollten. Es gab überall in der DDR Genossen, die genauso dachten und auch Parteilose. Wir alle hofften, dass die Ideen von Marx und Lenin, so wie wir sie verstanden, sich endlich durchsetzen würden. In diesem Sinne hatte ich 1964 geholfen, die vom Ministerium der Jusitz (MdJ) vorgesehene Anwaltsordnung zu verhindern[46] und andererseits alles getan, um unser Kollegium wie auch die anderen möglichst unangreifbar zu machen, indem wir diejenigen Forderungen der SED und des MdJ erfüllten, die wir erfüllen konnten, ohne unsere grundsätzlichen Auffassungen von den Rechten und Pflichten der Anwälte aufzugeben oder zu verletzen. Deswegen hatten wir Mitgliederversammlungen und Vorstandssitzungen so gestaltet, dass die jeweiligen Beschlüsse der SED bei uns genauso auf der Tagesordnung standen wie in anderen Institutionen. Dabei kam es sogar darauf an, dass sie an erster Stelle der Tagesordnung standen. So etwas wurde vom MdJ anhand unserer Protokolle beobachtet. Hie und da gaben jedoch die Protokolle den wirklichen Verlauf der Sitzungen geschönt wieder. Es gab auch wenigstens ein Kollegium, das von Vorstandssitzungen zwei Protokolle fertigte, eins für das Ministerium und das andere für den internen Gebrauch. Ich glaube Vergleichbares findet, wenn auch in anderen Institutionen, in der BRD gleichfalls statt, man denke nur an die Steuer- und Statistikmanipulationen.

Nachrichten aus der Bundesrepublik ließen darüber hinaus ab und an die Hoffnung aufkeimen, dass auch dort der Weg zum Sozialismus beschritten werden könnte. Das *Neue Deutschland* (*ND*) berichtete von Krisen und das war wohl auch nicht völlig unrichtig, wenngleich der erhoffte Linksruck schließlich dennoch ausblieb. Nach dem Anschluss an die BRD, als ich mich mit ihrer Geschichte beschäftigte, las ich bei einem Historiker: »Bereits kurz nach der Regierungsbildung [die Rede ist von der Regierung Erhard; F. W.] machte plötz-

45 Klaus Wischnewski, Die zornigen jungen Männer von Babelsberg. In: Kahllschlag, S. 171/184, zitiert nach Werner Mittenzwei, Die Intellektuellen, Leipzig 2001, S. 236

46 Friedrich Wolff, Verlorene Prozesse, Berlin 2009, S. 123f

lich das Wort von der ›wirtschaftlichen Rezession‹ die Runde. Zwar gab es auch im September 1966, wenige Wochen vor seinem Rücktritt, noch nicht mehr als 100.000 Arbeitslose bei 600.000 offenen Stellen und 1,4 Millionen ›Gastarbeitern‹. Aber sektorale Schwierigkeiten, vor allem bei Kohle und Stahl, wurden von der Bevölkerung, die sich an den scheinbar unaufhaltsamen Aufschwung des ›Wirtschaftswunders‹ gewöhnt hatte, schon als bedrohlich empfunden.«[47] Zur Jahreswende 1966/67 trat die Rezession ein. Die Zahl der Arbeitslosen war auf 673.000 gestiegen und die Staatsverschuldung »auf ein ständig wachsendes Milliardenloch« geklettert.[48] Jetzt, da ich das schreibe, haben wir über drei Millionen Erwerbslose, zu denen ein »Prekariat« aus Beschäftigten kommt, die so wenig verdienen, dass sie von ihrem Arbeitseinkommen nicht leben können, sondern auf staatliche Unterstützung angewiesen sind. Zudem ist die Staatsverschuldung sehr hoch – pro Kopf höher als sie je in der DDR war, doch wir leben regierungsamtlich bis vor kurzem in einer Phase wirtschaftlicher Konjunktur. Bemerkenswert, wie sich die Wertungsmaßstäbe verändern.

Medienpolitik war nach meiner Auffassung die Politik, in der die DDR der BRD am deutlichsten unterlegen war. Ich wiederhole das, weil auch heute für den, der den Sozialismus erstrebt, die Rolle der Medien von ausschlaggebender Bedeutung ist. In der DDR erreichten die »Aktuelle Kamera«, der »Schwarze Kanal« und andere politische Sendungen nur einen sehr geringen Teil der DDR-Bürger. Viel mehr sahen die politischen Sendungen aus dem Westen. Wir hatten auch keine Zeitschriften wie *Der Spiegel* und schon gar keine Zeitungen wie *Bild*. Unsere Argumentation war trocken, die Zitate aus den Werken der Klassiker und den Reden des jeweiligen Generalsekretärs überzeugten nur diejenigen, die schon überzeugt waren. Wir erkannten nicht, dass die Sicherheit des Staates keineswegs nur auf der Stärke seiner Waffen, sondern mindestens ebenso auf dem Willen seiner Bürger beruhte, diesen Staat zu verteidigen. Eben dafür bilden die Medien die Voraussetzung. Unsere Bürger trauten aber mehr den Westmedien als dem *ND* und dem Deutschen Fernsehfunk. Ein trauriges Symptom war es, dass im Raum Dresden, im »Tal der Ahnungslosen«, in dem man das Westfernsehen nicht empfangen konnte, die Abwanderung in den Westen stärker war als in den übrigen Gebieten der DDR. Dort war folglich das Bild der BRD noch rosiger. Die kritischen

---

47 Manfred Görtemaker, Geschichte der Bundesrepublik Deutschland, München 1999, S. 431

48 Ebenda, S. 448

Sendungen aus der BRD konnte man nicht sehen und der Kritik der DDR-Medien schenkte man keinen Glauben. Konsequenzen aus dieser bekannten Tatsache wurden nicht gezogen.

Angesichts dieser Lage war es erstaunlich, dass die Regierung der DDR der BRD 1964 einen Zeitungsaustausch anbot und diese das Angebot ablehnte, »weil im Westen DDR-Blätter zum freien Verkauf nicht freigegeben wurden«[49]. Ich hätte mich gefreut, Westzeitungen lesen zu können, hatte aber ohnehin Zweifel gehabt, dass ich zu denjenigen gehören würde, die in den Genuss des »dosierten« Austauschs gelangten.

Im DDR-Fernsehen trat ich um diese Zeit wohl zum ersten Mal auf. Jedenfalls habe ich einen »Verpflichtungsschein« aufgehoben, nach dem ich am 3. April 1964 unter dem Sendetitel *Dem Teufel auf der Spur* als »Manuskript und Sprecher« mitzuwirken hatte. Hätte ich nicht den Schein, wüsste ich nichts mehr von diesem »historischen« Ereignis. Das Honorar betrug übrigens nach derselben Urkunde 150.- DM, von dem 20% Steuer abgezogen wurden, so dass mir 120.– DM (natürlich Ost) verblieben.

***

In unserer Familie ging alles, wie man so sagte, seinen sozialistischen Gang. Barbara machte ihr Abitur und wurde 1965 an der juristischen Sektion (so hießen in der DDR die Fakultäten) der Humboldt-Universität immatrikuliert. Sie hatte darin ausnahmsweise auf ihren Vater gehört, der gesagt hatte, wenn man nicht weiß, was man studieren soll, studiert man Jura. – Ungewöhnlich war dagegen die Tatsache, die ich aus Briefen meiner Mutter erfuhr, dass im Frühjahr Ernst Reich, mein jüdischer Cousin, der Auschwitz überlebt hatte, nach vielen Jahren wieder aufgetaucht war. Er war zwischenzeitlich in Israel gewesen, war jetzt aber wieder nach Deutschland zurückgekehrt.

Meine Mutter versorgte mich in Beilagen zu ihren Briefen auch mit Zeitungsausschnitten und Presseinformationen. Der Höhepunkt ihrer diesbezüglichen Nachrichten war die Mitteilung eines Zeitungsartikels, nach dem Chruschtschow in Dänemark standesamtlich getraut worden wäre. Auch, dass der »Stern« über mich berichtet hatte, teilte sie mir wohl voller Stolz mit. Schließlich erfuhr ich auf dem Postweg, dass sie sich einen Fernsehapparat gekauft hatte. Immer wieder ging es natürlich um Passierscheine, um das Wiedersehen. Nachdem ich sie aus einem mir nicht mehr in Erinnerung gebliebenen Anlass

49 Dietrich Staritz, Geschichte der DDR, Frankfurt/M. 1996, S. 258

hatte besuchen können, schrieb sie am 5. Mai 1964: »Meine liebe Sonja! Wie sehr habe ich mich gefreut, Fritz mal hier zu haben, nach 2¾ Jahren! Du wirst es verstehen können. Eine Hoffnungslosigkeit und Leere blieb, als wir uns verabschiedet hatten.«

Meine berufliche Tätigkeit nahm ihren gewohnten Verlauf. Im September erhielt ich dafür von der Justizministerin Hilde Benjamin die »Medaille für Verdienste in der Rechtspflege in Silber«. Drei Jahre zuvor hatte ich die »Verdienstmedaille der Deutschen Demokratischen Republik« erhalten. Orden und Bomben, so sagte man in der DDR und sagt man vielleicht auch heute in der BRD, treffen immer die Falschen. In der DDR gab es eine Orden-Inflation. Hierin zeigte sich wieder einmal der Einfluss der Sowjetunion und darüber hinaus letztlich der nachwirkende Einfluss des Zarismus. Das gefiel mir nicht, das hielt ich für lächerlich, doch wenn ich wieder einmal einen Orden erhielt, war ich auch froh und stolz, besonders, wenn er mit einer finanziellen Zuwendung verbunden war. Später sah ich, dass sich die entsprechenden Rituale in der freiheitlichen demokratischen Grundordnung nicht sehr stark von denen im Arbeiter-und-Bauern-Staat unterscheiden, sie sind vielleicht nur nicht so »flächendeckend«, wie es heute heißt, wenn von der Tätigkeit des MfS oder vom »Staatsdoping« die Rede ist.

Der Briefwechsel mit meiner Mutter ließ in dem Umfang nach, in dem der Telefonverkehr möglich wurde. Zu Sonjas Geburtstag schrieb sie am 23. Januar 1967 einen Brief, der für mich interessante Passagen enthielt. Von der Mutter meines Freundes, Frau Schmidt, berichtete sie: »Sie bedauert sehr, dass die Freundschaft zwischen den beiden nicht mehr ist…«. Tatsächlich hatte Kurt ohne einen für uns erkennbaren Grund die Beziehungen zu uns eingestellt. Es hatte keinen Streit zwischen uns gegeben, aber wir waren auseinander gekommen. Sonja und ich überlegten, was der Grund gewesen sein könne und uns fiel nur ein, dass es vielleicht der Besuch gewesen wäre, den ihre Jugendfreundin und deren Mann bei uns gemacht hatten, als Kurt auch bei uns war. Der Mann war in Offiziersuniform erschienen, er hatte sich vielleicht auch politisch aggressiv geäußert, was wir nicht wahrgenommen hatten, was aber seiner Art entsprochen hätte. – Und dann schrieb meine Mutter noch: »Aber die Hauptsache! Ich glaube Kurt hat eine Freundin.« – In einem Brief vom 1. Februar wünschte sie uns eine gute Reise zum Skilauf nach Predeal in Rumänien. Auf der Reise begleitete uns Barbaras Klassenkamerad und Freund Gregor Gysi. Meine Mutter veranlasste das zu der Feststellung: »Die Freundschaft mit Gregor scheint ja wieder neu belebt zu sein.« Sie wird sich dabei etwas gedacht haben. Der Brief rief mir in Erinnerung, in welchem Jahr wir zum Skilauf in Predeal gewesen sind und wann sich die ersten Anzeichen einer Überwindung der Kluft zwischen Kurt und mir zeigten.

Die DDR hatte sich nach dem Mauerbau erholt. Der bundesdeutsche Historiker Staritz zog in seiner *Geschichte der DDR* 1996 folgende Zwischenbilanz:

»Tatsächlich hatte sich die DDR zum modernsten Industriestaat des RGW-Bereichs entwickelt. Sie war zur Gesellschaft mit der höchsten Produktivität und dem höchsten Lebensstandard geworden. Sie rangierte gegen Ende der sechziger Jahre auf der ökonomischen Weltrangliste auf einem der vorderen Ränge, nach DDR-Lesart etwa auf dem neunten Platz.«[50]

Diese Feststellung deckte sich mit unseren Erfahrungen. Uns ging es gut. Der Wohlstand war allgemein gewachsen. Staritz stellte fest: »Zwischen 1960 und 1970 wuchs der Anteil der Haushalte, die über einen Fernseher verfügten, von 17% auf 69%.« 16% der Familien besaßen 1970 einen PKW, in der BRD »besaß jeder zweite Haushalt einen PKW, rund 90% einen Kühlschrank und zwei Drittel eine Waschmaschine.«

Das Warenangebot, die Qualität und die Preise der Waren sind aber nicht das einzige Kriterium für die Lebensqualität eines Volkes. Staritz meint: »Die Lebensqualität jenseits ihrer materiellen Basis gestaltete sich ungleich widersprüchlicher.« Er macht in diesem Zusammenhang Angaben, die nach einem Abstand von mehr als zehn Jahren und den heutigen Erfahrungen mit der Ausbildung Jugendlicher noch interessanter geworden sind. Er sagt:

»Insgesamt sank der Anteil der un- und angelernten Berufstätigen in der staatlichen Wirtschaft zwischen 1955 und 1970 von 70% auf 39%, parallel dazu wuchs die Zahl der Facharbeiter und Meister von einem knappen Viertel auf knapp die Hälfte, und die Hoch- und Fachschulabsolventen stellten 1970 11,4% der Werktätigen (1955 waren noch 4,4% und 1961 6,1% gezählt worden).«

Vergleichszahlen für die BRD nennt Staritz nicht. Fest steht, die DDR hat ein wertvolles »Humankapital« in die BRD eingebracht. Fest steht aber auch, diese hat es zu einem erheblichen Teil ungenutzt gelassen. 1968 jedoch waren wir ahnungslos und sahen der Zukunft optimistisch entgegen.

50 Staritz a. a. O., S. 229; die folgenden Zitate ebd., S. 230-232.

Die Republik beging ihren 20. Jahrestag voller Zufriedenheit und Optimismus. Neue Schlagworte bestimmten das politische Vokabular: Kybernetik, Neues ökonomisches System (NÖS), Prognose. Mit NÖS hatten die Kollegien nichts, mit Kybernetik zunächst noch wenig zu tun, aber prognostizieren konnten und mussten auch sie. Mir sagte das zu. Ich war und bin nicht für ein Von-der-Hand-in-den-Mund-Leben. Auch in einem Kollegium musste man über den Tag hinaus denken. So wie sich die Gesellschaft veränderte, musste sich auch das Kollegium verändern. Wichtig war, immer wieder die Stellung des Rechtsanwalts in Gesellschaft und Rechtspflege richtig zu definieren. Das musste unter Beachtung, möglichst sogar unter Ausnutzung der maßgeblichen Beschlüsse der Partei geschehen. Ich versuchte das in einem Artikel in dem Heft der *Neuen Justiz*, das dem Jahrestag der DDR gewidmet war. Es konnte als Erfolg verbucht werden, dass die Rechtsanwaltschaft in diesem Heft überhaupt vorkam, nach dem Leiter der ZK Abteilung für Staats- und Rechtsfragen, nach dem Präsidenten des Obersten Gerichts, nach dem Generalstaatsanwalt, nach dem Minister der Justiz, nach einem Vertreter der Gewerkschaft, nach zwei Artikeln von Professoren der Deutschen Akademie für Staats- und Rechtswissenschaft »Walter Ulbricht« kam, zwanglos nach der Rangordnung: »Der Vorsitzende des Kollegiums der Rechtsanwälte von Groß-Berlin und Vorsitzender der Zentralen Revisionskommission der Kollegien der Rechtsanwälte der DDR«. Immerhin war er nicht Letzter, nach ihm kam noch einmal Toeplitz, diesmal nicht als Präsident des Obersten Gerichts, sondern als Präsident der Vereinigung demokratischer Juristen Deutschlands, zusammen mit deren Generalsekretär Walter Bauer. Erst später brachte diese Vereinigung in ihrem Namen zum Ausdruck, dass sie nicht für ganz Deutschland zuständig war, sondern nur für die DDR. Das Protokoll wurde in der DDR sehr ernst genommen und lange Titel wurden immer korrekt wiederholt. Das machte die Texte nicht lesefreundlicher, aber darauf kam es den Autoritäten anscheinend nicht an.

Am 23. Juli 1970 reichte Sonja gegen mich die Scheidungsklage ein. Am 6. August 1970 erging das Urteil, das am 26. September 1970 rechtskräftig wurde. Geschieden wurde in der DDR schnell, einfach und kostengünstig. Deswegen entschlossen sich die Paare damals auch schneller zur Eheschließung als heute. Am 17. Dezember 1970 heirateten Iris und ich. Für mich war das selbstverständlich, ich wollte nicht meine Frau als »Bekannte« vorstellen, Partnerin war damals noch nicht so gebräuchlich. Iris, von Natur aus misstrauischer als ich, war völlig überrascht, als ich sie eines Morgens im September, noch im

Bett, fragte, wann wir heiraten würden. Sie sagte dennoch ja. Zum Standesamt Friedrichshain gingen wir allein. Wir hielten es nicht für angebracht, die zweite Ehe, noch dazu in meinen fortgeschrittenen Jahren, mit großem Zeremoniell zu begehen. Unsere Mütter wären vielleicht gern dabei gewesen, akzeptierten aber unsere Entscheidung. Einen Tag danach begannen die Schulferien, wir holten Antina nach dem Standesamt von der Schule ab, gingen mit ihr ins Kaffee Moskau, tanzten dort zur Freude von Antina. Am nächsten Tag setzten wir uns ins Auto und fuhren nach Spindelmühle ins Riesengebirge. Wir hatten vom Reisebüro einen Platz in einem neuen, sehr guten Hotel bekommen. Es war von mehreren Diplomaten mit ihren Familien besucht, deren Kinder auf uns einen ebenso tiefen wie schrecklichen Eindruck hinterließen. In diesem Hotel war es Brauch, dass die Hotelgäste ihre Mahlzeiten nicht sofort bezahlten, sondern dass diese auf die Hotelrechnung gesetzt wurden. Wir hatten nur einen begrenzten Satz Tagegelder vom Reisebüro erhalten und buchten ängstlich nach jeder Mahlzeit deren Kosten in einem Notizbuch, um einen Überblick zu behalten, ob wir das am Ende auch bezahlen könnten. Es ging. Das Skilaufen fiel Iris und Antina schwer. Erst später gewöhnten sie sich daran und Antina wurde eine sehr gute Skiläuferin. In Spindelmühle maulte sie jedoch, wenn es bergauf ging. – Über Silvester konnten wir nicht in dem schönen Hotel bleiben und fuhren weiter nach Prag, wo wir am Wenzelsplatz in einem noch teureren Hotel wohnten. Eine Nacht kostete etwa soviel wie die Monatsmiete unserer Berliner Wohnung. Auch dort gab es keinen Platz für Silvester, also zogen wir weiter nach Usti nad Laben. Das dortige Hotel hatte noch Platz und wir feierten den Übergang ins neue Jahr sehr angeregt unter vielen lustig gestimmten Tschechen. Es war für uns drei der Übergang in ein neues Leben.

Dieses neue Leben glich äußerlich nach einiger Zeit bald meinem früheren, aber eben nur äußerlich. Bald hatte ich mich daran gewöhnt, dass ich mit einer wesentlich jüngeren Frau verheiratet war. Ich glaubte nun nicht mehr, dass alle Welt daran Anstoß nahm. Es war also wie zuvor, erst kam unsere Arbeit, dann kamen Familie und Freizeit. Schularbeiten mussten gemacht, die Wohnungseinrichtung vervollständigt werden. Ich vermisste meine Datsche, so dass wir am Wochenende in die Umgebung fuhren, um uns anzusehen, was in Annoncen oder auf andere Art angeboten worden war. Meist entsprach das nicht unseren Erwartungen. Als mir einmal ein verlassenes Bauernhaus an einem See gefiel, hatte Iris praktische Einwände.

Ab und an kam ich in die Zentrale Verwaltungsstelle des Kollegiums, in der ich vor kurzem noch ein Zimmer als Vorsitzender innehatte. Die dortigen

Kolleginnen waren mir wohl gesonnen. Sie kannten mein Wochenendgrundstück in der Märkischen Schweiz von gemeinsamen Ausflügen. Die Reinemachefrau, Frau Fischer, fragte mich mehr als einmal, ob das denn sein müsste. Sie war anscheinend der Ansicht, wenn ich schon die Frau aufgebe, hätte ich wenigstens das Grundstück behalten sollen. Dann sagte sie mir, sie kenne die Inhaberin eines Dachdeckergeschäfts, die ein Wassergrundstück verkaufen wolle. Ich gab nichts darauf. Sie kam aber mehrfach darauf zurück. Schließlich fuhr ich doch zu der mir angegebenen Adresse. Ich fand eine Frau vor, die von einem Verkauf ihres Grundstücks nichts wissen wollte, die meine Frau und mich jedoch einlud, sie einmal auf der Datsche zu besuchen. Das taten wir nach einigem Zögern. Es war ein schöner, heißer Sommertag und sie saß am Ufer und hielt ihre nackten Beine ins Wasser. Der See war schön, die Waldparzelle und die mit Dachpappe umkleidete Laube waren es weniger. Schließlich gab die Eigentümerin, die tatsächlich ein Dachdeckergeschäft besaß, zu, dass sie verkaufen wolle. Das Grundstück war nicht ihr Eigentum, sie hatte es mit einem sogenannten Überlassungsvertrag, den man nach 1990 als Pachtvertrag verstand, von der Gemeinde übernommen. Was sie verkaufen konnte, war die Laube, der Bootssteg, ein morscher Zaun und zwei Wasserpumpen für See- und Grundwasser. Der Preis, den sie in Ost und West verlangte, war für uns unerschwinglich. Es wurde also wieder nichts. Bald darauf erfuhr ich von Frau Fischer, die Dachdeckerfrau sei, wie man damals sagte, »abgehauen«, d.h. von einer Rentnerreise in den Westen nicht zurückgekehrt. Das war die Gelegenheit! Wir wandten uns an die Gemeinde und erhielten im Sommer 1973 gegen die Zahlung von 7.500 DM-Ost das Grundstück mit Laube, Steg, Zaun und Pumpen. Ich war glücklich, und ich glaube, Iris war es auch.

Während ich so voller Glück meine veränderten persönlichen Lebensumstände genoss, tat sich um uns herum, in der Politik, gleichfalls viel Neues. Ich verfolgte es im *Neuen Deutschland*, der *Aktuellen Kamera* und auch in der *Tagesschau.* Wenn wir »Westen« sahen, versuchten wir allerdings, das vor Antina zu verbergen. Sie sollte nicht in Konflikt mit ihrem Schulwissen geraten. Es gelang uns jedoch nicht immer. Als sie uns einmal überraschte, provozierte sie das zu dem Schmähruf »Westenkieker«. So lasen und hörten wir, wie Walter Ulbricht als Erster Sekretär der SED zurücktrat und Erich Honecker sein Nachfolger wurde. Ich begrüßte das, wenn auch ohne Begeisterung. Ich dachte wohl, es könne nur besser werden, da ich Walter Ulbricht für denkbar ungeeignet hielt. Der neue Mann wirkte auf mich allerdings ebenfalls nicht sehr überzeugend. Ich beurteilte beide im Grunde genommen nur nach ihrer Massenwirksamkeit.

Erst nach 1990 wurden mir Tatsachen und Wertungen bekannt, die Walter Ulbricht in einem günstigeren Licht erscheinen ließen, während Erich Honecker als der weniger geeignete Politiker dargestellt wurde.

Wir erfuhren vom Moskauer Vertrag und von den Verträgen, die die BRD mit der UdSSR und Polen schloss und in denen sie die bestehenden Grenzen anerkannte sowie 1972 vom Grundlagenvertrag zwischen der DDR und der BRD und 1973 davon, dass die DDR zusammen mit der BRD UNO-Mitglied wurde. Ich wertete das alles als großen Erfolg der DDR, als Zeichen für ihre gewachsene internationale Anerkennung.

Hinzu kam, dass der Lebensstandard der DDR-Bevölkerung in dieser Zeit beträchtlich wuchs. Staritz spricht von einem »Wohlstandsschub« und konstatiert: »Zwischen 1970 und 1980 wurde das Durchschnittseinkommen von 755 Mark auf 1021 Mark erhöht, wuchsen die Sparguthaben um nahezu 90%, erhöhte sich der Einzelhandelsumsatz um 56% und verstärkte sich der Trend zum volltechnisierten und motorisierten Haushalt.«[51]

Auch auf anderen Gebieten geschahen Dinge, die ich als Erfolge meiner Partei ansah. Der von Kommunisten immer angegriffene §218, der die Abtreibung mit Strafe bedrohte, wurde 1972 durch ein Gesetz ersetzt, das den kostenfreien Schwangerschaftsabbruch ermöglichte.[52] Schon vorher konnten Frauen die Pille kostenfrei auf Rezept erhalten.

Wegen meiner Mutter freute mich privat besonders, dass der Senat von Westberlin und die DDR-Regierung 1972 ein dauerhaftes Passierscheinabkommen schlossen.[53] Staritz berichtet: »1973 besuchten rund 8 Mill. Menschen aus der Bundesrepublik und Westberlin die DDR bzw. Ostberlin. 1970 waren es nur 2,6 Mill. gewesen.«[54]

So war ich mit der Politik meiner Partei letztlich zufrieden, wenn ich auch an ihrer Innen- und Rechtspolitik manches auszusetzen hatte. Ich glaubte, die Mängel auf diesem Gebiet würden auch noch überwunden werden. So, wie in der Rechtspolitik bereits auch mancher alte Zopf abgeschnitten worden war.

Es ärgert mich heute, wenn von den Opfern der DDR-Justiz gesprochen wird und die Opfer der westdeutschen Justiz keinerlei Erwähnung finden. Tatsächlich wurden in der BRD zwischen 1950 und 1969 mehr als 100.000

51 Staritz, a.a.O, 1996, S.287

52 Ebenda, S.283; Günter Benser, DDR – gedenkt ihrer mit Nachsicht, Berlin 2000, S.340

53 Staritz, a.a.O., S.288f

54 Ebenda, S.289

Ermittlungsverfahren wegen Homosexualität eingeleitet, die zu etwa 50.000 rechtskräftigen Verurteilungen führten. Unschuldiger als ein Mensch, den die Natur zum Homosexuellen gemacht hat, kann niemand sein. Während im Jahr 2002 die Urteile gegen Homosexuelle aus der Nazi-Zeit ebenso wie die gegen Wehrmachts-Deserteure für nichtig erklärt wurden, tastete der Bundestag die auf derselben Rechtsgrundlage in der BRD ergangenen Urteile nicht an. In der DDR wurde seit 1957 Homosexualität nicht mehr bestraft. Danach kam es in der BRD noch zu 28.000 Verurteilungen.[55] Von den Bestrafungen wegen Abtreibung redet niemand.

Homosexuelle und diejenigen, welche wegen Abtreibung bestraft wurden, sind aber nicht die einzigen, die Opfer des bundesdeutschen Rechtsstaats wurden. Hinzukommen die politisch Verfolgten aus der Zeit des Kalten Krieges. Damals wurden Kommunisten mit Methoden und in einem Umfang verfolgt, die, wie der spätere Bundesinnenminister Professor Maihofer 1964 erklärte, »einem ausgewachsenen Polizeistaat alle Ehre machten«[56] Alexander von Brünneck gibt die Zahl der zwischen 1951 und 1968 verurteilten Kommunisten mit 6.000 bis 7.000 an – bei staatsanwaltschaftlichen Ermittlungsverfahren gegen mindestens 125.000 Personen.[57] Vielen geschah darüber hinaus noch Unrecht, weil sie aus politischen Gründen ihre Arbeitsstellen und ihre Verfolgtenrenten verloren. Schließlich gehören dazu auch die DDR-Bürger, von denen nach 1990 mehr als 100.000 strafrechtlich verfolgt, allerdings nur eine geringe Zahl verurteilt worden sind. Wie viele, das verschweigt der Rechtsstaat, es würde die These vom »Unrechtsstaat« und die Horrorgeschichten über »Stasi«[58] erschüttern.

***

Der Abschied von meiner Tätigkeit als Vorsitzender des Kollegiums und der ZRK war mir nicht leicht gefallen. Es gab Anlässe, die mich das besonders spüren ließen. Dazu gehörte mein 50. Geburtstag. Ich beging ihn mit Iris und meiner Mutter in dem Potsdamer Interhotel. Wenn ich den »Fehltritt« nicht begangen hätte, wäre der Tag wesentlich anders verlaufen. Es überraschte mich nicht, dass viele meiner Kollegen und Freunde sich von mir abwandten.

---

55 http://de.wikipedia.org/wiki/Paragraph_175

56 Zitiert nach Alexander von Brünneck, Politische Justiz gegen Kommunisten, Frankfurt am Main 1978, S. 243

57 Alexander von Brünneck, a. a. O., S. 278

58 Vgl. Friedrich Wolff, Einigkeit und Recht, Berlin 2005

aber es kränkte mich doch. Ich bereute nichts, es gab für mich keine Alternative, aber es schmerzte dennoch.

Während sich so, für mich unerkannt, die DDR – trotz aller scheinbaren Erfolge – auf einer abschüssigen Bahn bewegte, gestaltete sich mein Privatleben immer erfreulicher. 1972 konnte ich von meinen Westeinnahmen, die ich aus der Vertretung von Westmandanten nach den Devisenvorschriften beziehen musste, einen Volvo erwerben. Dieser ersetzte den seinerzeit für Mark der DDR gekauften Fiat. Für unsere Datsche besorgte Iris über ihre Beziehungen in der Bauarbeiterpoliklinik 1974 einen der begehrten »Party«-Bungalows. Wir konnten die alte Laube, die auf dem Grundstück, das wir 1973 erworben hatten, abreißen lassen und jetzt unsere Wochenenden unter angenehmeren Bedingungen mit Innen-WC, Warmwasser und Elektroheizung verbringen. Ein Jahr später folgten eine Garage und eine Sauna. Unsere Urlaube verbrachten wir in der slowakischen Hohen Tatra und in Bulgarien im Witoschagebirge oder in den Rhodopen. Es ging uns richtig gut.

Man sieht: Wir genossen gewisse materielle Vorzüge – zu denen auch schon die Datsche mit Laube ohne Warmwasserversorgung gezählt hatte. Doch zum einen traf die Propaganda aus dem Westen – der *Spiegel* überschrieb 1967 einen Beitrag mit »Privilegien wie in einem Fürstentum. Reiche und Arme in der DDR« – nicht ansatzweise die Realität; zum anderen waren unsere Privilegien, verglichen mit denen der Betuchteren im Westen, wohl »Peanuts« – um einen Ausdruck des ehemaligen Chefs der Deutschen Bank, Josef Ackermann, zu bemühen.

Mein neues Familienleben hatte sich jedenfalls eingespielt. Meine Mutter besuchte uns und freundete sich von Mal zu Mal mehr mit Iris an. Auch Barbara und Renate kamen zu uns und wir feierten Geburtstage und andere Feste gemeinsam, mussten das allerdings möglichst vor Sonja verbergen, die den Töchtern sonst Sanktionen androhte. So begingen wir das Weihnachtsfest einige Tage vor dem 24. Dezember, zumal wir über Weihnachten damals immer verreisten, so zum Beispiel 1973 nach Oberhof. Wir wollten dort in unserem Hotelzimmer ein kleines Weihnachtsbäumchen aufstellen, bekamen aber gesagt, dass man im Ort keinen Baum kaufen könne, alle gingen in den Wald und holten sich dort, was sie brauchten. So taten wir es dann auch. Mit einem Messer bewaffnet schnitten wir ein Mini-Bäumchen ab und begingen unser Weihnachtsfest im Hotelzimmer. Das Panorama-Hotel, in dem wir dank Beziehungen wohnten – Sozialismus ohne Beziehungen ist wie Kapitalismus ohne Geld – war damals noch ein nach internationalem Standard geführtes Haus mit mehreren Restaurants, in dem man gut speisen konnte, wenn man einen Platz bekam. Das erleichterten wiederum Beziehungen. – Auch sonst machten wir zu Dritt schöne Reisen an die Ostsee, in den Harz, in die Niedere und die Hohe Tatra sowie nach Bulgarien.

Ein besonderes Erlebnis war für mich eine Reise im Februar 1974 mit einer VdJ-Delegation unter Leitung des Präsidenten des Obersten Gerichts nach Indien. Es fing schon auf dem Flugplatz an, wir waren, wie man heute sagt: VIPs. Dann flogen wir natürlich erster Klasse zunächst nach Moskau. Unsere Maschine hatte Verspätung, aber die Maschine nach Indien wartete auf uns. Wieder in der ersten Klasse, war der lange Flug nicht zu beschwerlich. In Delhi kamen wir in ein luxuriöses Hotel. Als ich das WC aufsuchte, klingelte dort neben mir das Telefon, was mich leicht schockierte. Eine Hotelangestellte erkundigte sich auf Englisch nach meinem Befinden und etwaigen Wünschen. Ungewohnt waren mir auf der Straße die bettelnden Kinder, denen man nichts geben durfte, weil man sie sonst gar nicht loswurde. Es war eben alles ungewohnt. In einem Geschäft fiel mir ein Gegenstand zu Boden und ich bückte mich nach ihm, während schon ein dienstbarer Geist dasselbe tat. Ein Botschaftsangehöriger belehrte mich, dass ich falsch gehandelt hätte, man lässt sich bedienen. Wir wurden von den Repräsentanten der indischen Justiz, dem Justizminister, dem Generalstaatsanwalt und dem Präsidenten des Obersten Gerichts empfangen, reisten mit klimatisiertem PKW und mit dem Flugzeug durch das Land, sahen also viel und bekamen unentwegt Blumenketten umgehangen. Für mich war die Landschaft vorwiegend grau, mir fehlte das Grün. Ich staunte über die vielen Religionen, auf deren Sitten zum Beispiel bei Mahlzeiten Rücksicht genommen wurde. Trotz aller schönen und interessanten Eindrücke war ich froh, als wir auf dem Rückflug über der UdSSR das Grün der Wälder sahen und ich schließlich wieder zu Hause war.

Eine Reise ganz anderer Art machte ich im Auftrag der Juristenvereinigung zusammen mit deren Generalsekretär Roehl zu unserer Schwesterorganisation in die BRD. In mehreren Städten sprachen wir mit Mitgliedern der Organisation. Es war ein Erlebnis für mich. Ich sah nicht nur den höheren Wohlstand, sondern auch und vor allem, was diejenigen auf sich nahmen, die gegen den politischen Mainstream schwammen. Ich empfand es vielfach als beschämend. Wir konnten mit unseren marxistischen Erkenntnissen leicht überlegen tun, wir gingen damit kein Risiko ein, im Gegenteil, je marxistischer wir uns gaben, desto sicherer waren uns in unserem Land persönliche Vorteile. Es sollte sich zeigen, was so gebildete »Überzeugungen« wert waren.

In der DDR waren die Weltfestspiele 1973 für viele ein großes Erlebnis. Schließlich boten sie DDR-Bürgern Gelegenheit, mit der Jugend aus vielen Ländern in Kontakt zu kommen. Ich liebe solche Massenveranstaltungen weniger, konnte mich aber ihrer Wirkung auch nicht ganz entziehen. Walter Ulbricht verstarb während der Festspiele, aber sie wurden fortgesetzt. In der Folgezeit wurde sein Name, wo immer es ging, getilgt. Es wurde so getan, als hätte die Geschichte der DDR mit Erich Honecker begonnen. Ich hielt das nicht nur für geschmacklos, sondern auch für unklug.

Außenpolitisch gab es schlechte Nachrichten. Ich hatte mich mit vielen anderen gefreut, dass in Chile anscheinend der Sozialismus auf demokratischem Weg gesiegt hatte. Daraus ergaben sich, wie es schien, gravierende theoretische Folgen für Marxisten. Es war möglich, gewaltlos von der kapitalistischen Gesellschaft zur sozialistischen zu gelangen. Mit dem Sturz und dem gewaltsamen Tod Allendes – die CIA hatte den BND bereits wenige Tage zuvor über den geplanten Militärputsch informiert – wurde dieser Auffassung plötzlich der Boden entzogen. Die DDR gewährte geflohenen Chilenen Asyl.

Neue Hoffnung erfüllte nicht nur mich im nächsten Jahr, als der faschistische Diktator Portugals durch die Armee gestürzt wurde. Das Land schien eine Entwicklung zu erstreben, die zum Sozialismus führen würde. Schließlich wurde auch die Unterzeichnung der Schlussakte der KSZE-Konferenz in Helsinki von mir als ein hoffnungsvolles Zeichen angesehen. Honecker saß neben Kohl und der Frieden schien sicherer geworden zu sein. Ich sah wohl auch die Probleme, die der Korb 3, der sich auf die Beachtung bürgerlicher Grundrechte bezog, für die DDR bringen könnte, glaubte jedoch, die DDR hätte die Akte nicht unterzeichnet, wenn sie nicht in der Lage wäre, diese Probleme zu meistern. Ich hoffte, dass von Helsinki positive Anstöße für die Innenpolitik der DDR ausgehen würden.

Positiv verlief zumindest die berufliche Entwicklung von Iris. Sie bestand die Facharztprüfung und konnte nun als Arbeitsmedizinerin arbeiten. War sie zu Beginn unserer Bekanntschaft unpolitisch, so hatte sie inzwischen in der Klinik auch politisch in der Gewerkschaft gearbeitet und sozusagen Blut geleckt. Manches gefiel ihr am Leitungsstil in ihrer Arbeitsstelle nicht. Sie wollte Mitglied der SED werden und auf Veränderungen hinwirken. Die Parteiorganisation der Klinik wollte sie jedoch nicht aufnehmen. Man sagte, Angehörige der Intelligenz könnten zurzeit nicht in der Partei aufgenommen werden, nur Arbeiter. Wieder waren Beziehungen gefragt, danach klappte auch das.

Auch meinen Töchtern ging es gut. Barbara hatte 1973 einen Sohn, David, zur Welt gebracht, und Renate 1977 Charles. Iris, Antina und ich hatten zu ihnen ein gutes Verhältnis. Meine Mutter und Iris hatten daran einen besonderen Anteil. So verlebten wir alle Feste gemeinsam, meist auf der Datsche, auch im Winter, wo wir mit der billigen Elektroenergie den Bungalow heizten. 1978 wurde die Jugendweihe von Antina der Sitte gemäß gefeiert. Der Opa, Professor Bielfeldt, legte aus diesem Anlass seine Orden an. Obgleich er sicher viele Vorbehalte gegen die DDR hatte, auf seine Auszeichnungen war er stolz – mit Recht.

Im Laufe der Zeit hatte mir das Kollegium meinen Fehltritt verziehen. Nachdem ich 1973 in die Parteileitung gewählt worden war, wurde ich 1977 Parteisekretär. Entgegen anderen Behauptungen hatte der Parteisekretär weder den gleichen Einfluss noch die gleiche gesellschaftliche Stellung wie der Leiter eines Betriebes oder eben der Vorsitzende eines Kollegiums. Einflusslos war er allerdings auch nicht.

Der Staatsverlag der DDR gab 1979 aus Anlass des 30. Jahrestags der DDR die Schrift *Recht im Dienst des Volkes* heraus, zu der ich auch um einen Beitrag gebeten wurde. Die Tatsache, dass die Anwaltschaft in diesem Zusammenhang das Wort erhielt, zeigte, dass ihrer Stellung in der DDR jetzt größere Bedeutung beigemessen wurde. Auch hier versuchte ich unter dem Titel *Von der bürgerlichen Advokatur zur sozialistischen Rechtsanwaltschaft der DDR* die Interessen der Kollegien und ihrer Mitglieder zu vertreten. Ich rühmte die Parteinahme der Anwälte in der bürgerlichen Revolution von 1848, zeigte ihr Versagen gegenüber dem Naziregime 1933 und kritisierte ihre Entwicklung in der BRD. So zitierte ich unter anderem aus Weißlers *Geschichte der Rechtsanwaltschaft* von 1905 den Satz: »Ein Stand wie der unsrige wird die unangemessene Vermehrung seiner Glieder und Verminderung der Erwerbsmöglichkeiten stets mit moralischer Einbuße bezahlen.« Eine Feststellung, die heute noch mehr von Bedeutung ist als 1979. Damals stellte ich fest, dass die Zahl der Anwälte der BRD von 11.921 im Jahr 1950 auf 31.175 am 1. Januar 1977 angewachsen war. Ich führte das auf die allgemeine Krise des Kapitalismus zurück. Heute ist die Zahl von 150.000 Anwälten bereits überschritten und die von Weißler vorhergesagten Zustände sind unübersehbar, werden jedoch hingenommen.

Außenpolitisch zogen neue dunkle Wolken auf. Die Meldungen der Medien über den Einmarsch sowjetischer Truppen in Afghanistan und den NATO-Doppelbeschluss hätten schon in den letzten Tagen des Jahres 1979 vor den kommenden Ereignissen warnen müssen. Mir war die Bedeutung dieser Ereignisse nicht klar geworden. Das Wettrüsten hatte über Jahrzehnte in den Tagesnachrichten einen vorderen Platz gehabt, ohne dass es zu dramatischen Entwicklungen gekommen wäre, und Afghanistan lag weit weg. Schließlich glaubte ich, dass die UdSSR von der Regierung Afghanistans zu Hilfe gerufen worden war, und war überzeugt, dass die ruhmreiche Rote Armee auch diese Aufgabe lösen würde. Es blieb aber nicht bei diesen Ereignissen. 1980 kam es zu Streiks in Polen, die Regierung schloss schließlich in Gdansk mit der Solidarnosc eine Vereinbarung zur Beilegung der Streiks und legalisierte damit diese Gewerkschaft. Das war eine entscheidende Veränderung gegenüber der bisherigen Praxis in den volksdemokratischen Ländern. Benser kommentiert: »In Polen hatten, als erstem Land des Warschauer Paktes, pluralistische Politikformen festen Fuß gefasst und die Alleinherrschaft der kommunistischen Staatspartei beendet. Dies sollte sich als Ouvertüre für den Zerfall der kommunistischen Herrschaft in den Ländern des Realsozialismus erweisen.«[59] Die DDR hob danach die Visafreiheit im Grenzverkehr mit Polen im Oktober wieder auf. Das schlechte polnische Beispiel sollte in der DDR keine Schule machen. Schließlich wurde in Polen das Kriegsrecht ausgerufen. Ähnliche Konsequenzen hatte es 1953 in der DDR, 1956 in Polen und Ungarn sowie 1968 in der CSSR gegeben. Das war ich sozusagen gewöhnt und ahnte nichts von der Entwicklung.

Die Reaktion der DDR-Bevölkerung auf diese Ereignisse war unterschiedlich. Die Warenknappheit in der DDR war durch massenhafte Einkäufe von Polen noch erhöht worden, was eine breite polenfeindliche Stimmung in der Bevölkerung hervorgerufen hatte. Das alles wurde von mir zwar als eine schwierige Situation wahrgenommen, doch hätte ich nie geglaubt, dass dies erste Anzeichen vom Ende der DDR, ja des ganzen europäischen sozialistischen Lagers sein könnten.

Meine Funktion als Parteisekretär brachte es mit sich, dass ich zusammen mit dem Vorsitzenden unseres Kollegiums, Gerhard Häusler, und seinem Stellvertreter Gregor Gysi im September 1980 das Moskauer Rechtsanwaltskollegium besuchte. An den Besuch in Moskau habe ich nur wenige konkrete Erinnerungen. Irgendwie hatte ich aber bei den Treffen mit den Moskauer Kollegen ein eigentümliches Gefühl. Sie erschienen mir im Vergleich zu meiner Stimmung recht teilnahmslos, sie absolvierten – so fühlte ich es undeutlich – ein Pflichtprogramm. Von echter, kommunistischer Überzeugung spürte

59 Benser, a. a. O. S 364

ich nichts. Dieser Eindruck war, wie gesagt, nicht deutlich und führte nicht zu irgendwelchen weitergehenden Überlegungen bei mir, aber er war vorhanden und ich dachte wieder an ihn, als die UdSSR und die KPdSU zusammenbrachen. Die Fäulnis hatte nicht nur die Führung erfasst.

Im April 1981 starb Professor Kaul. Er war neben Hilde Benjamin – und vielleicht noch mehr als sie – die bekannteste Persönlichkeit des DDR-Rechtslebens. Sein Bekanntheitsgrad beruhte nicht nur auf der populären Fernsehreihe *Fragen Sie Professor Kaul*, in der Rechtsfragen des Alltags lebendig in von Schauspielern gestalteten Szenen behandelt wurden. Sein Auftreten als Verteidiger vor bundesdeutschen Gerichten sowie seine Fähigkeit, sich medienwirksam in Szene zu setzen, etwa als Fahrer einer Straßenbahn, hatten ihn schon vorher berühmt gemacht. Kaul setzte sich mit großer Energie für die Sendung ein. Sein gutes Verhältnis zu Walter Ulbricht und damit zugleich zu Heinz Adameck, dem Chef des DDR-Fernsehens, dürfte ihm das erleichtert haben. Er war auch Justitiar des Fernsehens, hatte als solcher ein Büro im Sendehaus und herrschte recht souverän in seinem Bereich. Es gab viele Anekdoten über sein dortiges Verhalten. So wird berichtet, dass er einem PKW, der auf dem Platz stand, den er gewohnheitsrechtlich für sich beanspruchte, die Luft aus den Reifen ließ. Es hieß auch, dass er, als die Toilette, die er zu benutzen pflegte, aus technischen Gründen geschlossen war, stattdessen aus dem Fenster uriniert hätte. Kaul war ein Unikum. Er war auch von den Westgerichten gefürchtet. Als ihm einmal vorgehalten wurde, er solle die Hand aus der Tasche nehmen, antwortete er, man solle froh sein, dass er die Faust nur in der Tasche balle. Für seine Fernsehsendung schrieb er selbst Verse. Sein Andenken ist noch heute in der Bevölkerung lebendig. Ich selbst wurde zum Beispiel mehrfach bis in die jüngste Zeit mit Dr. Kaul angesprochen.

Nach Kauls Tod entschied das ZK (das ZK entschied alles – auch ein Fehler), was nunmehr geschehen solle. Klar war, die Sendung sollte fortgeführt werden, unklar war, wer das machen sollte, ein Richter, ein Staatsanwalt, ein Rechtswissenschaftler oder wieder ein Anwalt. Man entschied sich für den Anwalt und die Wahl fiel auf mich. Die Sendung sollte allerdings nicht mehr so personenbezogen sein und so erhielt sie den Titel *Alles, was Recht ist*. Um die juristische Authentizität der Sendung als Nachfolger eines Professors zu erhöhen, musste ich den Doktorgrad erwerben – einen Titel, den ich zuvor nie benötigt hatte. An sich hatte ich gehofft, meine bisherigen Veröffentlichungen würden dafür eine ausreichende Grundlage bilden, denn das sah die Promotionsordnung als eine Möglichkeit vor. Doch die Humboldt-Universität war davon nicht begeistert und so gab es einen Kompromiss. Ich reichte eine Abschrift meiner sämtlichen Publikationen ein und verfasste eine Schrift mit dem Titel *Zur Stellung des Rechtsanwalts in der Rechtsordnung der DDR*. In ihr legte ich meine Auffassung insbesondere zur strittigen Frage dar, ob die Rechtsanwaltschaft oder der einzelne Rechtsanwalt ein Organ der Rechtspflege sei. Das entsprach auch nicht den Vorstellungen, die in der Fakultät herrschten. Ein Gutachter bemerkte in seinem Gutachten: »Vermutlich steht hinter den nicht nur vom Verfasser der Dissertation unternommenen Bemühungen nur die Konstruktion einer ›Organstellung‹ des Rechtsanwalts der Wunsch nach einer weiteren demonstrativen Aufwertung der Stellung des Rechtsanwalts, die aber nur formalen oder moralischen Charakter haben kann, weil weitergehende Befugnisse des Rechtsanwalts nicht gefordert werden.« Tatsächlich wollte ich jedoch nur dem Bestreben des Ministeriums entgegenwirken, die Stellung des Rechtsanwalts abzuwerten, denn die Organstellung des Anwalts war in Deutschland seit jeher anerkannt und war auch noch in der Verordnung über die Bildung der Kollegien der Rechtsanwälte ausgesprochen worden. Nicht um »Aufwertung«, sondern um Verhinderung der »Abwertung« ging es mir also.

Es muss noch im Jahr 1981 gewesen sein, als ich als Moderator begann. Einmal im Monat erschien jetzt Dr. Wolff auf dem Bildschirm. Das war natürlich für mich eine ganz neue Tätigkeit. An Kaul reichte ich nicht heran, das war von Anfang an klar. Für das Sendeteam brachte der Wechsel des Moderators Nachteile wie Vorteile mit sich. Ich konnte mich bei Adameck nicht so durchsetzen (ich habe ihn nicht ein einziges Mal auch nur gesehen), aber ich war auch nicht so autoritär wie Kaul. Vor der Kamera saß ich zunächst verkrampft und bemühte mich angestrengt, den Text, der nur zum Teil von mir stammte, fehlerfrei vom Blatt bzw. vom Lesegerät abzulesen. Wenn ich mich versprach, musste alles noch einmal von vorn gedreht werden. Das bedeutete für die vielen Anwesenden längere Arbeit. Ich stand unter Stress. Das merkte der aufmerksame Zuschauer auch. Die DDR-Kritiken blieben davon unberührt, nicht so die Westkritiken, die es auch gab, denn im Unterschied zu unseren Zeitungen, für die das Westfernsehen tabu war, veröffentlichte die Westpresse auch das Programm des DDR-Fernsehens nebst Kritiken. So schrieb Frau Ursula Schaaf im *Tagesspiegel* unter der Überschrift *Allzu cool*:

»In Sachen Rechtsfragen des Alltags war Professor Friedrich Karl Kaul jahrelang ein freundlicher Belehrer, auch ein lächelnder, wenn es der Fall erlaubte. Als er im Mai dieses Jahres starb, blieb sein Platz im Studio lange leer. Seit kurzem gibt es einen Nachfolger, Dr. Friedrich Wolff. Die Sendung heißt jetzt ›Alles was Recht ist‹. Zuschauerfragen werden natürlich nach wie vor beantwortet, aber – alles was Recht ist –, nur zum Vergnügen werde ich mir die Sendung nicht ansehen. Die kühle Unverbindlichkeit des neuen Moderators ist nicht gerade telegen.«

Das Fernsehen machte mich mit solchen Kritiken nicht bekannt, nur meine Mutter, eine beständige *Tagesspiegel*-Leserin, schickte mir auch diese Zeitungsausschnitte mit der Post. Wenn ich auch zum Schauspieler nicht geboren bin, so fand ich mich schließlich doch in meine neue Rolle hinein. Die Beklommenheit vor jedem neuen monatlichen Auftritt legte sich und die Kritiken wurden besser. So schrieb Eckart Kroneberg im März 1985 an gleicher Stelle:

»Von jeher besonders interessant, sowohl in der Art der Präsentation als auch inhaltlich: Die Rechtsfragen des Alltags, die unter dem doppeldeutigen ›Alles, was Recht ist‹ laufen. Vordem war dieses Magazin von dem unverwechselbaren und unvergesslichen Professor Kaul moderiert worden, seit seinem Tod von einem Doktor Friedrich Wolff, der mir anfänglich ungemein trocken erschien, nun aber zusehends zur ironischen Qualität seines Vorgängers aufzulaufen scheint.«

Auch der RIAS beschäftigte sich 1985 mit *Alles, was Recht ist*. Mir wurde eine Mitschrift des Staatlichen Komitees für Rundfunk übergeben, in der eine Sendung am 13. Juni mit folgenden Bemerkungen angekündigt worden war:

»Obwohl die Sendung immer noch zu den meistgesehenen des Ostfernsehens gehört, ging die Zuschauerzahl um fast 20% zurück. Es liegt sicher nicht an der Person des renommierten Rechtsanwalts. Mit einer leichten Neigung zum Lispeln wirkt er volkstümlich, seine Ausstrahlung ist vertrauenerweckend, und wenn schon eine gewisse Fernsehbefangenheit ist, kann man ihm Sachkenntnis, Kompetenz und Gesetzeskenntnis kaum absprechen. Der Zuschauerverlust muss einzig in den Themen der Sendung gesucht werden.«

Die Holprigkeit dieses Textes beruht wahrscheinlich auf Übertragungsfehlern. RIAS meinte, Kaul hätte mehr heiße Eisen angefasst als ich. Das mag sein. Weiter hieß es dann:

»Dabei gehört Friedrich Wolf durchaus zu den couragierten Rechtsanwälten der DDR. Dank seines gesicherten Rufes konnte er es sich durchaus leisten, bei einem

Prozess vor Gericht zu erklären, Zitat aus der Berufungsverhandlung eines politischen Prozesses am Gericht des Berliner Stadtbezirks Mitte: ›Das angefochtene Urteil beruht auf falschen tatsächlichen Feststellungen, auf Verstößen gegen das Strafverfahrensrecht, es verletzt das Strafgesetz.‹

Dazu gehörte keine Courage, das war nur eine Wiedergabe des Gesetzestextes, die formelhaft, am Anfang einer Berufungsschrift steht, wenn ein Urteil in vollem Umfang angegriffen wird. Immerhin war ich mit dieser Rezension zufrieden.

Auch die Fernsehoberen honorierten die Bemühungen unseres Kollektivs und verliehen der Sendung im selben Jahr das Prädikat »wertvoll.« Noch später, 1988, erhielt ich unter den Moderatoren der Publizistik den 3. Platz als »Fernsehliebling«.

Zwei Jahre später wurde ich gefeuert. Ein Anwaltskollege aus dem Westen, der sich als Liberaler outete, warf mir vor, dass ich den Zuschauern mitgeteilt hätte, ein Beitritt nach Art. 23 des Grundgesetzes würde zur Folge haben, dass unter anderem das Recht auf Abbruch der Schwangerschaft entfallen würde. Da ich auch immer mit Parteiabzeichen auf dem Bildschirm zu sehen gewesen war, fürchteten die hauptamtlichen Fernsehleute um die Existenz der Sendung und damit um ihre eigene. Ich entsprach ihrem Wunsch und ging 1990 unter Verzicht auf meine vertraglichen Rechte. Die hundertste Sendung hatten wir allerdings noch am 15. Oktober 1989 aufgezeichnet und danach auch festlich, wenn ich nicht irre, im Hotel Newa begangen. Mein Abgang nützte der Sendung nicht. Sie verschwand mit dem ganzen Fernsehfunk der DDR.

Meine anwaltliche Tätigkeit wurde von meiner Moderation nicht wesentlich beeinflusst. Ein Höhepunkt auf diesem Gebiet war für mich die Entlassung erst von Christel, dann von Günter Guillaume im Laufe des Jahres 1981. Sie hatten sich in der Zeit ihrer Haft auseinandergelebt und ihre Ehe wurde geschieden. – Gleichfalls im Jahr 1981 erhielt ich das Mandat zur Verteidigung eines SS-Führers, der an dem Gemetzel von Oradour beteiligt war. Dieses Verfahren war eines der schwierigsten, die ich als Rechtsanwalt zu bewältigen hatte. Es beschäftigte mich lange Zeit. In *Verlorene Prozesse* habe ich ausführlich darüber berichtet.[60] – Nachteilig war es für meine anwaltliche Arbeit, dass sich aufgrund meiner Bildschirmauftritte mehr Querulanten mit ihren Anliegen an mich wendeten, andere Mandanten wurden dagegen eher abgeschreckt. Sie dachten

60 A. a. O., S. 161

wahrscheinlich, ihr Anliegen sei viel zu unbedeutend für einen Anwalt, der im Fernsehen zu sehen war. Andererseits wurde ich von Zeitungen und Zeitschriften um Interviews und um Beiträge zu Rechtsfragen gebeten. Regelmäßig schrieb ich eine Zeitlang für eine *Rechtsecke* der Fernsehzeitschrift.

Auf dem X. Parteitag der SED im April 1981 beurteilte Erich Honecker die politische Lage optimistisch. So sagte er:

»Während in der Welt des Kapitals in der zurückliegenden Zeit eine Krise auf die andere folgte, setzte sich bei uns der Aufschwung auf allen Gebieten des gesellschaftlichen Lebens fort.« Und etwas später: Wir sind in die 80er Jahre eingetreten. Sie werden unserer Partei sowohl in nationaler als auch in internationaler Hinsicht neue, höhere Aufgaben stellen. Wir sind bereit, die Herausforderungen dieses Jahrzehnts anzunehmen. Ausgerüstet mit neuen Erfahrungen und Erkenntnissen werden wir auch weiterhin mit Erfolg die entwickelte sozialistische Gesellschaft gestalten und so grundlegende Voraussetzungen für den allmählichen Übergang zum Kommunismus schaffen.«

Wenn ich das heute lese, muss ich den Kopf über so viel Blindheit schütteln. Zwar hatte ich nie geglaubt, dass die Partei immer Recht hatte, aber so falsch hatte sie die politische Lage wohl noch nie beurteilt. Keine zehn Jahre später wendete sich das Volk, wendete sich die Arbeiterklasse von der SED ab. Der Arbeiter-und-Bauern-Staat trat kampflos von der politischen Bühne ab, seine Waffen überließ er dem Feind, seine Führer schworen vielfach dem Marxismus ab, der »große Bruder« gab die DDR auf und verbot sogar die KPdSU, die sich gleichfalls kampflos ergab. Das alles offenbarte: bei unserem »großen Bruder« war etwas faul, sehr faul. Mehr noch als bei uns. Es war wohl so, dass mit der längeren Dauer der dortigen Verhältnisse auch der innere Verfallsprozess weiter fortgeschritten war als bei uns. Denn faul war auch in der DDR vieles, wie sich bald zeigen sollte.

Andererseits war die Feststellung Honeckers, dass »in der Welt des Kapitals in der zurückliegenden Zeit eine Krise auf die andere folgte«, auch richtig. Kohl hatte 1982 im ersten Satz seiner Antrittsrede als Bundeskanzler davon gesprochen, dass es um die Überwindung der »schwersten Wirtschaftskrise seit Bestehen der Bundesrepublik Deutschland« ginge. Er hat sie nicht überwunden, die CDU hat sie nicht überwunden, die SPD ebenfalls nicht und die Große Koalition auch nicht. FDP und Grüne taten ihr Übriges. Alles ist nur noch schlimmer geworden. Doch während Kohl die Krise in der Bundesrepublik erkannte, sah Honecker, sahen wir Sozialisten in der DDR und sahen auch die Kommunisten in der UdSSR die Zeichen einer Krise in unseren Ländern nicht. Die Frage ist unabweisbar, warum das so war. Kohl fiel das Erkennen der Krise leicht, weil er sie seinen politischen Gegnern anlasten konnte. Diese Möglichkeit war im sozialistischen Lager nicht gegeben. Hier wollte man die Anzeichen einer Krise nicht erkennen, Wunschdenken herrschte vor, das Schönreden war Staatsdoktrin.

Mein Leben verlief trotz aller Menetekel weiter auf einer scheinbar ungefährdeten, allmählich aufwärts führenden Bahn. Iris arbeitete in ihrer Poliklinik als Arbeitsmedizinerin, David, mein ältester Enkel, wurde eingeschult, Antina ging noch auf die Erweiterte Oberschule und machte 1981 ihr Abitur, Barbara hatte als Rechtsanwältin ihre ersten Erfahrungen gesammelt, Renate war 1976 Notarin im Staatlichen Notariat geworden.

Meine Reisen zu unseren Kundschaftern in Frankreich gingen weiter. Bei einem dieser Aufenthalte interviewte mich Rechtsanwalt Soulez-Larivière für sein Buch *L'avocature*, die Anwaltschaft, das 1982 erschien. Es enthielt außer unserem Gespräch Interviews mit weiteren 25 Anwälten aus den USA, Frankreich und der Bundesrepublik. Die Zusage für ein derartiges Interview war unter den damaligen Umständen nicht ohne Risiko. Hätte ich Zeit gehabt, hätte ich beim Ministerium angefragt, ob es genehmigt wird. Die Anfrage kam jedoch unvermittelt und ich musste mich sofort entscheiden, also stimmte ich zu. Der Präsident des Obersten Gerichts, Dr. Toeplitz, teilte mir später mit, er habe das Buch gelesen und beanstandete meine Auskünfte nicht.

Wenn sich auch die veränderte politische Weltsituation nicht auf das Privatleben von Leuten meiner Art auswirkte, so wies uns die Partei doch – wenn auch voller Optimismus – auf die Zuspitzung der politischen Situation hin. In dem Rechenschaftsbericht unserer Parteileitung vom 17. März 1982 zitierten wir zum Beispiel einen Beschluss des X. Parteitages der SED: »Auf dem Erdball sind heute Prozesse tiefgreifender revolutionärer Veränderungen und harter Auseinandersetzungen über die Lebensfragen der Menschheit im Gange. Der Kampf für Sozialismus und Frieden, für nationale und soziale Befreiung der Völker, für ihre Unabhängigkeit, gegen den Imperialismus hat ein neues Stadium erreicht. Im Brennpunkt steht mehr denn je die Sicherung des Friedens, die letztlich über Gegenwart und Zukunft der Menschheit entscheidet.« Ich – und wahrscheinlich mit mir viele andere – nahm das jedoch nicht so sehr ernst. Zu oft hatten wir Solches oder Ähnliches gehört. Die größere Gefahr, die von innen drohte, sahen wir nicht, sahen auch unsere führenden Genossen nicht. Im Gegenteil, sie zweifelten die Geschlossenheit der Partei wie des gesamten sozialistischen Lagers (jedenfalls offiziell) nie an. Dabei gab es ernste Signale, etwa ein beachtlicher Anstieg von Parteiverfahren und -strafen. Davon wusste ich jedoch nichts und die anderen Parteileitungsmitglieder wussten davon auch nichts. Die Partei vertraute uns anscheinend nicht. Sie wollte wieder keine Fehlerdiskussion. Die wäre wohl angebracht gewesen.

Die DDR veränderte sich wie die Bundesrepublik und wie wohl alle Staaten dieser Welt ab den 1970er Jahren zunehmend. Helsinki und das Streben nach internationaler Anerkennung verlangten das von ihr. Die Haltung des Justizministeriums und des ZK zur Rechtsanwaltschaft trug dem Rechnung. Man wollte mehr Rechtsstaatlichkeit gewährleisten und man wollte das auch zeigen. Das Gesetz über die Kollegien der Rechtsanwälte von 1980 war bereits ein etwas zaghafter Ausdruck dieser neuen Linie der Partei. Neben vielen anderen Tatsachen gehörte dazu auch, dass der Staatsverlag der DDR in seiner Reihe *Recht in unserer Zeit* eine Broschüre über die Rechtsanwaltschaft veröffentlichen wollte oder sollte. Den Auftrag, diese Broschüre zu schreiben, erhielt ich und lieferte das Manuskript mit dem Titel *Vertrauensvoll zum Rechtsanwalt* 1982 ab. Es war meine erste Monographie. Darin gab es Kapitel wie *Braucht die sozialistische Gesellschaft einen Rechtsanwalt?* In ihm hieß es unter anderem: »Im Gegensatz zu Richter, Staatsanwalt oder Notar ist der Rechtsanwalt keine ›Amtsperson‹. Seine Funktion in unserem Rechtsleben macht ihn nicht zum Justizfunktionär. Er empfängt kein Gehalt vom Staat, sondern ein in der Rechtsanwaltsgebührenordnung geregeltes Honorar von seinem jeweiligen Auftraggeber.«[61] In einem anderen Kapitel mit der Überschrift *Brauche ich einen Rechtsanwalt* schilderte ich Fälle aus meiner Praxis – Strafsachen, Zivilsachen, Familienrechtssachen. Bei der Schilderung eines Spionagefalles schrieb ich: »Einen sichtbaren Erfolg hatte die Verteidigung nicht gebracht, dennoch war sie weder sinn- noch nutzlos.« Danach äußerte ich ein Credo: »Das Verbrechen lässt sich in keinem Fall verteidigen, der Mensch – selbst wenn er der Täter war – immer«[62] Auch wenn die Broschüre für den Anwalt warb, sie färbte – glaube ich – nicht schön.

Die Angelegenheiten des Berliner Rechtsanwaltskollegiums beschäftigten mich auch in den achtziger Jahren. Als Parteisekretär erhielt ich vom Vorsitzenden des Kollegiums ständig Informationen über die kleinen und größeren Probleme unserer Gemeinschaft. Eins dieser Probleme war die Aufnahme

61 Friedrich Wolff, Vertrauensvoll zum Rechtsanwalt, Berlin 1982, S. 6 f
62 A. a. O., S. 40 f

eines Blinden in das Kollegium. Der Anwaltsberuf war der einzige, den blinde Juristen in der Justiz ausüben konnten, also war es unsere gesellschaftliche Pflicht, den neuen Kollegen aufzunehmen. Das ging noch gut, doch dann war zu entscheiden, in welcher Zweigstelle er arbeiten sollte. Die Parteileitung und der Vorstand entschieden anders, als ein Mitglied des Vorstands es wollte. Diese Kollegin wollte in die Zweigstelle und auf den Platz, der für den blinden Kollegen von uns gewählt worden war. Es entstand ein Sturm im Wasserglas. Schließlich entschied die Mitgliederversammlung gegen den Vorstand. Die Demokratie im Kollegium hatte sich mit Hilfe einer Lobby durchgesetzt, von der später noch die Rede sein wird. Begeistert war ich nicht.

Kaderfragen, wie wir Personalentscheidungen in der DDR nannten, spielten überhaupt in den Sitzungen der Parteileitung eine große Rolle. Wer sollte was werden? Dazu gehörte auch die Wahl des Parteisekretärs. Ich war lange genug Parteisekretär, war außerdem inzwischen 60 Jahre alt und junges Blut sollte mir nachfolgen. Das abschreckende Vorbild des Politbüros beherrschte – unausgesprochen, versteht sich – unser Denken und Handeln. Also sollte Gregor Gysi Parteisekretär werden, bevor er später Vorsitzender des Kollegiums sein sollte. Die Linie war klar, die Beschlüsse einmütig. Dann aber kam der besagte Sturm im Wasserglas. Gysi wurde in der Frage der Besetzung der Zweigstelle mit dem Blinden von der Parteileitung überstimmt. Das kränkte ihn. Die Mitgliederversammlung gab ihm später Recht. Er fuhr in den Winterurlaub und hinterließ mit Datum vom 10. Februar 1982 einen Brief, der mit den Worten begann: »Liebe Genossen! Auf Grund der neuen Situation durch Beschlüsse der PL in Bezug auf meine Zweigstelle, hat sich für mich eine künftige Mehrbelastung und ein gestörtes Vertrauensverhältnis zu einigen Genossen der PL ergeben, die mir eine weitere Aufrechterhaltung der Bereitschaft, bei den Wahlen für die neue PL zu kandidieren, unmöglich macht.« Im Ergebnis dieses Briefes wurde Gregor Gysi in der folgenden Wahlversammlung der SED-Grundorganisation zwar noch als Mitglied der Parteileitung, von dieser selbst jedoch nicht mehr als Parteisekretär gewählt. In der Wahl der Grundorganisation erhielt Gysi 48 von 49 Stimmen, Häusler 40 und ich 48 Stimmen. So war das Kollegium und so war – oder ist (?) – Gregor Gysi. Rückschauend glaube ich, dass die ganze Angelegenheit der Anfang einer Entwicklung war, die zum Rücktritt Häuslers von der Funktion des Vorsitzenden führte.

In der Parteileitung wurden fast alle Angelegenheiten des Kollegiums ähnlich wie im Vorstand erörtert. So auch der Empfang von Juristendelegationen aus Bulgarien, der Mongolischen Volksrepublik, Nicaragua, Jordanien, Australien, Indien, Kolumbien, den USA und Norwegen, d. h. sie erörterte Vorstellungen des Vorstands, wer die Gäste wann und wo empfangen, begleiten und mit ihnen essen sollte. Es waren renommierte Anwaltschaften, die uns damals besuchten.

Besondere Vorbereitungen erforderten auch die Rechenschaftsberichte auf den zweijährigen Jahreshauptversammlungen, in denen Vorstand und Revisionskommission zu wählen und der Haushalt des Kollegiums zu beschließen waren. Die neue Haltung des Ministeriums gegenüber der Rechtsanwaltschaft kam bei diesen Gelegenheiten ebenfalls zum Ausdruck. Minister Heusinger sagte in seinem Diskussionsbeitrag laut Protokoll: »Das Ministerium hat sich bemüht, das Verhältnis zwischen Ministerium und Rechtsanwaltschaft immer produktiver und mit optimistischem Ton zu halten.« Wir verstanden das als ein Bemühen um freundschaftlichere Kontakte. Wie auch immer, das war ein neuer Ton.

Im Kollegium gab es eine Gruppe junger Genossen, die sich vom Studium her kannten und die eine Kollegiums-Opposition bildeten. Im Jargon des Kollegiums hießen sie die Viererbande. Sie hatte natürlich andere Kollegiumsmitglieder zu Freunden, die sie bewegen konnten, sich bei Wahlen in einer vorher abgesprochenen Weise zu verhalten. Das führte dazu, dass bei den »persönlichen Gesprächen«, die die Parteileitung vor Wahlen, aber auch zu anderen Zeiten, zum Teil auf zentrale Weisung hin durchführte, sich 1983 zwölf Genossen kritisch zu der Tätigkeit Gerhard Häuslers als Vorsitzendem äußerten. Das veranlasste ihn, bei der Wahl des Vorstandes im März 1984 nicht mehr zu kandidieren. Er musste nach den Äußerungen in den »persönlichen Gesprächen« damit rechnen, dass er in der geheimen Wahl nicht die erforderliche Anzahl von Stimmen erhalten würde. Die Bezirksleitung kannte die Stimmung im Kollegium, da sie die Protokolle der Parteileitungs-Sitzungen erhielt und ihr Vertreter an wichtigen Parteileitungs-Sitzungen teilnahm. Sie unternahm nichts, um Häusler zu halten. Dabei mag eine Rolle gespielt haben, dass dieser als Schwiegervater der Tochter Günter Mittags dessen Gunst infolge der Scheidung seiner Tochter verloren hatte. Auch so waren die DDR und das Kollegium.

***

In diese Zeit fielen schließlich wichtige familiäre Ereignisse. Meine Mutter, die bis dahin ihren Haushalt allein geführt und daneben noch ihr Miethaus in Charlottenburg selbst verwaltet hatte, wurde 1982 pflegebedürftig. Sie war von

Nachbarn in ihrer Wohnung mit starkem Nasenbluten aufgefunden worden. Diese verständigten mich und dank meines Passes, meiner Privilegien, konnte ich zu ihr fahren. Der herbeigerufene Notarzt wies sie ins Krankenhaus ein. Da sie nicht versichert war, verlangte das Krankenhaus sofort einen Vorschuss von 2.000 DM. Natürlich besaß ich nicht so viel Westgeld. Meine Mutter hatte mir aber, wohl in weiser Voraussicht, verraten, dass sie Bargeld in einem Einwecktopf auf dem Balkon versteckt hatte. Dort fand ich genügend Geld und zahlte es ein. Das war für mich eine eindrucksvolle Konfrontation mit dem Kapitalismus, der sich auf Menschenrechte usw. berief. Nach einiger Zeit wurde sie aus dem Krankenhaus entlassen, konnte aber nicht allein bleiben, so dass ich sie zu uns nahm. Iris betreute sie einige Wochen, bis wir einen Heimplatz erhielten. Dank der Vermittlung von Rechtsanwalt Vogel nahm sie das evangelische Elisabethstift auf. Der Vertreter der Kirche, der mit uns über die Aufnahmemodalitäten sprach, sagte, ich müsse selbst entscheiden und verantworten, ob sie ins Heim solle. Es war für mich ein schwerer Tag, als ich mit ihr im Dezember 1982 in das Stift fuhr. Sie fand sich mit dem Heimaufenthalt nach einer Eingewöhnungsphase gut ab und blieb dort ein Jahr. Die ganze Familie besuchte sie abwechselnd mehrmals wöchentlich und fand sie gewöhnlich in guter Stimmung. Sie lag in einem Zweibettzimmer zusammen mit einer jungen Frau, die Spastikerin war und nur unverständliche Laute von sich gab, von der aber viele glaubten, dass sie alles verstand und intelligent war. Beide mochten sich und zeigten das auch. In den ersten Monaten konnten wir sie an den Wochenenden noch zu uns nach Stolzenhagen holen. Es war nicht ganz einfach, sie ins Auto zu bringen. Ein Geistlicher des Stifts, der Iris bei ihren Bemühungen beobachtete, versprach, der Herrgott werde es ihr danken. Später waren diese Fahrten nicht mehr möglich. Am 1. Januar 1984 starb meine Mutter, kurz vor ihrem 100. Geburtstag. Renate überbrachte mir die Nachricht. Auf dem jüdischen Friedhof in Weißensee wurde sie im Grab meines Vaters beigesetzt. Eine Grabstelle blieb folglich frei, die Friedhofangestellte fragte uns, ob wir darauf noch wert legen, was ich kurz entschlossen verneinte, doch Iris widersprach. So ist die Grabstelle noch frei und wartet auf uns. – Ich blieb dem Stift für die Pflege meiner Mutter immer dankbar.

Auch für andere Familienmitglieder ereignete sich in dieser Zeit Entscheidendes. Antina wurde zum Pädagogikstudium an der Karl-Marx-Universität in Leipzig zugelassen. Dort gab es für sie aber nur die Möglichkeit, die Fächer Russisch und Geschichte zu belegen. Das wollte sie aber nicht, sie wollte Französisch- und Russischlehrerin werden. Entgegen unserem Rat bewarb sie sich in Berlin und wurde tatsächlich in den Fächern, die sie gewählt hatte, aufgenommen. Später absolvierte sie ein Studienjahr in der UdSSR, in Belgorod bei Charkow. Sie gehörte zu der ersten Gruppe von DDR-Studenten, die dort studierten. Iris schickte ihr laufend Päckchen mit den notwendigen Sanitärartikeln. Antina lernte so die UdSSR ungeschönt kennen. In dieser Zeit bekam sie mit unserer Hilfe (Privilegien!) eine eigene Wohnung, so dass wir die 68 qm am Leninplatz und unsere Datsche allein nutzen konnten. Es war auch höchste Zeit. Die Abkoppelung von uns verlief durchaus nicht schmerzfrei – für uns.

Im Jahr 1982 erhielt ich den Vaterländischen Verdienstorden in Silber, was vielleicht auch ein Resultat meiner Tätigkeit im Fernsehen war. Ich freute mich, zumal die Ehrung mit einem Geldsegen verbunden war, an dessen Höhe ich mich jetzt nicht mehr erinnere.

Inspiriert durch meine Promotion, hatte sich Iris, nach langem Zureden durch ihren Klinikchef Professor Häublein, auch an eine Dissertation gewagt. Sie arbeitete angestrengt an einer medizinhistorischen Arbeit, besuchte Archive und promovierte schließlich 1984 mit cum laude. Am Tag der Verteidigung ihrer Promotion war ich noch in Sofia, um den bulgarischen Genossen bei der Abwehr der Vorwürfe zu helfen, der Papstattentäter hätte im Auftrag des bulgarischen Geheimdienstes gehandelt. Ohne dass ich mich im Einzelnen an diese Reise erinnern kann, glaube ich, dass meine Hilfe nicht in Anspruch genommen worden ist. Ich kam gerade rechtzeitig nach Berlin zurück, um noch am letzten Teil der Feier teilzunehmen, zu der Iris eingeladen hatte. Ich war sehr zufrieden, dass Iris sich nunmehr Doktor nennen durfte. In der Medizin werden die Ärzte zwar allgemein Doktor genannt, doch wenn eine Ärztin telefonisch ein Krankenhaus oder einen anderen Arzt anruft, kann sie sich nicht Doktor nennen und muss sich umständlich auf andere Art als Ärztin zu erkennen geben. Der Doktortitel stärkte erneut ein wenig ihr etwas unterentwickeltes Selbstwertgefühl. Die Promotion hat ihr, glaube ich, gut getan.

Da die geplante Kaderentwicklung, die Gysi zum Vorsitzenden machen sollte, so nicht realisiert werden konnte, beschlossen Bezirks- und unsere Parteileitung unter Berücksichtigung der Stimmung der Mitglieder des Kollegiums, ich solle wieder Vorsitzender werden. Ich übernahm das Amt 1984. Ich wollte im Rahmen meiner Funktion an der Durchführung der zu erwartenden Veränderungen aktiv teilnehmen. Im Hinblick auf mein Alter von damals von fast 62 Jahren erklärte ich jedoch, dass ich nicht länger als vier Jahre Vorsitzender sein wolle.

Als Vorsitzender bezog ich 1984 wieder das Büro, das ich 1970 verlassen hatte. Ich hatte also wieder zwei Arbeitsstellen, die Zweigstelle Friedrichshain II und den Vorstand des Kollegiums. Sonst aber hatte sich vieles verändert. Der Justizminister hieß jetzt Hans-Joachim Heusinger. Er gehörte wie sein unmittelbarer Vorgänger, Dr. Kurt Wünsche, der Liberaldemokratischen Partei (LDPD) an. Was ihn von seinen Vorgängern vorteilhaft unterschied, war seine verbindliche Art. Er konnte zuhören, selbst wenn ein Untergebener etwas sagte. Unabhängig von der Person des Ministers hatte sich auch, wie ich bereits früher als Kollegiumsmitglied und als Parteisekretär bemerkt hatte, der Stil des Ministeriums gegenüber der Anwaltschaft geändert. Er war freundlicher geworden. Dennoch sah das Ministerium auf diesem Gebiet seine Hauptaufgabe in der Erziehung der politisch, wie es meinte, zurückgebliebenen Rechtsanwälte. Der Minister sprach jetzt oft selbst zu den Kollegiumsvorsitzenden. Vorwiegend trug er vor, was ihm an Klagen über die Anwälte unterbreitet worden war. Ich erinnere mich noch an ein Beispiel solcher Beanstandungen. Zwischen einem Verteidiger und einem Vorsitzenden einer Strafkammer war es in einer Strafsache zu einer Auseinandersetzung gekommen. In ihrem Verlauf rügte der Vorsitzende den Anwalt: »Nehmen Sie erst einmal die Hand aus der Tasche!« Der Anwalt erwiderte: »Ziehen Sie erst einmal den Schlips grade!« Das war quasi Westniveau und erinnerte mich an die Anekdote von Kaul, über die ich bereits berichtete.

Heusinger sprach im Gegensatz zu seinen Vorgängern öfter mit mir. Ich hatte ihn darum gebeten und die Zeiten hatten sich geändert. Über das erste Gespräch, das ich am 10. Dezember 1984 mit ihm hatte, hieß es in meinem Vermerk: »Das Gespräch fand auf meinen Wunsch hin statt und dauerte eine knappe Stunde.« In meinem Vermerk referierte ich meinen Vortrag dann weiter:

»... Meiner Ansicht nach wäre es notwendig, gewisse Probleme in einem engen Kreis zu erörtern. ... Mir ginge es darum, die Möglichkeit zu erhalten, mich über bestimmte Probleme zu äußern, andererseits aber auch über Fragen, die die Rechtsanwälte interessieren, informiert zu werden. ... Es müsse die Möglichkeit gegeben werden, dass Anwälte mehr Gehör finden. Dabei verwies ich auf die Erfahrungen der Bulgarienreise. Wenn man auch bulgarische Verhältnisse nicht auf die DDR übertragen könne, so sei doch manches, was wir dort erfahren hätten, nachdenkenswert. Dort hätte ich mit Funktionären gesprochen, die ich in der DDR nie zu Gesicht bekomme.«

Meine Anregung hatte Erfolg, es gab relativ häufig Gespräche, die der Minister zum Teil mit mir allein führte, später unter Teilnahme von Uschi Jung, der für uns zuständigen Mitarbeiterin im ZK. Sie hatte auch ein freundliches Wesen, war jedoch offensichtlich zur Kontrolleurin bestimmt. Ich muss sagen, dass ich sie für nicht sehr kompetent hielt. Ihr weiterer Lebensweg bestärkte mich in dieser Auffassung. Sie wurde 1990 zu einer Verehrerin und Mitarbeiterin von Gregor Gysi, dann zu einer leitenden Mitarbeiterin in einem Hotel in Frankfurt/Oder und schließlich Mitarbeiterin eines SPD-Abgeordneten im Brandenburger Landtag. Von ihrem Ehemann, der gleichfalls der Partei und dem Staat DDR sehr verbunden war, ließ sie sich scheiden. Anders Heusinger. Er arbeitete, wie ich erfuhr, nach dem Anschluss als Haushandwerker, trat nicht in die FDP ein, sondern unterstützte aktiv die PDS oder wurde ihr Mitglied, kurz: er flößte mir Hochachtung ein.

Es mag der Streit zwischen dem Verteidiger und dem Richter über die Hand in der Hosentasche gewesen sein, der mich in einer persönlichen Unterredung veranlasste, Heusinger zu empfehlen, Anwälte nicht nur zu tadeln, sondern auch zu verteidigen. Er besitze mit den Anwälten eine gute Informationsquelle und ein Chef müsse sich auch vor seine Kader stellen. Ob es auf diese Unterredung, auf eigene Erkenntnisse des Ministers oder auf die allgemeine politische Entwicklung zurückzuführen war, die Belehrungen der Vorsitzenden wurden milder oder hörten ganz auf.

Eines meiner Anliegen war es, die Erinnerung an die vielen fortschrittlichen deutschen Anwälte aufrecht zu erhalten bzw. überhaupt erst zu erwecken. Mir lag daran, das in der SED und im Ministerium vorherrschende einseitige Bild von der reaktionären Anwaltschaft zu korrigieren. Von den Anwälten, die an der vordersten Front der Revolution von 1848 gestanden hatten und in der Frankfurter Paulskirche überaus zahlreich vertreten waren, bis zu den sozialistischen und kommunistischen Anwälten der Weimarer Republik gab es genügend Zeugnisse für eine Rolle deutscher Anwälte in der Geschichte, auf die die Anwälte der DDR mit Stolz zurückblicken konnten. Deswegen verfiel ich 1985 auf die Idee, eine Kurt-Rosenfeld-Medaille im Berliner Kollegium zu schaffen, mit der verdiente Mitglieder ausgezeichnet werden sollten. Natürlich musste das Ministerium zustimmen. Dort glaubte man zunächst, wir wollten einen Orden stiften. Als wir erklärten, es handele sich um eine Porzellanmedaille, die nicht am Rock zu tragen wäre, sondern in eine Vitrine gehöre, wurde der zuständige Hauptabteilungsleiter Dr. Horn etwas zugänglicher. Jetzt tauchte die Frage auf, wer dieser Dr. Rosenfeld eigentlich gewesen wäre. Im Ministerium wusste man nicht, dass er einer der Verteidiger von Rosa Luxemburg sowie von Carl von Ossietzky war. Unsere Aufklärung führte zu weiterem Nachlassen des Widerstands. Endgültig durchsetzen konnten wir das Projekt, als wir erklärten, die erste Medaille würden wir dem Minister überreichen. Das war für die Fachabteilung Rechtsanwälte im Ministerium an sich ein blamabler Vorfall, doch auch in der Bundesrepublik und sogar bei den Repräsentanten der Anwaltschaft selbst sah es nicht besser aus. Im Laufe der zunehmenden Kontakte zu ihnen stellte ich fest – es muss 1989 gewesen sein – dass der Name Julius Magnus dort (wenigstens bei meinem Gesprächspartner) nicht bekannt war. Magnus war der Herausgeber der Juristischen Wochenschrift, die vor 1933 die bedeutendste juristische Fachzeitschrift war und vom Deutschen Anwaltverein in der Weimarer Republik herausgegeben wurde. Als nach Kriegsende in Verbindung mit dem wiedererstandenen Anwaltverein eine neue Fachzeitschrift herausgegeben wurde, nannte man sie Neue Juristische Wochenschrift. Einen Nachruf oder eine Würdigung von Julius Magnus gab es nicht. Das sagte ich 1989 meinem Gesprächspartner, der zu erkennen gab, dass ihm Magnus nicht bekannt war. Als ebenfalls 1989 der Deutsche Anwaltverein (BRD) eine Gedenkveranstaltung für seinen ehemaligen Vorsitzenden in Leipzig durchführte, bildete ich mir ein, dazu den Anstoß gegeben zu haben. Aus diesem Anlass wurde auch eine *Festschrift Martin Drucker zum 65. Geburtstag* verteilt, die Julius Magnus noch unter der Naziherrschaft am 6. Oktober 1934 hatte herausbringen können. Magnus war am 15. Mai 1944 im KZ Theresienstadt umgekommen. Drucker überlebte als »Halbjude« die Nazizeit und wurde wieder Anwalt in Leipzig. Die dortige Universität feierte ihn 1946 zum Goldenen Doktorjubiläum.[63] – Magnus blieb vergessen.

Im Oktober 1985 wurde Wolfgang Vogel von der Akademie für Staats- und Rechtswissenschaft, die vorher den Namen Walter Ulbricht getragen hatte, zum Professor ernannt. Ich erhielt zu der Veranstaltung eine Einladung. Vogel hatte mich schon vorher gebeten, ihm für die Rede, die er aus diesem Anlass halten wollte, das Manuskript meiner Verteidigung anlässlich der Promotion zu überlassen. Die Veranstaltung wurde von vielen prominenten Gästen aus Politik und Justiz besucht. Ich erinnere mich noch an Manfred Gerlach, Vorsitzender der LDPD, der selbst 1965 an der Akademie promoviert hatte. Ich hatte ihn noch nie vorher zu Gesicht bekommen und war erstaunt, dass er mich in ein Gespräch verwickelte. Vogel hielt eine Vorlesung *Zu Problemen der*

---

63 Fred Grubel, in: Festschrift Martin Drucker zum 65. Geburtstag, Aalen 1983, S. XII

Tätigkeit des Rechtsanwalts im Strafverfahren der Deutschen Demokratischen Republik. Er gab mir ein Exemplar, so dass ich heute noch sehen kann, dass er in fünf Fußnoten Egon Krenz, mich, Professor Reuter, Gysi und Professor Dähn zitierte. Vogel nutzte den Vortrag auch dafür, eine Lanze für die Anwaltschaft der DDR zu brechen. Einer seiner Biographen berichtet: »Obwohl Vogel mit einem Honecker-Zitat endete (›Entschlossen wird unsere Partei Recht und Gesetzlichkeit weiter festigen‹), verharrten die Zuhörer zunächst in eisigem Schweigen, bis der stellvertretende Generalstaatsanwalt Wendland – Streit war krank und konnte nicht teilnehmen – zaghaft zu applaudieren begann. Erst dann spendeten auch die übrigen Gäste höflichen Beifall.«[64] Mir war das »eisige Schweigen« entgangen oder ich habe es vergessen, noch wahrscheinlicher ist: es gab es nicht.

***

Es war wohl die gestiegene Aufmerksamkeit, die die Anwaltschaft erfuhr, die mir 1985 die Wahl zum Vizepräsidenten der Vereinigung der Juristen der DDR einbrachte. Diese Position führte dann weiter dazu, dass ich zum Beispiel im Dezember 1986 den Präsidenten des Obersten Gerichts auf eine Reise nach Syrien begleiten durfte, bei der wir unter anderem auch die Golanhöhen besuchten. Es war kalt in Syrien und wir froren oft. Außerdem wurden ein anderes Delegationsmitglied und ich vom Durchfall heimgesucht. Das war angesichts der Gastmähler, zu denen wir eingeladen waren und der sanitären Bedingungen nicht einfach durchzustehen. Wir sahen bei Fahrten durch das Land auch die Zeugnisse der Kultur der Antike sowie Beispiele für die aktuelle Situation im Land. Viele Bewaffnete trugen oft keine Uniform und kontrollierten die Fahrzeuge. Unser Regierungswagen passierte reibungslos. Nur einmal, als sich unser Fahrer offenbar verfahren hatte, legte ein Posten schon auf uns an und wir gingen im PKW in Deckung. Der Fahrer war versehentlich in ein verbotenes Gebiet eingedrungen. Es wurde nicht geschossen, aber wir mussten umkehren.

Weniger dramatisch war im Juni 1985 eine Reise nach Kuba zu einer Tagung kubanischer Anwälte mit internationaler Beteiligung verlaufen. Wir flogen mit der DDR-Fluggesellschaft Interflug machte einen Zwischenstopp im kanadischen Gander, um dort zu tanken. Dort verließen nicht selten DDR-Bürger den Warteraum und damit die DDR. So geschah es auch bei meinem

64 Norbert F. Pötzl, Basar der Spione, Hamburg 1997, S. 419

Flug. – Havanna war für mich ein Erlebnis, die Blumen, die Menschen, das Klima, das spanische Rechtssystem, alles war überraschend. Auch die politische Situation beeindruckte mich. Fernseh- und Rundfunkstationen der USA waren in Kuba etwa so gut zu empfangen wie die westdeutschen Sender in der DDR, nur ihre Wirkung war offenbar unvergleichlich viel geringer. Ich hatte den Eindruck, dass die Stimmung gegen die US-Politik allgemein verbreitet war. Mit einem ungarischen Kollegen, den ich von früheren Kontakten her kannte und der gut deutsch sprach, verbrachte ich die knappe Freizeit. Wir hatten auch zusammen eine Dolmetscherin, die uns einmal in ihre bescheidene Wohnung einlud, in der sie zusammen mit ihrer Familie lebte. Zum Abschied beschenkte sie uns, ich erhielt eine Machete, die ich heute noch besitze. Sie bereitete damals beim Rückflug noch keine Schwierigkeiten.

Ein neues Tätigkeitsgebiet für mich erschloss sich mir im August 1985. Ich bekam das Mandat zur Verteidigung eines Ehepaars, das unter Spionageverdacht in England verhaftet worden war. Ich hatte zunächst nur telefonischen und persönlichen Kontakt zu dem von mir beauftragten Sollicitor, dem nach englischem Recht der Kontakt mit dem Mandanten sowie die Vorbereitung des Verfahrens vorbehalten ist. Später konnte ich auch die Beschuldigten in ihren unterschiedlichen Gefängnissen besuchen. Die englischen Behörden hatten offenbar keine Probleme, mir das zu genehmigen. Anders der Barrister, der die Angeklagten vor Gericht verteidigte. Er entschloss sich erst nach Bedenken, mit mir zu reden. Rechtlich gab es – jedenfalls aus meiner Sicht – ein Problem. Das Ehepaar hatte zwar geheimdienstliches Material, doch gab es keinen Beleg für eine Spionagetätigkeit. Ich war unterrichtet, dass sie sich in England nur auf einer Zwischenstation befanden und ihr wirkliches Einsatzgebiet noch nicht erreicht hatten. Sie hatten also in England keine Spionage begangen und auch nicht begehen wollen. Darüber diskutierte ich mit dem Barrister sowie weiteren Barristern, die an dem Gespräch in einem der berühmten Inns teilnahmen. Damals konnte ich noch so viel Englisch, dass mir das gelang. Zum Beweis dafür, dass in der Spionage so verfahren wird, übergab ich das Buch des Anwalts James B. Donovan über den Fall des berühmten sowjetischen Spions Rudolf Iwanowitsch Abel, der gegen den U2-Piloten Fancis Power ausgetauscht worden war. Darin wurde geschildert, wie Abel über Drittstaaten allmählich in die USA gelangt war. Der Barrister nahm mein Buch; ob er das Argument benutzt hat, weiß ich nicht, ich weiß nur, dass ich das Buch, das mir meine Mutter besorgt hatte, nicht wiederbekam. Ein anderer englischer Anwalt war viel später so freundlich, es mir zu besorgen, als er aus meinem 1999 erschienenen Buch von meinem Verlust erfahren hatte.[65] In der Folgezeit fuhr ich noch öfter nach England, immer betreut von einem freundlichen DDR-Konsul. Es waren unbeschwerte Jahre, und wir ahnten nicht, wie sich unser Leben ein Jahr nach unserer Englandreise verändern würde.

Was ich in diesen Jahren als Vorsitzender tat, kann ich nur bruchstückhaft rekonstruieren. Mein Gedächtnis gibt nicht viel her, und die Unterlagen, die ich besitze, sind sehr lückenhaft. Ich habe das, was jedes Kollegiumsmitglied erhielt, ich habe Unterlagen, die ich als Parteileitungs-Mitglied bekam, sowie einige eigene Aufzeichnungen. Die Akten des Vorstands nahm der Vorstand der Anwaltskammer an sich, und er wusste bis zum Jahr 2010 nicht, wo sie geblieben waren.

Die Familie veränderte sich. Renate heiratete, führte von nun an den Namen Peinze und bekam im Januar 1985 eine Tochter, Franziska. 1986 starb die Mutter von Iris, und ihr Vater kam ins Altersheim, in dem er 1987 verstarb. Beide hatten harmonisch zusammengelebt. Iris' Mutter hatte den Haushalt in einem Einfamilienhaus in einem südlichen Berliner Vorort geführt. Sie stammte aus Schwaben und bereitete für meine Erfahrungen ungewöhnlich große und gute Essensportionen vor.

Die veränderte internationale Situation der DDR, wie sie hauptsächlich im Ergebnis von Helsinki eingetreten war, wirkte sich auch auf die Lage der Anwaltschaft aus, ohne dass mir damals dieser Zusammenhang deutlich bewusst wurde. So hatte es sich die Ständige Vertretung der BRD in der DDR zur Gewohnheit gemacht, Mitglieder des Kollegiums wie auch Einzelanwälte zu Gesprächen einzuladen. Der Auftritt auf diplomatischen Parkett war natürlich für jeden von uns ein besonderes Ereignis. Auch die Ehefrauen konnten an diesen Veranstaltungen teilnehmen. Ein Erlebnis ist meiner Frau in Erinnerung geblieben. Die Ehefrau eines bekannten bundesdeutschen Journalisten forderte sie auf, doch am Kalten Büffet mehr zuzulangen, weil es solche schönen Dinge in der DDR nicht gäbe. Es kam ihr nicht in den Sinn, dass diese Bemerkung als taktlos empfunden werden könnte. Sie war Ausdruck des Überlegenheitsgefühls, das den Umgang der Wessis mit den Ossis später häufig auszeichnete.

Die Besuche in der StäV. – wie die Ständige Vertretung kurz genannt wurde – waren auch Gegenstand meines Rechenschaftsberichts für das Jahr 1985, den ich im Oktober 1986 hielt. Auf Drängen des Ministeriums hatten wir den

65 Friedrich Wolff, a. a. O., S. 181ff

Rechenschaftsbericht vom Frühjahr auf den Herbst verlegen müssen, um den XI. Parteitag darin auswerten zu können. Das Ministerium war zwar freundlicher geworden, mischte sich aber andererseits stärker in unsere Angelegenheiten ein, als es das früher getan hatte. Minister Heusinger sprach auch auf dieser Versammlung und ich bekam anschließend sein Redemanuskript. Der Minister lobte uns erneut und erklärte: »Wenn wir heute feststellen können, dass die Rechtsanwaltschaft in der DDR einen bedeutenden Beitrag zum hohen Stand der Rechtssicherheit in unserer Republik geleistet hat und sie in das Lob, das der Parteitag den Justizorganen für ihren anerkannten Beitrag zur Festigung der sozialistischen Gesetzlichkeit gezollt hat, einbeziehen, dann ist dies auf die verantwortungsvolle Arbeit unserer Rechtsanwaltskollegien zurückzuführen.« Im Hinblick auf die negative Bewertung, die heute an die geringe Zahl von Anwälten in der DDR geknüpft wird, ist die folgende Feststellung des Ministers interessant: »Den gestiegenen Gebühreneinnahmen steht ein stagnierender und, pro Anwalt gerechnet sogar rückläufiger Auftragseingang gegenüber, und zwar im Republikmaßstab.« Dies beweist, dass die Zahl der Anwälte der Nachfrage entsprach. Sie konnte so niedrig sein, da in der DDR das Leben viel einfacher und die Rechtsverhältnisse konfliktloser waren als in der BRD. Zivilsachen nahmen damals nicht diesen großen Raum ein, da zum Beispiel das Kleingedruckte praktisch keine Rolle spielte, in den Beziehungen zwischen dem volkseigenem Verkäufer und seinem Kunden waren gerichtliche Entscheidungen äußerst selten gefragt, Grundstücks- und Kreditverkehr hatten nicht den heutigen Umfang und verliefen ebenfalls reibungsloser. Straftaten waren im Vergleich zur BRD selten. Die Statistik spiegelt die Unterschiede wider. Professor Erich Buchholz teilte folgende Angaben über die Zahl der Straftaten in beiden deutschen Staaten mit. Berechnet auf jeweils 100.000 Einwohner ergibt sich danach folgendes Bild der sogenannten Kriminalitätsbelastung:

Jahr	BRD	DDR	Mal soviel
1960	3.660	806	4½
1970	3.924	640	6½
1980	6.198	772	8½
1987	7.269	690	10½

Buchholz resümiert: »Mithin kam in den letzten Jahren der DDR auf einen Bundesbürger eine mehr als zehnfache Kriminalitätsbelastung als in der

DDR«.[66] Der informierte Bundesbürger weiß natürlich, dass die DDR-Statistik lügt, und glaubt den Zahlen nicht. Nicht wenige ehemalige DDR-Bürger werden ihnen glauben, sie haben entsprechende Erfahrungen. Aufgrund dieser Tatsachen gab es in der DDR weniger Richter als in der BRD, nämlich acht statt 29 auf 100.000 Einwohner. Der Minister hatte Recht, wenn er vom hohen Stand der Rechtssicherheit in unserer Republik sprach. Die DDR war zwar kein Rechtsstaat im Sinne der BRD, aber das Recht wurde in ihr weniger verletzt. Würde der international nicht gebräuchliche Begriff »Rechtsstaat« nach dem Maß definiert, in dem das Recht eingehalten wird, dann wäre die DDR der Rechtsstaat und nicht die BRD. – Heusinger zitierte, das konnte nicht anders sein, auch Honecker, »dass mit dem Vertrauen des Volkes in die Politik der SED jede beliebige [Unterstreichung im Original, F.W.] Aufgabe beim Aufbau des entwickelten Sozialismus lösbar ist«. Nur an dem Vertrauen des Volkes fehlte es, wie sich lediglich vier Jahre danach zeigen sollte.

In dem Rechenschaftsbericht, den ich im Oktober 1986 hielt, erwähnte ich auch mit einem gewissen Stolz, dass das Kollegium für seine damals 66 Mitglieder über 129 Diktiergeräte verfügte. Von Computern war noch nicht die Rede. Eine Pflichtübung war für mich, unseren Beitrag für die Umsetzung der »Annaberger Erfahrungen« hervorzuheben. Eigentlich wusste ich nicht genau, was es mit diesen »Annaberger Erfahrungen« auf sich hatte, die damals in aller Munde waren, aber es wäre ein großer Fehler gewesen, sie nicht an gebührender Stelle zu erwähnen. Auch das war DDR-typisch.

Vieles, was sich in und um die DDR ereignete, blieb mir wie anderen auch verborgen. Es beruhigt mich, wenn Staritz schreibt: »Zwar hatte Gorbatschow schon nach seinem Amtsantritt und erneut im November 1986 die (nie normierte, aber real praktizierte) Breschnew-Doktrin verbal aufgehoben, jeder Partei das Recht auf souveräne Entscheidungen über die Entwicklung ihres Landes zugesprochen und betont, kein Land (also auch nicht die Sowjetunion) könne in der Staatengemeinschaft eine besondere Rolle beanspruchen. Wirklich ernst genommen hatte diese Bekundungen aber zunächst niemand.«[67] Verborgen blieben mir auch die zunehmenden wirtschaftlichen Schwierigkeiten der DDR. Im Gegensatz zu Handwerkern, Händlern oder anderen in der Wirtschaft tätigen DDR-Bürgern fehlte mir der Einblick in die dort vorgehenden Prozesse. Sicher werde ich manche Klage gehört haben, aber ernst

66 Offensiv, Sozialismus und Kriminalität, 3/2001, S. 13

67 Staritz, a.a.O. S. 344

genommen habe ich auch diese Signale nicht. Meine feste Überzeugung war: Solange die UdSSR besteht, wird die DDR nicht untergehen.

Die Vorboten einer Krise wurden indes zahlreicher und drohender. Das Volk einschließlich der Parteimitglieder kannte die meisten nicht oder nur ungenau, sie wurden verschwiegen. Das Politbüro selbst nahm sie anscheinend nicht zur Kenntnis. Die Wirtschaftskrise der DDR beruhte nicht nur auf Eigenverschulden, die Weltwirtschaft stand unter dem Ölschock von 1973. Staritz konstatiert: »Während die Exporterlöse für Industriewaren zwischen 1970 und 1976 um 65 % gestiegen waren, hatten sich die Preise für Rohstoffimporte um 170 % erhöht«.[68] Hinzu kam allerdings, immer noch nach Staritz: »Noch 1989 waren 50 % der Industrieanlagen älter als elf und die Hälfte von ihnen mehr als 20 Jahre alt; nur 27 % hatte man in den letzten fünf Jahren und 23 % zwischen 1979 und 1984 installiert (in der Bundesrepublik waren zur gleichen Zeit 65 % jünger als zehn Jahre).«[69]

Das MfS machte auf politische Krisenzeichen aufmerksam, es wies auf eine generell »zunehmende Unzufriedenheit mit der wirtschaftlichen Entwicklung« hin, und im Januar 1982 meldete es: »Angestiegen ist die Tendenz abwartender, verleumderischer und feindlich negativer Meinungsäußerungen.«[70] Wie solche Mitteilungen aufgenommen wurden, sagte mir Erich Honecker 1992, als er mir erklärte, statt diese Berichte zu lesen, hätte er auch gleich das Westfernsehen sehen können. Die Tatsache, dass negative Informationen höheren Orts nicht geschätzt wurden, war allgemein bekannt. So wurde unsere Parteiorganisation von der übergeordneten Kreisleitung darauf hingewiesen, positiver zu berichten, und es wurde hinzugefügt, dass negative Informationen nicht in den Bericht der Kreisleitung eingingen. Das wirkte sich auf die Informationen aller Ebenen bis zu den Mitteilungen über Wahlresultate aus. Man wollte getäuscht werden und man wurde getäuscht.

Ich denke, jedes System braucht, soll es dauerhaft bestehen, eine systemimmanente Opposition. Was vor der festen Etablierung einer sozialistischen Gesellschaft nicht möglich ist, muss danach zwingend geschehen. Das haben wir nicht erkannt, Kritik und Selbstkritik, in den ersten Jahren der DDR noch häufig verbal angemahnt, wurden schließlich auch aus dem politischen Vokabular verbannt. Das forderte einen hohen Preis. Andererseits haben die BRD

---

68 Staritz a. a. O., S. 305

69 A. a. O., S. 319

70 A. a. O., S. 313

und die übrigen Westmächte ebenfalls die Situation verkannt. Kohl versicherte den Genossen vom ZK der UdSSR, »dass in den ›nächsten Jahrhunderten‹ mit einer Wiedervereinigung Deutschlands nicht zu rechnen sei. Im Übrigen habe die Bundesrepublik die DDR faktisch anerkannt und überdies werde die Einheit des Landes weder der Westen noch der Osten zulassen, um nicht mit einem mächtigen, 80 Millionen Einwohner zählenden Deutschland konfrontiert zu werden«.[71] Ich sollte 1990 in England selbst erleben, wie wahr es war, dass die Engländer das große Deutschland nicht liebten und nicht wollten, dennoch wurde es Wirklichkeit.

Viel höher als diese zunehmenden Alarmsignale bewertete ich jedoch die gute, oder besser, scheinbar gute Nachricht: Die aufeinander folgenden alten Herren in Moskau waren 1985 endlich durch einen jungen, dynamischen, unorthodoxen Generalsekretär ersetzt worden. Gorbatschow war für mich gleichbedeutend mit der immer wieder erneuerten Hoffnung auf Rückkehr zu den Grundsätzen und Methoden Lenins, wie ich sie verstand. Ich meinte, dass dies auch für die DDR einen neuen Aufschwung bedeuten würde. Die meisten, wenn nicht alle meine Bekannten und Freunde, teilten diese Auffassung.

Obgleich ich als Vorsitzender eines Kollegiums und als Rechtsanwalt noch voll im Berufsleben stand, wurde ich 1987 Altersrentner. Das vollzog sich sehr unproblematisch, ich nahm meine Versicherungsausweise und ging zur zuständigen Filiale der Deutschen Angestellten-Versicherung (DAV). Ich musste einige Zeit warten, was mich ärgerte, aber damit waren die Formalitäten erledigt, und ich erhielt monatlich meine Rente zusätzlich zu meinen sonstigen Einnahmen. Man sagt, die DDR wäre ineffizient gewesen, die Produktivität in der BRD sei wesentlich höher. Das mag, so, wie es berechnet wird, richtig sein, doch wenn ich die Bereiche Rentenversicherung, Krankenversicherung, Steuer vergleiche, scheint mir, dass die DDR effizienter und, mehr noch: in sozialpolitischer Hinsicht überlegen war. Dasselbe gilt auch auf anderen Gebieten. Heute muss ich mehrmals zum Briefkasten gehen, weil mir die Post von verschiedenen Unternehmen zugestellt wird. Was ein Fahrer mit einem PKW gemacht hat, machen jetzt mehrere Fahrer mit mehreren PKW, mir nutzt es nichts, aber es schadet der Umwelt. Dasselbe gilt für die Belieferung der Einzelhandelsgeschäfte: Wo in der DDR ein Wagen für alle Geschäfte in seinem Revier die Getränke brachte, sind es jetzt mehrere.

71 A. a. O., S. 315

Dasselbe gilt für die vielen Krankenversicherungen, für die Autoversicherungen usw. Ich halte das für ineffizient und ökologisch schädlich, aber ich bin kein Ökonom.

***

Als ich 65 geworden war, zahlte mir auch die Gruppenversicherung, die das Kollegium für alle seine Mitglieder abgeschlossen hatte, 25.000 M aus. Ich dachte nicht daran, dass ich das für meinen Lebensabend anlegen müsse, sondern gab den Betrag für den Bau eines massiven unterkellerten Schuppens auf unserem Wochenendgrundstück aus. Wir wollten im Keller Pflanzen überwintern lassen und der alte hölzerne Schuppen war baufällig geworden. Auch hier dachte ich nicht an die Zukunft. Der Gedanke, dass zwei, drei Jahre später die alte Eigentümerin des Grundstücks vor mir stehen und ich mir Gedanken machen würde, was mit dem geliebten Grundstück werden würde, ob es sich noch lohne, das reichlich wachsende Unkraut zu jäten, der Gedanke kam mir 1987 nicht. Als DDR-Bürger hatte ich keine Angst vor der Zukunft. Das sollte anders werden.

Ich war also 65 Jahre alt geworden. Runde oder halbrunde Geburtstage sind natürlich Anlass zu entsprechenden Gratulationen und Ehrungen. Ich sehe noch heute, wie der Vorsitzende eines anderen Kollegiums mir im Namen des Rates der Vorsitzenden seine Geburtstagseloge hielt. Er war beim Ministerium sehr angesehen, denn er hielt lange Reden, in denen alle jeweils modernen Floskeln vorkamen. Auf diesem Gebiet gab es Mode auch in der DDR. Ich will nicht behaupten, dass ich die Lobpreisungen, die auch von anderen Kollegen kamen, ungern gehört hätte, aber sie veränderten mein Urteil über die Gratulanten nicht. Wen ich mochte, den mochte ich auch weiterhin und wen nicht, den mochte ich auch weiterhin nicht. Unter den Gratulanten waren auch das *Neue Deutschland*, Professor Wolfgang Vogel sowie ehemalige Mandanten wie Christel Guillaume und, ich hatte es schon vergessen, selbst ein Zeuge, dem ich unangenehme Fragen gestellt hatte, der Philosoph und Journalist Wolfgang Harich. Ich verzeihe es mir heute nicht, dass ich seinen Glückwunsch nicht zum Anlass genommen habe, zu ihm Verbindung aufzunehmen. Auf seinen Glückwunsch bin ich heute richtig stolz. Vom Urlaub auf der Krim schrieb Gregor Gysi, der mir zudem – dank der Beziehungen seines Vaters – auch noch zu einem Telefonanschluss auf der Datsche verhalf. Eines meiner schönsten Geschenke aus diesem Anlass. Das Ministerium nahm meinen Geburtstag zum Anlass, mich mit dem Ehrentitel »Verdienter Jurist der

Deutschen Demokratischen Republik« auszuzeichnen. Derartige Titel gab es für viele Berufe wie Ärzte, Eisenbahner, Lehrer unter anderem Alles in allem: so war die DDR.

Ebenfalls zu meinem 65. Geburtstag hatten mir die Mitarbeiterinnen der Zentralen Verwaltungsstelle des Kollegiums ein in Schweinsleder gebundenes Diarium geschenkt. Ich hatte begonnen, über meine Gartenarbeit etwas Buch zu führen, um im folgenden Jahr besser zu wissen, was in der jeweiligen Saison zu tun war. Das waren kurze Notizen in kleinen Heften. Davon hatte ich den Kolleginnen erzählt und vielleicht auch gesagt, dass ich ein größeres Heft brauchen könne. So kam es zu dem Geschenk Am 1. Januar 1988 begann ich mit meinen Einträgen in dem stattlichen Band. Ich trug ein: »Neues Buch erfordert neues Schreiben. So groß und dick, will es groß und breit beschrieben sein.« Jeweils am Wochenende, wenn wir auf der Datsche waren, gab es einen Eintrag. Wenn es Feiertage oder Urlaube dort gab, wurden die Eintragungen zahlreicher. Ich verlor auch zunehmend die Furcht, Dinge einzutragen, die mich politisch belasten könnten. Man sah sich schon vor in der DDR, aber es war nicht so, dass das das Leben erheblich beeinträchtigte. Die Furcht vor »Stasi« war nicht so dominant, wie die Furcht vor Verbrechen in der BRD. Meine Mutter erzählte, dass sie bei Gängen zur Bank ihr Portemonnaie immer im Brustbeutel trug und darauf achtete, dass sie nicht beobachtet wurde. Wir mussten uns auch in unseren Wohnungen nicht so verbarrikadieren wie Wessis. Die Furcht im Osten ging in eine andere Richtung, aber sie war nicht so ausgeprägt wie die im Westen. In der DDR lebten wir in jeder Beziehung geborgener als später in der BRD. Ich begann also mehr in mein Gartentagebuch einzutragen, es gewann im Laufe der Jahre den Charakter eines richtigen Tagebuchs, bis es schließlich dem Computer weichen musste. Seit 1988 hat sich infolgedessen die Quellenlage für meine Autobiographie zunehmend verbessert, wobei ich allerdings gestehen muss, dass ich die Kunst des Tagebuchführens nicht gut beherrsche. Mein Tagebuch wimmelt von Belanglosigkeiten und Wichtiges fehlt, besonders über meine Gedanken und noch mehr über meine Gefühle sagt es nichts. Daran ist weder »Stasi« noch Verfassungsschutz schuld, schwer zu sagen, woran es liegt. Ich glaube, es gibt auch dem Papier gegenüber eine Scheu.

Im Arbeiter-und-Bauern-Staat fuhr der Werktätige auch oft und gern zur Kur. Ich hatte von dieser Möglichkeit schon zweimal Gebrauch gemacht, Iris aber noch nie. Gemeinsam fuhren wir im Herbst 1987 zu einer Kur nach Warmbad im Voigtland. Wir denken noch oft und gern an die vier Wochen zurück, die wir dort bei sehr schönem Wetter verbrachten. Die Kur war übrigens unentgeltlich, die Sozialversicherung zahlte.

Als neugebackener Altersrentner lieferte ich meine zweite populärwissenschaftliche Broschüre mit dem schönen Titel *Liebe, Sex und Paragraphen* ab. Schreiben macht mir Spaß, allerdings kann ich nichts erfinden. Also auch keine Romane schreiben. Gedichte zu schreiben hatte mir schon Fritz Sellke, mein unvergessener Englischlehrer, ausgetrieben. – Populärwissenschaftlich war auch die Fernsehsendung »Aha«, an der ich teilnahm, wenn Rechtsfragen auf dem Programm standen. Nach einer der letzten Sendungen, es war Anfang 1990, fuhr ich mit einem anderen Beteiligten an der Sendung nachts nach Hause. Auf der noch leeren Autobahn sprachen wir über die kommende Volkskammerwahl. Ich äußerte mich pessimistisch, mein Gesprächspartner war betroffen.

Die DDR konnte 1987 einen großen Erfolg verbuchen, Erich Honecker wurde in Bonn mit allen diplomatischen Ehren empfangen, die Klänge der Eisler-Hymne waren ein Symbol für die fortschreitende Anerkennung der DDR durch die BRD. Der Empfang wurde auch als ein Zeichen dafür verstanden, dass die Position der DDR sicher war. Es war beruhigend.

Zwischen der SPD und der SED entwickelten sich ebenfalls engere Kontakte. In der SPD sah gleichfalls niemand die Erschütterung voraus, die im Oktober 1989 die DDR erfassen würde. Beide Parteien verabschiedeten 1987 die gemeinsame Erklärung *Der Streit der Ideologien und die gemeinsame Sicherheit.* Ich sah die Annäherung der DDR an die BRD bei gleichzeitiger Distanzierung von der UdSSR mit Unbehagen. Allerdings hatte ich sie nicht schon 1980 erkannt, ein Zeitpunkt, auf den sie der Historiker Staritz datiert. Ich fürchtete, die Politik Egon Bahrs, ein »Wandel durch Annäherung«, könnte die DDR, wenn nicht zu Fall bringen, so doch ihr schaden. Jahre zuvor hatte der Besuch von Helmut Schmidt bei Erich Honecker in der Schorfheide im Dezember 1981 bereits ein Zeichen der verbesserten Beziehungen zwischen den beiden deutschen Staaten gesetzt.

Im April 1988 waren meine vier Jahre als Vorsitzender abgelaufen. Gregor Gysi wurde mein Nachfolger, Lothar de Maizière sein Stellvertreter. Im Tagebuch nur die nüchterne Feststellung der Tatsache, allerdings mit zwei Ausrufezeichen. Nach meiner Erinnerung ist mir das Ausscheiden aus der Funktion schwer gefallen. Ich glaubte eben damals noch an eine Renaissance des Marxismus auch in der DDR und verband damit Hoffnungen für die Rechtspflege und die Rechtsanwaltschaft der DDR. Ich glaube, ich sagte das auch in meinem

Rechenschaftsbericht. Im Rat der Vorsitzenden blieb ich noch bis zum Mai. In dieser Zeit nahm ein Mitarbeiter des MdJ erstmalig an unseren Leitungssitzungen teil. Die Umarmung wurde immer herzlicher, immer enger. Inzwischen war auch entschieden worden, wer mein Nachfolger im Rat der Vorsitzenden werden würde. Das Ministerium und bestimmt auch das ZK hatten ursprünglich Gysi in dieser Funktion nicht sehen wollen. Sie bevorzugten einen Mann, den ich für einen Schwätzer hielt. Er hatte sich – wie ich glaubte – durch großzügige Bewirtung der Mitarbeiter des Ministeriums bei ihren Besuchen und als Ja-Sager Ansehen verschafft. In einem Gespräch mit Heusinger hatte ich diesem empfohlen, sich doch einmal selbst den letzten Rechenschaftsbericht anzusehen, den der Kollege vor der Jahreshauptversammlung seines Kollegiums abgegeben hatte. Er strotzte nach meiner Meinung von schwülstigen Phrasen. Vielleicht hat das den Anstoß für die Sinnesänderung gegeben, Gysi wurde jedenfalls nicht nur Vorsitzender des Berliner Kollegiums, sondern auch des Rates der Vorsitzenden aller Kollegien.

Obgleich ich aus dem Vorstand ausgeschieden war, nahm ich 1988 an einer Reise nach England teil, die Vogel initiiert hatte und zu der auch Gregor Gysi mitkam. Offiziell waren wir eine Delegation der VdJ, die ich als ihr Vizepräsident leitete. Als wir in London angekommen waren, erfuhr ich, dass wir Gäste der englischen Regierung waren. Entsprechend wurden wir auch behandelt. Wir bekamen viel zu sehen, sowohl Gerichte als auch die Institutionen der Anwaltschaft und sogar die Redaktion einer Zeitung, ich glaube es war die *Financial Times.* Es gab unter anderem ein Festessen in einem historischen Gebäude, bei dem von unseren Gastgebern ein Toast auf die Königin ausgebracht wurde. Ich hielt es daraufhin für angebracht, auf »unseren König« Erich Honecker ebenfalls einen Toast auszubringen. Man vermittelte mir nicht den Eindruck, dass das ein Fauxpas war. Ich hatte das übrigens in Englisch zu absolvieren, einen Dolmetscher hatten wir zwar, er sprach auch sehr gut Deutsch, aber er übersetzte wenig, was ich darauf zurückführte, dass er recht alt war und die Texte nicht behalten konnte. Es kann natürlich auch einen anderen Grund gehabt haben. Vogel, der an sich als die Hauptperson behandelt wurde, geriet dadurch zeitweilig ins Hintertreffen. Nach Beendigung des offiziellen Besuchs fuhr ich nicht mit den beiden anderen zurück, sondern blieb noch in England, um meine dortigen Mandanten zu besuchen. In meinem Reisebericht, den ich nach meiner Rückkehr dem Ministerium und der VdJ über den offiziellen Besuch abgab, hieß es im politischen Teil unter anderem: »Alle Gespräche hatten einen ausgesprochen freundlichen Charakter und betonten den Wert derartiger Kontakte … Es gab keinerlei Provokationen und keine irgendwie gearteten Anzeichen von diskriminierenden oder sonst negativen Wertungen. Alle Gespräche gingen davon aus, dass dieser Kontakt ein erster Kontakt wäre, dem weitere Kontakte folgen würden.« Die englische Regierung hatte wohl auch keine Vorahnung vom bevorstehenden Ende der DDR und sie wertete die DDR anscheinend nicht so, wie es heute gang und gäbe ist.

Die Kontakte zwischen den Ost- und den Westanwälten in Deutschland wurden enger. Wieder war es Vogel, der diese Entwicklung förderte. Im Juni trafen Strafverteidiger, Mitglieder des Deutschen Anwaltvereins, in Berlin ein und wurden im Grand Hotel unter den Linden standesgemäß empfangen. Es war wohl eine andere Delegation westdeutscher Anwälte, die Vogel zwölf Tage später zu sich auf sein Grundstück am Teupitzsee einlud. Es war das erste und einzige Mal, dass auch ich bei Vogel in seinem Privathaus war. Das Ganze war eindrucksvoll. Ein Angestellter, von uns DDR-Anwälten Butler genannt, grillte und das Wetter spielte auch mit. Wahrscheinlich wurde dort der Grundstein für unsere Teilnahme am Anwaltstag im Mai 1989 in München gelegt.

Auch mit den Westmedien entstanden ungewohnte Kontakte. Die *Neue Rhein- und Ruhr-Zeitung* gab in Pankow einen Empfang, an dem ich am 12. September teilnahm. Vertreter des Deutschen Anwaltvereins waren ebenfalls da. Die *NRZ* berichtete später unter der Überschrift *Buletten, Bier und deutsche Fragen* über die Begegnung: »Bei Bulette und Bier deutsche Fragen zu wägen und zu wälzen – abseits jeglichen Protokolls, einfach nur so und bei guter Laune. Das ist kein Frevel an der empfindlichen deutsch-deutschen Zwi-Staatlichkeit. Das ist eher notwendiges Hinterfragen der tatsächlichen Befindlichkeit der geteilten Deutschen, und es geschieht zu selten. Aber es ist – gerade deshalb – eine Chance: die Chance, sich kennen zu lernen. Das heißt auch die Chance, sich verstehen zu lernen über die Grenze hinweg, die auch aus Erich Honeckers Sicht ›nicht so ist, wie sie sein sollte‹.« Bald sollte sich herausstellen, dass das rechte Verständnis nicht entstanden war.

Die politische Situation war seit Beginn des Jahres 1988 aus meiner Sicht ernster geworden. Die Verhaftung der Gegendemonstranten auf der jährlichen Kundgebung zu Ehren von Liebknecht, Luxemburg und Lenin und ihre weitere konzeptionslose Behandlung (Abschiebung ins Ausland) weckten bei mir wie bei vielen anderen Zweifel an der Richtigkeit des Kurses des Politbüros. Sie machten deutlich, dass die Opposition stärker und furchtloser geworden war. Der Wille vieler Bürger, die DDR zu verlassen, wurde unübersehbar. Sie zeigten ihre Absicht durch weiße Fähnchen an ihren Autos und selbst durch Demonstrationen. Verhaftungen scheuten sie nicht, sie waren von vielen beabsichtigt, da sie dann mit Recht darauf hoffen durften, freigekauft zu werden und via Vogel auszureisen. Ich notierte unter dem 7. Juli in meinem Tagebuch: »Die ganze Woche stand (bei mir) im Zeichen der Unionskonferenz der KPdSU. Was wird bei uns? Alle politisch Interessierten spekulieren. Die meisten erwarten Perestroika auch für die DDR. Viele sehen Risiken durch den allgemeinen, internationalen Prozess der Umgestaltung.« Unmittelbar nach diesem Eintrag vermerkte ich: »Cosmeen und Dahlien tragen erste Blüten.«

Von den »persönlichen Gesprächen«, die im Sommer 1988 in unserer Parteiorganisation geführt wurden und bei denen ich zusammen mit einem anderen Genossen der Parteileitung mit 17 Genossen und Genossinnen gesprochen hatte, hieß es in meinem Bericht unter anderem: »Zur allgemeinen politischen Lage äußerten sich, ohne dass danach gefragt wurde, insgesamt 6 Genossen. Aus ihren Äußerungen klang Besorgnis und der Wunsch, dass die Haltung unserer Partei zu den Beschlüssen der 19. Parteikonferenz der KPdSU klarer, umfassender und tiefgründiger diskutiert bzw. erläutert wird. Häufig wurde die Auffassung im Zusammenhang mit der Wahl der Thematik für die Parteiversammlungen geäußert.« Nur etwa drei Monate später verstärkten zwei Ereignisse im November die Besorgnisse der Genossen: Das Verbot des in der DDR beliebten sowjetischen Magazins *Sputnik* kennzeichnete unübersehbar das Maß der Differenzen zwischen der DDR und der UdSSR. Der Historiker Günter Benser schreibt dazu: »Das Verbot löste in diesem Umfang nicht erwartete Proteste aus. Lageberichte des MfS informierten, ›dass es kaum Meinungs- und Argumentationsunterschiede bei sich äußernden Personen zwischen Mitgliedern und Parteilosen‹ gäbe. Der Unmut erfasse eine ›Vielzahl z. T. langjähriger Mitglieder und Funktionäre der SED‹.«[72] Im selben Monat zeichnete die DDR Ceausescu mit dem Karl-Marx-Orden aus, was ebenfalls kein Verständnis bei Genossen wie Parteilosen fand. Der DDR-Historiker Benser kommentierte das im Jahr 2000 wie folgt: »Honecker und seine engste Umgebung reagierten auf die sich häufenden Zeichen des Aufbegehrens äußerst nervös. Fast schien es, als ob sie noch Öl ins Feuer gießen wollten.«[73] Der bundesdeutsche Historiker Hermann Weber schreibt zum selben Thema:

72 Benser, a. a. O., S. 414

73 A. a. O., S. 413

»Hermann Axen berichtete dem Politbüro im Mai 1989 von einem Empfang in Rumänien. Dort war man sich einig, die DDR und Rumänien würden aufgrund ihrer ›konsequenten Haltung‹ die Hauptangriffe der imperialistischen Propaganda auf sich ziehen.«

***

Das Jahr, das die »Wende« bringen sollte, begann für mich wieder mit der Teilnahme am Empfang einer Delegation des Deutschen Anwaltvereins, an den sich fast unmittelbar eine Reise zum Staatssicherheitsgerichtshof in Ankara Ende Januar anschloss. Der Bericht, den ich nach meiner Rückkehr aus Ankara gab, enthielt Vorschläge für eine Intensivierung der Bemühungen um die Freilassung der beiden Kommunisten Haydar Kutlu und Nihat Sargin, Generalsekretär und Präsident der Vereinigten Kommunistischen Partei (TBKP). Er war es wahrscheinlich, der dazu führte, dass mich am 13. Februar Hermann Axen zu einer Unterredung bat. Es war das erste Mal, dass ich mit einem Mitglied des Politbüros persönlich sprechen konnte. Ich bereitete mich sorgfältig vor, möglicherweise hatte ich meine mündlichen Vorschläge vorher schriftlich eingereicht. Das Gespräch verlief jedoch anders als von mir erwartet. Axen war weniger daran interessiert, was ich ihm zusagen hatte als daran, mir seine Ansicht mitzuteilen, wobei er sich auf seine Erfahrungen im Kampf für die Befreiung Ernst Thälmanns aus dem Nazi-KZ berief. Der für mich zuständige Genosse, der mich auch zu Axen geführt hatte, bemühte sich angesichts meines Bestrebens zu Wort zu kommen, mir klar zu machen, dass ich (nur) zuhören sollte. Das begriff ich schließlich. Zu Hause berichtete ich, Axen sei sehr nett, sehr gebildet, doch leider nicht mehr up to date. Ich ahnte nicht, dass er mich etwa zehn Monate später als seinen Verteidiger wählen und unsere Bekanntschaft danach sehr viel enger und paritätischer werden würde.

Trotz der zunehmenden Probleme der DDR fuhr ich auch weiterhin zu den Verhandlungen gegen Kutlu und Sargin vor dem türkischen Staatssicherheitsgerichtshof nach Ankara. Auch angesichts einer internationalen Kampagne für die Freilassung der beiden Kommunistenführer schaffte die Regierung Turgut Özil schließlich die Paragrafen 141 und 142 des Türkischen Strafgesetzbuches ab, auf deren Grundlage die beiden inhaftiert waren.

Auch privat ging alles noch seinen gewohnten Gang. So fuhren wir im Winterurlaub nach Pamporovo in Bulgarien zum Skilaufen. Familiär gab es allerdings eine Neuigkeit. Antina erklärte uns im August, sie wolle im Dezember heiraten. Ihre Großeltern hatten ihr in ihrem Testament einen größeren

Geldbetrag vermacht, über den sie jetzt verfügen konnte. Wir fürchteten, sie könne das Geld verplempern und rieten ihr, ein Grundstück zu kaufen, zumal sie mit ihrem zukünftigen Ehemann eine größere Wohnung brauchen würde. Ein Grundstück sei ein bleibender Wert, dachten wir. Ein schlechter Rat, wie sich herausstellen sollte.

Grundstücke waren in der DDR schwer zu erhalten. Ich wandte mich an Professor Vogel, der, wie jedermann wusste, Grundstücke von DDR-Auswanderern vermitteln konnte. Mit Erfolg – zunächst. Der Kaufvertrag kam am 31. Mai 1989 zustande, der Verkäufer verließ die DDR. Vorher hatte Antina geheiratet.

Im Dezember 1988 fuhr ich noch einmal für eine Woche nach England. Diesmal konnte ich Iris mitnehmen, auf eigene Kosten, versteht sich. Der DDR-Konsul fuhr uns im PKW von London zu dem Gefängnis in Durham, wo die verurteilte Ehefrau ihre Strafe verbüßte und zu dem Gefängnis, in dem der Ehemann untergebracht war. Iris konnte sogar mit uns die beiden Gefangenen besuchen und wir hatten den Eindruck, dass das auch für die beiden angenehm war. Auf dem Rückweg machten wir einen Abstecher zum Lake District. Das Wetter war für Dezember günstig, wir genossen die Landschaft. Am 22. Dezember waren wir wieder zu Hause.

Am ersten Feiertag traf sich die ganze Familie bei uns auf der Datsche, danach am 27. Dezember bei Antinas Hochzeit im neuen, von Schweden erbauten Palast-Hotel. Die Karte des Menüs habe ich aufgehoben – wenigstens sie ist von der Heirat geblieben: »Hausgebeizte Fleischspezialitäten mit marinierten Champignonscheiben, Butterrose und Toast – Französische Zwiebelsuppe – Bardierter Fasan mit Ananas-Champagner-Kraut und Kartoffelbällchen – Orange ›en surprice‹ (?).« Privilegien waren nicht nötig, um dort so zu speisen, nur Geld. Das war wie heute.

Direkt gehungert wurde also in der DDR nicht. Anschließend wurde in Antinas Wohnung weiter gefeiert.

Das Jahr 1988 war schon reichlich hektisch, doch das kommende Jahr sollte es noch übertreffen. Wir ahnten nicht, wie sich in Jahresfrist alles verändert haben würde, unser persönliches Leben, die politische Situation, eben alles.

Die ungewöhnlichen Ereignisse häuften sich. Die SED bereitete sich äußerlich ungerührt auf ihren XII. Parteitag vor. Die Parteiorganisation des Kollegiums arbeitete zu diesem Ereignis Vorschläge zur Rechtspflege vor. Ich gehörte einer entsprechenden Arbeitsgruppe an. Im Tagebuch notierte ich am 1. September 1989: »Angesichts der gegenwärtigen Situation habe ich meinen Gedanken nicht die üblichen realistischen Grenzen gesetzt… Was haben wir falsch gemacht, was richtig, wie ist unsere Lage, was können wir tun? Was soll nur aus der DDR werden?«

Familiär geschah ebenfalls Ungewöhnliches. Als Antina im Oktober in das eben erworbene Haus einziehen wollte, offenbarte ihr Ehemann, dass er nicht mit einziehen wolle. Scheidung stand auf der Agenda und beschäftigte die Familie in der nächsten Zeit. Am 16. November 1989 wurde das Urteil gesprochen, noch nach DDR-Recht, schnell, unkompliziert, preiswert. Inzwischen war die Grenze offen.

In unseren Kontakten zu Freunden und Verwandten standen politische Themen jetzt öfter auf der Tagesordnung. Nach einer Begegnung mit Freunden, die treue Genossen waren, hielt ich am 25. Juni 1989 fest:

»Familie X. zum Kaffee und Abendbrot. Kurze Diskussion der Lage. Unzufriedenheit mit Informationspolitik, insbesondere Fernsehen. SU billigt unsere Politik. Schewardnadse hat bei kürzlichem Besuch ›dringend gebeten‹, wir sollen so weitermachen. Sind das einzige soz. Land, das man noch vorzeigen kann.«

Ich weiß natürlich nicht, was an dieser Mitteilung stimmte, aber ich weiß, dass auch andere Genossen verbreiteten, die DDR sei die letzte Stütze der UdSSR. Ich hielt das für ein Zeichen von Größenwahn.

Im Juli 1989 fuhr ich wieder für drei Tage nach England. Die dortige DDR-Botschaft, die wohl die Veränderungen, die in der Heimat vor sich gingen, spürte, bat mich, vor der Parteiorganisation über die Lage zu sprechen. Das war schon sehr ungewöhnlich. Man war von meinen wenig optimistischen Ausführungen nicht begeistert, protestierte aber auch nicht.

Im September 1989 führte die Parteileitung persönliche Gespräche mit allen Genossen unserer Parteiorganisation. Ich glaube, sie tat das aus eigenem Antrieb. Ich nahm an 14 Gesprächen teil. Alle Genossen – bis auf einen – äußerten sich sehr besorgt. Sie waren mit der Politik der Partei unzufrieden. Gerügt wurde das Fehlen von offener Kritik in der Partei, die Medien- und Informationspolitik, mangelnde Ehrlichkeit, Verletzungen des Parteistatuts durch die Führung, das Fehlen einer Konzeption, das Fehlen einer Analyse der Ursachen der aktuellen Lage. Kühne Veränderungen wurden für erforderlich gehalten, um die Errungenschaften der DDR bewahren. Zum Politbüro hatte ein Genosse kein Vertrauen mehr, ein anderer teilte seinen Austritt aus der Partei mit. Auch Angst vor einem neuen 17. Juni wurde geäußert. Derartige Unzufriedenheit und Kritik an der Politik der Partei hatte ich noch nicht erlebt.

Als der 40. Jahrestag der DDR näher rückte, fürchtete ich Unruhen. Im (West-)Fernsehen sah ich abends die Bilder. Wir hatten in Stolzenhagen nichts von Demonstrationen bemerkt. Am 12. Oktober äußerte sich endlich das Politbüro zur Lage und am 18. Oktober trat Honecker zurück, Egon Krenz wurde Generalsekretär. Im Tagebuch bemerkte ich dazu: »Ist das die richtige Lösung?«

In einer Parteiversammlung am 25. Oktober hielt ich einen Diskussionsbeitrag. Die Genossen waren der Auffassung, er solle als Erklärung unserer Grundorganisation an das ZK geschickt werden. Gysi und ich sprachen uns jedoch dafür aus, dass er als persönlicher Brief von mir an Egon Krenz gerichtet werde. Ich war immer noch skeptisch und fürchtete, eine negative Reaktion könne unsere ganze Parteiorganisation treffen. Typisch. Also ging der Brief unter meinem Namen ab. Das war es, was ich damals schrieb:

»Lieber Genosse Egon Krenz!

Bedrängt von Sorgen und im Ergebnis einer Parteiversammlung möchte ich Dir Gedanken vortragen, die mich und die Genossen meiner Grundorganisation zutiefst bewegen.

Von ganzem Herzen begrüßen wir die Wende. Doch die Massen auf den Straßen sind geblieben, geblieben ist damit die Sorge, dass der in Gang gekommene Prozess von uns nicht beherrscht wird. Wir können nicht erkennen, dass die Partei einer klaren Konzeption folgt. Zu Widersprüchliches dringt auf uns ein. Die Frage, was jetzt zu tun ist, stellt sich für jeden Genossen. Jeder sucht die Antwort für sich.

Nach meiner Ansicht müssen wir erkennen, dass die Ereignisse bei uns wie in der UdSSR, in Polen und Ungarn eine gemeinsame Wurzel haben. Sie sind Ausdruck eines historischen Prozesses, der alle sozialistischen Länder erfasst hat. Diesem Prozess können wir uns nicht entziehen. Wir müssen ihn bejahen, müssen uns ohne Vorbehalt und ohne Hintergedanken zur ›Perestroika‹ bekennen. – Ein Vergleich der Entwicklung in der UdSSR mit der in Polen zeigt: je stärker und anhaltender der Widerstand gegen das Unvermeidliche und Notwendige, desto größer die Verluste. Wir haben keine Zeit mehr zu verlieren. Wir müssen uns an die Spitze der Umgestaltung in unserem Land stellen. Noch besteht jedoch bei mir der Eindruck, dass wir die Wahrheit nur Stück für Stück erkennen und aussprechen, dass wir nur zögernd den Weg der Wende gehen.

Unsere Partei muss wieder Vertrauen gewinnen, wenn sie wieder vorangehen, wieder führen will. Ohne Vertrauen keine Überzeugung der Menschen von der

Richtigkeit unserer Ziele und unserer Politik. Nur das Vertrauen des Volkes kann das Fundament des sozialistischen Staates sein. Vertrauen zum Staat, zur Partei ist aber immer Vertrauen zu den Personen, die Partei und Staat repräsentieren. Ich bin betroffen, wenn unsere Partei am Bildschirm und anderswo immer noch von denjenigen repräsentiert wird, denen vom Volk – zu Recht oder zu Unrecht – die Fehler von gestern zugeschrieben werden. Es geht um das Schicksal unserer Partei und der DDR. Das Schicksal einzelner Genossen muss demgegenüber zurücktreten. Aus meiner Sicht ist es unerlässlich, dass Genossen, die in dieser Stunde zu einer Belastung für unsere Partei und unseren Staat geworden sind, dem Beispiel des Genossen Honecker folgen und zurücktreten. – Das gilt auch für alle Genossen, die in einem Lebensalter sind, das keine Garantie für das hohe Maß an Leistungsvermögen bietet, welches jetzt von allen führenden Genossen verlangt wird.

Wir müssen schließlich auch die Frage nach der Verantwortung führender Genossen für die Fehler der Vergangenheit beantworten. Wir können nicht andere zur Verantwortung ziehen, wenn wir uns nicht selbst der Verantwortung stellen. Wir können nicht Glaubwürdigkeit und Vertrauen wiedererringen, ohne auch in diesem Punkt aufrichtig zu sein.

Sicher ist ein Ausscheiden einer größeren Zahl von Genossen aus wichtigen Funktionen nicht leicht zu vollziehen. Der Wechsel ist aber unerlässlich. Eine Wende ohne Personenwechsel wird nicht als Wende erscheinen. Die ratenweise Erfüllung von Forderungen, die nicht die Forderungen der Partei sind, gibt uns die Initiative, die Führungsrolle nicht zurück. Es gab mir einen Stich, als ich das Fernsehinterview des Genossen Stoph am 27.10. sah. Auch der Genosse Schnitzler schadet jetzt mehr, als er nützt. Wir müssen real einschätzen, welche Wirkung von jedem Genossen für unsere gemeinsame Sache ausgeht.

Eine neue Politik braucht neue Genossen, die befähigt sind, Menschen durch Wort und Tat zu überzeugen. Genossen mit hoher fachlicher Kompetenz ohne die Bürde der Fehler von gestern; Genossen, die in ihrer Person die Elemente der Erneuerung und der Kontinuität vereinen.

Noch eins scheint mir erforderlich. Wir Genossen brauchen den Dialog mit unserer Führung. Wie sollen wir Euch verstehen, wie sollt Ihr uns verstehen ohne vertrauensvolles, offenes Gespräch in der Partei? Wie sollen neue Ideen von unten nach oben dringen, der ganze Ideenreichtum der Partei genutzt werden, wenn es diesen Dialog in der Partei nicht gibt? Wie sollen Genossen sich für größere Aufgaben profilieren? Die Kaderfrage wird das Schicksal der Wende mitbestimmen.

Entschuldige den langen Brief. Es tut aber gut, sich einmal auszusprechen. Die Sorgen werden dann weniger drückend. – Im Übrigen haben wir die Form eines Briefes der eines Beschlusses oder einer Erklärung der BPO vorgezogen, weil wir selbst den Anschein vermeiden wollten, auch unsererseits noch irgendeinen Druck auf Euch ausüben zu wollen.«

Eine Antwort erhielt ich nicht. Die Geschichte gab sie.

Fast täglich ereignete sich Neues. Antina war allein in das gekaufte Einfamilienhaus eingezogen. Iris managte alles. Als die Mauer geöffnet wurde, war sie auch bei ihr. Ich schrieb am 10. November in das Tagebuch: »Berlin steht Kopf. Die Grenze ist offen. Barbara und David waren in der Nacht vom 9. zum 10. schon drüben.« Und: »Ich glaube auch nicht, dass Egon Krenz der richtige Mann für uns ist.«

Am 9. Dezember wurde Gregor Gysi zum Vorsitzenden der SED und damit zum Nachfolger von Egon Krenz gewählt. Wie alle anderen Genossen konnte auch ich nur zusehen, wie es mit der DDR zu Ende ging. Ich wurde in geheimer Wahl bei 54 gültigen Stimmen mit 53 Stimmen wieder in den Vorstand des Rechtsanwaltskollegiums und anschließend als Vorsitzender des Vorstands gewählt.

Aus den verehrten politischen Führern von gestern wurden im Dezember 1989 Verbrecher. Ich erhielt in diesem Monat unter anderem die Vollmachten zur Verteidigung von Hermann Axen und Erich Honecker. Andererseits erhielt ich auch von den in der DDR politisch Verfolgten, die jetzt rehabilitiert wurden, Vollmachten, so unter anderem von Walter Janka und Herbert Crüger. Beide Arten von Fällen beschäftigten mich extrem. Die Einzelheiten habe ich in den *Verlorenen Prozessen* berichtet. Eine neue Zeit brach an. Ich hatte nicht das Gefühl, dass es eine bessere sein würde. Ich hatte schon einmal im Kapitalismus gelebt.

Die ersten neun Monate des Jahres 1990 waren voller Aufregungen. Die DDR existierte noch, aber sie wartete auf den Anschluss. Alles war unsicher. Niemand wusste, was aus ihm werden würde, nicht die Arbeiter in den VEB, nicht die Lehrer, die Ärzte, die Soldaten, die Volkspolizisten, die Richter, die Staatsanwälte und auch nicht die Rechtsanwälte. Was würde aus den DDR-Anwälten werden? Könnten sie ihren Beruf weiter ausüben? Würden sie den Anforderungen eines völlig anderen Rechtssystems gewachsen sein? Würden sie wirtschaftlich bestehen können angesichts der Tatsache, dass den bisher 60 Ostberliner Anwälten nun ca. 3.000 Westberliner gegenüberstanden? Dazu kam eine unbekannte Zahl von DDR-Justitiaren, die Rechtsanwälte werden wollten oder mussten. Viele Fragen, keine sicheren Antworten.

Das Kollegium beriet über seine Zukunft. Manche Mitglieder konnten es nicht erwarten, frei zu sein und Einzelanwälte zu werden. Sie traten aus. Es waren aber wohl nur zwei. Manche sahen der Zukunft hoffnungsvoll, andere, wohl die Mehrheit, sahen ihr mit Bangen entgegen. Barbara wollte mit mir und zwei oder drei anderen Kollegiumsmitgliedern in Erwartung des Anschlusses eine Sozietät gründen. Sie hatte, was damals schwierig war, geeignete Räume gefunden und nun wollten wir im September noch eine neue Zweigstelle des Kollegiums eröffnen und nach erwarteter Auflösung des Kollegiums zur Sozietät werden. So geschah es auch. In einer Mitgliederversammlung am 13. September, die ich anfangs noch leitete, bis ich sie vorzeitig wegen eines wichtigen Termins in Frankfurt/Oder verlassen musste, wurde die Auflösung per 30. September beschlossen. Diesem Beschluss war eine monatelange Diskussion vorausgegangen, in der nicht wenige die Frage stellten, ob das Kollegium nicht auch unter dem neuen Recht fortbestehen könne. Ich hatte geraten, Sozietäten auf der Basis von Zweigstellen zu bilden oder, wo dies nicht möglich wäre, neue Partner für eine Sozietät zu suchen. So wurde auch verfahren. In einem Schreiben des Vorstands vom 7. Mai wurde den Mitgliedern ein Vorschlag zur Ergänzung des Statuts, d. h. zur Regelung der Auflösung des Kollegiums unterbreitet, die im bis dahin geltenden Statut typischerweise nicht vorgesehen war. Alles war aufregend, wurde teilweise kontrovers diskutiert, vor jedem Mitglied stand die Frage, wie nun weiter. Die bisherige existenzielle Sicherheit war dahin.

Neben den Aufgaben, die mir die Funktionen als Vorsitzender des Berliner Kollegiums und des Rates der Vorsitzenden stellten, gab es in meiner Anwaltspraxis eine Fülle neuer, schwieriger Mandate. Als drittes Politbüromitglied beauftragte Werner Krolikowski mich mit seiner Verteidigung. Von der politischen Gegenseite erhielt ich ein Mandat der neuen Präsidentin der Volkskammer, Frau Bergmann-Pohl, die sich gegen eine falsche Pressedarstellung wehren wollte, und des neuen Innenministers Peter-Michael Diestel. Das ehemalige Mitglied des Staatsrats, Heinrich Homann, bat mich um Hilfe, weil er um seine Wohnung kämpfen musste. Auch Hans Modrow erteilte mir seine Vollmacht. Es war sicher noch diese oder jene andere Persönlichkeit unter meinen neuen Mandanten. Es gab eben zu dieser Zeit noch wenige Anwälte und so erklärt sich, warum mancher ausgerechnet zu mir kam. Über Mangel an Arbeit konnte ich jedenfalls nicht klagen.

Die Monate vergingen und es war immer noch nicht sicher, ob DDR-Juristen weiter den Anwaltsberuf ausüben dürften. Schließlich hatten sie keine zwei Staatsexamina wie die BRD-Juristen und außerdem war der Gegenstand ihres Studiums, das DDR-Recht, ein anderer. Am 31. März hatten uns Mitglieder des Vorstands der (West-)Berliner Anwaltskammer versichert, dass wir unsere Zulassung behalten würden. Eine rechtliche Grundlage für diese Versicherung gab es aber noch nicht. Wir bangten also weiter. An sich betraf mich das mit meinen zwei Prüfungen und dem Studium nach altem Recht nicht, aber ganz sicher war ich nicht. Erst nachdem ich noch vor dem Anschluss im August 1990 die Zulassung des Berliner Senats erhalten hatte, war diese persönliche Sorge beseitigt. Mit der Zulassung musste ich auch Kenntnisse des BRD-Rechts erwerben, also las ich entsprechende Lehrbücher für Studenten.

Andere Sorgen blieben. Am 13. Juli trug ich in mein Tagebuch ein: »Die Probleme der Währungsunion werden deutlich. Alles wird teurer – alle haben Angst vor Arbeitslosigkeit, Unruhen und überhaupt. Wir bereiten weiter die Sozietät und das neue Büro vor. Wenn das man gut geht. Wir rechnen mit einem Kredit von 300.000 DM, um alles zu bezahlen.«

Weiter ging es Schlag auf Schlag. Der Auflösung des Berliner Kollegiums folgte die Auflösung des Rates der Vorsitzenden. Zuvor hatten Kontakte zu der (West-)Berliner Anwaltskammer stattgefunden, die zu wechselseitigen Referaten vor den beiden Anwaltsorganisationen führten. Alles sehr kollegial. Mit diesen Auflösungen waren viele organisatorische Entscheidungen zu treffen, die Miet- und Arbeitsverträge waren zu kündigen und die Räume der Zentralen Verwaltungsstelle zu räumen, d. h. die Bibliothek und das Inventar zu veräußern. Alles leichter gesagt als getan. Viele persönliche Bindungen wurden unterbrochen oder erschwert. Für mich galt das unter anderem auch für die Kontakte zu den Vorsitzenden der Kollegien. Manchen sah ich nie wieder.

Mit der Wende war eine totale Veränderung in den Medien einhergegangen. Das Verfahren gegen Erich Honecker und gegen andere Mandanten von mir bot jetzt den Medien jede Menge Stoff für Meldungen jeglicher Art. Bei aller Vielfalt herrschte in einem Punkt Übereinstimmung: Die Medien waren nahezu alle gegen die entmachteten Politiker. Als Verteidiger musste ich unter diesen neuen Umständen jede Gelegenheit nutzen, den ebenso ungeheuerlichen wie unwahren Angriffen entgegenzutreten. Hinzu kam die allgemein-politische Stellungnahme zur DDR und ihrer Justiz. Ein Sisyphos-Unterfangen. Im volltönenden Chor der Massenmedien gingen die schwachen Stimmchen von uns Verteidigern unter.

Allerdings wurden damals noch Leute wie ich von den Medien häufiger befragt und angehört, später, nach der Jahrtausendwende, war das verpönt. Wer die DDR verteidigt, verhöhnt die Opfer, heißt es heute. Keine starke Argumentation, eher ein Zeichen der Schwäche. 1990 aber verlangte mir die »Vergangenheitsbewältigung« noch viel publizistisches Engagement ab. Immer wieder finde ich in meinem Tagebuch Spuren davon: 12. Januar *ZEIT*-Interview, 11. Februar Arbeit an einem Artikel für die *Zeitschrift für anwaltliche Praxis*, 16. und 23. März sowie 6., 12. und 20. bis 23. April Vorbereitung und Durchführung des Juristentags der DDR, 18. und 23. März Artikel für das *Berliner Anwaltsblatt*, 27. April bis 1. Mai Teilnahme an einer Veranstaltung des Münchener Anwaltsvereins in Tutzingen, 13. Mai Artikel für die *Neue Juristische Wochenschrift* über die Situation der Anwaltschaft in der DDR, 24. und 26. Mai Aufzeichnungen des WDR im Rahmen einer Sendereihe *DDR-Profile*, 8. Juni Fernseh-Interview zum Honecker-Prozess, 29. Juni Interview für Kölner *Express*, 30. Juli und 2. August Artikel *Jurist im Reich des Bösen* für VDJ-Zeitschrift *Forum*, 19. August Rückkehr von einer Tagung der Norwegischen Anwälte mit Osteuropäern, 9. September Podiumsgespräch der Arbeitsgemeinschaft Strafverteidiger im Deutschen Anwaltverein, 21. September Vermerk über Teilnahme am Juristentag in München: »Tenor: maßvolles Wohlwollen«. Weiter mit der Publicity: Sonnabend, 20. Oktober 1990, Besuch von der *Bild am Sonntag* mit Fotograf, 2. November Teilnahme am Empfang der Berliner Außenstelle der US-Botschaft und schließlich am 7. Dezember noch ein Interview für die *Leipziger Volkszeitung*.

Als Vorsitzender der VdJ der DDR war ich im Juni 1990 von der VDJ West zu einer Vorstandssitzung in Frankfurt/Main eingeladen worden. Dort sagte ich den Kollegen aus der BRD, was ich glaubte sagen zu müssen. Es wurde später in Zeitschriften unter dem Titel *Jurist im Reich den Bösen* veröffentlicht.[74] Ich begann damals:

»Der realexistierende Sozialismus ist zusammengebrochen. Die Tage der DDR sind gezählt. Die Epoche des kalten Krieges ist beendet. Eine geschichtliche Wende noch nicht abzuschätzenden Ausmaßes ist eingetreten. Die Menschen fragen, wer hat Schuld daran, dass die Vergangenheit in der DDR so war, wie sie war, und nicht so wie in der BRD. Sie fragen, wer ist schuld an der politischen Unfreiheit, und sie fragen auch, wer ist schuld an dem Unrecht, das von Gerichten im Namen des Volkes in jenen 40 und mehr Jahren verkündet worden ist.

74 VDJ Forum 1990, Heft 3, S. 14

Die Frage nach der Schuld anderer ist für den Juristen eine geläufige Frage, die er mit Umsicht klärt. Die Frage nach der eigenen Schuld ist für ihn, wie wohl für jedermann sonst, schwierig. Er ist befangen. Da er in eigener Sache als Richter ausscheidet, kann er sich nur selbst verteidigen oder sich selbst bezichtigen. Beides steht ihm nicht gut zu Gesicht. Wer sich selbst verteidigt, klagt sich an, wer sich selbst anklagt, erweckt den Verdacht unechter Reue, den Verdacht, ein ›Wendehals‹ zu sein. Die Frage bleibt jedoch bohrend und unausweichlich: Wie hältst Du es mit Deiner Vergangenheit?

Die Frage ist nicht nur akademischer Natur. Sie führt zu der weiteren Frage: Ist der alte DDR- und damit SED-Jurist moralisch in der freiheitlich-demokratischen Grundordnung als Richter, Staatsanwalt und überhaupt noch tragbar? Die Frage zielt also auf die Existenz. Das erschwert ihre Beantwortung zusätzlich. Die Verantwortung des Juristen (oder allgemein des einzelnen Bürgers) für die Vergangenheit kann juristisch, politisch und moralisch beurteilt werden. Jedes dieser Werturteile setzt jedoch voraus, dass man Tat und Täter kennt. Anders gesagt, jede moralische, politische und juristische Be- oder Verurteilung erfordert, dass man weiß, wer was getan hat. Dies wiederum erfordert umfangreiche Prüfungen, die bis jetzt nicht stattgefunden haben. Anders ist es, wenn die individuelle Schuldzuweisung durch eine kollektive ersetzt werden würde.«

Das waren Fragen, die uns Juristen im Allgemeinen und mich im Besonderen damals beschäftigten. Die schweren Vorwürfe gegen die DDR, ihre allgemeine Verurteilung hatten auch mich nicht unberührt gelassen. Ich sagte damals weiter:

»... Darüber hinaus muss aber geprüft werden, ob die DDR wirklich ein ›Reich des Bösen‹ war. Reagan selbst hat sein Verdammungsurteil über die UdSSR nicht aufrechterhalten. Doch heute urteilen andere so über die DDR. Wer die Schuld der DDR-Juristen unvoreingenommen überprüfen will, wird um die Frage, ob die DDR ein moralisch zu verurteilender Staat war, nicht herumkommen, denn der Jurist ist Teil seines Staates. Ich beantworte diese Frage, um dies noch einmal zu wiederholen, nicht unvoreingenommen. In dem Bemühen um Objektivität bleibt mir doch bewusst, dass ich als Bürger der DDR die Treue gehalten habe. Es war ›meine‹ DDR. Natürlich sah ich ihre Fehler und Schwächen, natürlich empfand ich schmerzlich die Mängel ihrer Führer, natürlich litt ich als Rechtsanwalt und insbesondere als Verteidiger unter den manchmal großen Ungerechtigkeiten. Doch andererseits sah ich keine reale Alternative. Bei der Abwägung aller ›be- und entlastenden Umstände‹ ergab sich aus meiner persönlichen Sicht, die DDR ist trotz aller Unvollkommenheit eine Hoffnung auf einen gerechteren Staat. Andere sahen das anders. Was die Bewertung der DDR unter moralisch-politischen Gesichtspunkten anbelangt, konzentriert sich m.E. alles auf die Frage, was ist den Bürgern der DDR von den Politikern der DDR und deren Helfern angetan worden? War das vermeidbar? War es verschuldet? ...

›Angetan‹ wurde den Bürgern der DDR, dass ihnen der Weg zum Sozialismus, so sie ihn nicht selbst wollten, aufgenötigt wurde. Das bedeutete für viele Enteignung (Bodenreform, Enteignung von Nazi- und Kriegsverbrechern, Enteignung im Wege von Strafverfahren usw.). Auch Bürger, die das Land verließen, ›mit den Füßen abstimmten‹, verloren faktisch ihr Eigentum. Es bedeutete auch, dass Widerstand gegen den sozialistischen Weg oder die Abkehr von ihm, in welcher Form sie auch erfolgte, bestraft wurde. Die Zahlen der so Betroffenen sind unbekannt. Die Zahl der zu Rehabilitierenden wird auf 40000 bis 60000 geschätzt. Die wirtschaftliche Entwicklung in der DDR blieb hinter der in der BRD zurück. Auch dies hatten die DDR-Bürger zu tragen. Die Gründe dafür waren jedoch weder im System bedingt, noch nur der Unfähigkeit der Partei oder ihrer Führer geschuldet. Unterschiede gibt es auch zwischen der BRD und Frankreich, zwischen Frankreich und Spanien sowie schließlich zwischen Nord- und Süditalien. ›Entlastend‹ wird in der politischen Bilanz der 40 oder 45 Jahre zu bemerken sein, dass es niemand mehr gab, der in seiner nackten Existenz gefährdet war, alle mehr als satt zu essen und eine Wohnung hatten, allen eine wenigstens 10jährige Schulbildung offen stand, Kinderkrippen und Kindergartenplätze vorhanden waren, Verbrechen relativ selten waren, Rauschgiftprobleme im engeren und eigentlichen Sinne nicht existierten und hinter dem Schutz der Mauer eine gewisse Geborgenheit bestand.

Aus meiner Sicht ist das politische Fazit hinsichtlich des objektiven Geschehens: Die Menschen hatten nicht den Staat, den die Mehrheit wollte. Andererseits war der Staat, den sie hatten, unter den Staaten dieser Erde bei weitem nicht der schlechteste. Die DDR ist nicht das ›Reich des Bösen‹ gewesen. Der menschliche Wert ihrer Bürger wird vielfach hervorgehoben. Waren die Menschen so gut, weil der Staat so böse war? Wohl nicht. Schlimmeres als in der DDR passierte und passiert anderswo, etwa in Südafrika, in Israel, in Irland oder in Polen. Hier wird zwar dies oder jenes kritisiert, doch die Frage nach der Schuld der Verantwortlichen weder individuell noch kollektiv gestellt....

Die Aufforderung zur Trauerarbeit ist in mehrfacher Hinsicht (nicht nur sprachlich) ein Unding.

Sie gleicht dem Rat an einen Verzweifelten, der seelisch und materiell am Ende ist, er solle trauern. Was dieser Mensch braucht, ist menschlicher Beistand. Nun will ich unsere Kollegen, unsere deutschen Brüder und Schwestern, nicht um Beistand bitten. Doch sie müssen wissen und in Rechnung stellen, Ihre Aufforderung zur ›Trauerarbeit‹ trifft auf eine Schar, die zum größten Teil von Zukunftsangst, Hoffnungslosigkeit, Schmerz, ja Verzweiflung heimgesucht ist. Sie hat ihren Glauben verloren, der Verlust ihres Berufes steht ihr bevor, sie weiß nicht, was tun? Ihre Empfehlung, liebe Kolleginnen und Kollegen, liebe Mitdeutsche, ist wenig hilfreich und missversteht unsere psychische Verfassung. Typisch erscheint mir die Reaktion eines mit fristloser Entlassung bedrohten ehemaligen SED-Journalisten. Seine frühere hohe Funktion hatte er unaufgefordert niedergelegt. Jetzt leistet er Hintergrundarbeit. So traf ihn die Drohung mit der fristlosen Entlassung. Seine Frage an die neuen Machthaber: ›Was soll ich noch tun? Soll ich mich auf dem Alexanderplatz öffentlich verbrennen?‹«

So dachte ich damals, genauer gesagt am 23. Juni 1990. Heute denke ich ähnlich, nur weniger defensiv. Ich bin vielleicht kein Einzelfall, anderen mag es ähnlich ergangen sein. Zwei Monate zuvor war ich noch blauäugiger. Im April 1990 hatte ich auf dem DDR-Juristentag in Strausberg gesagt: »Wie ein Buchhalter muss der Gesetzgeber darauf achten, dass die Bilanz ausgeglichen ist. Wenn sich die Lösungen der Einzelprobleme so addieren, dass alle negativen Folgen auf der einen Seite der Elbe und alle positiven auf der anderen Seite eintreten, ergibt das ein Ungleichgewicht, das das Ziel des inneren Friedens, das unser Ministerpräsident und Kollege de Maizière sicher nicht ohne Grund so hervorhob, verfehlt. Einheit bedeutet dann noch nicht Einigkeit und Recht, nicht Gerechtigkeit.« Damals hatte ich noch Hoffnung auf ein Einsehen der Mächtigen. Heute ist die BRD für mich nicht mehr das Land der politischen Freiheit. Heute glaube ich nicht mehr an die Weisheit des Gesetzgebers. Andererseits erscheint mir das unzweifelhafte Defizit an politischer Freiheit in der DDR nicht mehr so bedrückend. Damals ›Zettel falten‹, heute geringe Wahlbeteiligung, Politikverdrossenheit. Parteien, die sich mühen, ein eigenes Profil zu zeigen, die aber nicht verbergen können, dass sie sich im Wesentlichen gleichen. Der Unterschied zwischen der »Demokratie« in der DDR und der in der BRD besteht hauptsächlich im äußeren Anschein. Damals regierte das Politbüro, heute regieren die Unternehmer. Das Politbüro konnte irren und irrte auch, doch es handelte nicht eigennützig. Heute ist der Eigennutz zum herrschenden politischen Prinzip erhoben und wird

Marktwirtschaft genannt – die wieder zunehmend als Kapitalismus kritisiert wird. Ich habe in 20 Jahren viel über die freiheitlich-demokratische Grundordnung gelernt.

***

So wie ich versuchen musste, mich in den neuen alten Verhältnissen zurechtzufinden und meinen Platz im Beruf , im Staat und in der Gesellschaft zu finden, ging es auch allen anderen Mitgliedern meiner Familie. Iris erlebte den langsamen Untergang ihrer Poliklinik. Vor ihr stand die Frage, was sie nach der im Einigungsvertrag vorgesehenen Abschaffung des Betriebsgesundheitswesens und ihrer »einigungsbedingten« Entlassung tun sollte. Ich plädierte für eine Niederlassung als Ärztin. Sie lehnte ab, sie wollte nicht allein den mannigfachen Krankheiten ihrer Patienten gegenüberstehen. Bisher hatte sie in der Poliklinik schnell und problemlos die jeweiligen Fachärzte konsultieren können, sie wollte auch nicht Chefin in einem, wenn auch kleinen Unternehmen sein. Ich teilte ihre Auffassung nicht, ich hatte und habe eine hohe Meinung von ihr, auch als Ärztin. Die Diskussion zog sich hin. Wir konsultierten im Mai eine Bank, ob es einen Kredit gäbe. Der Banker hatte Bedenken, mit 48 Jahren fast zu alt. Er selbst war Optimist, wollte sich im Beitrittsgebiet selbstständig machen. Ich notierte seinen Spruch: »Die 1,5 Mio. Arbeitslose in der DDR [der Anschluss war noch nicht erfolgt; F. W.] werden bald beseitigt sein«. – Später besichtigten wir auch einen Laden als eventuellen Platz für eine Praxis. Iris blieb beim Nein. Monat um Monat verging. Am 16. November 1990 hielt ich fest: »Bei Iris wird der Untergang der Poliklinik immer deutlicher. Überall ist die Stimmung depressiv oder aggressiv.« Wir wussten nicht, dass das Sterben der Poliklinik sich noch lange hinschleppen würde.

Auch die anderen Familienmitglieder bangten um ihre Zukunft. Renate wusste, dass sie ihre Stellung als Notarin im Staatlichen Notariat verlieren würde. Der Entschluss, Rechtsanwältin und Notarin zu werden, fiel ihr schwer. Schließlich fasste sie Mut und beantragte ihre Zulassung als Rechtsanwältin in der sterbenden DDR, mit der Hoffnung, in der BRD Rechtsanwältin und Notarin zu werden, vom Notariat zu leben und das wirtschaftliche Risiko einer Kanzleigründung zu meistern.

Antina bangte um das Grundstück, das sie von einem Ausreisenden gekauft hatte. Als Lehrerin hatte sie unter der Berichterstattung der Medien über den sich daran anschließenden Prozess und unter den Anspielungen auf ihren Vater, den Honecker-Verteidiger, erheblich zu leiden. Moderne Sippenhaft bei der Justiz und den Medien. Sie gewann zwar in der ersten Instanz den Prozess, den der Verkäufer ihres Grundstücks gegen sie angestrengt hatte, weil er angeblich zum Verkauf durch Drohung veranlasst worden wäre. In der Berufungsinstanz trug er dann Anderes, Neues vor. Der Notar Vogel sei bei der Beurkundung des Kaufvertrages nicht zugegen gewesen, so dass der Vertrag nichtig wäre. Damit obsiegte er, wenngleich zwei Zeugen, die an diesem Tag ihr Testament beurkunden ließen, bekundeten, Vogel sei anwesend gewesen. Es gab jedoch Dokumente, die dem Gericht die Überzeugung verschafften, dass Vogel in Israel war, um einen Spionen-Austausch durchzuführen. So wurde Antina das Grundstück los, musste die Prozesskosten tragen und nicht nur das, sie wurde auch wegen Prozessbetruges verurteilt, da sie erklärt hatte, Vogel sei bei der Beurkundung anwesend gewesen. Der Prozess und die anschließenden Strafverfahren dauerten mehrere Jahre, bedrohten Antinas Existenz und verzehrten die Erbschaft von ihren Großeltern. Ein Beispiel für die Abwicklung »offener Vermögensfragen«.

So wurde die Politik in dieser Zeit zum Schicksal für die ganze Familie. Zu den beruflichen und materiellen Ängsten kamen noch die, ob die politische Umwälzung friedlich verlaufen würde. Und was bedeutete diese »friedliche Revolution«, wie die Umwälzung zunehmend genannt wurde, überhaupt. War sie eine Konterrevolution, war sie der Endsieg des Kapitalismus über den Sozialismus, war sie das Ende der Geschichte? Wie sollte ich, sollten wir Kommunisten, Sozialisten unter dem Druck der persönlichen Probleme Zeit finden, eine Antwort auf diese Fragen, die uns bedrängten, auch nur zu suchen? Wir, die wir gedacht hatten, die Welt hätte den Weg zum Sozialismus beschritten. Wir, die wir über keine Medienmacht verfügten, sondern diese nur gegen uns hatten. Aus allen Kanälen und Blättern hieß es, der Sozialismus sei gescheitert. Das war so selbstverständlich wie das Amen in der Kirche. Nicht einmal im Traum war an einen Sozialismus des 21. Jahrhunderts zu denken. Kommunisten waren Stalinisten, hatten ungeheure Verbrechen zu verantworten. Die Tatsache, dass unter Stalin auch viele Kommunisten umgebracht wurden, fand und findet kaum Erwähnung. Alles das lastete auf aufrechten Marxisten. All das war zu bewältigen ohne eine Partei mit einer erfahrenen Führung. An die Stelle von langjährig erfahrenen Politikern war im Dezember 1989 Gregor Gysi getreten, den ich aus dem Kollegium gut kannte. Ein glänzender Agitator, aber auch ein guter Stratege? Ich glaubte es nicht. Die bekannten Führer der SED waren diskreditiert, verhaftet oder in der Versenkung verschwunden. Sie wären wohl auch der neuen Situation nicht gewachsen gewesen. Eine schwere Zeit.

Am 1. Juli 1990 hatte die DDR ihre finanzpolitische Souveränität aufgegeben, die Währungsunion trat in Kraft, die Deutsche Mark galt auch in der DDR. Im gleichen Monat erhielt ich einen Brief aus London. Das Vereinte Komitee der Anwaltskammer (Bar Council) und der Law Society lud mich zur Eröffnung des Rechtsjahrs (opening of the legal year) zum 1. Oktober nach London ein. Adressiert war das Schreiben an den Vorsitzenden des Rates der Kollegien der Rechtsanwälte. Ich hielt das für einen Irrtum, denn die westdeutschen und Berlin er Anwälte würden dort durch ihre entsprechenden bundesdeutschen Repräsentanten vertreten sein. Doch wenige Tage später schrieb mir der Botschafter der Britischen Botschaft in der DDR, er habe gehört, dass die British Law Society mir wegen der Einladung geschrieben habe, die ich vom Lord-Kanzler erhalten würde. Der Brief schloss mit der Bemerkung: »Sollte die Botschaft Ihnen auf irgendeine Weise bei der Organisation Ihres Besuches behilflich sein, würden wir das natürlich gern tun.« Das war an sich klar, aber dennoch hielt ich es für richtig, in meiner Antwort zu erwidern: »Da Sie mir freundlicherweise die Hilfe Ihrer Botschaft angeboten haben, wäre ich Ihnen dankbar, wenn Sie mich unförmlich wissen ließen, ob die Einladung auch unter den neuen Bedingungen aufrechterhalten bleibt. Für diesen Fall würde ich sie selbstverständlich annehmen.«

Darauf antwortete die Botschaft: »Die Law Society in London hat uns versichert, dass die Einladung natürlich weiterhin gilt und dass sie hoffen, ihre Kontakte in diesem Teil Deutschlands aufrechtzuerhalten.« Die Hoffnung erfüllte sich natürlich nicht, was nicht an mir lag.

Alles war geklärt und so flog ich am 30. September 1990 mit meinem DDR-Pass nach London. Das Programm war britisch. Für den 30. sah es ein »formloses Dinner« vor, zu dem man in »informal dress« erscheinen sollte. Am 1. Oktober war ein Besuch in der Westminster Abbey vorgesehen – mit »legal robes« oder »morning dress«. Eine Robe hatte ich mir schon gekauft und auf die Reise mitgenommen. In der Westminster Abbey gab es einen »special service«. Danach folgte ein »Lord Chancellor's breakfast«. Der Nachmittag war frei und abends gab es ein Dinner. (Hinweis: »dinner jacket and long dress«). Alles war perfekt organisiert. Für das Dinner erhielt jeder Gast einen Plan, aus dem er ersehen konnte, wo er saß. Es gab sechs Tische (A- F) mit je 25 bis 28 Plätzen. Ich saß nicht schlecht am Tisch D, der dem Präsidium (Tisch A) zentral gegenüber stand. Der damalige Vorsitzende des Deutschen Anwaltvereins saß nicht so zentral.

Am 2. Oktober 1990 flog ich zurück, um viele neue Erkenntnisse von alten

Verhältnissen bereichert. Auf der Datsche traf sich abends die Familie. Ich notierte: »Am 2.10. abends waren Barbara, die Peinze-Familie und Jakob [der dreijährige Sohn von Antina] da. – Gemeinsame Trauerfeier. Draußen einige Böllerschüsse.«

Am nächsten Tag, dem historischen 3. Oktober, fuhr ich gegen 10 Uhr schon wieder los, diesmal allerdings nur mit meinem PKW und nur zur Berliner Philharmonie. Ich hatte zu meiner nicht geringen Überraschung ein Schreiben bekommen, in dem tatsächlich zu lesen war: »Der Bundespräsident bittet Herrn Dr. Friedrich Wolff aus Anlass des Tages der deutschen Einheit zu einem Staatsakt …«. In der DDR hatte ich nicht an einem einzigen Staatsakt teilnehmen dürfen. Der Vorsitzende des Staatsrates hatte mich auch nie um etwas gebeten. Ich konnte nicht anders, ich fühlte mich geehrt und Hoffnung kam in mir auf.

Dem Schreiben lag eine offenbar für die Windschutzscheibe des Autos gedachte Karte bei, die auf großen Lettern »FREIE FAHRT« verhieß. So ausgerüstet und meiner Bedeutung gewiss, fuhr ich los. Alles war gut organisiert. Ich bekam einen Parkplatz und einen Sitzplatz in der Philharmonie. Um mich herum alles Fremde, nur ein einziges bekanntes Gesicht. Irgendwann ging es los. Eine Rede wurde gehalten, wer und was ist mir nicht in Erinnerung. Dann sollte ein neuer Redner folgen. Ein Mann ging an der ersten Reihe des Parketts vorbei. Dort saßen alle, die dorthin gehörten, der Bundespräsident, der Bundeskanzler und andere. Der Mann erklomm das Rednerpult. Er war auffällig, seine Kleidung entsprach nicht einem Festakt. Seine Rede war noch auffälliger, ihr Sinn erschloss sich mir nicht. Nach einigen Worten oder Sätzen kamen zwei junge Männer, nahmen ihn rechts und links in ihren Gewahrsam und führten ihn ohne erkennbaren Widerstand ab. Ich war überzeugt, das wäre in der DDR nicht möglich gewesen. So viel Kontrollen, so eine auffallende Person und so eine Panne. Wenigstens auf diesem Gebiet waren wir besser.

Danach ging der Staatsakt seinen geregelten Gang. Am Schluss wurde die neue alte Nationalhymne gesungen. Im Tagebuch vermerkte ich später: »… habe mit das Deutschlandlied gesungen – so gut es eben noch ging. Seltsames Gefühl. Alles mutet an wie ein Schritt in die Vergangenheit. Auch in England: Der liebe Gott, Gebete, die Standesunterschiede, die Heuchelei. Soll das nun das Wahre und Gute sein?«

Verteidiger des »Unrechtsstaates« im Rechtsstaat

Ich war nun also in dem Staat angekommen, den man nicht abgekürzt benennen darf, in der Bundesrepublik Deutschland. Richtiger, sie war bei mir angekommen. Sie hatte mich vereinnahmt, im Kalten Krieg erobert. Viele fühlten sich befreit, ich nicht. Wie viele in der DDR den Anschluss wollten, ist nicht bekannt. Die Bürger wurden nicht gefragt. Die Wahlergebnisse vom 18. März gelten als Legitimation. Heute denke ich, Egon Krenz oder Hans Modrow hätten zuvor einen Volksentscheid durchführen lassen sollen: Wollt ihr den Anschluss oder wollt ihr die DDR behalten? Das Ergebnis wäre wohl dasselbe gewesen, aber wie es war, war es nicht demokratisch, war es nicht eindeutig. Damals allerdings habe auch ich nicht an einen Volksentscheid gedacht. Im Nachhinein bin auch ich klüger.

Am Anfang stand weiterhin die Sorge um die eigene Existenz, die Fortexistenz. Sie war mehr oder weniger allgemein und verdrängte alles andere. Schon bald nach der stürmisch bejubelten Währungsunion, also der Einführung der DM in der DDR am 1. Juli 1990, entließen viele Betriebe ihre Arbeiter und Angestellten. Arbeitslosigkeit war plötzlich ein Problem für viele. Wer nicht arbeitslos war, fürchtete arbeitslos zu werden. Das Problem war neu. Allerdings lebte man anfangs mit der Stütze noch sehr gut. Die Mehrheit glaubte wohl, in Zukunft würde alles besser werden. Berichte in den Medien oder in Büchern waren Berichte wie von einem anderen Stern. Erstaunt stellte mancher fest, es war ja alles wahr, was er im Parteilehrjahr gehört hatte. Mit der Zeit nahm die Sorge zu. Im *Statistischen Jahrbuch* wurde die Zahl der Erwerbslosen in den neuen Bundesländern einschließlich der Angaben für Berlin-West im Jahr 1992 mit 1.170.281 und 1999 mit 1.343.682 angegeben. Neu war auch die Obdachlosigkeit. Ihr Umfang wurde nur geschätzt. Sie war für die neuen Bundesbürger jedoch unübersehbar und vergrößerte die Angst vor sozialem Absturz.

Wir Ostberliner Anwälte waren in den Monaten vor dem Anschluss von früher 60 auf ca. 400 angewachsen. Ehemalige Ostberliner Justitiare, Richter, Staatsanwälte und Notare (wie Renate), die ihre Arbeit verloren hatten, waren in den letzten Monaten der DDR Anwälte geworden. In Westberlin waren am 31. Dezember 1989 2.909 Rechtsanwälte zugelassen. Sie kannten das Westrecht, kannten Richter und Staatsanwälte, kannten die Institutionen, kannten die kapitalistische Gesellschaft. Die Ostberliner Gerichte waren am 3. Oktober sämtlich geschlossen worden, Westberliner Gerichte traten an ihre Stelle. Es dauerte längere Zeit, bis die Ostgerichte, mit Westberliner Richtern besetzt, wieder eröffnet wurden. Ein Chaos, wie ich es erwartet hatte, gab es allerdings nicht. Die Organisation war insoweit perfekt. Mir war ängstlich. Würden wir uns bei dieser Konkurrenz behaupten können? Ehemalige DDR-Bürger bevorzugten jetzt vielfach die Anwälte vom Ku'damm. Außerhalb Berlins, in den neuen Bundesländern, war die Situation günstiger. Westanwälte mussten erst übersiedeln, bevor sie ernsthafte Konkurrenten werden konnten. Es blieben dort auch mehr DDR-Richter und -Staatsanwälte im Amt. Das Verfahren an den Amtsgerichten dieser Länder unterschied sich deutlich von dem an Berliner Amtsgerichten. Es war dem in der DDR ähnlicher, uns also vertrauter.

Entlassung drohte uns Anwälten als Freiberufler nicht, nur Insolvenz. Mit sechs Kollegiumsanwälten hatten wir die Sozietät »Dr. Wolff & Partner« gegründet. Ich hatte schon immer nach der Lektüre bundesdeutscher Rechtszeitschriften diese Form anwaltlicher Zusammenarbeit für nachahmenswert gehalten und hatte auch versucht, sie im Kollegium zu realisieren. Es gelang nicht, die geringe Zahl der Mandate ließ die notwendige Spezialisierung der Sozietätsmitglieder nicht zu. Es gab keinen Anwalt, der nur oder vorwiegend vom Steuer-, Arbeitsrecht und auch nicht nur vom Familien-, Verkehrs- oder Erbrecht hätte existieren können. Jetzt war die Situation eine andere. Die Zahl der Prozesse nahm gewaltig zu. Über 100.000 Strafverfahren wurden gegen DDR-Bürger wegen der sogenannten Regierungskriminalität eingeleitet, unzählige Rechtsstreitigkeiten betrafen das Eigentum an Grundstücken von Westeigentümern, die Kündigungswelle löste zahlreiche Streitigkeiten vor Arbeitsgerichten aus. Wir konnten zudem unsere Kenntnisse des BRD-Rechts leichter auf einem begrenzten Gebiet als in dem gesamten bundesdeutschen Rechts vervollkommnen. Wir spezialisierten uns also. Einer Kollegin fiel das Familienrecht, einer anderen das Arbeits- und das Strafrecht, einer das Steuer- und das Handelsrecht zu, zwei waren Notare und machten wie ich Zivilrecht.

Bei Bedarf verteidigten wir alle in politischen Strafsachen und der Bedarf war da. Für mich beanspruchten die politischen Prozesse einen erheblichen Teil meiner Zeit. So war es schon in der DDR. Damals verteidigte ich jedoch nur den Täter, der mir politisch fern stand und nicht seine Tat. Jetzt verteidigte ich meine Genossen und mit ihnen die DDR. Das war schon etwas anderes.

Um konkurrenzfähig zu sein, brauchten wir nach unserer Meinung modernes Büroinventar, d. h. Computer und entsprechende Möbel. Die alte Einrichtung hatten wir in unseren Kollegiumszweigstellen zurückgelassen. Die neuen Büroräume mussten kostspielig renoviert werden. Wir nahmen bei der Bank einen Kredit über 300.000 DM auf. Eine astronomische Zahl für uns. Bedrückend. Zur Einweihung des Büros am 28. September 1990 erschienen auch Westanwälte, mit denen wir inzwischen gute Kontakte angeknüpft hatten. Sie hatten uns mit ihren Kenntnissen und zum Teil auch mit Literatur geholfen. Teure Bücher und Zeitschriften gehörten mit zu den Gründungskosten.

Wir fingen nicht bei Null an. Wir brachten alle alte Mandate mit, für die jeder weiter tätig wurde, gleich, ob sie in seine neue »Zuständigkeit« fielen oder nicht. Wohlhabend waren unsere Mandanten nicht, die meisten, eigentlich alle, waren auf Prozesskostenhilfe, PKH, angewiesen. Ich hatte – wie gesagt – die Mandate von Axen, Honecker, Krolikowski und anderen DDR-Funktionären. Das ging ganz gut, weil ich erfahrene Westkollegen mit hinzuziehen konnte. So verstärkten sich unsere Verbindungen zu den Westberliner Anwälten, denn meinen Sozien ging es ähnlich. Das half uns auch, uns im neuen Recht zurechtzufinden. Wir lernten dabei die Mentalität der Richter und der Anwälte kennen. Sie unterschied sich nicht unwesentlich von der der DDR-Juristen, wenn es natürlich auch Übereinstimmungen gab.

Die Richter waren unabhängiger. Ihre soziale Stellung war ungleich höher, ihr Einkommen ebenfalls. Sie beneideten die Anwälte nicht um ihre Honorare und waren (deshalb?) nicht so anwaltsfeindlich wie viele DDR-Richter. Sie ließen jedenfalls ihre Abneigung weniger spüren. Sie mussten nicht wie DDR-Richter morgens pünktlich zur Arbeit antreten, konnten die Akten mit nach Hause nehmen und dort arbeiten, sie mussten natürlich auch keine Toiletten säubern. Sie konnten ihren Marotten freien Lauf lassen. Das beeinflusste auch Urteile. Bei Prozessen wegen Tierhalterhaftung konnte es beispielsweise darauf ankommen, ob man beim Amtsgericht zu dem Richter kam, der Hunde liebte, oder dem, der sie hasste. Die Unabhängigkeit des Richters hat auch negative Seiten. Er konnte seine persönlichen Sympathien wie auch seine Antipathien ausleben. Das diente nicht der Gerechtigkeit.

Die anderen Familienmitglieder bangten ebenfalls um ihre Zukunft. Barbara hing genau wie ich vom Schicksal unserer Sozietät ab. Sie war allerdings von Natur aus optimistischer als ich. Renate stand als neugebackene Rechtsanwältin und Notarin vor schwierigen Aufgaben. Sie brauchte Räume und musste, wie wir alle, das BRD-Recht erlernen.

Für die Ärzte in unserer Familie änderte sich ebenfalls Entscheidendes. Iris und Jost, der Ehemann von Renate, verloren ihre Arbeitsstelle. Jost fand schnell eine neue Beschäftigung in der Verwaltung eines Stadtbezirks. Das bedeutete für ihn: neue Lehrgänge, neue Examina und angesichts der Sparmaßnahmen in der Verwaltung dennoch immer Angst vor Entlassung. Iris wechselte zwischen Arbeitslosigkeit und ABM-Stellen, bis sie schließlich fünf Jahre nach dem Anschluss beim Medizinischen Dienst der Krankenkassen wieder eine Tätigkeit als Ärztin fand.

Von Antinas Sorgen habe ich schon berichtet. Im Lebenslauf meiner beiden ältesten Enkel gab es um die Zeit des Anschlusses ebenfalls schwerwiegende Einschnitte. Beide verließen vor dem Abitur die Erweiterte Oberschule. Ich weiß nicht, ob diese Tatsache mit dem Umsturz der politischen Verhältnisse zusammenhängt, wie Iris vermutet. Was gestern, vielleicht auch für sie, Lebensinhalt war, wurde auf einmal verdammt. Ich weiß nicht, was dieser Vorgang für sie bedeutete. – Meine beiden jüngsten Enkel gingen ihren Weg schon unbeeinflusst vom Untergang der DDR.

Im Laufe der Zeit fanden alle arbeitsfähigen Mitglieder der Familie einen mehr oder weniger günstigen Arbeitsplatz. Sie hatten eben Glück, dass ihre Beruf nicht vom Systemwechsel betroffen war. Ihr Arbeitseinkommen war höher als in der DDR und sie genossen die Vorteile des Kapitalismus, Reisen in ferne Länder, schöne PKW und überhaupt das riesige Warenangebot. Alle belasteten jedoch weiterhin existenzielle Sorgen, die sie früher nicht gekannt hatten. Bei den Angestellten war es die Angst vor Entlassung, bei den Freiberuflern die Angst vor der Pleite.

Meine anwaltliche Arbeit übte ich im Rechtsstaat, dem äußeren Anschein nach, wie zuvor aus. Meine Praxis lief weiter, als wäre nichts geschehen. Arbeit hatte ich genug. Doch sonst war alles anders. Über Nacht war fast das gesamte DDR-Recht verschwunden und das BRD-Recht an seine Stelle getreten. Verschwunden waren auch die bekannten Richter und Staatsanwälte, sowie die Stadtbezirksgerichte und das Stadtgericht. Alte Gerichtsbezeichnungen tauchten wieder auf: Amts-, Land- und Kammergericht, dazu Bundesgerichtshof und Bundesverfassungsgericht. Auch die Kommentare aus meiner Studienzeit, der *Palandt*, der *Baumbach* und all die anderen erschienen wieder. Alte Begriffe erlebten gleichfalls Wiederauferstehung: Die »sozialistische Moral« wurde durch die »guten Sitten« ersetzt.

An die Stelle des Plans trat der Markt. Der Anwalt musste sich auf dem Markt behaupten. Der Markt war heiß umkämpft, die Zahl der Anwälte war in der BRD sprunghaft gestiegen, wie nachstehende Tabelle[75] zeigt:

Jahr	Rechtsanwälte
1950	12.844
1960	18.347
1970	22.882
1980	36.077
1990	56.638
2000	104.097
2009	150.377

Das ungesunde Wachstum war eine Folge der krisenhaften Entwicklung, die Anfang der siebziger Jahre eingetreten war. Es wiederholte sich dieselbe Erscheinung wie in der Weltwirtschaftskrise, die 1929 begonnen und in Aufrüstung sowie Krieg geendet hatte. Justiz, Verwaltung und Wirtschaft stellten keine Juristen mehr ein. Alles strömte in die Anwaltschaft. Damals hatte man von einer »Anwaltsschwemme« gesprochen. Da die Zahl der Aufträge nicht in gleichem Maß wuchs wie die Zahl der Anwälte, spielte die Ökonomie im anwaltlichen Beruf eine immer größere Rolle. So ist es bis heute. Der Anwalt muss »akquirieren«, muss sein Büro »managen«. Es reicht nicht mehr, ein guter Jurist zu sein, man muss auch »schwarze Zahlen« schreiben. Das wirkt sich auf das Verhalten der Anwälte, auf die anwaltliche Berufsausübung aus. Der Klient ist der Kunde, der den Umsatz bringen muss. Der Anwalt sieht in dem Anwalt der Gegenpartei zunehmend nicht mehr den Kollegen, sondern den Konkurrenten. Der Ton zwischen den Anwälten wurde rauer. Die Tendenz, jedes Mandat, auch das aussichtsloseste, anzunehmen, wuchs. Das Bundesverfassungsgericht unterstützte durch seine Rechtssprechung diese Entwicklung. Sachlichkeit war nicht mehr streng geboten, Werbung weitgehend erlaubt. Der Neoliberalismus verdrängte historisch gewachsene ethische Anwaltsprinzipien, Freiheit statt Ethik.

Rechtsanwalt Professor Hans-Jürgen Hellwig schrieb in einem Artikel *Der Rechtsanwalt – Organ der Rechtspflege oder Kaufmann?*: »Der Wettbewerb um an-

75 Statistik der Bundesrechtsanwaltskammer

waltliche Mandate nimmt ständig zu. Die inländischen Anwaltszahlen steigen ständig.« Und er fügte hinzu: »Der Präsident der Bundesrechtsanwaltskammer spricht offen von zunehmender Verarmung der Anwaltschaft. Welche Gefahren sich daraus für den Verbraucherschutz ergeben, bis hin zu Verstößen gegen Berufs- und Strafrecht, wissen wir alle.«[76]

Dieses Wesen der bundesdeutschen Justiz erschloss sich mir nur allmählich. Ich war zwar ihr gegenüber nicht unkritisch gewesen, doch ich hielt sie gegenüber der DDR-Justiz für überlegen. Die negativen Seiten der DDR-Justiz hatte ich in 36 Anwaltsjahren kennen gelernt. Damals erschienen mir die BRD-Justiz, die Unabhängigkeit der Richter, die Verwaltungsgerichtsbarkeit, das Bundesverfassungsgericht im hellsten Licht. Das hatte uns gefehlt. So musste es sein – auch im Sozialismus, dort erst recht. Die Praxis belehrte mich nach und nach eines Besseren. So mancher Richter, so mancher Prozess korrigierte mein Bild: Frau Schwarzmann (die Vorsitzende Richterin im Prozess gegen Krolikowski), der Honecker-Prozess, die Modrow-Prozesse und der zweite Politbüroprozess gehörten dazu und waren nicht die einzigen. Ich verlor im Lauf der Jahre meine Illusionen.

Die politischen Prozesse zeigten mir die Grenzen des Rechtsstaats. Die alltäglichen Zivilprozesse dagegen zeigten mir meine persönlichen Grenzen, machten mir die größten Kopfschmerzen. Das materielle Recht, also vor allem das BGB, war nicht das Problem. Teuflisch war dagegen das Verfahren. Es existierte in seinen Grundzügen, seitdem 1877 die Zivilprozessordnung erlassen worden war. Sicher hatte das Gesetz viele Änderungen erfahren, aber in manchem war es das alte kaiserliche, feudale Gesetz geblieben. Das Gericht prüft nur, was die Parteien vorbringen. Es gilt die sogenannte Verhandlungsmaxime, auch Beibringungsgrundsatz genannt. Das Zivilgericht wertet im Gegensatz zu den Straf-, Verwaltungs-, Arbeits- und Sozialgerichten nur diejenigen Tatsachen, die von den Parteien vorgetragen werden. Warum ist das so? Die Parteien bzw. ihre Anwälte erkennen nicht immer die Bedeutung, die eine bestimmte Tatsache nach Auffassung des Gerichts für den Ausgang des Verfahrens hat. Nicht immer kommt das Gericht seiner erst neuerdings verstärkten Pflicht nach, »das Sach- und Streitverhältnis, soweit erforderlich, mit den Parteien nach der tatsächlichen und rechtlichen Seite zu erörtern und Fragen zu stellen« (§ 139 Abs. 1 ZPO). Warum darf es nicht selbst ermitteln? Derzeit werden unter Umständen Klagen abgewiesen, weil etwas zu spät oder gar nicht

76 Ebenda, S. 214

vorgetragen worden war. Man kann Recht haben, bekommt es aber nicht. Im Zivilprozessrecht der DDR gab es diese Schikane nicht, da es, wie das Prozessrecht in den anderen Verfahrensarten, auf dem Grundsatz der Amtsermittlung beruhte. Das diente der Wahrheit, dem Recht und beschleunigte die Verfahren. Minderte allerdings etwas die Bedeutung des Rechtsanwalts. Nicht alles war im DDR-Recht schlechter.

Die veränderten Lebensumstände der Menschen schufen im Recht zusätzlich neue, mir bisher unbekannte Probleme. Das begann schon mit der Zustellung einer Klage im Zivilprozess. Nicht selten war der Beklagte verschwunden, die Klage ließ sich nicht zustellen. Das kannten wir in der DDR nicht, da verschwand keine Person, keine Firma. – Häufig war es auch, dass nach dem Gewinn eines Prozesses der Kläger mit dem Urteil nichts anfangen konnte, weil die Zwangsvollstreckung fruchtlos war. Der Kläger hatte dann auch noch die Verfahrenskosten zu tragen. Die beklagte GmbH war pleite, aber ihr Hintermann gründete unbefangen eine neue Gesellschaft. Das alles war wenig erfreulich und für DDR-Anwälte ungewohnt.

Natürlich machte ich auch Fehler. Einmal verlor ich eine Berufung, weil das Landgericht meine Unterschrift nicht als Unterschrift anerkannte und damit die Berufungsfrist als versäumt galt. Formalitäten haben im Bundesrecht einen anderen Stellenwert als im DDR-Recht. Jeder Fehler, schon die Angst vor einem Fehler, lastete auf mir. Hinzu kam: durch den Honecker-Prozess war ich kein Unbekannter. Fehler waren dadurch für mich noch blamabler und schmerzhafter.

Das neue, für uns neue, rechtsgeschichtlich allerdings alte Recht, zusammen mit den veränderten Lebensumständen verlangten uns also einiges ab. Ich versuchte, mich diesen Anforderungen anzupassen. Wieder einmal: anpassen. Dazu dienten mir unter anderem Lehrbücher für Studenten. Das Tagebuch vermerkt im Januar 1991: *»BRAGO* [Bundesrechtsanwaltsgebührenordnung] *– für Anfänger«*, danach im März und April Erbrecht, von Mai bis September Zwangsvollstreckung. Alles habe ich nicht notiert. Mit einigen Gebieten, wie Strafprozess, hatte ich schon 1990 angefangen. Auf unseren ersten Urlaub in der »freien Welt«, den wir über Weihnachten und Silvester 1990/1991 im Bayrischen Wald verbrachten, hatte ich mir ein Lehrbuch des Strafprozessrechts mitgenommen und auch gelesen. Nach damals ca. 36 Jahren Anwaltstätigkeit, im 69. Lebensjahr, mitten im Existenzkampf sowie in der politischen, ebenfalls existenziellen Auseinandersetzung noch einmal am Anfang. Anderen Ossis erging es nicht besser, es war unser gemeinsames Schicksal. Ein Geschenk der Vereinigung nach Art. 23 Grundgesetz ohne Übergangsfrist. Ein einmaliges Ereignis, rücksichtslos und mit immer noch nicht absehbaren Folgen für Deutschland. Als das Saarland und Österreich »heim ins Reich« gingen, war das anders. Es gibt viele Gründe für die Spaltung der Deutschen in Ossis und Wessis, einer der Gründe liegt in der Zurückversetzung eines Teils der Nation in den Stand eines Azubis und den anderen Teil in den des Lehrmeisters. – Übrigens saßen wir in diesem Urlaub in unserer Pension an einem Tisch mit einem netten Westberliner Ehepaar, er aktiv in der CDU, sie, wie wir vermuteten, SPD-Sympathisantin. Ich fühlte mich verpflichtet, zu offenbaren, wes Geistes Kind ich bin. Schließlich tauchte mein Konterfei als Honecker-Anwalt damals noch in den Medien auf. Also gestand ich. Mein Ossi-Makel störte entgegen meiner Befürchtung beide nicht.

Das ganze Drum und Dran der bundesdeutschen Juristerei war mir wie allen meinen Partnern in der Sozietät unbekannt. Wir versuchten es zu erkunden und uns anzupassen. Als erstes kaufte ich mir eine Robe. Das musste sein, war Vorschrift. Es war eine teure, aber leichte Übung. Um uns in die Anwaltschaft zu integrieren, nahm ich mit zwei Sozia im November 1991 an dem »Traditionellen Essen des Berliner Anwaltvereins« teil. Früher wurde es Herrenessen genannt. Der Fortschritt war unverkennbar. Smoking war erwünscht, also kaufte ich mir den ersten und letzten Smoking meines Lebens nebst Fliege. Ich habe ihn wohl insgesamt zweimal getragen. Man wurde platziert. Die Regie hatte mich zwischen eine bekannte Vorsitzende Richterin am Landgericht und einen Staatsanwalt gesetzt, von dem es hieß, er sei mit ihr sehr gut bekannt. Andere Teilnehmer des Essens fanden diese Sitzordnung bemerkenswert und bereiteten mich auf einiges vor. Wir unterhielten uns jedoch ohne Probleme auch über die DDR, obgleich ich, wenn auch dezent, aus meinem Herzen keine Mördergrube machte. Später sollte ich Frau Schwarzmann, so hieß die Richterin, von ihrer beruflichen Seite kennen lernen.

Honecker-Anwalt 1990–1993

Im Januar 1992 hatten die Gerichte die zehn Jahre andauernden Prozesse begonnen, die als »Bewältigung« oder »Aufarbeitung« der DDR-Vergangenheit, »Verfolgung der Regierungskriminalität« oder des »SED-Unrechts« bezeichnet wurden. Es begann damit nach der strafrechtlichen Verfolgung der NS-Verbrechen, nach der Kommunistenverfolgung von 1949 bis 1968, nach der Verfolgung der RAF, die vierte Prozesswelle politischer Strafverfolgung in der Bundesrepublik. Sieht man von der halbherzigen Verfolgung der NS-Verbrechen ab (selbst der BGH spricht von einer »insgesamt fehlgeschlagene[n] Auseinandersetzung mit der NS-Justiz«[77]), so setzte sich nach dem 3. Oktober 1990 der seit Beginn des 19. Jahrhunderts andauernde, kaum unterbrochene Kampf der Justiz gegen die Linke in Deutschland fort.[78]

Das Landgericht Berlin fällte am 20. Januar 1992 das erste »Mauerschützen«-Urteil[79]. Nach den Strafprozessen gegen Grenzer stellten Richter und Staatsanwälte der DDR die zweite große Gruppe von Angeklagten, denen »SED-Unrecht« zur Last wurden. Ihnen wurde Rechtsbeugung vorgeworfen. An dem ersten Verfahren dieser Art war unsere Sozietät beteiligt, es endete mit einem Freispruch. Nicht alle politischen Prozesse waren verlorene Prozesse. Die Justiz musste die Grenze des politisch und juristisch Machbaren bei der Verfolgung der DDR-Funktionäre finden. Allzu viel war schädlich, zu wenig sollte es aber auch nicht sein. Insgesamt wurden mehr als 100.000 DDR-Bürger bis 1999 strafrechtlich verfolgt. Der Wille zur Verfolgung war also groß. Die Verfahren sollten bei ihrer Einleitung die Grundlage für die These vom »Unrechtsstaat DDR« liefern. Der damalige Justizminister Klaus Kinkel hatte 1991 verkündet: »Das Unrecht in der früheren DDR darf und kann nicht verdrängt werden. Das System der Deutschen Demokratischen Republik muss auch in den Köpfen der Menschen delegitimiert werden.«[80] Verurteilt wurden laut Generalstaatsanwalt Schaefgen bis 30. September 1999 jedoch nur 289, davon wegen Rechtsbeugung 27, wegen »Gewalttaten an der Grenze« 98 und wegen »MfS-Straftaten« ganze 20.[81] Das wurde den Ambitionen Kinkels nicht gerecht, das passte nicht in die regierungsamtliche Konzeption der »Aufarbeitung« der DDR-Geschichte. Also verschwiegen es die unabhängigen Medien ebenso wie die Politik.

Man hat die Differenz zwischen der Zahl der Beschuldigten und der Zahl der Verurteilten als einen Beweis für die Rechtsstaatlichkeit der Verfahren ausgegeben. Nur, selbst die geringe Zahl der Verurteilungen verstieß gegen elementare Rechtsgrundsätze wie das Rückwirkungsverbot oder den Grundsatz

77 BGH, Urteil v. 16.11.1995, BGH St 41, 317, (5 StR 74/94)

78 Vgl. Friedrich Wolff, Einigkeit und Recht, Berlin 2005, S. 18ff.

79 Neue Justiz 1992, S. 269

80 Erstes Forum des Bundesministers der Justiz am 9. Juli 1991 in Bonn, S. VII

81 Christoph Schaefgen, 10 Jahre Aufarbeitung des Strafunrechts in der DDR, Neue Justiz 2000, S. 1; Klaus Marxen/Gerhard Werle, Die strafrechtliche Aufarbeitung von DDR-Unrecht. Eine Bilanz, Berlin und New York 1999 S. 202; Friedrich Wolff, Einigkeit und Recht, Berlin 2005, S. 88

in dubio pro reo, im Zweifel zu Gunsten des Angeklagten. Die Mehrzahl der deutschen Straf- und Staatsrechts-Professoren hielt deswegen diese Verfahren nicht für rechtsstaatlich.[82] Die tatsächlich erfolgten Freisprüche und Verfahrenseinstellungen beruhten nicht auf rechtlichen Erwägungen, wie sie die Professoren angestellt hatten, sondern ausschließlich auf Beweisschwierigkeiten. Die Richter sahen die Taten als nicht erwiesen an, sie folgten nicht den Professoren, dass die Taten überhaupt nicht strafbar waren, manche hielten wohl wenig von dieser Art von Kriminalität. Insgesamt sind die Verfahren wegen »Regierungskriminalität« ein lehrreiches Beispiel für politische Justiz und ein weiteres dunkles Kapitel bundesdeutscher Rechtsgeschichte. In meinen beiden Publikationen *Einigkeit und Recht* und *Verlorene Prozesse* habe ich das ausführlich dargestellt.

Diese Strafverfahren wegen »Regierungskriminalität« und alles, was mit ihnen im weitesten Sinn zusammenhing, beschäftigten mich damals bis an die Grenze meiner Belastbarkeit. Es gab Tage, an denen ich 14 Stunden im Büro war.[83] Von den Nachtgedanken will ich nicht reden.

Das Strafprozessrecht der BRD unterschied sich weniger von dem der DDR als dies bei anderen Prozessrechten der Fall war. Dennoch waren die Unterschiede erheblich. In der DDR war die Regelung des Verfahrens präziser und strenger. Die freie Überzeugung des Richters trat an die Stelle der im DDR-Recht geforderten Feststellung der objektiven Wahrheit. Die Verteidigung war freier, ihre Rechte, wie das auf Sprecherlaubnis und Akteneinsicht, waren wesentlich größer. Der Verteidiger konnte sagen, was er wollte. Die Medien begleiteten größere politische Verfahren in Wort und Bild. Darauf musste sich die Verteidigung einstellen. Hatte ich in der DDR immer frei gesprochen, bereitete ich jetzt meine Plädoyers schriftlich vor und verlas sie. Den Medienvertretern übergab ich den Text, um sicherzustellen, dass es keine Missverständnisse gab. Von Ausnahmen abgesehen, war die Berichterstattung der Verteidigung, wenigstens zunächst, nicht gewogen. Es überwog die Auffassung, die Opfer hätten Anspruch auf eine gerechte, und das hieß harte Bestrafung der DDR-Täter. Gegen Ende des Honeckerprozesses änderte sich das. Der Prozess wurde als Farce erkannt, die Medien rügten das.

Schon vor Beginn des Honecker-Prozesses, 1991, erhielt ich ein Schreiben von Rudolf Bahro, der in der DDR vom Stadtgericht Berlin 1978 wegen Ge-

82 Friedrich Wolff, Einigkeit und Recht, S. 117ff

83 GTB, 16.6.1992

heimnisverrats zu einer Freiheitsstrafe von acht Jahren verurteilt worden war. Sein Verteidiger war Gregor Gysi. Bahro war ein typisches Opfer der politischen Justiz der DDR. Er verhielt sich aber, wie man das von Opfern nicht erwartete. So schrieb er mir am 17. Dezember: »Schon irgendwann im Jahre 1990 hatte ich Rechtsanwalt Vogel, dessen Mandant Erich Honecker wohl damals war, erklärt, dass ich die eigentliche, die politische Verteidigung übernehmen möchte, wenn es zu einem Prozess kommen sollte. Heute wäre ich noch tiefer als damals daran interessiert, in dieser Sache so öffentlich wie möglich das Wort zu ergreifen.« Dem Brief lag das Manuskript eines Diskussionsbeitrags bei, den Bahro am 28. November 1991 auf einer Diskussionsveranstaltung im Auditorium Maximum der Humboldt-Universität gehalten hatte und in dem er gegen die Anschuldigungen aufgetreten war, die gegen Heinrich Fink, den ehemaligen Rektor der Universität (1990 – 1992) erhoben wurden. Noch dezidierter machte Bahro seinen Standpunkt in einem Essay deutlich, den er am 21. Juni 1992 an den *Spiegel* schickte. Er wurde nicht gedruckt. Ich hole das nach:

WENN ERICH HEIMKOMMT – oder von der Legitimität der DDR

Dass es das Warten und Rätselraten gibt – kriegen sie ihn nun oder kriegen sie ihn nicht –, ist schade um der Sache willen. Es wäre besser, Erich Honecker hätte sich der Justiz des Gegners einfach gestellt, um vor der Mitwelt noch einmal zu vertreten, wofür er gekämpft und gelebt hat, so gut, so schlecht und recht er eben vermochte.

Diese Biographie bleibt doch repräsentativ, und zwar auch darin, dass da der Königsmantel – doch nicht zufällig! – auf die zu schmalen Schultern des Dachdeckers, des »kleinen Trompeters« (aus jenem sentimentalen Arbeiterkampflied), und schließlichen Mauerbaumeisters gefallen war. Es gab da jedenfalls ein Mandat, es gab da die Würde eines Lebensentwurfes, kurzum, es gibt da was zu verteidigen, das grundsätzlich über die Beschränktheit dieser wie jeder anderen individuellen Existenz hinausreicht .

Selbst jetzt noch, wenn er sich unfreiwillig gestellt sähe, lohnte die Frage, die die juristischen Zwerge der Siegerseite aufs Tapet bringen wollen, die Verteidigung: Ob es denn etwa nicht legitim war, die Mauer zu bauen und ihr also bis zur ultima ratio des Schießbefehls Respekt zu verschaffen? Läse man mal bei Carl Schmitt[84] nach, keinem Zwerg jedenfalls, würde man finden, dass es hinterher

84 Carl Schmitt (1888 – 1985) lt. dtv-Lexikon »der wirkungsvollste, zugleich der umstrittenste Vertreter der deutschen Staatstheorie zwischen dem 1. und 2. Weltkrieg«. In der DDR war Schmitt als faschistischer Jurist gebrandmarkt.

prinzipiell nicht peinlich sein muss, ihn einst als Staatsgast empfangen zu haben; es sei denn, man wollte schließen, da seien Verbrecher unter sich gewesen.

Die Sieger in ihrer Rechtsheuchelei – weder wagen sie es, unverblümt das »Wehe den Besiegten!« zu rufen, noch – was die andere Möglichkeit wäre – wagen sie sich anrufen zu lassen: »Wer unter euch ohne Sünde ist, der werfe den ersten Stein.« Wohl ist es nach einer anderen Moral als der herrschenden denkbar, Honecker anzuklagen. Aber ich sehe keine befugte Besetzung für ein entsprechendes Gericht. Und käme sie doch zustande, so würde sich zeigen, dass seine Untaten geradezu verschwinden im Vergleich etwa zu den Leistungen jenes Teams, das den noch gar nicht verflossenen Golfkrieg zuerst jahrelang vorbereitet, anschließend seine Vermeidung unmöglich gemacht hat, um schließlich hochverlogen eine Orgie der Zerstörung zu zelebrieren, die nur das Volk und die Völker dort quälte, in einen Schrecken ohne absehbares Ende stürzte.

Anfangs, als er noch nicht fort war, empfand ich nicht nur eine Art Pflicht, sondern hatte auch Lust, ihm bei der Verteidigung zu helfen, und zwar in allem Ernst. Ich sagte dies seinem damaligen Anwalt Vogel (dem nämlichen), aber es ist wohl so, dass Honecker und seine Frau von einem wie mir nichts annehmen wollen. Es hatte natürlich nichts genutzt, dass ich ihm 1987, Gorbatschow im Auge, zwar selbstbewusst, aber keineswegs feindselig oder unehrerbietig die Frage nahe brachte, ob mich die DDR nicht wiederhaben will. Ihm war ich halt der Hauptverräter seiner Ära, ehe mich dann Freund Michail und alle die anderen Liquidatoren bei weitem übertrafen. Mit mindestens 10 Jahren hatte er mir's vergelten wollen, ganz persönlich.

Aber das ist nicht mehr wichtig. Jetzt will ich in seiner Person etwas würdigen, was von kaum zu überschätzender Bedeutung dafür ist, wie das ganze politische Deutschland den Untergang der DDR versteht, und wie ihn insbesondere diejenigen Menschen seelisch verarbeiten, die mehr oder minder positiv mit dem andern deutschen Staat, seinem wesentlichen Anliegen identifiziert waren – die ökosozialistische Opposition eingeschlossen, mag es da auch noch Rachegefühle geben.

Es geht um nichts anderes als die lange überfällige, aber nachträglich alles andere als überflüssige geistige Anerkennung der DDR, nämlich ihrer ganz unzweifelhaften historischen Legitimität. Gewiss, in meinem damaligen Fall hat der Staat auch noch sein eigenes ohnehin machtwillkürlich gesetztes Recht gebrochen. »Unrechtsstaat« – wenn ich mich mit der Froschperspektive begnüge. Aber laut Goethes »Faust« wurden Ketzer meiner Art kaum wohl bloß eingesperrt, sondern »von je gekreuzigt und verbrannt«.

Weder die juristische Farce noch die Farce, die das greise Politbüro als Corpus war, reicht in jene Dimension, in der sich historische Legitimität entscheidet. Freilich kann Legitimität aufhören, und die der DDR hat irgendwann aufgehört. Den Grund sah Hegel, auf Robespierre bezogen, etwa so: ›Seine Kraft hat ihn verlassen, weil die Notwendigkeit‹ ihn verlassen hatte.

Zunächst einmal verteidige ich mit der einstigen Legitimität der DDR, wenngleich nur nebenbei, auch mich selbst. Sofern Honecker und ein paar andere für die Schüsse an der Mauer vor Gericht sollen, gehöre ich zu den Mitangeklagten. Denn an jenem Augusttag 1961, an dem die Mauer kam, habe ich, in Greifswald fern vom Schuss, innerlich ausgerufen: »Endlich!«

Also trage ich wesentlich dieselbe Verantwortung . Ich war mit knapp 26, wie mich das Ereignis antraf, wohl wie auch heute noch oft recht naiv, aber nicht so naiv, dass ich als politischer Mensch nicht gewusst hätte oder nicht hätte wissen müssen, das wird nicht ohne Opfer abgehen.

Blindwütig war das freilich unheimliche, unnatürliche und unmenschliche Grenzregime zu keiner Zeit konzipiert. Schließlich war das Ganze eine militärische Aktion, im Weltbürgerkrieg, an der geladensten Front der zwei Blöcke. Ich wollte die DDR, die ich um des mit ihr Versprochenen willen, und nicht ohne manichäischen Hass auf den nie gesehenen Feind, liebte, halten. Daraus folgte damals unweigerlich die Mauer. Ich möchte sehen, ob mir jemand zeigen kann, ich sei da abartiger gewesen als etwa auf der anderen Seite ein Karl Jaspers. Dieser Denker wusste um jene Zeit schon besser als ich, was die Atombombe bedeutet, und war, hinter dem Totalitarismusbegriff versteckt, zu feige, ohne ihren Schutz leben zu wollen.

Als noch vor Ende von Weltkrieg II über die Konstellation des Kalten Krieges entschieden wurde, dessen Episode der Mauerbau war, saß der Mann jener kommenden Stunde noch im Nazizuchthaus Brandenburg. Er hoffte naturgemäß auf einen andern Weltzustand als den, der aufkam, und in dem er dann gut anderthalb Jahrzehnte später einen logischen nächsten Zug vollführte. Übrigens einen Verteidigungszug in der prekären Bauernstellung. Der 13. August war weder eine große, noch eine kleine Rochade, schon gar kein Angriff am Königsflügel.

Da ist es – mit Verlaub gesagt – moralischer und intellektueller Verhältnis-Schwachsinn, ist es – mit noch mehr Verlaub für die olle Kamelle – eine erneute unbußfertig-revanchistische Anmaßung, sich überhaupt mit Prozessvorbereitung zu befassen. Es ist noch einmal der Ungeist vom 17. Juni als BRD-Staatsfeiertag. Während man selbst mit Wiederbewaffnung gegen die Sowjetunion beschäftigt war, wurde für »die Zone« Selbstbestimmung der Landsergeneration von gestern eingefordert, um, wohl doch ein wenig verfrüht, das Weltgericht von Stalingrad zu korrigieren.

Nun, da es tatsächlich korrigiert ist, wäre erst einmal angesagt, sich umso gründlicher eines Erfolges zu schämen, der mit nichts als ökonomischen Verdiensten bezahlt ward. Fällt denn niemandem Schillers ›Ring des Polykrates‹ ein? Als der Grieche den Ring wiedergebracht bekam, wandte sich sein Gast mit Grausen, weil er daran ablas: ›Die Götter wollen dein Verderben.‹

Aber zurück zur Hauptlinie der Verteidigung, Honeckers und meiner. Was meinen wir mit der Legitimität der DDR? Honecker selbst hat eigennützig nicht wenig Schindluder mit den Namen von Karl Liebknecht und Rosa Luxemburg getrieben. Dennoch ist da eine Linie, die vom Widerstand gegen den I. Weltkrieg über die Ausrufung der sozialistischen Republik (von jenem Schlossbalkon, der später das Staatsratsgebäude zierte) und die Gründung der KPD (›Wir sind wieder bei Marx‹) zur Entstehung der DDR führte. Wer wie Honecker in dieser Tradition gegen Hitler gekämpft hatte, wollte nachher mit Recht einen neuen deutschen Staat. Wer ihn wollte, musste auch bereit sein, ihn zu führen, sei es mit unzulänglichem Gepäck. War es etwa nicht legitim, nach dem Desaster jener 12 Jahre ein neues Deutschland anzufangen, statt wie im Westen die alte Grundstruktur neu aufzuputzen?

Allerdings hat die DDR nicht wirklich auf dieser Basis – einer massenhaft gar nicht vorhandenen deutschen revolutionären Kontinuität – existiert. Sondern mit dem Oderübergang der Roten Armee hob ihre eigentliche Begründung an. Nicht Bechers ›Auferstanden aus Ruinen‹ war die wirkliche Staatshymne, sondern sein anderes Lied ›Sterne unendliches Glühn‹: ›Wer hat vollbracht all die Taten, die uns befreit von der Fron? Es waren die Sowjetsoldaten, die Helden der Sowjetunion.‹

1941 vor Moskau, in dem 3jährigen Standhalten Leningrads und in der Schlacht von Stalingrad, mit den westwärts rollenden T-34-Geschwadern (anstelle der nötigen Traktorenkolonnen gebaut) und, unter ferner liefen, mit den Flugblatt- und Lautsprechereinsätzen von ein paar deutschen Emigranten in den Lärmpausen – da wurde das Recht auf die Gründung der DDR statuiert. Warum hat denn das Nachkriegs-Westdeutschland jahrzehntelang schlottern müssen ›Die Russen kommen‹, wenn nicht aus dem untergründigen Wissen, nicht in irgendeiner ostpreußischen Wolfsschanze, sondern direkt unterm deutschen Reichstag musste das Ungeheuer zur Strecke gebracht werden. Nicht mit der Bombe aus Stauffenbergs Aktentasche ist es geschehen, sondern mit dem größten und opferreichsten Heereszug aller Zeiten.

Als ich 17 war an der Oder, hieß meine Stadt und hieß das an ungünstiger Stelle gebaute neue Hüttenwerk nicht ohne zureichenden Grund nach Josef Stalin. Dort habe ich 1953 verzweifelt seinen Tod beweint, hatte zuvor gläubig Bechers monströses Abschiedsgedicht für den Vater der Völker rezitiert unter der auf Halbmast gesetzten Fahne der FDJ. Wie die Geschichte der DDR war meine eigene eine Kreuzung aus russischer Revolution und deutscher Klassik, trotz und wegen Becher.

Unterm Strich kam bei mir viel mehr Lenin als Stalin, nachher beim ML-Philosophiestudium viel mehr Marx als Lenin rüber. Und es war nicht ohne Realität, was Thomas Mann sich 1949 in Weimar gewünscht hatte: einen Karl Marx, der den Friedrich Hölderlin gelesen hätte, und umgekehrt. Am Ende hat der deutsche Geist doch auch etwas daran zu gewinnen, dass eine kleine Zeit lang in den östlichen Landstrichen nicht Martin Luther, sondern Thomas Müntzer der Mann fürs Senkrechte war.

Wenn die rote Fahne auf dem Reichstag 1945 legitim und mehr als legitim war, dann hat die DDR nicht nur sein dürfen, sondern sein müssen. Dass sie ebenso unvermeidlich den Zusammenbruch der russischen Revolution nicht überlebte, widerlegt die lebendigen Kräfte nicht unbedingt, die in das gescheiterte Experiment eines implantierten Sozialismus auf deutschem Boden eingingen. Unser Impuls war mit dem Herzen gedacht, und es geht kein solcher Impuls je ganz verloren.

Anders als Deutschland hat die Sowjetunion den Despotismus von innen heraus überwunden. Eben dies war das Wunder Gorbatschow. Ich stehe mit meiner Biografie dafür, dass wir dies auch in Ostdeutschland versucht hätten. Wenn ich Honecker – obwohl das sinnlos ist – doch etwas übel nehme, dann, dass er nicht mit Gorbatschow gegangen ist, um dies einzuleiten, dem freien Raum zu geben. Wir hätten die DDR auch damit nicht halten können, aber wir hätten noch anzuzeigen vermocht, dass unsere Idee wie 1968 in Prag auch in Berlin mit der Achtung des Individuums vereinbar ist, erst darin zu sich kommt.

Die Westdeutschen, zynischer und materialistischer, verstehen wenig von dieser inneren Dimension, können sich deshalb im Osten nur Politbürokraten, karrieristische Mitläufer und Unterdrückte vorstellen. Was den alltäglichen Kolonialismus des eigenen Lebensstils betrifft, sind oder tun sie ahnungslos. So lesen sie die Illegitimität der DDR an ihrem ökonomisch-ökologischen Schrott und Müll ab. Sie selber haben damit natürlich absolut nichts zu schaffen.

Ja, die Bevölkerung der DDR ist von ihrer Führung z. B. um die 14 Milliarden Ost betrogen, die das Politbüro in die Mikroelektronik investieren ließ. Aber warum? Solange die militärische Konfrontation bestand, war die Sowjetarmee auf die relativ feinere Produktionskultur der DDR angewiesen. Ich habe eine Weile mit jemandem zusammengelebt, der, seinerseits Beobachter auf dem amerikanischen Pendant, im Mittelmeer eine Begegnung mit dem Flugzeugträger Kirow hatte. In der Zeit, in der das amerikanische Monstrum 20 Maschinen in der Luft hatte, brachte das sowjetische 2 nach oben – und nicht ohne die Kameradenhilfe des Feindes wieder herunter aufs eigene Deck. So aussichtslos war das mit den Chips made in GDR.

Aber die stärkste Ursache in diesem ganzen blöden Spiel, wo bitte lag die? Im ganzen Osten nicht. Und angefangen hatte die neue Runde mit den als Denkzettel für Moskau gedachten Bomben auf Hiroshima und Nagasaki.

Wie wäre es, die Bevölkerung der DDR – wie noch viel mehr die übrige, stärker ›unterentwickelte‹ Menschheit – generös für das zu entschädigen, was die noch immer unentrinnbare Dominanz des einen Systems rund um den Erdball teils direkt, teils indirekt an sozialer und ökologischer Katastrophe nach sich zieht? Abgesehen davon steht den westlichen Wunderkindern das Wundern noch bevor, was für schweres Geschirr ihnen auf den Kopf fallen und wie real um sie herum das ›Nichts nichten‹ wird.

Die Geschichte der DDR ist keineswegs schon so ganz zu Ende, und es müsste nicht sein, dass der Versuch, sie auszulöschen, umschlägt in ein Debakel des Siegers. Deutschland hätte etwas zu gewinnen – nicht an irgendwelchen zweifelhaften Errungenschaften (a la Kinderkrippen etc.), sondern an der menschlichen Substanz der DDR als einem Beitrag zur nationalen Identität. Was jetzt passiert ist neue, weitere Störung des nationalen Selbstbewusstseins, nicht nur im Osten. Der sozialen Energie, die sich jetzt in der Ex-DDR verbirgt und zusehends böse wird, würden Zeichen nachlassender Selbstgerechtigkeit aus dem Westen gut tun.

Hier schlage ich vor, nicht nur den anderen deutschen Staat nachträglich gelten zu lassen, sondern auch die Leistung der SED. Denn die Partei war schließlich die Essenz dieser Staatsgestalt. Ihrem letzten Generalsekretär (vom allerletzten darf man durchaus schweigen) gebührt ein anständiger Alterssitz in Brandenburg oder in seinem Saarland, wie gehabt mit einem Posten zu seiner Ehre und Sicherheit davor.[85]

Das trifft den Nagel auf den Kopf. Das schlägt ein. Das sitzt. Dies sagte ein Opfer der DDR. Seine Meinung wollte der *Spiegel* nicht verbreiten. Halten wir nochmals fest, was Bahro erklärte: »Es geht um nichts anderes als die lange überfällige, aber nachträglich alles andere als überflüssige geistige Anerkennung der DDR, nämlich ihrer ganz unzweifelhaften historischen Legitimität.«

85 Korrespondenz, 1991

Bahro ist nicht das einzige sogenannte »Opfer des DDR-Stalinismus«, das sich gegen die Praktiken der strafrechtlichen Verfolgung der »DDR-Regierungskriminellen« aussprach. Herbert Crüger, zu einer Freiheitsstrafe von acht Jahren, Wolfgang Harich zu zehn Jahren und Walter Janka zu fünf Jahren verurteilt, verhielten sich entsprechend. Auch Heinz Brandt, der nach seiner Entführung aus Westberlin zu 13 Jahren verurteilt worden war, schrieb in seinem Buch *Ein Traum, der nicht entführbar ist*: »… wenn ich selbst dazu beitragen kann, die Hassmauer, die beiderseits errichtet wurde, ein wenig mit abtragen zu helfen, so soll das der Dank sein, den ich der menschlichen Gesellschaft für all das abstatten möchte, was sie zu meiner Schicksalswende beigetragen hat«. [86]

Soweit die Meinungen von »Regimegegnern«. Das Mitglied des Politbüros Günter Schabowski wusste besser Bescheid. Ich sah und hörte ihn am 18. Oktober 1991 im Fernsehen und notierte: »Der Kapitalismus ist die bessere Gesellschaftsordnung und der Untergang des Sozialismus wird helfen, ihn von den Makeln zu befreien, die er noch hat.«[87]

Die Opfer des Anschlusses wurden natürlich nicht gezählt, sie galten nicht als Opfer.

***

Iris wurde im Dezember 1991 zum 31. März 1992 gekündigt, Arbeitsmedizin war nicht mehr so gefragt. Sie meldete sich beim Arbeitsamt und war deprimiert. Im August 1991 hatte sie noch Urlaub genommen. Wir wollten wieder eine Gartenfete für Wessis und Ossis machen. Es sollte unser Beitrag zum Zusammenwachsen sein. Am 2. August notierte ich: »Iris hat Urlaub, um die Fete am 3.8. vorzubereiten. Sie hat im Haus großreinegemacht, den Garten von den auffallendsten Unkräutern befreit und eingekauft. Die ganze Woche war es heiß, nun kommen seit gestern Gewitter.«[88] Am nächsten Tag resümierte ich: »Allen hat es, glaube ich, gut gefallen. Gysi, Modrow und Diestel waren die Attraktionen. Man hat sich persönlich gesehen und gesprochen.«

Die politischen Verteidigungen bildeten den Schwerpunkt meiner Arbeit. Das politische Umfeld hatte sich inzwischen dramatisch verändert. Am 23. August hatte ich in meinem Tagebuch notiert: »Die Welt steht Kopf. Was wird

86 Heinz Brandt, Ein Traum, der nicht entführbar ist, München 1967, S. 342

87 GTB 18.10.91

88 GTB 2.8.91

aus Erich Honecker, fragten mich Journalisten. Was wird überhaupt?«[89] Jelzin war inzwischen Präsident Russlands geworden, hatte 1991 die Kommunistische Partei der UdSSR verboten und schließlich die UdSSR selbst aufgelöst. Die juristische Abrechnung mit der DDR und ihren Politikern brauchte keine außenpolitischen Rücksichten mehr zu nehmen. Ich sollte das bald zu spüren bekommen. Noch im März 1991 war Honecker von der Sowjetischen Armee nach Moskau ausgeflogen worden. Ich kommentierte in meinem Tagebuch: »Es kam, wie es kommen musste, der Prozess gegen EH findet nicht statt.« Es kam wieder einmal anders, als ich dachte. Im November 1991 zeigte sich mir das eindrucksvoll, als ich nach einem Gespräch mit Rechtsanwalt Gunter Widmaier und Werner Großmann in Karlsruhe von dort unmittelbar nach Moskau fuhr, wo meine Westberliner Kollegen und ich uns mit Erich Honecker treffen wollten. Es war mein erstes Treffen mit Erich Honecker, nachdem er Beelitz verlassen hatte, es war überhaupt mein erster Besuch im neuen Russland. Am Flughafen traf ich meine Kollegen. Margot Honecker holte uns mit zwei Wolga PKW ab. Die Wagen befanden sich in einem maroden Zustand. Symbol für das ganze Land. Auch die Stadt selbst war verändert, kaum beleuchtet, heruntergekommen. Wir fuhren in die Umgebung Moskaus, in eine Regierungsdatsche. Das Gelände war eingezäunt, das Haus, in dem Honeckers wohnten, für eine Datsche sehr geräumig. Eine Wachmannschaft wohnte wohl im Untergeschoss. Mittags wurden wir mit einem warmen Essen bewirtet. Es gab sogar, anders als sonst bei Honeckers, russischen Weinbrand.

In unseren Gesprächen ging es um die juristischen Mittel gegen eine drohende Auslieferung. Wir hatten uns alle vorbereitet und entsprechende Ausarbeitungen mitgebracht, die wir übergaben. Das waren für mich neue Rechtsprobleme. Nie hatte ich zuvor mit solchen Fragen des Völkerrechts zu tun gehabt, wie der Immunität von Staatsoberhäuptern oder dem Asyl für politische Flüchtlinge. Nach unserer Unterredung wurden wir in ein neugebautes Hotel gebracht, ich glaube, es war ein Hotel der Lufthansa. Nach meinem Eindruck waren wir wohl die einzigen Gäste. Die Preise hatten Weltniveau. Genutzt haben unsere juristischen Bemühungen unserem Mandanten nicht. Politik ging vor Recht.

Daheim in Deutschland liefen die ersten Prozesse wegen der »Regierungskriminalität« an oder standen unmittelbar bevor. Sie interessierten auch die Wissenschaft, denn sie warfen grundsätzliche rechtliche Probleme auf. Am

89 GTB 23.8.91

4. und 5. April 1992 veranstaltete die Fritz Thyssen Stiftung in Moritzburg ein Kolloquium mit dem Thema »Die Verfolgung von Regierungskriminalität der DDR nach der Wiedervereinigung«. Durch Vermittlung des Professors der Humboldt-Universität, der meine Dissertation betreut hatte, erhielt ich dazu eine Einladung. Ich war neben einem Leitenden Ministerialrat der einzige Praktiker im Kreis der Professoren oder Assistenten. Von den 25 Teilnehmern waren nach meiner Meinung sechs oder sieben Ossis. Alle lasen ihre ausgearbeiteten Vorträge vor. Ich las jedoch meinen Text nicht vor, sondern sprach, wohl entgegen dem mir unbekannten Komment, frei zu den von mir eingereichten Thesen. Während meine ehemaligen DDR-Kollegen sich zurückhielten, was ich ihnen nicht verübelte, da sie im Gegensatz zu mir alle hoffen mussten, in der BRD wieder verwendet zu werden, sagte ich meine Meinung offen. In der Publikation über dieses Kolloquium wird mein Beitrag wie folgt in dritter Person wiedergegeben:

»Er habe den Eindruck gewonnen, dass die unterschiedlichen Meinungen zu Fragen der ›Regierungskriminalität‹(zur Kritik an diesem Terminus vgl. Wolff oben S. 67) auf unterschiedlichen Grundhaltungen beruhten, die wiederum bestimmte Intentionen hätten. Dabei verwende man teilweise ausgefallene, nicht nachvollziehbare Begründungsversuche, um zu bestimmten Ergebnissen zu gelangen. Die Diskussion leide häufig an fehlender Tatsachenkenntnis: So sei die Behauptung bestritten, Honecker habe 1974 angeordnet, bei Grenzdurchbrüchen von der Schusswaffe rücksichtslos Gebrauch zu machen. Es sei daher illegitim, insoweit von einer unstreitigen Tatsache auszugehen. Auch habe er, der mehr als 30 Jahre als Strafverteidiger tätig gewesen sei, keinen Fall von Virus-Infizierungen (so das Referat von Lüderssen) oder Folter erlebt. Überzogene Kritik dieser Art sei stets mit der Gefahr verknüpft, das Gegenteil zu bewirken.«

Anschließend an meinen Vortrag, der hier nur auszugsweise wiedergeben ist, hieß es laut Diskussionsbericht: »Hillenkamp dankte auch für diesen pointierten und provozierenden Vortrag.« Im Diskussionsbericht hieß es dann unter anderem weiter:

»Justizsenatorin, Prof. Limbach (Berlin), konstatierte einen deutlichen Unterschied zwischen dem Nazi-Unrecht und demjenigen der ehem. DDR. Gleichwohl lasse sich eine Ähnlichkeit der Verteidigung Wolffs mit derjenigen bei NS-Verbrechen nicht leugnen. Klarzustellen sei, dass es hier um keinen politischen Prozess gehe.

Der Strafprozess werde nicht für bestimmte politische Ziele missbraucht, was im Übrigen infolge des Untergangs der DDR auch nicht mehr möglich sei. Für die Kritik Wolffs, es habe den Anschein, ein Blinder urteile über die Farbe, habe sie durchaus Verständnis. Es gebe aber Möglichkeiten, sich sehend zu machen. Nicht billigen könne sie den Vorwurf, es finde eine übersteigerte Vorverurteilung statt. Sie habe vielmehr den Eindruck gewonnen, man sei noch zu naiv gewesen. Sie habe eine Vielzahl gravierender Unrechtsurteile kennen gelernt. Allein in Berlin seien bereits (mit stark steigender Tendenz) 6.804 Prüfungsverfahren wegen Rechtsbeugung anhängig.«[90]

Aus heutiger Sicht kann ich hinzufügen, Frau Limbach hat später selbst anerkannt, dass es sich bei der Verfolgung von Regierungskriminalität um politische Prozesse handelte. Aus der »stark steigenden Tendenz der Rechtsbeugungsverfahren« sind bis 1999 wie erwähnt nur 27 Verurteilungen geworden. Auch sie halten rechtsstaatlichen Maßstäben nicht stand. Was die Möglichkeiten anbelangt, »sich sehend zu machen«, so hat die Politik den Bürgern diese Möglichkeiten nicht gegeben, denn sie hat keine Resultate der gerichtlichen Abrechung mit der DDR publiziert, da diese sich im wahrsten Sinne des Wortes nicht sehen lassen konnten. Jedenfalls nicht als Beleg für das Urteil »Unrechtsstaat«.

Das für meine berufliche Tätigkeit wie für mein damaliges Leben überhaupt bestimmende Ereignis des Jahres 1992 war natürlich die Auslieferung Honeckers von Russland an die Bundesrepublik. Parallel dazu liefen die gleichfalls politisch herausragenden Verfahren gegen Werner Großmann und Hans Modrow. Überdies nahm mich auch der Prozess gegen Markus Wolf anfangs noch in Anspruch. Hatten meine Westberliner Kollegen Becker und Ziegler sich mit mir in der ersten Jahreshälfte bemüht, die Auslieferung Honeckers zu verhindern, so stand die zweite Jahreshälfte im Zeichen unserer Bestrebungen, die Einstellung des Verfahrens zu erreichen. Die genauen Vorgänge, die diese Verfahren betreffen, habe ich an anderer Stelle beschrieben.[91]

Die neue Rechtssicherheit zeigte sich mir von einer unerwarteten Seite. Im Januar 1992 rief mich Vogel an. Nach der Mitteilung, dass gegen ihn 18 Ermittlungsverfahren liefen, sagte er auch, dass der *Spiegel* gegen mich sowie gegen einen mir bekannten Anwalt recherchiere. Derartige Vorwürfe waren an der

---

90 Alle Zitate aus Ernst-Joachim Lampe (Herausgeber), Die Verfolgung von Regierungskriminalität der DDR nach der Wiedervereinigung, Berlin-Bonn-München, 1993, S. 77ff.

91 Friedrich Wolff, Verlorene Prozesse, 3. Aufl., S. 262ff.

Tagesordnung. Je bekannter eine Persönlichkeit aus der DDR war, desto mehr war sie dem Stasi-Vorwurf ausgesetzt. Andere Vorwürfe gab es nicht, Missbrauch von Kindern wurde nicht vermutet. Auch die Vorwürfe des Amtsmissbrauchs und der Untreue waren verschwunden. Stasi-Verdacht wurde gegen Lothar de Maizière, Gregor Gysi, Manfred Stolpe und das Bundestagsmitglied Gerhard Riege geäußert, der sich deswegen das Leben nahm. In seinem Abschiedsbrief schrieb er:

»Mir fehlt die Kraft zum Kämpfen und zum Leben. Sie ist mir mit der neuen Freiheit genommen worden. Ich habe Angst vor der Öffentlichkeit, wie sie von den Medien geschaffen wird und gegen die ich mich nicht wehren kann. Ich habe Angst vor dem Hass, der mir im Bundestag entgegenschlägt, aus Mündern und Augen und Haltung von Leuten, die vielleicht nicht einmal ahnen, wie unmoralisch und erbarmungslos das System ist, dem sie sich verschrieben haben. Sie werden den Sieg über uns voll auskosten. Nur die vollständige Hinrichtung ihres Gegners gestattet es ihnen, die Geschichte umzuschreiben und von allen braunen und schwarzen Flecken zu reinigen.«[92]

Die eingeleiteten Strafverfahren forderten gleichfalls Todesopfer. Der ehemalige Vorsitzende einer großen Strafkammer in der DDR, Otto Fuchs, der wegen seiner Mitwirkung an den Waldheim-Prozessen – 1950 wurden in Waldheim über 3.300 Angeklagte wegen Kriegsverbrechen und Verbrechen gegen die Menschlichkeit während der NS-Zeit verurteilt – der Rechtsbeugung beschuldigt wurde, nahm sich zusammen mit seiner Frau am 13. Februar 1992 durch Sturz aus dem Fenster das Leben. In einem Abschiedsbrief schrieb er seinem Verteidiger:

»Ich versichere Ihnen, dass wir in meiner Strafkammer nur Kriegsverbrecher verurteilt haben und bin mir sicher, dass wir uns über kein Urteil schämen müssen. Alle Zeichen deuten aber darauf hin, alles ins Gegenteil zu verkehren und in einem Schauprozess mich zum Verbrecher zu stempeln. Ich glaubte, auch diesen Vorwürfen widerstehen und sie entkräften zu können. Leider habe ich feststellen müssen, dass ich sowohl körperlich als auch geistig diesen Anforderungen nicht mehr gewachsen bin. Ich muss auch die gesamte Situation berücksichtigen, wie sie sich in der Presse widerspiegelt, in der eine Vorverurteilung schon vorprogrammiert ist. Heute, nach einer langen Periode der Naziverbrechen, fühlen sich

92 Zitiert nach Hans Modrow, Von Schwerin bis Strasbourg, Berlin 2001, S. 216 f

doch alle – und sind sie auch noch so schwer belastet – als völlig unschuldige Menschen. Die Verdrängung ging und geht ja so weit, dass Auschwitz als Lüge hingestellt wird.

Wie einfach ist da eine individuelle Schuld zu leugnen. Zumal jetzt die Tendenz überall bemerkbar wird, alles nachzuholen, was man 1945 hätte aufarbeiten müssen.

Unter solchen Bedingungen und der Vermutung, dass die Richter aus den alten Bundesländern kommen, wo die Nichtverfolgung von Naziverbrechen übliche Praxis war, ist für unsere Beurteilung solcher Verbrechen wenig Verständnis zu erwarten. Sie sind vermutlich auch junge Menschen, die den faschistischen Krieg mit seinen scheußlichen Verbrechen sich kaum vorstellen können. Nach gründlichen Überlegungen sind wir beide, meine Frau und ich, uns einig geworden, über uns selbst zu entscheiden.

Wir haben gemeinsam unser bisheriges Leben gestaltet und wollen es auch weiter tun.

Otto Fuchs«[93]

Die DDR war vor mehr als zwei Jahren untergegangen, aber die Verdammung des »Unrechtsstaats« nahm eher zu als ab, die Politiker, die Medien beschimpften ihn, als wäre er noch lebendig. Besonders die »Stasi« war (und ist bis heute) Ziel und Mittel der Schmähungen. Ständig wurde und wird die DDR mit Nazi-Deutschland verglichen. Spitze blieb bisher die Gleichsetzung von Bautzen und Auschwitz durch den damaligen Justizminister Kinkel. In Auschwitz wurden – so berichtet die Online-Enzyklopädie Wikipedia 1,1 Millionen Menschen umgebracht. In dem »Stasiknast« Bautzen sind weder nach Wikipedia noch nach der Stiftung Sächsische Gedenkstätten Häftlinge ermordet worden.[94] Aber alles gleich.

Bemerkenswert erscheint mir in diesem Zusammenhang, dass die Institutionen des untergegangenen »Dritten Reichs« durchweg korrekt, also nie mit allgemein gebräuchlichen diffamierenden Abkürzungen bezeichnet wurden. »Nazi« kam nicht vor, Gestapo blieb Gestapo, Nationalsozialismus hieß weiter so und galt manchem als Beweis für die Verderblichkeit des Sozialismus. Nichts war zu primitiv. Unglaubliche Lügen waren und sind an der Tagesordnung. Musterbeispiel: das »Stasi«-Gefängnis Hohenschönhausen. Keine

---

93 Monika Zorn (Hg.), Hitlers zweimal getötete Opfer, Freiburg 1994, S. 360f.

94 www.strg.de/cms/bautzen/geschichte/bautzen_II

einzige Verurteilung wegen Folter, nicht einmal eine Anklage, aber ganzen Schulklassen wird Hohenschönhausen auf Staatskosten als Beweis für Folter präsentiert, und es wird geglaubt.

Fast jeder, der in der DDR gelebt hatte, stand – oder steht noch immer – unter Stasi-Verdacht. Ein bekannter Liedermacher aus der DDR, Reinhard Lakomy, sang: »Alles tutti, alles frutti, alles Stasi außer Mutti«. Von der Anwaltskammer war zu erfahren, dass 150 »Diplomjuristen« – so die Bezeichnung für die DDR-Juristen, die ihr Studium mit einem Diplom abgeschlossen hatten – auf Tätigkeit für das MfS überprüft werden sollten. Ein spezielles Gesetz wurde zu diesem Zweck am 24. Juli 1992 erlassen, das Gesetz zur Prüfung von Rechtsanwaltszulassungen, Notarbestellungen und Berufungen ehrenamtlicher Richter. Der ehemalige Vorsitzende des Deutschen Anwaltsvereins Busse bemerkt dazu, es stünde »in einem gewissen Widerspruch zu der im Einigungsvertrag getroffenen Entscheidung, im Gegensatz zu Justiz und öffentlicher Verwaltung die Fortführung der Tätigkeit der DDR-Anwälte nicht von einer Überprüfung ihres Verhaltens während der DDR-Zeit abhängig zu machen, sondern es bei vor den vor dem 3.10.1990 ausgesprochenen Zulassungen zu belassen«.[95] In Berlin wurden von 727 Ost-Berliner Anwälten 636 überprüft, ich natürlich auch. Ergebnis: in vier Fällen wurde die Zulassung widerrufen.[96] Große Unsicherheit, große Unruhe, kleines vertragswidriges Ergebnis. Mir wurde übrigens am 26. September 1994 von der Senatsverwaltung für Justiz mitgeteilt: »Die hier vorliegenden Erkenntnisse über Ihre Zusammenarbeit mit dem Ministerium für Staatssicherheit der ehemaligen DDR geben keinen Anlass zu Maßnahmen nach dem Gesetz zur Prüfung von Rechtsanwaltszulassungen, Notarbestellungen und Berufungen ehrenamtlicher Richter.« Ich las ein gewisses Bedauern aus der Mitteilung.

Trotz aller Widrigkeiten wiederholten wir das Gartenfest, das wir im Sommer 1991 begangen hatten. Insgesamt (ohne Bodyguards) kamen 36 Personen, darunter auch Lothar de Maizière. Ich notierte danach: »Alles war schön. Ende 2.30 bei aufkommendem Gewitter.« – Wenig später erhielt Iris einen Brief der bekannten Westberliner Rechtsanwältin Koritz-Dohrmann. In ihm hieß es:

»Es war ein wunder-, wunderschönes Sommerfest! Die Atmosphäre war so gut wie im Jahr zuvor. Unsere Generation muss die Klammer bilden, gegen alle An-

95 Felix Busse, Deutsche Anwälte, Bonn 2010, S. 526

96 Ebenda S. 529

omalitäten normal anzuleben. Dass Sie dies so selbstverständlich und herzlich vorgaben, dafür danken wir Ihnen und dem Herrn Kollegen von ganzem Herzen. Wie Sie die Organisation geleistet haben ... kommt uns immer noch unwirklich vor. Aber manche sind eben stark!!! Möge Ihnen Ihre besondere Kraft, diese einmalige emotionelle, intellektuelle, seelische Mischung, erhalten bleiben, damit wir alle selbstsüchtig davon profitieren können.«[97]

Meine berufliche Belastung änderte sich mit der Haftentlassung und der Einstellung des Verfahrens gegen Erich Honecker im Januar 1993. Zwar hörte die Arbeit mit diesem Verfahren nicht sofort auf, es gab noch Auseinandersetzungen mit der Staatsanwaltschaft und der Berliner Justizsenatorin, über die ich an anderer Stelle berichtet habe[98], und es gab schließlich noch viele Diskussionen. Doch im Herbst schlug ich meinen Partnern in der Sozietät vor, dass ich meine Arbeit zukünftig auf etwa die Hälfte reduzieren wolle. Es war der Anfang vom langsamen Ausstieg aus dem Beruf. Erste Gedanken über ein Leben nach dem Anwaltdasein kamen auf. So fiel bei mir ein Vorschlag des Verlages Volk und Welt auf fruchtbaren Boden, ein Sachbuch zu einem Thema wie »Aufarbeitung der DDR-Vergangenheit« zu schreiben.[99] Es war der Anstoß zu den *Verlorenen Prozessen.* Es sollten jedoch noch sechs Jahre vergehen, bis sie beim Nomos-Verlag erschienen. Diesen Verlag hatte ich gewählt, weil er die *Neue Justiz* herausgab, die mich mit als Herausgeber nannte. Ich hatte daher zu ihm einen gewissen Draht. Darüber hinaus hielt ich einen westdeutschen juristischen Verlag für kompetenter. Ich wollte damals noch für Verständnis werben. Das ging anfangs auch ganz gut.

Wenn die Zeit auch weiterhin schwer für uns war, feiern wollten wir doch. Also fand im August 1993 die dritte »Anwalts-Gardenparty« statt. Es kamen wieder prominente Rechtsanwälte aus Westberlin, darunter der Präsident der Berliner Anwaltskammer

Bernhard Dombek. Auch die DDR-Prominenz war wieder mit de Maizière, Gysi und Diestel vertreten. Ich resümierte diesmal: »Alle waren zufrieden, aber wir meinten, es lohnt nicht die Mühe. Viele kamen nicht. Warum? Wegen des Antina-Verfahrens?« Immerhin waren 36 gekommen, aber manche Wessis eben nicht. Also ließen wir die Fete zukünftig sein.

---

97 Korrespondenz, 7.8.92

98 Friedrich Wolff, Verlorene Prozesse, S. 346ff.

99 Korrespondenz, 7.6. und 14.6.93

Alltägliches in der BRD

Eine Bekannte erzählte mir im April 1994, ich stünde auf einer Liste von Rechtsanwälten, die abgeschossen werden sollten. Nicht ermutigend, aber auch nicht entmutigend. So war eben die neue Zeit. Dessen ungeachtet erhielt ich von der Deutschen Richterakademie eine Einladung für den 7. Juni zu einer Podiumsdiskussion unter dem Thema »Zweierlei Maß? Zum Umgang der deutschen Justiz mit ihrer Vergangenheit«. Teilnehmer waren der Oberstaatsanwalt Jahntz, der Richter am Bundesverfassungsgericht Kühling und der Journalist Winters. Der Präsident des Landgerichts Lübeck, Hans-Ernst Böttcher, moderierte. Anschließend vermerkte ich: »Kuehling und ich kamen gut miteinander aus. Das war mir wichtig. Iris, die zuhörte, fand, ich sei zu zach, die Zuhörer sahen das wohl anders.« Wenig später folgte von der Humboldt-Universität eine Einladung zu einem »Streitgespräch der Fachschaft Jura zu den rechtlichen Problemen beim Umgang mit DDR-Unrecht«. Auf dem Podium saßen am 14. Juni neben mir die Professoren Schlink, Herzog und Schröder sowie der Student Poschmann. Es war eine angeregte Diskussion, in der ich mich über die Meinung von Professor Schlink sehr freute.

Ein persönliches Erlebnis besonderer Art war für mich eine Aussprache, zu der mich Wolfgang Vogel in sein Büro eingeladen hatte. Ausführlich notierte ich anschließend folgendes:

»War gestern mit Iris bei Wolfgang Vogel im Büro. Seine Frau nahm an unserem Gespräch teil. Beide erzählten von ihrer Haftzeit, den Gemeinheiten des StA usw. Sie sah alt und schlecht aus. Er hat Neitzke [dem Grundstücksverkäufer] nochmal 30000 DM gezahlt. Er erklärte, sie hätten jetzt erst festgestellt, dass sie am 31.5.89, dem Tag des notariellen Kaufvertrags nicht in Berlin, sondern in Israel gewesen seien. Das habe er bei seiner Aussage im Neitzkeprozess nicht mehr gewusst. Frau Dörrfeld und Antina hätten ihn in seiner Meinung bestärkt, dass er bei dem Notariatsakt dabei war. Er hätte sich noch gewundert, dass Antina mit »geborene Wolff« unterschrieben hätte. Antina hätte ihrerseits beschrieben, wo er gestanden und was er angehabt hätte, wie seine Uhr ausgesehen hätte. Er meinte, vielleicht sei Antina am 2.6.89 mit Neitzke noch einmal da gewesen, und er habe an diesem Tag den Vertrag unterschrieben. Wir meinten, das sei nicht der Fall gewesen. – Im Gespräch sagte er auch, dass ihm 10 Millionen M Steuerschulden aus Westeinnahmen in DDR-Zeiten vorgeworfen würden, dass er wegen über 50 Erpressungsfällen aus über 300000 Übersiedlungsmandaten angeklagt worden sei, dass der Vorsitzende jedoch nur einige davon eröffnen würde. Auch der Fall Neitzke würde nicht zur Eröffnung kommen. Letztlich würde vielleicht nur der Meineid übrigbleiben. Da habe er allerdings insoweit Schuld, dass er gesagt habe, er schließe aus, dass er jemals nicht korrekt beurkundet habe. Dafür müsse er jetzt einstehen.

Die ganze Unterredung dauerte etwa zwei Stunden. In ihr erwähnte Vogel auch, dass er bis 1957 für MfS gearbeitet habe, danach nicht mehr. Er habe auch über mich berichtet, dass ich ein gradliniger Genosse sei. Er wisse auch von einem Bericht von mir über L. und die Engländer. In der Zeit von 1982 bis etwa 1986 sei ich als sein Nachfolger vorgesehen gewesen, da er wegen eines Briefes an EH und andere über falsche Geständnisse in Strafverfahren gegen angebliche Spezialagenten, die mit Kleinst-U-Booten an der Küste gelandet sein sollten, in Ungnade gefallen wäre. EH hätte jedoch seine Entlassung verhindert.

Nach dem Gespräch wussten wir beide nicht, was das sollte. Er hatte es jedoch fertig gebracht, in uns wieder Mitleid und Sympathiegefühle zu erwecken trotz verstandesmäßig anderer Auffassung.«

1995 wurde ich vom Deutschen Richterbund eingeladen, auf dem Richtertag in Mainz zum Thema »Geschichtsbewältigung durch Strafrecht?« zu sprechen. Mir war klar, dass ich dort vor einem fachkundigen, westdeutschen Publikum stand, das vermutlich eine andere Grundüberzeugung von dem Thema haben würde als ich. Mein Vortrag war nach dem von Prof. Friedrich-Christian Schroeder zu demselben Thema vorgesehen. Schroeder sprach lange und bediente, wie ich fand, die gängigen Klischees. Ich hielt es danach nicht für angebracht, die Zuhörer durch Verlesung meines Vortrags weiter zu strapazieren und trug nur frei den wesentlichen Inhalt meiner Ausarbeitung vor. Die vollständigen Texte wurden in der *Deutschen Richterzeitung* (1996, S. 81-88 abgedruckt. Einige Passagen sind vielleicht noch heute von Interesse:

»Meine Sicht auf das Thema unterscheidet sich in zwei Punkten von derjenigen der Mehrzahl der Autoren: Ich war DDR-Jurist und ich spreche als Verteidiger. Das verträgt sich hier gut.

Es ist charakteristisch, dass die Diskussion der Juristen über die strafrechtliche Bewältigung der DDR-Vergangenheit praktisch eine Diskussion unter Alt-Bundesbürgern ist. So selbstverständlich dies unter den gegebenen Bedingungen auch ist, so bemerkenswert sollte es sein. Tatsächlich wird dieser Umstand selten, nach meiner Auffassung zu selten, bemerkt.[100] Es ist nicht normal und nicht gut, wenn ein Teil eines Volkes in wichtigen Fragen passiv bleibt, nach Lage der Dinge bleiben muss. Der Umstand gewinnt an Bedeutung, wenn er keinen Ausnahmecharakter hat, sondern sich auf anderen Gebieten vielfach wiederholt. ...

Was rein quantitativ bisher an strafrechtlicher Geschichtsbewältigung geschehen ist, lässt sich, man mag es kaum glauben, nur schwer ermitteln. Selbst der für Regierungskriminalität in Berlin zuständige Staatsanwalt Schaefgen schrieb 1994, er habe keinen ›genauen Überblick‹ über die Zahl der anhängigen Verfahren wegen Rechtsbeugung.[101] Politiker und Medien liefern Weniges und Widersprüchliches. So schrieb Nawrocki in *Die Zeit* vom 6.8.93 von 1.750 Verfahren der Arbeitsgruppe Regierungskriminalität der Staatsanwaltschaft beim Kammergericht, von 5 rechtskräftigen Urteilen und 10.000 Verfahren, mit denen, meist wegen Rechtsbeugung, noch zu rechnen wäre. Egon Bahr sprach 1993 der *Neuen Justiz* gegenüber davon, dass wir es ›überschlägig mit zwei bis drei Millionen Fällen zu tun hätten‹[102]. Meckel, der ehemalige Außenminister der ehemaligen DDR, sprach in einem Fernsehinterview mit dem ORB am 4.1.95 von wenigen Verfahren wegen Regierungskriminalität. Die Justizsenatorin von Berlin, Frau Peschel-Gutzeit, schrieb im Septemberheft der *NJ*: ›Allein von der ehemaligen ‚Arbeitsgruppe Regierungskriminalität' sind bis Ende 1994 über 3.000 Ermittlungsverfahren eingeleitet worden.‹[103] Der Leiter dieser Abteilung schrieb seinerseits 1995, lediglich bezogen auf Rechtsbeugungsverfahren: ›Allein bei den Berliner Strafverfolgungsbehörden sind insoweit bisher mehr als 6.000 Verfahren eingeleitet worden.‹[104] Kein gutes Material für Historiker. ...

Von den rund 45.900 Ermittlungsverfahren in der Zuständigkeit der Länder wurden bis zum 31.12.94 rund 25.600 erledigt. Die Erledigung bestand in 354 Fällen in der Erhebung einer Anklage bzw. im Antrag auf Erlass eines Strafbefehls. Über Urteile berichten die Befragten nicht. ...

Die genannten Zahlen erlauben folgende Schlussfolgerungen:

Von allen Funktionären der DDR sind Richter und Staatsanwälte von der strafrechtlichen Vergangenheitsbewältigung am stärksten betroffen. Insofern unter-

---

100 So z.B. Arnold/Eser, NJ, 93, 245, Anm. 10: »... die Strafrechtsvergangenheit der DDR (kann) nicht ohne aktive Mitarbeit von ehem. DDR-Juristen aufgearbeitet werden...«; Isensee unten S. 19.

101 RuP 94, 150, 152.

102 NJ 93, 537ff.

103 NJ 95, 453

104 Schaefgen, Die Strafverfolgung von Regierungskriminalität der DDR in Weber / Piazolo (Hrsg.), Eine Diktatur vor Gericht, S. 52.

scheidet sich die Bewältigung der DDR-Vergangenheit von der Bewältigung der NS-Vergangenheit. Ich finde dafür keine andere Erklärung als die, die Lamprecht gegeben hat: ›Die braunen Juristen waren, auch wenn sie Abscheuliches begangen hatten, vom eigenen Stamm: gleiche Dogmatik, gleiche Ausbildung, gleiche Qualifikation. Die roten Juristen dagegen kommen aus einer fremden Zucht. Beißhemmungen hat man in der Regel nur bei den schwarzen Schafen der eigenen Familie, nicht bei den Schmuddelkindern der anderen.‹[105] ...

Festzustellen ist weiter, dass in den Statistiken keine rechtswidrigen Einweisungen in die Psychiatrie, keine Zwangsadoptionen und keine Verfahren wegen Folter und auch keine Verfahren wegen Unterstützung der RAF erscheinen. Diese Verbrechen prägten anfangs stark das Bild vom Unrechtsstaat DDR in der öffentlichen Meinung. So zählte Lüderssen noch 1992 Zwangsadoptionen und ›Tötungen von Kleinstkindern (Säuglingen) gleich nach der Geburt‹ zu den Fragen, ›die noch ganz unentschieden (sind), obwohl schon zahlreiche Anzeigen vorliegen und weitere auf den verschiedensten Gebieten zu erwarten sind‹.[106] In einer Diskussion sagte Lüderssen damals: ›Wenn Wolff behaupte, noch von keinem Fall der Folter gehört zu haben (gemeint war in meiner Tätigkeit als Anwalt in der DDR), so sei er sprachlos‹[107]- Es ist die fehlende Tatsachenkenntnis, die die Diskussion um die Vergangenheitsbewältigung belastet. Dem wäre abzuhelfen, wenn die Statistik der Ergebnisse der strafrechtlichen Vergangenheitsbewältigung veröffentlicht werden würde. Bis dahin wird weiter von dem einen für wahr gehalten werden, was für den anderen unwahr ist. Bis in die jüngste Zeit wird z.B. weiter von Folter in der DDR wie von einer feststehenden Tatsache ausgegangen[108]. Kittlaus, der Leiter der Zentralen Ermittlungsstelle für Regierungs- und Vereinigungskriminalität (ZERV) und Schaefgen, die es genau wissen, erwähnten aber schon 1992 unabhängig voneinander weder Folter noch Zwangsadoptionen bei Aufzählung der den Gegenstand ihrer Tätigkeit bildenden Regierungskriminalität.[109] ...

105 Diskurs im Recht, ZRP 94, 181, 184.

106 Lüderssen, Was läßt der Rechtsstaat vom Unrecht übrig? in: Lampe (Hrsg.), Deutsche Wiedervereinigung, 1993, S. 27, Anm. 2.

107 A. a. O. (Fn. 11) S. 79.

108 Gornig: »... Folterknechte, die in der DDR ihr Unwesen trieben«, NJ 92, 4; Kriele: »... Folterer in den Stasi-Kellern«, VVDStRL 51 (1992), 131, 132; Leutheusser-Schnarrenberger, ZRP 95, 308; Schlink NJ 94, 433.

109 Kittlaus, Regierungs-, Funktionärs- und Vereinigungskriminalität – Aufgabe und Verpflichtung auch für die Polizei – Oktober 1992, Manuskript S. 13f; Schaefgen, »DDR-Regierungskriminalität« – Erscheinungsformen und Probleme, RuP 92, 191, 192.

Die Tatsache, dass in den meisten Fällen keine Anklage erhoben wird, bedeutet nicht, dass die Beschuldigungen an den Betroffenen spurlos vorübergehen. Sehr anschaulich wird von dem Leiter des Sachgebiets Jugendgerichtshilfe des Berliner Senats, Reinecke, geschildert, wie die Ermittlungsverfahren sich auf die Beschuldigten ausgewirkt haben. Er hatte 22 Gespräche mit ehemaligen Grenzsoldaten, die des Totschlags beschuldigt wurden.[110] Sie führten ihn u.a. zu der Schlussfolgerung: ›Gerechtigkeit so betrachtet, bedeutet Rache, Sühne und möglicherweise auch neues Unrecht. Menschenrechtsverletzungen können so nicht wieder gutgemacht werden.‹[111] ...

Die strafrechtliche Verfolgung der Regierungskriminalität erscheint den einen selbstverständliche Pflicht, den anderen Verletzung grundlegender rechtsstaatlicher Prinzipien. Zu den in diesem Sinn Pflichtbewussten gehört praktisch die gesamte mit der Vergangenheitsbewältigung befasste Justiz. Die andere Seite besteht aus einer beträchtlichen Zahl von Rechtswissenschaftlern. Diese sehen vor allem im Rückwirkungsverbot ein unüberwindliches Hindernis für den Einsatz des Strafrechts als Mittel der Bewältigung der DDR-Geschichte. Die damalige Justizsenatorin von Berlin hat die Situation in der Rechtswissenschaft 1993 mit den Worten dargestellt: ›Nur grob über den Daumen gepeilt, kann man sagen, dass bei den Strafrechtswissenschaftlern der Zweifel am staatlichen Strafanspruch leicht überwiegt, während bei den Staatsrechtlern eine gewisses Übergewicht zugunsten der Meinung besteht, dass das Strafrecht hier eine Aufgabe zu erfüllen habe.‹[112]

Die Darstellung von Frau Limbach zeigt den Kontrast zwischen Rechtswissenschaftlern einerseits und Justizjuristen andererseits nicht in seiner vollen Schärfe. Was Frau Limbach ›Zweifel am staatlichen Strafanspruch‹ nennt, hört sich bei einigen Rechtswissenschaftler etwa so an:

- Isensee: ›So erweist sich die Vergangenheitsbewältigung durch Strafrecht, soweit sie systembedingte ‚politische' Taten (anders die ‚private' Kriminalität) betrifft, als verschleierte Naturrechtsjustiz, die mit den Formkautelen des Rechtsstaats, also mit dem Grundgesetz, unvereinbar ist.‹[113]
- Jakobs: ›Das Ergebnis – die Taten waren am Tatort nicht strafbar...‹[114]

110 Reinecke, Strafverfahren gegen DDR-Grenzsoldaten aus Sicht der Jugendhilfe, NJ 95, 184.

111 A.a.O. (Fn. 16) S. 187.

112 DtZ 93, 66, 68.

113 A.a.O. (Fn. 15) S. 106f.

114 Vergangenheitsbewältigung durch Strafrecht? in Isensee (Hrsg), Vergangenheitsbewältigung durch Recht, Berlin 1992, S. 58.

- Grünwald: ›Auch auf die Gefahr hin, dass mir die Nichtbeachtung oder die Geringschätzung von Unterschieden vorgeworfen wird, mahne ich, bei der Beurteilung von Vorgängen und Verhältnissen in der DDR jeweils zu prüfen, zu welcher Bewertung die Anwendung derselben Maßstäbe auf Vorgänge und Verhältnisse in der Bundesrepublik führt.‹[115]
- Pieroth: ›Nach allem waren die von außen und im Rückblick festgestellten Menschenrechtsverletzungen in der DDR gleichwohl innerstaatlich rechtens.‹[116]
- Schlink: ›Die Stunde der revolutionären Gerechtigkeit ist vorbei. Die rechtsstaatliche Normalität schließt das Rückwirkungsverbot ein und die strafrechtliche Bewältigung der kommunistischen Vergangenheit, wie sie derzeit stattfindet, aus. Ich meine, dies liegt nicht nur im Sinne rechtsstaatlicher, sondern ebenso politischer Vernunft. Es gibt im geeinten Deutschland Wichtigeres und Drängenderes als weitere Strafprozesse.‹[117]

Eindeutig ist, die Rechtswissenschaft wird von den mit der Verfolgung der Regierungskriminalität aufgeworfenen Grundproblemen des Strafrechts bewegt, ja z.T. aufgewühlt. Sie ist in zwei aus unterschiedlichsten Streitern bestehende Lager geteilt.[118] Dagegen ist die Rechtsprechung der ordentlichen Gerichte von der Problematik, das Strafrecht als Mittel der Geschichtsbewältigung einzusetzen, anscheinend unberührt. Im Ergebnis monolithisch, weist sie kaum Facetten auf. Nur selten wird in Entscheidungen deutlich, dass Verfahren zur Bewältigung der DDR-Vergangenheit nicht kriminalgerichtliche Alltagsarbeit sind. Eine Ausnahme ist es, dass an Politiker appelliert wird, auf die außerordentliche politische Entwicklung politisch zu reagieren. So geschehen in einem Beschluss des BGH zur Strafbar-

115 StV, 91,31,37.

116 Pieroth, Der Rechtsstaat und die Aufarbeitung der vor-rechtsstaatlichen Vergangenheit, VVDStRL 51 (1992), 91, 98.

117 NJ, 94, 433, 437.

118 Nach meiner Übersicht gehören zu ihnen: Albrecht, Das Rechtsstaatsprinzip des Gesamtstaats, NJ 95, 337; Bohnert, Die Amnestien der DDR und das Strafrecht nach dem Beitritt, DtZ 93, 167; Dencker, Vergangenheitsbewältigung durch Strafrecht? Lehren aus der Justizgeschichte der Bundesrepublik, KritV 90, 299; Grünwald, JZ 66, 634; StV 91, 37; Gornig, NJ92, 4 ; Hruschka JZ 92, 665; Isensee, Der deutsche Rechtsstaat vor seinem unrechtsstaatlichen Erbe in Isensee (Hrsg), Vergangenheitsbewältigung durch Recht, S. 91; Jakobs, Vergangenheitsbewältigung durch Strafrecht? Zur Leistungsfähigkeit des Strafrechts nach einem politischen Umbruch, ebenda S. 37; Kaufmann, Die Radbruchsche Formel vom gesetzlichen Unrecht in der Diskussion um das im Namen der DDR begangene Unrecht, NJW 95, 81; Rittstieg, Regierungskriminalität, »Freitag«, 10.9.93; Schlink, Rechtsstaat und revolutionäre Gesetzlichkeit, NJ 94, 433.

keit der DDR-Spione, in dem es schon am 30.1.91 hieß: ›Eine sachgerechte Lösung erscheint deshalb nur durch ein Straffreiheitsgesetz möglich.‹[119] Auch das LG Dresden hat im Modrow-Urteil erkennen lassen, dass Regierungskriminalität vom Richter mehr verlangt als ›private‹ Kriminalität, indem es auf den Einfluss hinwies, den die abgelaufene politische Entwicklung auf die strafrechtliche Reaktion haben sollte. Es sagte u. a.: ›Vor allem aber wurden die Folgen der Taten der Angekl. inzwischen von der geschichtlichen Entwicklung im vereinten Deutschland längst überholt.‹[120] Dem widersprach allerdings der BGH entschieden.[121] So entsteht der Eindruck, dass die Justiz bereitwillig die ihr von der Politik überlassene Aufgabe übernommen hat. Nach mehr als 15 Jahren findet damit wieder in großem Umfang politische Strafjustiz in Deutschland statt. Sie wird nicht mehr reüssieren als die letzte Unternehmung dieser Art. …

Die Frage, was die Strafprozesse zur Bewältigung der DDR-Vergangenheit für die Historiker bedeuten, müsste natürlich von diesen beantwortet werden. Dennoch will ich ihr nicht ausweichen. Die Behauptung, die Juristen müssten um der historischen Wahrheit willen ihren strafprozessualen Beitrag leisten, ist ein wesentliches Argument zur Rechtfertigung des Einsatzes von Strafrecht als Mittel der Geschichtsaufarbeitung. Man kommt als Jurist, wenn man sich an der Diskussion des Themas beteiligt, also nicht umhin, sich auf diese, wie manche andere nicht fachspezifische Problematik, einzulassen. Deswegen drei Bemerkungen:

Uwe Wesel sagte vom Honecker-Prozess, er ›hat nichts ans Tageslicht gebracht, was nicht schon allgemein bekannt war‹.[122] Das gilt für alle Strafverfahren der Regierungskriminalität. Einzige Ausnahme, wie erwähnt: Die Ermittlungsverfahren haben insgesamt die Gerüchte über Folter, Säuglingsmord, Zwangsadoptionen, Einweisungen in die Psychiatrie usw. nicht bestätigt.

Zuzugeben ist, dass Strafverfahren Detailkenntnisse aus der DDR-Geschichte vermitteln bzw. belegen. So wird klar, wer, wann und warum (unter Zugrundelegung der herrschenden Meinung) Recht gebeugt und wer an der Mauer Menschen erschossen hat. Für die Geschichtsschreibung dürften aber solche Details in der Regel entbehrlich sein. Dagegen wird der Historiker fragen, warum wurde die Mauer gebaut, warum wurde geschossen, warum hatte die SED in der DDR die Macht. Diese Fragen und die Frage, wie es dazu kam, dass wir 1945 und 1990

---

119 2 BGs 38.91, NJW 91, 929, 932.

120 3 (c) KLs 51 Js 4048/91 NJ 93, 493, 495.

121 NJ 93, 493, 495.

122 Die Zeit, 6.1.95

Vergangenheit aufarbeiten müssen, werden in den Strafprozessen nicht gestellt und nicht beantwortet.[123] Von den Antworten hängt jedoch die Möglichkeit ab, aus der Vergangenheit Lehren zu ziehen. Diese Antworten vermag die Justiz nicht zu geben.

Drittens ist festzustellen, dass die Justiz mit einem gesetzlichen Vorurteil belastet ist. Artikel 17 des Einigungsvertrages stellt mit Gesetzeskraft fest, die DDR war ein Staat mit einem ›Unrechtsregime‹. Das bindet die Rechtsprechung.[124] Einige wenige Rechtswissenschaftler sind hier zurückhaltender. Merkel z.B. weist daraufhin, ›dass es einen normativen archimedischen Punkt der weltweiten Beurteilung politischer Systeme nicht gibt‹.[125] Auch Pieroth gibt zu Bedenken, dass ›man wohl erst in größerer zeitlicher Distanz zu einem abgewogenen Urteil kommen (wird), zumal Bundesrepublik und DDR in einer jahrzehntelangen Systemauseinandersetzung standen. Die sozialistische Rechtsordnung unterschied sich jedenfalls fundamental von der der Bundesrepublik Deutschland.‹[126] Allgemein steht jedoch das Verdikt ›Unrechtsstaat‹ außer Frage. Wer so sicher ist, kann die Vergangenheit nicht mehr bewältigen, er hat es bereits getan. Mit diesem Maßstab gemessen wäre auch die französische Revolution verdammt. Marat, Robespierre, Danton – alle wären sie von den deutschen Richtern unserer Tage verurteilt worden. Aber die Welt feierte dennoch den 200. Jahrestag dieser Revolution. Geschichte misst mit anderem Maß. -

Das Strafrecht hat der Geschichte keinen Dienst bei der Aufarbeitung der DDR-Vergangenheit geleistet und wird ihr auch in der Zukunft keinen Dienst leisten. ...

›Dass es nicht wieder geschehe‹ muss das eigentliche Anliegen jeder Auseinandersetzung mit Fehlern, Unglück und Verbrechen der Vergangenheit sein. Diesem Ziel will die Verfolgung der Regierungskriminalität dienen, dieses Ziel verfehlt sie jedoch. Die Ermittlungsverfahren und die Prozesse haben die Aufmerksamkeit der Deutschen auf die DDR fokussiert. Die DDR hat im Bewusstsein der

---

123 Merkel meint, der Blick müsse sich »auf die spezifische politische Situation der DDR richten: die eines gewissermaßen hochneurotischen ›Frontstaats‹ des Warschauer Pakts in der Zeit des Kalten Krieges. Es ist gewiß eine Aufgabe für Jahrzehnte historischer Forschung, diese Situation transparent zu machen. Aber daß in der fast 800-seitigen Anklageschrift der Berliner Staatsanwaltschaft nicht ein einziger Ton davon anklingt, … macht … die Anklage zu einem Dokument quälender juristischer Unzulänglichkeit.« Reinhard Merkel, Politik und Kriminalität, in Siegfried Unseld (Hrsg.), Politik ohne Projekt?, S. 319 .

124 BGH Urt. v. 3.11.94 (Modrow), NJ, 95, 96, 98.

125 A. a. O. (Fn 50) S. 313.

126 A. a. O. (Fn28), S. 97

Deutschen einen festen Platz als zweite deutsche Diktatur zugewiesen erhalten. Nie zuvor ist, soweit ich sehe, das Dritte Reich erste deutsche Diktatur genannt worden ist. Das war sie auch nicht. Hitler war nicht der erste deutsche Diktator, und die DDR eben nicht die zweite deutsche Diktatur.

Deutschland kannte vor der Bundesrepublik keine Demokratie. Die Formel von der zweiten deutschen Diktatur entstellt die deutsche Geschichte und stellt damit falsche Weichen für die Zukunft. Sie suggeriert, bis Hitler kam und dann gleich anschließend die Bolschewisten folgten, war alles gut in Deutschland. Sie verdrängt so das Bewusstsein von den Ursachen für Faschismus und Kommunismus in Deutschland. Sie begünstigt damit die Wiederholung dessen, was nicht wieder geschehen soll. Die Formel von der zweiten deutschen Diktatur verstärkt die Gefahr der Idealisierung einer Vergangenheit, die zu Faschismus und Kommunismus geführt hat. Man könnte auch unter Benutzung eines Modewortes sagen, sie begünstigt eine Reichs-Nostalgie.

Von Bedeutung für unsere Zukunft ist auch ein anderer Faktor: Die Prozesse wegen der Schüsse an der Mauer, wegen Wahlfälschung oder wegen Rechtsbeugung finden vor dem Hintergrund einer seit 1990 entstandenen neuen inneren Entfremdung zwischen Ost- und Westdeutschen statt. Die vielfachen Behauptungen, die Prozesse müssten im Hinblick auf das Gerechtigkeitsgefühl der Ostdeutschen geführt werden, sind falsch. Nach einer Emnid-Umfrage des *Spiegel* ist eine Mehrheit der Ostdeutschen (54%) der Meinung: ›Man sollte einen Schlussstrich unter die 40 Jahre ziehen.‹ Fast alle (97%) billigen sogar den Satz: ›Über das Leben in der DDR kann nur mitreden, wer selbst dort gelebt hat.‹[127] Damit bestätigt die vox populi, was Isensee sagte: ›Es wird sich kein Grund ergeben für die Deutschen, die im sicheren Port des Westens gelebt haben, sich zum Zensor der ostdeutschen Vergangenheit aufzuwerfen‹[128]. Das Richten des Westens über den Osten ist aber notwendig und unauflöslich mit dem gegenwärtigen Versuch verbunden, die Geschichte der DDR durch Strafrecht zu bewältigen. Dieser Versuch ist gescheitert.«

Die Richter und Staatsanwälte haben sich meinen Vortrag angehört, ohne zu murren. Am Ende wurde sogar geklatscht. Gebracht hat er wohl nichts. Fünf Jahre später hatte die Justiz ihr Werk getan. Die wenigen und dazu noch milden Urteile entsprachen, wie Generalstaatsanwalt Schaefgen erklärte, ›nicht den

127 Spiegel 27/95 S. 49.

128 A. a. O. (Fn.26), S. 109.

Erwartungen‹. Dies und anderes in seinem Artikel *Zehn Jahre Aufarbeitung des Staatsunrechts in der DDR* in der *Neuen Justiz*[129] hätte er vielleicht lieber nicht publizieren sollen, jedenfalls verschwand er anschließend von seinem Posten und aus der Öffentlichkeit.

***

So sehr mich auch berufliche und politische Probleme beschäftigten, das Datschen-Problem ließ sich nicht verdrängen. Die Datsche war schließlich für Iris wie für mich der Ort, an dem wir gemeinsam unsere Freizeit verbrachten und das seit über 20 Jahren. Sie war unser ein und alles. Der Gedanke, wie wir uns dieses Refugium erhalten könnten, ließ mich nicht los. Schließlich hatte ich einen Einfall. Der weise Gesetzgeber hatte, um die vielfältigen Datschenprobleme zu lösen, die sich aus seiner Entscheidung »Rückgabe vor Entschädigung« ergeben hatten, ein »notarielles Vermittlungsverfahren« erst unlängst geschaffen. Das wollte ich mit Barbaras Hilfe versuchen. Es war der erste Schritt zur Lösung dieses Problems.

Vor dem zweiten Schritt ereignete sich etwas, womit ich nicht gerechnet hatte. Ich bekam einen Herzinfarkt. Er verlief an sich undramatisch und erweckte bei mir den Eindruck einer entstehenden Grippe. Iris war der Vorgang jedoch nicht geheuer und sie schleifte mich nach dem Wochenende zu meinem Kardiologen. Das EKG brachte die Wahrheit an den Tag. Mit dem Rollstuhl wurde ich zum Krankenwagen und von diesem ins Krankenhaus gebracht. Dort fand man, eine Bypassoperation sei notwendig. Die Ärzte beruhigten mich und erklärten mir etwas verschwommen, aber zeittypisch, die Entscheidung zur Operation sei nur aus medizinischer und keineswegs aus ökonomischer ärztlicher Sicht erfolgt. Man sei schließlich Ossi. Ich glaubte das. Jedenfalls war ich für fast vier Monate aus dem Verkehr gezogen. In dieser Zeit wurde ich erfolgreich operiert und in der nachfolgenden Anschlussheilbehandlung wieder arbeitsfähig gemacht. Doch der Alte wurde ich nicht mehr. Gesundheit war für mich nichts Selbstverständliches mehr. Ich beobachtete meinen Körper, absolvierte jeden Morgen 20 Minuten auf dem Fahrradergometer und fuhr nur noch halbtags ins Büro, wo auf mich neben kleineren Aufgaben die Vorbereitung auf den zweiten Strafprozess gegen Hans Modrow wartete. Den Prozess selbst brachte ich in Dresden noch ganz gut, wenn auch mit gewissen Problemen, hinter mich. In den *Verlorenen Prozessen* ist er beschrieben.

---

129 Zehn Jahre Aufarbeitung des Staatsunrechts in der DDR, Neue Justiz, 2000, S. 1ff.

Später wurde mir klar: das Jahr 1996 war der Beginn eines neuen Lebensabschnitts.

In der Politik vollzog sich etwa um dieselbe Zeit Entsprechendes. So notierte ich am 12. Januar 1996: »Die Medien berichten sämtlich über ungünstigere Wachstumsprognosen für 1996 als bisher gedacht. Arbeitslosigkeit wächst weiter. Es werden Zahlen bis zu sechs Millionen (einschließlich verdeckter Arbeitslosigkeit) genannt. Dennoch wird immer noch schöngefärbt. Die PDS ruft zur LL-Demo unter dem Motto ›für Demokratie‹ auf, statt zum Kampf gegen Sozialabbau aufzurufen. Das ist nicht der Geist von Rosa und Karl! Das ist nur liberal.« – Im Kino wurde ein Jahr später ein Film mit dem bezeichnenden Titel *Die fetten Jahre sind vorbei* gezeigt. So war es wohl, eigentlich schon seit Anfang der 1970er Jahre.

Von den gesundheitlichen und beruflichen Strapazen des ausgehenden Jahres erholte ich mich mit meiner Frau bei einer Kur im slowakischen Piestany. Wir hatten einen Tisch mit einem Münchener Ehepaar, mit dem wir uns gut verstanden, obgleich unsere politischen Ansichten stark differierten. Wieder in Berlin, erhielt ich im Januar 1997 einen Brief unseres Tischnachbarn mit einer Schrift, die den Titel trug: *Ein Anschlag auf die Wahrheit. Anmerkungen zur Ausstellung »Vernichtungskrieg. Verbrechen der Wehrmacht 1941 – 1945«*. Außerdem ein Heft *Die Gebirgstruppe* vom Dezember 1996. Was tun? Der Zufall kam mir zu Hilfe. Das *ND* behandelte zu dieser Zeit in einem ganzseitigen Artikel dasselbe Thema. Ich schrieb zurück: »Das ist natürlich ein Blick in eine andere Welt. Aber es ist gut, wenn man einmal über den eigenen Tellerrand schaut. Nun habe ich mir gedacht, ich revanchiere mich einfach damit, dass ich Ihnen ein ›Neues Deutschland‹ schicke, in dem zu der Zeit, als ich Ihre Sendung in Augenschein nahm, gerade ein Artikel zur deutsch-tschechischen Geschichte (8.12.) veröffentlicht wurde.« Damit war unsere Korrespondenz beendet. Sie war für mich nützlich, denn sie gab mir einen Einblick in den Erfolg der nicht verordneten Aufarbeitung der NS-Vergangenheit in der BRD. Dafür war Piestany überhaupt lehrreich. Ein anderer Patient rühmte sich, dass er der Leibstandarte Adolf Hitler angehört hätte. So etwas haben wir in 40 Jahren DDR nicht erlebt, auch nicht in den neuen Bundesländern. Da war wohl die Verordnung des Antifaschismus ganz heilsam.

Was aber bedeuteten solche Kurerlebnisse gegenüber folgender Nachricht: »Freitag [14.2.97] … Barbara [rief] an. … Ein Pfleger soll bestellt werden, mit dem die Erbauseinandersetzung und der Verkauf unsres Grundstücks an uns erfolgt.« Danach ging es mit Haus und Grundstück Schritt für Schritt in die richtige Richtung:

Erster Schritt: 18. Juli Notartermin. Der Chef von Iris hatte es erst abgelehnt, ihr freizugeben, hat sich dann am nächsten Tag aber revidiert. Die Zeremonie lief ohne größere Zwischenfälle ab. Mit Barbara aßen wir noch in Ruhlsdorf in einer kleinen Kneipe am Straßenrand Mittag. Nun waren wir also Grundstückseigentümer, d.h. wenn wir im Grundbuch eingetragen sein würden.

In meiner Anwaltstätigkeit trat in dieser Zeit eine Veränderung ein. Ich hatte an vier Tagen halbtags gearbeitet und ging im Mai 1997 zur Ganztagsarbeit an nur drei Wochentagen über. Das »Ausschleichen« aus der Berufsarbeit musste ich eben erst erproben. – Die Nachrichten aus dem Prozess gegen Mitglieder des Politbüros verfolgte ich mit Interesse. Ich hatte noch vor meinem Infarkt, am 7. Januar 1990 das Mandat des ehemaligen Mitglieds des Politbüros, Siegfried Lorenz, erhalten. Ich wollte sehen, was ich für »meine« Prozesse daraus lernen könnte. So las ich auch am 18. Juli eine Erklärung, die Schabowski vor dem Gericht abgegeben hatte. Im Tagebuch hielt ich fest: »Er empfindet Reue und Scham. Die Rede wurde von den Medien sehr beachtet und das durchweg im positiven Ton.«[130]

Nach dem Grundstückskauf brauchten wir nur noch ein Haus. Wir mussten entscheiden: Fertighaus oder Stein auf Stein. Beim Hausbau im Alter von 75 Jahren spielt der Zeitfaktor eine Rolle, also Fertighaus. Am 17. September fuhren wir zu einer Ausstellung solcher Häuser. Im Tagebuch hielt ich fest:

»Wir waren schon vor der Eröffnung, d.h. vor 10°° da und gingen dann von Haus zu Haus und mir wurde immer trostloser zumute. Die Häuser hatten alle viele qm, aber wenig Platz für Möbel. Wohin mit den Büchern usw.? Schließlich langten wir bei Hanse Haus Typ Patrizia an. Es war das einzige Haus ohne schräges Dachgeschoss, das wir bis dahin gesehen hatten. Der Berater sprach uns an und ich entschloss mich nach den deprimierenden vorangegangenen Eindrücken, mit ihm zur Sache zu kommen. Er sicherte uns, zu Abriss und Kellerbau in einer Hand, Bauzeit 4 Monate mit festem Endtermin, Änderungen gegenüber dem Ausstellungshaus in jeder Weise möglich, Hanse stellt Antrag auf Baugenehmigung und wir schließen Vertrag mit freiem Rücktritt, wenn wir Grundstück nicht erhalten oder Baugenehmigung nicht erteilt wird. Wir übernehmen in diesem Fall

130 tbt 18.7.97

die anfallenden Kosten in Höhe von ca. 4500 DM. Er macht uns eine Skizze entsprechend den Wünschen, die wir äußerten, bis nächste Woche. Das alles spielte sich in einer knappen Stunde ab. Dann fuhren wir – ich sehr befriedigt – nach Berlin...«[131]

Genau einen Monat später, am 17. Oktober, kam der Hausverkäufer mit einem Vertragsentwurf. Ich fand ihn okay, aber Iris las ihn noch einmal gründlich und stellte fest, dass er keinen Rücktritt für uns vorsah, wenn wir nicht im Grundbuch eingetragen werden. Wurde korrigiert. Der Eintrag ließ auf sich warten, doch am Sonnabendvormittag (15.11.) kam, wie verabredet der Architekt der Hausbaufirma, Adler. Er fand alle unsere Wünsche machbar, schlug aber einige kleine Verbesserungen vor. Er müsse die Baugenehmigung beantragen, was auch mit Vermessung verbunden wäre, die wir bezahlen müssen. Es zeigte sich überhaupt, dass noch eine Unsumme zusätzlicher Ausgaben neben dem Grundpreis für das Haus auf uns zukommen würden. Am 21. November schickte die Hausbaufirma die Vertragsannahme. Im Tagebuch notierte ich nicht ohne Bedenken: »Wieder ein Schritt in die hoffentlich richtige Richtung.« Mulmig war mir schon und Iris wohl auch. So viel Geld und in meinem Alter und allein auf dem Lande. Nun, es war hauptsächlich das ererbte Geld unserer Eltern. Was sie wohl gesagt hätten? Meine Mutter wäre wohl nicht sehr erfreut gewesen, sie hatte von dem Haus in Charlottenburg gelebt, ich hatte es verkauft, von unserem neuen Haus würden wir nicht leben können. – Es ging sehr schnell, knapp ein Jahr nach Abschluss des Bauvertrages für das Haus, am 30. Oktober 1998 zogen wir ein. Es war ein Höhepunkt in unserem Leben.

Doch es kam auch Anderes, Böses. Seit Monaten hatte mich Iris genervt, ich solle wegen eines Leberflecks auf meiner rechten Schulter zum Hautarzt gehen. Im August hatte sie mich dann so weit. Der Doktor meinte tatsächlich, der Fleck müsse entfernt werden und überwies mich an einen Kollegen. Der war derselben Ansicht, nahm den Fleck heraus und schickte ihn zur Diagnostik. Nach einiger Zeit erfuhr ich das Ergebnis: Nicht bösartig. Ich hatte nichts anderes erwartet. Zwei Wochen später rief der Doktor mich im Büro erneut an, ich müsse noch einmal zu ihm kommen, er müsse noch Blut abnehmen, der zweite Befund der Charité erfordere es. Im Tagebuch schlussfolgerte ich: »Also, das Problem Hautkrebs ist doch noch nicht vom Tisch.« Am 27. Oktober fand ich

131 TB 20.9./17.9.97

auf einem Zettel die Nachricht, ich solle meinen Arzt anrufen. Das tat ich und hörte, dass die neue Untersuchung eine andere Zuordnung ergeben hätte und ich am Freitag, dem 30. Oktober, unserem Einzugstag zur Tumorsprechstunde zu Professor Winter solle. – Im Tagebuch trug ich später ein:

»Ich nahm's erst gelassen, doch nach einiger Zeit sagte ich mir, das war vielleicht mein Todesurteil. Einen Tod muss der Mensch sterben. Das ist vielleicht nicht der angenehmste, aber man kann sich die Art nicht aussuchen. Was muss ich jetzt tun? Weiß ich nicht. Iris will ich es erst am Abend erzählen, es sei denn, sie schneidet vorher am Telefon das Thema ... selbst an. Jedenfalls will ich keine quälende und im Ergebnis erfolglose Therapie und keine lebensverlängernden Maßnahmen.«

Und: »Schöner Start ins neue Heim. Scheiße!« – Im Fahrstuhl in der Ostberliner Charité las ich zwei zeittypische Inschriften an der Wand: »Westpocken?« und »Ihr Ostschweine!«.

Ich hatte wieder Glück. Die Operation verlief glücklich. Professor Winter sagte mir danach, ich solle mich bei meiner Frau bedanken, sie habe mir mit ihrer Beobachtung das Leben gerettet. Er meinte auch, es würde keine Metastasen geben und so war es auch. Ich musste noch fünf Tage in der Klinik bleiben und danach durfte ich in das neue Heim, in dem noch viel zu tun war.

***

Eine Begebenheit muss ich noch nachtragen, weil sie kennzeichnend für den Rechtsstaat und meine Stellung in ihm ist. Ich erhielt nebenstehendes Schreiben.

Wenn auch die Justiz ihre strafrechtliche Verfolgung des »Staatsunrechts« der DDR um die Jahrtausendwende einstellte, weil alles verfolgt war – die Politik und die Medien verfolgten es weiter. Sie ließen sich von der Tatsache, dass die strafrechtliche »Vergangenheitsbewältigung«, wie im Jahr 2000 Generalstaatsanwalt Schaefgen schrieb, »hinter den Erwartungen zurückgeblieben« war, nicht beirren. Sie verschwiegen, dass die »Stasi« nicht gefoltert, nicht in die Psychiatrie eingewiesen und keine Zwangsadoptionen veranlasst hat. Sie behaupteten im Gegenteil weiter, dass die »Stasi« Verbrechen begangen habe. Da jeder Beweis dafür fehlt und in 100.000 Ermittlungsverfahren nichts dergleichen gefunden wurde, stellen sich diese Behauptungen als Lügen dar.

»Der Polizeipräsident in Berlin Landeskriminalamt LKA

Der Polizeipräsident in Berlin, 12096 Berlin (Postanschrift)
INFOPOST
Herrn/Frau
FRIEDRICH ADOLF MORITZ WOLFF

Der Polizeipräsident in Berlin Dienstgebäude Berlin-Tempelhof
Platz der Luftbrücke 6
12096 Berlin

Zimmer
Bearbeiter/in – LKA 132
Datum
– MAI 1998
Geschäftszeichen 00632/103
Bei Antwort bitte immer angeben

Betrifft: Speicherung Ihrer Daten in polizeilichen Dateien

Sehr geehrte(r) Frau/Herr WOLFF,

aus datenschutzrechtlichen Gründen müssen wir uns heute an Sie wenden.

Die Berliner Polizei speichert *zur* Bearbeitung und Verwaltung von Strafanzeigen und zur vorbeugenden Verbrechensbekämpfung alle Anzeigenden, Geschädigten und Tatverdächtigen in einem Datenverarbeitungsverfahren, dem Informationssystem für Verbrechensbekämpfung (ISVB).

Alle Personen, die länger als fünf Jahre in diesem System gespeichert sind, müssen wir darüber unterrichten. Dazu sind wir verpflichtet, auch wenn zum jetzigen Zeitpunkt keine neue Datenspeicherung erfolgt. Aus technischen Gründen können wir im Zuge dieser automatisierten Benachrichtigung leider nicht unterscheiden, ob eine Speicherung als Tatverdächtiger oder Anzeigender oder Geschädigter vorgenommen wurde.

Die Unterrichtungsverpflichtung ist im §43 Abs. 3 des Allgemeinen Gesetzes zum Schutz der öffentlichen Sicherheit und Ordnung in Berlin (ASOG) vom 14.04.1992 (GVBL 1992 S. 119), *zuletzt* geändert durch Gesetz vorn 19.07.1994 (GVBL S. 241) geregelt.

Wir teilen Ihnen deshalb mit, daß Daten zu Ihrer Person für einen Zeitraum von mehr als fünf Jahren gespeichert sind/werden.«

Warum ist das so? Ich fand und finde dafür keine andere Erklärung als die, dass mit der »Delegitimierung« der DDR der Sozialismus delegitimiert werden soll. Je mehr Zeit seit dem Untergang der DDR und des europäischen Sozialismus verstrich, desto gefährlicher erscheint die sozialistische Idee den Verfechtern der krisengeschüttelten neoliberalen Marktwirtschaft. Als wir Bundesbürger geworden waren, meinten viele, der Kapitalismus habe den Sozialismus besiegt, ja, glaubten die Behauptung, das Ende der Geschichte sei gekommen. Ich gehörte nicht zu ihnen. Ich war nicht der Einzige, aber wir waren in der Minderheit. Als sich jedoch die Großunternehmer und die Finanzbranche, die nunmehr vor der »kommunistischen Bedrohung« sicher waren, auslebten, begann es zu kriseln. Die Bürger der neuen, aber auch der alten Bundesländer, lernten immer mehr begreifen, was Kapitalismus pur ist. Im Jahr 2009 wurde in den großen Zeitungen und im Fernsehen diskutiert, ob gar das Ende des Kapitalismus gekommen sei. Bald wurde nicht mehr so diskutiert, weil die Wirtschaft wieder »boomte«. Die damaligen Vertröstungen, Vollbeschäftigung wäre in den nächsten Jahren möglich, die auch Merkel jetzt gab, waren schnell wieder vergessen. Die sogenannte Eurokrise hält uns jetzt in Atem. Angesichts der seit den 1970er Jahren bestehenden Massenarbeitslosigkeit und der Rekordverschuldungen der Staaten können Prophezeiungen vom Licht am des Tunnels nur als ein Täuschungsmanöver angesehen werden. Die Zahl derer, die diese Gesellschaftsordnung in Frage stellen, wird größer.

Rückblick

Das waren sie also, meine über 90 Jahre in vier Deutschländern. So habe ich viermal Deutschland erlebt. Wenn ich zurückblicke, meine ich, ich habe Glück gehabt. Die Nazis wollten mir Übles, doch tatsächlich haben sie mich vor den Schrecken der Front bewahrt. In der DDR durfte ich nicht im Staatsdienst arbeiten, das hat mich vermutlich vor Strafverfolgung in der BRD bewahrt und mir den Zugang zum geliebten Anwaltsberuf verschafft. So wendete sich um Guten, was so jeweils nicht beabsichtigt worden war.

Wirtschaftlich ging es mir am besten in der BRD. Schönes Haus an einem märkischen See, schönes Auto, schöne Reisen. Keine Frage.

Dennoch, die DDR war mir das liebste der vier Deutschländer.

Sie führte keinen Krieg, ihre Soldaten standen nicht vor Moskau oder in Stalingrad, sie wurde auch nicht am Hindukusch verteidigt.

Juden oder Ausländer wurden in der DDR nicht diskriminiert.

Arbeitslose gab es nicht.

In ihr sah man keine Obdachlosen, gab es kein Hartz IV.

Konzernherren – so nannten wir sie noch unverblümt, eine Frau Schickedanz mag die Formulierung nachsehen – existierten nicht, man lebte einfach als Gleicher unter Gleichen.

Von Inflation war nicht die Rede.

Die Frauen hatten das Recht, über eine Schwangerschaft selbst zu entscheiden. Sie bekamen unentgeltlich die Pille. Schwangerschaftsabbruch war eine Kassenleistung. Dennoch wurden mehr Kinder geboren und sie erhielten Krippen- und Kindergartenplätze sowie besseren Unterricht.

Damals hatte ich, wie viele DDR-Bürger, ein Ziel vor den Augen. Das Erreichte genügte nicht, der Sozialismus sollte weiter entwickelt, verbessert werden. Die Feudalherren von gestern waren meine Vorbilder nicht. Ich hielt es mehr mit den vielen Persönlichkeiten, die danach gestrebt hatten, die Ideen von Marx und Engels zu verwirklichen, die von der Reaktion ermordet worden oder im Kampf gegen die Faschisten gefallen waren; und von denen manche auch den Stalinschen Repressionen zum Opfer gefallen waren. Ich hielt es mit den Persönlichkeiten, die als Dichter oder Künstler, als Wissenschaftler den Kommunismus für die einzige Alternative zur Barbarei angesehen hatten. Es waren viele, sehr viele. Die meisten sind schon tot. Sie haben derzeit weniger Nachfolger, zumindest kenne ich nur wenige. Vielleicht ist das außerhalb Europas anders. Vielleicht hat nur Europa die Fähigkeit verloren, die Zukunft zu erdenken und zu gestalten. Ich hoffe auf Lateinamerika, auf China, auf die mir unbekannte Welt.

Ich bin zufrieden mit meinem Leben und setze weiter auf den Sozialismus.